江苏商务

发展研究报告

2019

主 编 张为付

南京大学出版社

图书在版编目(CIP)数据

江苏商务发展研究报告.2019/张为付主编. —南
京：南京大学出版社,2020.7
ISBN 978 - 7 - 305 - 23371 - 5

Ⅰ.①江…　Ⅱ.①张…　Ⅲ.①商业经济－经济发展－
研究报告－江苏－2019　Ⅳ.①F727.53

中国版本图书馆 CIP 数据核字(2020)第 092130 号

出版发行　南京大学出版社
社　　址　南京市汉口路22号　　　邮　　编　210093
出 版 人　金鑫荣

书　　名　**江苏商务发展研究报告(2019)**
主　　编　张为付
责任编辑　王日俊

照　　排　南京开卷文化传媒有限公司
印　　刷　虎彩印艺股份有限公司
开　　本　787×1092　1/16　印张 17.25　字数 429 千
版　　次　2020 年 7 月第 1 版　2020 年 7 月第 1 次印刷
ISBN　978 - 7 - 305 - 23371 - 5
定　　价　150.00 元

网　　址：http://www.njupco.com
官方微博：http://weibo.com/njupco
官方微信号：njupress
销售咨询热线：(025)83594756

本书为江苏高校优势学科建设工程资助项目(PAPD)、江苏高校人文社会科学校外研究基地"江苏现代服务业研究院"、江苏高校现代服务业协同创新中心和江苏省重点培育智库"现代服务业智库"的阶段性研究成果。

书　　名:江苏商务发展研究报告(2019)

主　　编:张为付

出　版　社:南京大学出版社

目 录
Contents

综合篇

外商直接投资篇

对外直接投资篇

企业篇

政策篇

数据篇

综 合 篇

第一章　江苏商务发展概况

商务发展包括国内贸易、对外贸易、外商直接投资、对外直接投资、电子商务、对外经济合作等方面。2018年,江苏省的国内贸易保持小幅平稳增长。对外贸易额增长较快,外贸结构有所优化。引进外资额仍稳居全国首位,保持缓慢增长态势。对外投资止跌回升,投资额微涨。电子商务发展处于全国先导地位,但与国内电商冠军广东省相比,还有明显差距。对外承包合同额明显下滑,不够景气。对外劳务合作增长较快。总体而言,江苏商务发展也进入了新常态,总量位居全国前列,但增速较以往明显下降。多项指标虽然名列前茅,但是,与全国冠军相比仍有一定差距。目前,江苏商务发展的总体策略应定为:保速度,调结构;找差距,补漏洞;育龙头,争第一。

一、国内贸易小幅增长,增速显著放缓

2018年,江苏省社会消费品零售总额达到33230.4亿元①,仍然保持了社会消费零售总额全国第三的位次,排在广东省和山东省之后。广东省2018年的数额为39501.1亿元,山东省2018年的数额为33605.0亿元。江苏省的社会消费品零售总额与广东省差距较大,相差6270.7亿元,比广东省低15.9%;但是,该指标与位居第二的山东的差距很小,仅相差374.6亿元,比山东省的数额低1.1%。而排在江苏之后的第四和第五位分别是浙江省和河南省,数额分别是25007.9亿元和20594.7亿元,分别比江苏省的数额低24.7%和38.0%,与江苏省的数额差距较大。江苏省社会消费品零售总额占全国的比重为8.7%,与上一年持平。占长三角地区社会消费品零售总额的46.9%,比上一年度的比例高0.1个百分点。

社会消费品零售总额是关于国内贸易的重要指标,能够反映一个地区的经济规模、人们生活水平、经济运行的态势和活跃程度。截至2018年底,江苏省已经连续16年位居全国各省份社会消费品零售总额的第三位。而且,近三年来,本省该指标占全国的比例以及占长三角地区的比例也保持稳定,表明江苏省的内贸交易在全国具有举足轻重的地位,与江苏省的生产规模和经济地位相匹配。然而,与之前数年相比,江苏省2018年国内社会消费品增速放缓,出现了一些新的态势。接下来,对江苏省内贸交易的最新发展状况进行分析。

(一)商品交易保持快速稳步增长,但地区差异较大

江苏省的国内贸易额不仅在全国占据举足轻重的地位,而且,多年来一直保持着稳定快速增长的势头。2011—2018年,江苏省社会消费零售总额分别达到15988.3亿元、18331.3亿元、20878.2亿元、23458.1亿元、25876.8亿元、28707.1亿元、31737.4亿元、33230.4亿元。2018年之前,每年的增速都超过10%,平均的年增速为12.9%。然而,2018年江苏省的社

---

① 本章数据来源是《江苏统计年鉴2019》,另行标注的数据除外。

会消费品零售总额增长率仅为 4.7%,这表明江苏省商品交易虽然仍在增长,但是增长速度大幅下降了。这与经济发展进入新常态、GDP 增速放缓有关。2018 年江苏省的 GDP 增长率为 6.7%,正处于由高速发展阶段向高质量发展阶段转型期,经济形势的变化,也将导致人们的消费和商品交易的变化。

商品零售额是经济运行的晴雨表,是代表国内贸易的活跃程度、人们物质生活水平和社会购买力状况的重要指标。从上述统计数字可以看出,江苏省作为东部地区的一个经济发达的大省,内部贸易规模巨大,虽然增速放缓,但在全国所处的地位仍然稳固。但是,需要重视商品交易增速下滑释放的信号,优化生产和消费结构,以转型升级促生产,提升居民消费水平,以拉动需求,促进经济良性发展。

从江苏省内部三大区域的内贸发展来看,贸易额差别显著。2018 年,苏南、苏中和苏北的社会消费零售总额分别是 19226.1 亿元、5928.7 亿元、8075.5 亿元,分别比上一年同比增长了 5.0%、5.5% 和 3.5%,苏南地区零售总额占全省的比例为 57.9%,数额超过苏北和苏中地区的数额之和。从市级范围来看,排在前五位的分别是南京、苏州、无锡、徐州和南通,国内贸易的区域不均衡仍然存在。从国内贸易的增长率来看,苏中地区增长速度略快,而苏北地区增长率明显偏低,贸易活力不足,需要加强警惕,采取措施,提振消费和商品贸易。

(二)智能电子通讯产品快速增长,网络消费大幅提升

按城乡结构来看,农村消费增长率比城镇高 1.2 个百分点。农村地区消费增长态势更强,有助于缓解城乡消费方面的不均衡。从行业方面来看,住宿和餐饮业增长相对较快,零售额增长率达到 9.7%。从商品种类来看,日用品增长速度较快,达到 9.5%;而粮油食品、饮料、烟酒类增长较慢,增长率仅为 4.4%。智能电气类产品增速很快,以智能手机、平板电脑等为代表的通讯器材类商品零售额增长 30.8%,比 2017 年增加了 12.2 个百分点。在互联网和智能化时代,人们对智能手机和平板电脑等手持类产品的依赖程度越来越高,这代表着消费升级的方向是人们消费的一个突出的增长点。除此之外,书报杂志类、石油制品和家具类产品增长也较快,增长率分别达到了 15.9%、12.2% 和 11.8%。

从商品销售渠道来看,随着网络经济的兴起,网上销售额飞速增长,2018 年江苏省网上消费快速增长,限额以上批发和零售业通过公共网络实现零售额增长 25%;住宿和餐饮业通过公共网络实现餐费收入增长 49.4%,分别领先限上消费品零售额增速 21.4 个和 45.8 个百分点[①]。随着我国进入数字消费时代,网络商品交易的比重和增速必将持续提升。2018 年,江苏省数字消费位居全国第三,人均网络消费额位列全国第四,同比增长率达到 16.5%[②]。就江苏省城市的数字消费而言,苏州、南京位居前列,在全国城市中分别排在第 6 位和第 10 位。

(三)居民人均生活消费支出稳步增长,城乡差距较大

从居民家庭消费情况来看,2018 年江苏省人均生活消费支出达到 25007 元,比 2017 年

---

① 江苏省统计局.江苏省 2018 年经济运行情况[EB/OL]. http://www.tjcn.org/jjfx/35717.html, 2019-02-01.

② 扬子晚报.2018 年中国数字经济发展报告:数字消费力排行江苏夺全国"探花"[EB/OL].https://t. cj.sina.com.cn/articles/view/1653603955/628ffe7302000iguq,2019-02-19.

增加了 1538 元,增加幅度达到了 6.6%,增速略高于去年,与江苏省 GDP 的增幅基本一致。其中,城镇常住居民的消费支出为 29462 元,农村常住居民的消费支出为 16567 元,前者是后者的 1.8 倍,城乡居民消费水平差距仍然很大。2018 年,江苏居民恩格尔系数显著下降。2015—2018 年,居民家庭恩格尔系数分别为 28.9、28.3、27.8 和 26.1,可以看出,恩格尔系数逐年下降,但 2018 年下降的幅度最大。该系数为食品支出在总支出中的比重,系数明显下降,表明 2018 年江苏居民生活水平得到了显著的提升。尤其值得注意的是,2015—2018 年,江苏城乡居民恩格尔系数日益趋同,城乡差额分别是 -3.6、-1.5、-1.4、-0.1,这表明城乡居民的生活水平差距正日益缩小。

（四）商品交易市场数量有所增加,限额以上商品交易突飞猛进

2018 年,江苏省商品交易市场数量为 2795 个,比 2017 年增加了 42 个。而 2015—2017 年商品市场数量分别为 2861、2871、2753 个。近期,江苏的商品市场数量扭转了 2017 年的下降态势,但是数量仍未达到 2016 年的水平。然而,商品的批发和零售总额有所增加。限额以上法人企业的数量明显增加,数量为 25225 个,较 2017 年增加了 2685 个,取得了突破性的增长,增长率高达 11.9%。限额以上产业活动单位达到了 50016 个,比上一年增加了 12406 个,增加比例为 33%。限额以上批发和零售业的购进额和售出额都显著增加了,分别达到 62082.6 亿元和 68386.8 亿元。这表明江苏商品市场规模逐渐扩大,不断做大做强,商品交易环境进一步改善,专业性有所增强。这是因为,近年来,随着网络交易的发展,对实体市场交易形成冲击,因而,市场必须扩大以取得规模经济效应,降低成本,增强竞争优势。

随着限额以上批发零售的增长,限额以上企业(单位)从业人数止跌回升,2015—2018 年分别是 1316192 人、1288982 人、1272986 人和 1330827 人,2018 年从业人数较上一年增加了 57841 人,增加幅度为 4.3%,对此做出贡献的主要是批发业和餐饮业,从业人数分别增加 44505 人和 23498 人。而零售行业和住宿行业的从业人数则轻微下跌。此外,商品库存从上一年的 5200.2 亿元大幅下降到 3430.5 亿元,这表明 2018 年江苏省商品需求旺盛,形势向好,拉动了从业人数和商品交易额的提升。

（五）旅游市场规模和收入增加,星级饭店数量持续减少

随着江苏省人均消费水平的提升,人们对生活质量的追求也不断提高,江苏省居民旅游服务需求不断增加,旅游市场的基础建设和接待能力稳步增强。从旅游设施来看,全省 2018 年新增旅行社 186 家,共计 2779 家,比 2014 年多了 528 家。但星级饭店数量仍呈下降趋势,较上一年减少了 15.1%。近年来,江苏星级饭店数量持续减少,由 2013 年的 970 家下降为 2018 年的 551 家。星级饭店数量前三的分别是苏州、南京和南通,分别是 95 家、76 家和 63 家。星级饭店的减少原因复杂,主要包括星级饭店评定标准变得更为严格,增加了部分饭店的经营成本;政府反腐倡廉减少了公款消费,对高端星级饭店的需求下降。在上述因素的驱使下,部分星级饭店实现经营策略转型,去除了星级饭店称号。

旅游接待人数达到了 81422.8 万人次,比 2017 年增加了 9.6%,增长率保持稳定。苏州、南京和无锡位居全省接待人数的前三名。接待海外旅游人数达到了 4008509 人次,比 2017 年的 3701038 人次增加了 7.7%。江苏省景点众多,拥有 23 个 5A 级风景区,著名旅游景点有南京的总统府、中山陵、夫子庙,苏州的拙政园,扬州的瘦西湖,无锡的鼋头渚等,继续保持全国第一的位置。2018 年,江苏省 5A、4A 级景区累计接待游客 60971 万人次,同比增

长 4%,其中,排名前五的城市分别为:南京累计接待游客 11615.82 万人次,同比增长 2.5%;苏州累计接待游客 9947.93 万人次,同比增长 1.9%;无锡累计接待游客 9407.04 万人次,同比增长 2.8%;常州累计接待游客 7140.76 万人次,同比增长 2.1%;徐州累计接待游客 5403.31万人次,同比增长－0.2%。可以看出,江苏省旅游业规模不断扩大,接待旅游人数和旅游收入都快速增长。优质旅游资源始终位居国内前列,且在不断改善之中。

二、进出口贸易快速增长,外贸结构和效益持续优化

江苏省不仅是经济大省,长期以来,也始终是全国的外贸大省。2018 年,江苏省的进出口贸易总额达到了 43802.4 亿元,比 2017 年增长了 9.5%,创下历史新高。占全国进出口总额的 14.4%,所占比例保持不变。2014—2016 年,江苏省对外贸易的进出口总额呈现出下滑的趋势,自 2017 年江苏省进出口总额出现强劲复苏以来,2018 年对外贸易继续快速增长,贸易结构和质量效益得到了明显的优化。江苏省通过优化供给侧结构性改革,提升了对外贸易的竞争优势,在贸易方面出现了逐渐向好的势头。接下来,对 2018 年江苏省的外贸状况进行详细分析。

(一)对外贸易全面增长,进口增长快于出口

2018 年,江苏省的出口额达到 26657.7 亿元,增长率为 8.4%,占同期全国出口总额的 16.2%,占比提升 0.2 个百分点;进口额达到 17144.7 亿元,增长率为 11.3%,占全国进口总额的 12.2%,占比降低 0.1 个百分点。净出口额为 9513 亿元,增长率 3.5%,仍然保持贸易顺差,且小幅增长。进口增速比出口增速高 2.9 个百分点,贸易结构更趋均衡。总体而言,江苏省对外贸易发展形势良好,延续了上一年的复苏态势,出口、进口和贸易余额均保持增长的态势,但是从增长率来看,比 2017 年的增速有所放缓。

(二)一般贸易占比继续攀升,保税物流贸易飞速增长

2018 年江苏省一般贸易的进出口额达到 21342.6 亿元,比 2017 年增加了 10.9%,增长速度较快。一般贸易额占全部进出口额的比率为 48.7%,比上一年提高了 0.6 个百分点,表明外贸的自主性程度进一步得到提升。加工贸易达到 17201.9 亿元,增长率为 4.4%,与一般贸易相比,增长速度相对较低,占比为 39.3%,较上一年下降 1.9 个百分点。此外,值得关注的是,保税物流贸易快速增长,进出口额达到了 30.5%,占总贸易额的比例达到 10.8%。这表明,虽然保税物流贸易目前占比不高,但是,在江苏省的政策支持下,保税物流贸易获得了很好的发展机会,取代了部分传统的加工贸易。总而言之,一般贸易比重的提升和保税物流贸易的飞速发展,表明江苏省贸易结构得到优化,自主性提高,贸易方式和效率得到了改善。

(三)高技术产品出口快速增长,劳动密集型产品出口增速放缓

从 2018 年江苏省的出口结构来看,制造业的高技术产品出口快速增长,其中,汽车、金属加工机床、照相机等高技术产品出口分别增长 27.8%、25.2%和 23.3%。机电产品出口增长率为 9%,高于出口平均增长率,占总出口的比例达到了 66.1%。与此相反,传统劳动密集型产品出口增速放缓,增长率仅为 5.2%,显著低于出口平均增速,出口额仅占总出口的 16.5%,已退居次要地位。这表明,随着江苏省制造业的发展壮大,高技术产品的贸易竞争

力不断增强,在贸易中占据越来越大的优势,逐渐取代传统低技术含量的劳动密集型产品。

此外,从 2018 年的进口情况来看,一些能源产品、部分设备和零部件、优质消费品增速很快。天然气进口量增加 53%,进口值增加 102.6%。天然气进口量价齐升,主要原因是江苏省响应国家号召,调整能源结构,以适应能源消费向清洁能源转变的需要。集成电路和数控机床进口增加较快,增长率分别达到 26.5% 和 17.8%。水海产品进口增速快,增长率高达 95.2%;化妆品进口增速也很快,增长率为 45%。

（四）对外贸易伙伴多元化,与"一带一路"沿线国家的贸易增多

2018 年,江苏省的主要贸易伙伴中排在前几位的分别是美国、欧盟、韩国、东盟和日本,与这些国家或地区的贸易额分别增长了 4.1%、7.3%、19.7%、12% 和 4.1%,与东盟和韩国的贸易增长最为迅速。此外,江苏省贸易伙伴更加多元化,随着国家"一带一路"倡议的深入实施和推进,江苏省与"一带一路"沿线国家的经贸往来日益密切,贸易额不断提升。对中欧和东欧的 16 个国家的进出口贸易增长了 14.3%,对东南亚的 11 个国家的贸易额增长了 11.0%,对非洲的贸易增长了 19.7%,对拉丁美洲的贸易增长了 13.2%。"一带一路"倡议对江苏的贸易产生了很好的成效,对外贸易全面开花,更加分散化和多元化,在中美贸易冲突持续不断的情况下,"不把鸡蛋放在同一个篮子里"有助于化解总体贸易风险,维持对外贸易的健康平稳发展。

（五）外贸企业数量增多,内资企业贸易额快速提升

外贸企业是从事进出口贸易的主体,是促进对外贸易发展的支撑和保障。江苏省进出口贸易额的提升得益于省内外贸企业的良好发展,2018 年省内具有外贸业务实绩的企业达到了 7.79 万家,比上一年度增长了约 15%。跨境电商、贸易综合服务、市场采购业务等成为对外贸易较为突出的新增长点。从出口企业的性质来看,国有企业、民营企业和外商投资企业的贸易额增长率分别是 19.3%、15.2%、5.7%。国有企业和民营企业的对外贸易蓬勃发展,势头强劲。外资企业的对外贸易增长较为缓慢。

三、外商直接投资位居全国首位,继续维持小幅增长态势

2018 年,江苏省实际利用外资达到 255.9 亿美元,位居全国各省份第一位,在全国同期的利用外资总额中占据 18.5% 的份额。2014—2015 年,江苏省利用外资规模出现明显衰退之后,2016—2018 年,呈现出稳步小幅上升的态势,增长率分别为 1.1%、2.4%、1.8%。从过去五年的发展来看,江苏外商投资虽然规模领先于全国其他省市,仍然处于领头羊的地位,但是,已呈现出不同于以往的态势,不再快速增长,而是进入了阶段性调整和慢速增长的新常态,这与经济发展从高速增长阶段向高质量发展转型相一致,在新的发展阶段,利用外资的规模和增长速度不再是考量此问题的首要因素,利用外资的结构和质量更为重要。接下来,对江苏省引进外资的具体特征和发展态势进行详细分析。

（一）协议注册外资增速较快,实际使用外资增速缓慢

江苏省 2018 年新增协议注册外资 605.2 亿美元,比上一年增加了 9.2%,增长速度显著快于实际使用外资。截至 2018 年底,累计协议注册外资达到了 8970.2 亿美元。从变化趋势来看,与实际使用外资的波动趋势相似,协议注册外资在 2014 年和 2015 年出现明显的下

滑,增长率分别为—8.6%和—8.9%,此后,又逐年回升,2016—2018 年的增长率分别是 9.6%、28.5%和9.2%,2017 年增速很快,2018 年的增速较快。这表明,江苏省作为我国 经济发达、开放度很高的省份,对外商投资仍然保持很强的吸引力,是我国引进外资的 龙头。

然而,研究发现,尽管江苏省实际利用外资和协议注册外资双双增长,但是,近期实际利 用外资和协议注册外资出现一定的背离,前者增长较慢,后者增长较快,两者的比率下滑。 1985—2018 年,江苏省累计实际利用外资为5008.3 亿美元,与同期累计协议注册外资的比 率为0.558。2018 年当年实际使用外资与协议注册外资的比率为0.423,2014—2017 年该比 率分别为0.652、0.617、0.569、0.453,由上述数据可知,近两年来,实际利用外资与协议注册 外资的比率低于历史平均水平。需要进一步促进协议注册外资的落实,以提升实际使用外 资的增长率。

(二)现代服务业利用外资增长迅猛,高端制造业紧随其后

江苏省的外资流入已经形成了以服务业和制造业为主的格局。2018 年,全省服务业实 际使用外资额为128.2 亿美元,占全省实际利用外资额的50.1%,刚好达到一半的水平。服 务业实际外资额达到 111.7 亿美元,占全省实际利用外资额的43.7%,仅次于服务业。服务 业和制造业实际利用外资共计达到实际利用外资总额的93.8%,构成了外资流入的主要部 分,这与江苏的产业发展格局相匹配。江苏省目前在投资资金方面较为充裕,因而,对引入 的外资需要进行引导和优化,拒绝和淘汰落后、低技术、高污染产业的外资,引入绿色环保、 技术含量高、有助于促进产业升级和经济高质量发展的外资,主要是现代服务业和高端制造 业的外资。

目前,高质量外资流入突飞猛进,成效显著。2018 年,十大战略性新兴产业实际利用外 资已达到了 124 亿元,增长率为 13.9%,占全省实际利用外资的比率为48.4%,已接近一半 的水平,该比率比 2017 年提高了约 5 个百分点。高端软件和信息服务业、高端装备制造业、 新一代信息技术业实际利用外资分别增长了71.2%、47.4%和36.7%,增速迅猛。在服务业 实际使用外资中,约 40%为现代服务业,其中,教育产业、信息传输及计算机服务和软件产 业增速最快,增长率分别达到了48.5%和37.5%,增长速度很快。综上所述,虽然江苏省 2018 年实际利用外资总体增速缓慢,但是,这并非表明江苏在引进外资方面停滞不前。 在较低的总体增长率背后,隐藏着结构调整的洪流,引进外资的结构得到了迅速的优化, 正快速地向着以高端制造业和现代服务业为主的方向调整,以更好地完成高质量发展的 战略目标。

(三)外商独资企业增加,合资经营企业减少

2018 年,江苏省的外商独资企业、合资经营企业、合作经营企业、外商投资股份制企业 这四种形式实际利用外资的金额分别是175.3、76.0、2.8 和 1.7 亿美元,在总的实际利用外 资额中所占的比重分别是68.5%、29.7%、1.1%、0.6%。而合作经营企业和外商投资股份制 企业所占比例总计不足 2%,处于极其次要的地位,因此,主要分析另外两种形式的外资流 入。外商独资企业所占比例超过三分之二,是当前引进外资的最主要形式,较上一年增长了 5.6%,在实际利用外资中的占比提高了 2.5 个百分点。中外合资企业投资额有所下降,较 上一年减少了 4.0%,在全省实际利用外资中的占比下降了 1.8 个百分点。按照这一趋势,

江苏省外商独资企业的投资处于主导和上升态势,中外合资形式的投资位居第二,但是处于减少态势,其他外资利用形式数量极少。

(四)亚洲外资占比提升,欧洲和大洋洲外资较快增长

从江苏省 2018 年外资流入的来源地进行分析,采用实际使用外资指标分析可知,来自亚洲地区的外资为 189.9 亿美元,比上一年增长了 4.7%,在总外资流入中占比为 74.2%,同比上升了 2.1 个百分点。来自欧洲地区的外资位居第二,实际使用外资额为 15.4 亿美元,比上一年增长了 19.0%,在总外资流入中的比重为 6.0%,同比上涨了 0.8 个百分点。来自南美洲的外资流入位居第三位,为 12.1 亿美元,但较上一年大幅下降,减少了 26.2%。来自大洋洲的投资为 5.5 亿美元,同比增长了 13.9%,其中,来自澳大利亚的投资增速最快,高达 218.3%,但投资总额仍较小,仅为 0.9 亿美元。来自北美洲的投资为 4.8 亿美元,同比下降了 36.2%。综上所述,亚洲国家或地区仍是我国外资流入的主要来源地,占比接近四分之三,且保持稳定增长态势。欧洲的外资流入规模较大,且增长较快,是我国引进外资的新的增长点。受到中美经贸关系紧张的负面影响,来自北美的外资大幅减少。考虑到该地区外资占比较低,因而不会对我国引进外资的形势构成太大影响。值得关注的是,"一带一路"沿线国家的外资流入达到 15.7 亿美元,增长了 19.8%,成为外商投资新的增长点。

(五)苏北地区引入外资速度增加,全省外资流入差距缩小

2018 年,苏南地区实际使用外资 153.6 亿美元,比上一年同比下降了 0.2%,在全省实际使用外资中的比重为 60%。苏中地区实际使用外资额为 52.6 亿美元,增长率为 3.6%,在全省的占比为 20.6%。苏北地区实际使用外资额为 49.7 亿美元,增长率为 6.5%,在全省的占比为 19.4%。可以看出,苏南地区仍然是江苏省外资流入的主要地区,但是,值得关注的是,苏南地区目前外商投资有所减少,而苏北地区实际使用外资较快增长,南北差距有所缩小。目前,苏北和苏中地区的外资流入基本持平。按照这一发展趋势,未来江苏不同区域的外商投资分布将向着更均衡的方向发展。

四、企业对外投资保持平稳,服务业占据主导地位

(一)对外投资数量增加较快,对外投资金额止跌回升

2018 年,江苏对外投资额达到了 94.8 亿美元,增速为 1.7%。江苏省作为我国最早对外开放的区域之一,在长期引进外资、促进经济快速发展的情况下,也培育了一大批优秀的实力强劲的企业,并鼓励这些企业走出国门,对外投资,实现资本的双向流动。近年来,江苏省对外投资从弱小起步,不断提升数量和金额。然而,发展之路并非一帆风顺,2014—2016 年间,江苏对外投资处于快速增长阶段,协议投资金额分别是 72.2 亿美元、103.0 亿美元、142.2 亿美元,三年之内翻一倍。然而,2017 年对外投资却出现了较大幅度的下降,减少到 92.7 亿美元,降幅为 35%。2018 年,江苏对外投资止跌回升,达到了 94.8 亿美元,增速为 1.7%,仅为小幅增长,远未回到 2016 年的巅峰水平。而且,与同期引进外资相比,"走出去"规模仍然很小。2018 年,江苏省协议注册外资为 605.2 亿美元,协议对外投资与协议引进外资的比率仅为 0.157。促进江苏企业走出去,仍然任重道远。值得强调的是,虽然 2018 年江苏对外投资金额增加很少,但是,对外投资项目数量实现了较快的增长,达到 786 个,比上一

年同比增加了24％。投资项目数增长率远超投资额增长率，表明单个投资项目规模有所减小。总体而言，江苏对外投资具有回暖迹象。

（二）民营企业对外投资蓬勃发展，国有企业境外投资有所下降

按照投资主体类型划分，江苏省2018年的境外投资中，80.8％的投资额和74.7％的新增投资项目数量是由民营企业完成的，投资额同比增加20.2％，投资项目数同比增加35.6％。其次是外资企业，完成了9.5％的境外投资额和15.4％的境外新增投资项目数，虽然投资项目数同比增加了10％，但投资额同比下降了30.0％。国有企业的境外投资相对较少，仅完成了9.2％的境外投资额和投资项目数，投资项目数同比下降了13.3％，投资额同比下降了37.3％。集体所有制企业的对外投资微乎其微，其境外投资额和投资项目数的比重均不足1％。综上所述，不同类型企业在"走出去"的进程中表现差别很大。民营企业不但占据主导地位，完成了大部分的境外投资，而且，投资项目数和金额双双较快提升。国有企业在境外投资中表现乏力，不但占比较小，而且近期呈下滑态势，仍有待提升。集体所有制企业的表现非常微弱，投资项目数未变，但投资额大幅下滑了83.1％，未来仍应当促使有实力的集体企业加快"走出去"的步伐。

（三）贸易型投资项目增长较快，非贸易型项目投资额有所下降

在2018年的境外投资项目中，贸易型项目数占比为29.6％，同比增长了9.4％；投资额占比为19.8％，同比增长了76.7％。此类项目虽然在对外投资中并非主要形式，但是，近期增速很快。同期，贸易型项目新增项目数占比70.4％，增长了32.0％；投资额占比为80.2％，同比下降了8％。非贸易型项目是江苏省对外投资的主要形式，近期投资项目数量大幅提升，但是，与此不相称的是，投资金额不升反降，表明投资的平均规模与往年相比变小。因此，在未来"走出去"的过程中，在保持贸易型项目快速增长的同时，还应当加强非贸易型大规模项目的投资，鼓励大型企业勇于走出国门，开拓海外市场，促进非贸易型投资的质量和金额的提升。

（四）第三产业对外投资占据半壁江山，制造业对外投资增长迅速

首先，在2018年江苏省各产业的对外投资中，第三产业占据的比重最高，投资额的占比为57.5％，增长率为25.6％；对外投资额的占比为49.7％，增长率为7.6％。第三产业在江苏省对外投资中占据主导地位，投资项目数过半，投资额约为一半，占据了对外投资的半壁江山。项目数增长很快，投资额增长较快。其次，第二产业对外投资项目数占比为41.2％，投资额占比为49.2％，从投资额来看，与第三产业的对外投资较为接近。

在整个第二产业中，制造业是对外投资的生力军。除制造业之外，第二产业中的其他行业占比较小，且增长乏力。2018年，采矿业投资额仅为97.6万美元，占比为0.01％，增长率为－99.7％，数量极少，且下滑严重。电力、燃气及水的生产和供应业占比为4.6％，增长率为－42.8％。建筑业对外投资额的占比为1.1％，增长率为－52.2％。在其他第二产业对外投资占比很小且投资额严重下滑的情况下，江苏省的制造业对外投资成为第二产业中的中流砥柱，投资项目数同比增长了30.8％，占比33.0％；投资额增长了17.6％，占比为43.4％。作为制造业强省，江苏省制造业对外投资仅次于服务业，占比较高，投资规模较大，增长迅速，发展势头蒸蒸日上。

（五）对亚洲地区投资保持稳定，对拉美和非洲地区投资飞速增长

接下来，按照境外投资的目的地进行分析。首先，亚洲地区不仅是我国吸收外资的主要来源地，也是我国对外投资的主要目的地。2018 年，我国对亚洲地区的境外投资的新增项目数为 444 个，同比增长 22.0%，占比为 56.5%。协议投资额为 46.9 亿美元，增长率为 0.9%，占比为 49.5%。对亚洲地区的投资占据主导地位，新增项目数增长率较高，但是，投资额增长缓慢，所占份额保持稳定不变。除亚洲之外，江苏省对外投资较多的地区是欧洲和北美，对欧洲的投资额为 17.8 亿美元，占比为 18.8%，但增长率仅为 3.8%，增长较慢。对外投资额位居第三的地区是北美洲，投资额为 13.3 亿美元，占比为 14.0%，然而，对该地区的投资额下滑了 32.4%，处于快速减退状态。与此相反，对拉美和非洲地区的投资虽然位居第四和第五，却正处于飞速增长之中。2018 年，江苏省对拉美和非洲的投资额分别是 8.7 亿美元和 7.8 亿美元，占比分别是 9.2% 和 8.3%。最为突出的是，对这两个地区的投资增长率分别高达 115.5% 和 206.6%，成为江苏对外投资中引人注目的增长点。此外，对大洋洲的投资乏善可陈，不但占比很小，而且处于快速减少之中，未来对此地区的投资值得努力开拓。最后，对"一带一路"沿线国家的投资额达到了 24.4%，约占总投资额的四分之一，但 2018 年下降了 9.4%，未来仍需积极推进。

五、电子商务位居全国先导地位，走出江苏特色发展道路

（一）电子商务发展位居全国前列，但仍有较大发展空间

2018 年，江苏省网络交易零售额达到 8567 亿元，同比增长了 24.3%，增长速度较快。根据《中国电子商务发展报告 2018—2019》的数据显示，江苏省电子商务发展指数位居全国第五，指数分值为 33.1，排在前四位的分别是广东、浙江、北京和上海，指数分值分别为 65.6、52.6、45.8、38.9。江苏省电子商务的综合发展状况位居全国第一梯队，处于先导省份的地位，但是也应看到，江苏省与先进省份仍然存在较大差距，发展指数约为广东省的一半，存在较大的差距。

主要差距表现在：第一，在电子商务发展规模上，根据各省电子商务交易额、网络零售额、有电子商务活动的企业数等指标，得出电子商务发展规模指标，江苏省位居全国第五，比上一年下降了 2 个名次，比广东省低 51.6%，仍然存在明显差距。第二，从成长性来看，根据各省在电子商务交易、网络零售、有电子商务活动的企业等方面的表现，构造成长指数，结果表明近期江苏的成长指数较低，在电子商务强省中，江苏的成长指数显著低于广东、北京、上海，仅略高于浙江。第三，从电子商务对传统行业的渗透情况来看，江苏省电子商务的渗透度位居全国第六，与位居第一名的浙江省差距较大[①]。综上所述，江苏省电商发展虽然位居第一梯队，但在总体规模、成长速度和行业渗透程度上仍需继续努力，尽快追赶最前沿省份。

（二）农村电商发展加速，有助于促进乡村振兴

江苏省高度重视农村电子商务的发展，2018 年创建了 108 个农村电子商务示范点，新

---

① 《中国电子商务发展指数报告(2018)》发布，综合排名广东省位列第一[EB/OL]. https://www.maigoo.com/news/520798.html, 2019 - 05 - 31.

增了 53 个乡镇电子商务特色产业园(街)区,已达 103 个。通过电子商务的产业集聚,产生集群效应,发挥当地特色产业优势,充分实现当地人才、信息、仓储、物流、产品的共享和协作,实现乡镇相关产业的优化与升级,促使其做大做强。此外,还新增了 178 个江苏省农村电子商务示范村,促进村级电子商务营销渠道的建设和发展,适应经济发展的新形势,充分转变农村居民的生产和经营理念,不仅能够开拓广大农民生产的农副产品的营销网络,开拓新市场,也能够充分调动农村劳动力开展网络非农产业经营,优化农民的资源配置,增加农民收入,落实了中央的乡村振兴战略。例如,在扬州市邗江区杨庙镇花瓶村,通过电子商务销售的主要产品是毛绒玩具、漆器、农产品,2018 年的电商销售额达到了 6000 万元,带动全村 240 户 460 人的就业,吸引了 10 余名大学生回村创业[①]。

(三)垂直电商快速崛起,"互联网十"深度融合

2018 年,江苏省在电子商务领域开拓创新,取得了丰硕的成果。首先,增强了垂直电商的建设。所谓垂直电商,指的是能够实现整个产业链一体化运营的电子商务交易系统,使交易、物流、售后、品牌推广、行情检测等功能紧密地通过电子商务衔接起来。其次,江苏建设了一大批重大电子商务项目。例如,通过与阿里巴巴集团的合作,促进综合金融服务、智慧物流枢纽建设、大数据、新零售、制造业转型升级等方面在电子商务领域的应用与融合。在宿迁地区,建设了京东智慧城、京东云数据二期、智慧云谷仪器等项目。最后,江苏还打造了一批电子商务的新零售经营业态,积极将大数据、人工智能、移动互联网和传统商业模式相结合,推出新的电子商务营销模式,鼓励天猫小店、盒马鲜生、超级物种等一批零售创新者落地生根。

(四)江苏跨境电商发展平稳,跨境电商体系建设趋于完善

2018 年,从跨境电商的地理分布来看,江苏省汇集了全国 12.8% 的跨境电商卖家,位居全国第三位。位居第一位和第二位的分别是广东省和浙江省[②]。跨境网购用户占全国的6.88%[③]。江苏已获批南京、苏州、无锡三个跨境电子商务综合试验区,逐步实现了保税进口 B2B2C、直邮进口 B2C、一般出口 B2C 以及跨境 B2B 出口全模式支持。2018 年 11 月,江苏省主办了跨境电商进口商品采购洽谈会,完成了 10 个重要跨境电商项目的签约。通过15 家跨境电商产业园和 4 家公共海外仓库,促进跨境电商产业集群的形成和壮大,完善跨境电商的产业链条。在南京、苏州、徐州等地区开展了直购进口业务,在苏州地区新增了网购报税进口业务,健全了跨境电商的服务网络建设和产业集聚。

(五)提升支撑服务体系建设,为电商发展提供有力支持

2018 年,江苏省通过政策支持,大力推动电子商务与快递物流的深度融合,将南京市设立为全国流通领域现代供应链建设试点城市和全国供应链创新与应用试点城市。在泰兴等

---

① 扬商宣,嵇尚东."农村电子商务示范村"有啥特别?看看扬州这四个村的"淘宝"故事[EB/OL].http://www.sohu.com/a/335048523_120117827,2019-08-20.
② 网经社.报告:2018 年中国跨境电商交易规模达 9 万亿元[EB/OL].https://www.cifnews.com/article/45228,2019-06-06.
③ 最江苏.外贸,从大省转向强省的江苏担当[EB/OL].http://www.sohu.com/a/287912636_120047263,2019-01-10.

地区,建成了市镇村紧密衔接的三级电商综合服务体系,推进乡镇和农村电子商务的标准化建设。此外,在硬件设施方面,江苏省电子商务的发展得益于本省良好的互联网基础设施。具体而言,在互联网基础设施方面,截至 2018 年底,江苏省光缆线路总长度 353 万公里,新增 28.2 万公里,位居全国第一;互联网宽带接入端口数为 7195 万个,位居全国第二;移动电话基站数达到了 39.2 万个,位居全国第三,其中 4G 基站超过 24.6 万个,位居全国第二,4G基站覆盖了所有行政村。互联网和通讯设施不仅位居全国前列,而且快速发展,普遍覆盖,为江苏省广大城乡地区的电子商务的交易奠定了基础,提供了有力的保障①。

六、对外承包合同需要加强,对外劳务合作稳中有升

江苏省作为对外开放度较高的省份,一向重视对外经济合作,多年来,在对外承包合同和对外劳务合作等方面,都取得了很好的成绩。然而,对外经济合作受到国外政治、经济和社会环境的影响,具有较大的不确定性。2018 年,江苏省对外经济合作各项指标有升有降,有喜有忧,需要综合分析、客观看待,促使其在未来稳健发展。

(一)对外承包合同有所下降,派出人数有所增加

2018 年,江苏省对外承包工程总体不景气。从新签合同金额来看,仅完成了 65.9 亿美元,较上一年大幅下降了 39.1%,打破了 2017 年的复苏进程。完成的营业额为 83.3 亿美元,同比下降了 12.6%。新签合同额和完成的营业额双双下降,表明该年度对外承包合同方面遭遇前所未有的困境。回顾前几年的情况,2014 年之前,对外承包合同一直保持稳步上升的态势,直至达到 2014 年的峰值,此后,2015 年出现大幅下跌,新签合同金额从 99.6 亿美元下跌到 78.0 亿美元,跌幅达到 19.3%,2016 年继续下跌,直至 2017 年出现强势反弹。2018 年对外承包合同的下跌与 2015 年相似,但跌幅明显更大。多年的变化趋势表明,江苏省对外承包合同的情况时好时坏,起伏波动,并不稳定。

然而,尽管新签工程合同金额和实际完成营业额下滑了,外出人数却逆势上升。2018 年派出人数达到了 19505 人,同比增加了 47.4%;年末在外人数为 37784 人,同比增加了 18.3%。这潜在地表明,就江苏省近期对外承包的项目而言,需要更多的劳动力完成单位金额的项目,项目的劳动密集程度有所增加。

(二)苏南地区在对外承包项目占主导,苏北地区亟须补齐短板

按照地区分布而言,在新签定合同额中,苏南、苏中和苏北地区分别为 39.7 亿美元、24.0亿美元和 2.3 亿美元,苏南地区数值为苏北的 17.3 倍,苏中地区的数值是苏北的 10.4倍,地区差距非常悬殊,主要表现在苏北地区对外承包合同金额过少,力量较为薄弱。从实际完成金额来看,苏南、苏中和苏北地区分别为 49.1 亿美元、31.1 亿美元和 3.1 亿美元,所表现的地区差距与新签定合同额一致。从增长率来看,苏中地区新增合同金额增长了 78.4%,与全省的状况相反,逆势大幅增加,与此相反,苏南地区的新增合同额下跌了 56.4%,导致苏中与苏南的差距有所缩小。苏北地区对外承包合同占比较小,新增合同额下跌了 40.8%,但值得欣慰的是,苏北地区的实际完成合同金额逆势上涨了 19.2%。

---

① 网信江苏.江苏互联网多项指标位居全国前列 光缆线路长度排第一[EB/OL].https://baijiahao.baidu.com/s? id=1634030861800494933&wfr=spider&for=pc,2019 - 05 - 20.

（三）对外劳务合作稳定增长，人数和工资较快提升

2018 年，江苏省对外劳务合作年末在外人数达到了 69755 人，比上一年同比增加了 12.7％。劳务人员实际收入总额达到了 7.97 亿美元，同比增加了 10.4％。新签劳务人员合同工资总额达到了 5.42 亿美元，同比增加了 23.1％。从上述三个方面的指标来看，江苏对外劳务合作近期发展势头较好，不仅外出人数较快增加，而且工资总额也同步增长，尤其是新签劳务人员的合同工资总额增长速度很快。总体而言，江苏省对外劳务合作发展较快，蒸蒸日上。

第二章　江苏商务发展的优势与机遇

2018年,江苏省地区生产总值达到了9.26万亿元,雄踞全国第二位,略低于广东省,增长率为6.7%,经济运行处于合理区间,保持中高速增长。江苏省地处长三角地区,毗邻浙江和上海等经济发达地带,拥有优越的地理位置,是我国的商务大省,总体经济状况运行很好,人均可支配收入持续提升,具有领先的科技创新水平和先进的创业意识,制造业实力雄厚,具有智能制造品牌优势,以上这些因素构成了江苏省商务发展的优势来源。当今世界充满变革,新机遇新挑战层出不穷。党的十九大报告指出,江苏省的发展仍处于重要战略机遇期,一定要把握时代脉搏、深入分析国际国内形势,作出的一个重大科学判断。江苏发展正处在多种重大机遇叠加之中。未来发展如何,关键在于我们能不能抓住这些重大机遇。

一、各种交通设施完备便捷,区位优势突出

江苏省地处长三角核心区域,毗邻上海、浙江、山东、安徽等经济大省,在地理位置方面具有保障商务发展的突出优势。江苏省与长三角地区的兄弟省份保持紧密合作,有利于促进本省商务的综合发展。近年来,长三角三省一市主动融入"一带一路"建设、长江经济带发展等国家重大战略,取得了明显成效。2018年,长三角地区融合发展获得新的成效。在国家发改委、工信部、中央网信办和三省一市相关委办局领导见证下,苏、沪、浙、皖签署三省一市大数据联盟共同合作备忘录,发挥长三角三省一市自身的产业特色,把握好智慧应用作为高质量发展的强大动力,共同把长三角打造成全球数字经济高地。

迄今为止,江、浙、沪、皖深度合作,协同发展,长三角地区经济一体化正式启动,这对长三角地区的交通运输提出了更高的要求。与此同时,长三角"一小时都市圈"基本建成,江苏也全面启动交通运输现代化建设。2018年,江苏交通运输基础设施建设预期完成投资1160亿元,再创历史新高。2018年末,全省公路里程16万公里。其中,高速公路里程4710公里,二级及以上公路占比、高速公路面积密度居全国各省区之首。10万及以上人口乡镇高速公路覆盖率达到95%以上,通达程度、服务能力均居全国领先水平。

公共交通基础设施率先基本实现现代化,截至2018年底,已建成长江跨江通道14个,在建通道4个。铁路里程达到0.3万公里,其中高铁里程为846公里[①]。铁路覆盖13个省辖市,时速200公里以上的快速铁路里程较"十一五"末翻一番,苏南地区高铁通道基本形成。内河航道总里程、四级以上航道里程和密度以及港口综合通过能力、万吨级以上泊位数等均居全国第一。9个运输机场布局全面落地,实现地面交通90分钟车程覆盖全部县(市),并建成通用机场10个。积极推进客运"零换乘"和货运"无缝衔接",已建成综合客运枢纽17个,极大提高了群众出行换乘效率。具有多式联运功能的货运站场达到42个,数量

---

① 王亚伟.2018年江苏省交通建设及公路、铁路、民航客货运量现状[EB/OL].https://www.huaon.com/story/420615,2019-04-20.

居全国前列。由此可见,在优越的地理位置的基础上,江苏省交通运输能力逐渐提升,这为区域经济一体化以及商务活动的发展奠定了良好的基础。

二、地区生产总值增速平稳,总体经济结构持续优化

近期,随着我国经济已经步入"新常态",江苏省经济也由高速增长向中高速增长转变,在保持经济较快增长的基础上,更加强调优化经济结构,提升经济发展的质量。2018 年,江苏经济发展依然注重于"稳增长、促改革、调结构、重生态、惠民生、防风险",经济增速在新常态下平稳运行、稳中有进,全省 GDP 达到 9.26 万亿,仅次于广东省,经济总量位居全国第二,在全国 GDP 中的比重达到 10.3%,比上一年提升了 0.2 个百分点。GDP 增长率为 6.7%,虽然较 2016 年 7.2% 的增速有所回落,但仍然略高于 6.6% 的全国整体水平。2018 年的江苏经济不仅做到了"稳增长",还实现了"调结构",三次产业占比进一步优化,第一、二、三产业的 GDP 所占的比重分别是 4.5%、44.5% 和 51%,第三产业比重提高了 0.7 个百分点。第一产业增加值 4141.7 亿元,增长 1.8%;第二产业增加值 41248.5 亿元,增长 5.8%;第三产业增加值 47205.2 亿元,增长 7.9%。全省人均地区生产总值 11.52 万元,位居全国第一,比上年增长 7.5%。第三产业比重超过了一半,且第三产业增长率快于第一和第二产业,表明江苏省产业结构进一步优化,持续升级。

2018 年,江苏实现城镇居民人均可支配收入 38096 元,位居全国第 5 位。较 2017 年的 35024 元增长 8.8%,增长速度较快[①]。在其他条件基本稳定的情况下,人均可支配收入的提升增强了消费能力,增加了消费需求。2018 年,江苏人均消费性支出 25007 元,比 2017 年的 23469 元增长了 6.6%[②]。消费品市场也因此稳中趋好,社会消费品零售总额达 33230 亿元,比 2017 年增长 7.9%,有效推动了江苏省的商务活动发展。较高水平的人均可支配收入既提升了江苏经济发展的活力,发挥了江苏省内需对经济增长的刺激作用。在当前出口规模出现萎缩的情况下,也有利于江苏省调整发展战略,通过加强对内需的利用,实施出口转内需的发展战略。

三、持续推进"一带一路"倡议,为商务发展寻找突破口

习近平总书记视察江苏时明确指出,江苏处于丝绸之路经济带和 21 世纪海上丝绸之路的交汇点上,要按照统一规划和部署,主动参与"一带一路"建设,放大向东开放优势,做好向西开放文章,拓展对内对外开放新空间。江苏省抢抓机遇,主动作为,把"一带一路"倡议与沿海开放战略和长江经济带三大国家级战略统一规划,一体推进,全方位发力,迅速形成新一轮开发开放及外向型经济发展浪潮。2018 年,江苏共发送中欧(亚)班列突破 1000 列,同比增长 75%。其中,"连新亚"班列依托海港及新亚欧大陆桥东方桥头堡双重优势,形成了鲜明的国际中转运输、海铁联运特色,通过开发"一带一路"沿线国家的纸浆、粮食、棉花等货源,中欧班列回程比例上升至去程的 67%,比去年同期提高 17 个百分点。货物品类日益丰富。中欧班列运送货物品类日益丰富,已逐步扩大到服装鞋帽、汽车及配件、粮食、葡萄酒、

---

① 金融界.2018 年各省居民人均收入排行:上海最高,贵州增速第一[EB/OL].https://baijiahao.baidu.com/s? id=1625943147484211584&wfr=spider&for=pc,2019 - 02 - 20.

② 南生今世说.2018 年江苏省人均可支配收入、人均工资、人均 GDP 及 GDP 总量分享[EB/OL].https://baijiahao.baidu.com/s? id=1624057424175609078&wfr=spider&for=pc,2019 - 01 - 30.

咖啡豆、木材、化工品、机械设备、纸浆等品类。目前,中欧班列运输重箱比例已达88％,其中,去程班列重箱率为95％,回程班列重箱率为77％。

2018年,江苏省还依托"一带一路"倡议,积极推动本省企业"走出去",向"一带一路"沿线企业进行大量的投资,积极参与"一带一路"建设,发挥先行先导作用,组织企业代表团赴中阿(联酋)产能合作示范园、柬埔寨西哈努克港经济特区、埃塞俄比亚东方工业园等国家级境外经贸合作区考察,推动新型电力(新能源)装备、工程机械、高端纺织等集群重大装备及优势企业走出去。江苏不仅纺织服装、机械电子、冶金化工等传统优势产业花开异国,而且近年来快速成长的光伏、输变电、轨道交通等新兴产业也在他乡绽放光彩。将13个先进制造业集群建设与"一带一路"产业融合相结合。引导集群建设省级境外园区,鼓励企业在科技资源密集的国家设立研发中心,进行全球化的研发设计、生产制造、资源配置、融资服务和市场营销,鼓励上市公司海外投资并购,提升企业国际化发展能力。

四、科技发展位居全国前列,科技创新成果稳步增长

2018年,江苏省取得地区生产总值9.3万亿元的成绩。在本省的产业结构中,第三产业占GDP比重达到51％。第三产业比重超过GDP的一半,处于绝对优势,经济结构发生质的飞跃。江苏服务业提升以后,对先进制造业有促进作用,如生产性服务业会带动制造业发展。生活性服务业的档次和质量也会进一步提升,如健康、文化服务业将直接提升百姓生活质量。据《中国区域创新能力评价报告2018》显示,江苏省总体创新能力排名第三,位居广东省和北京市之后,大多数指标处于全国前列,创新能力均衡,企业创新能力突出。江苏的优势集中体现在企业创新方面,如有研发机构的企业数、企业研发人员总量、企业技术改造经费投入等方面[1]。

2018年,江苏省创新产出成果保持总体稳定,稳中有升。2018年,高新技术产业产值占规模以上工业产值的比重超过43％,科技进步贡献率达63％。新认定的高新企业超过8000家,总数超过18000家。50项通用项目获2018年度国家科学技术奖,获奖总数位居全国各省份第一。2018年江苏省专利申请量、授权量达60.0万件和30.7万件,分别增长16.7％和35.1％;商标申请量、注册量达48.4万件和31.6万件,分别增长36.0％和98.2％;企业专利申请量、授权量占总量的比重分别达72.9％和77.1％,同比提高了2.9个百分点和6.1个百分点;PCT专利申请量5500件,增长19.8％;马德里国际注册商标申请量808件,增长28.3％;新注册地理标志商标31件。万人发明专利拥有量达26.45件,增加3.95件;每万户企业有效注册商标量达2814件,增长18.78％[2]。

2018年,江苏省全社会研发投入达到2504.4亿元,占全省GDP的比重达2.64％,较上一年上升0.1个百分点。在第二十届中国专利奖评选中,江苏获得金奖4项、银奖6项、优秀奖90项,创历史新高。2018年,江苏省共有50个项目获国家科技奖,获奖项目包括自然科学奖5项、技术发明奖8项、科技进步奖37项。全年高新技术产业产值比上年增长11.0％,占规模以上工业总产值比重达43.8％,比上年提高1.2个百分点;战略性新兴产业

① 经济带网.《中国区域创新能力评价报告2019》:广东、北京、江苏领跑[EB/OL]. http://www.ctoutiao.com/2441074.html,2019-11-06.
② 人民网.江苏亮出2018知识产权成绩单 主要指标稳中有进[EB/OL]. http://js.people.cn/n2/2019/0301/c360301-32698212.html,2019-03-01.

产值比上年增长 8.8%,占规模以上工业总产值比重达 32%,比上年提高 1 个百分点。占高新技术产业产值比重达到 42%①。科技进步贡献率达 63%,比全国平均水平高 4.5 个百分点。

截至 2018 年底,江苏省的国家技术转移示范机构成功获批 45 家,位列全国第二位②,每年各类产学研合作项目实施已超过 2 万项。科技进步贡献率达到 63%,全省已拥有创新型领军企业 156 家③。高新技术企业 13278 家,位居全国第三。全省拥有中国科学院和中国工程院院士 98 人。各类科学研究与技术开发机构中,政府部门属独立研究与开发机构达 466 个。建设国家和省级重点实验室 171 个,科技服务平台 277 个,工程技术研究中心 3404 个,企业院士工作站 326 个,经国家认定的技术中心 117 家④。上述的数据都从侧面说明江苏教育底蕴深厚、科研创新氛围良好。

2018 年,省政府制定出台《江苏省关于深化科技体制机制改革推动高质量发展若干政策》,贯彻习近平新时代中国特色社会主义思想和党的十九大精神,践行新的发展理念,实施创新驱动发展战略,围绕高质量发展走在全国前列的目标要求,遵循创新规律,强化创新引领,破解制约科技创新的体制性障碍、结构性矛盾和政策性问题,充分激发科技人员创新创业活力,更好地将江苏省科教人才优势转化为创新优势、发展优势。江苏省创新水平提高和创业意识的增强,对全省的产业结构升级、经济活力提升、市场经济机制的合理运行也将大有裨益。

五、制造业勇当中流砥柱,多个产业集群蓄势待发

江苏作为制造业大省和全国制造业基地,制造业规模居全国首位,产业门类齐全,在全国处于领跑者的地位,制造业规模庞大,总量稳步增长,充满活力,基础雄厚,形成了较为成熟的产业集群,是全球重要的制造业基地。医药、软件、新能源、新材料、节能环保、海工装备等高科技制造业发展迅速,产业规模居全国第一,新一代信息技术产业规模居全国第二。重工业、高加工度化趋势明显,装备制造带动江苏制造向高加工度化行业在重工业中取得支配性的地位。2018 年,规模以上工业增加值达 3.7 万亿,增长率为 5.1%,占全国比重 12.3%,对全省经济增长的贡献率约为 50%。规模以上工业企业利润总额为 8491.9 亿元,仍然位居全国第一位。

江苏作为传统制造业大省和物联网发展高地,始终把智能制造作为传统产业转型升级优化、提升国际核心竞争力的助力器,政府政策引导,企业积极实践,不断增强核心科研技术研发,大力促进企业制造装备升级和互联网+,产品性能、生产效率稳定提升,资源能耗、人力成本不断下降。江苏在战略新兴产业如新材料、新能源、生物医药、节能环保、新一代信息技术和软件等产业规模上已达到全国领先,且部分与国际接轨,甚至领先。江苏工业产业种

---

① 江苏省统计局.2018 年江苏省国民经济和社会发展统计公报[EB/OL].https://news.mysteel.com/19/0308/14/24CB74AF08CB30F3.html,2019-03-08.

② 2018 年国家技术转移示范机构主要情况[EB/OL].http://www.ctp.gov.cn/kjfw/tjsj/201912/7db22725dcc249358cf6722e71f8536a.shtml,2019-12-10.

③ 经济和信息快报.江苏发布一份名单:助推 156 家企业成长为创新型领军企业[EB/OL].http://www.sohu.com/a/289627281_99912196,2019-01-17.

④ 江苏省统计局.2018 年江苏省国民经济和社会发展统计公报[EB/OL].http://economy.jschina.com.cn/gdxw/201903/t20190308_2261171.shtml,2019-03-08.

类丰富,多数处于工业化 2.0—3.0 中后期阶段,信息化和网络化起步早、程度高、发展快,为基于信息化、互联网＋的智能制造奠定了坚实的基础。近五年,江苏制造业各行业累计信息化各项投入呈逐年快速上升趋势,区域两化融合发展水平总指数稳居全国首位。

江苏省制造业发展不仅实力强劲,更要拧成一股绳,形成产业集群,发挥集聚优势。2018 年 6 月,《关于加快培育先进制造业集群的指导意见》,重点培育 13 个先进制造业集群,这些集群包括新型电力(新能源)装备、工程机械、物联网、前沿新材料、生物医药和新型医疗器械、高端纺织、集成电路、海工装备和高技术船舶、高端装备、节能环保、核心信息技术、汽车及零部件、新型显示等,是江苏省制造业的优势产业,代表着产业结构优化和高质量发展的前进方向,是江苏省制造业发展的重中之重。发挥集群在推动产业、企业、技术、人才和品牌集聚协同融合发展中的综合优势,聚焦重点领域,培育一批国际领先的行业龙头企业、单项冠军企业。实现产业发展的动能转换,打造一批高精尖的凝聚力强的新型产业集群"航母"。

六、物流产业总体平稳,运行质量持续向好

受国际市场回暖和国内供给侧结构性改革的多重影响,2018 年江苏省物流需求规模快速增长,社会物流总额达 302551.9 亿元,同比增长 8.2%,比全国水平高 1.8 个百分点,其中,工业品物流总额 244355.6 亿元,所占比重最大,占 80.8%。2018 年江苏社会物流总费用达 12892.7 亿元,同比增长 6.5%。物流运行效率继续提升,2018 年社会物流总费用与 GDP 的比率为 13.9%,比上一年下降 0.2 个百分点,比全国水平低 0.9 个百分点[1]。近年来,江苏社会物流总需求保持稳中有升的良好势头;居民消费领域物流需求持续旺盛,工业物流中高新技术、高端制造产品物流需求较快增长,大宗商品物流需求则较为低迷,反映出经济结构持续优化的阶段性特征。同一时期,江苏商贸物流业整体发展态势逐年放缓,与 GDP 增长趋势一致,表明物流业收入的高速增长阶段已经过去。与此同时,社会物流总费用占 GDP 的比率持续下降,表明江苏商贸物流成本水平进入加速回落期,这与经济结构优化、运行效率提升和物流的高效运作密切相关。

物流社会化水平的不断提升,推动了物流的专业化。借助于电子商务的迅速发展,物流专业化呈现出以外包模式为主、自营模式为辅的局面。外包是指将物流配送业务交给专业的物流企业处理,如顺丰、申通、德邦、华宇等以快递、物流为主业的企业,这些企业随着市场的不断扩大以及客户要求的提高,服务水平日益提升,解决了冷链物流、保税物流等问题,促进了商贸流通业发展。2018 年,江苏省快递服务企业的业务量累计完成 43.9 亿件,同比增长 22.1%;业务收入累计完成 480.9 亿元,同比增长 17.8%。其中,同城业务量累计完成 9.8 亿件,同比增长 25.3%;异地业务量累计完成 33.5 亿件,同比增长 21.6%;国际及港澳台业务量累计完成 5806.5 万件,同比增长 0.6%[2]。江苏省物流运行总体平稳,呈现稳中向好、稳中有进的良好态势。物流业保持平稳增长,运行质量持续向好,企业效益持续改善。

---

① 新华日报.2018 年江苏省物流业发展统计公报发布[EB/OL]. http://www.jiangsu.gov.cn/art/2019/3/14/art_60095_8273703.html,2019 - 03 - 14.

② 中商产业研究院.018 年江苏省快递市场运行分析:快递量累计增长 22.1% [EB/OL].http://www.askci.com/news/chanye/20190215/1749541141710.shtml,2019 - 02 - 15.

第三章　江苏商务发展的劣势与挑战

江苏商务发展至今,可谓机遇与挑战并存。尽管江苏省地理位置优越、经济发展水平高、技术水平先进、交通便利、基础设施先进、商贸物流发达,但是,目前,在经济运行进入新常态之后,江苏经济也面临着一系列的挑战,必须勇于面对这些挑战,迎难而上,化挑战为力量,推动江苏省的商务发展在目前的高水平之下更上一层楼,取得更大进展,达到世界上商务一流强省的水平。

概括而言,目前江苏省面临的与商务有关的挑战包括如下八个方面:第一,高端制造业比例偏低,服务业占比有待提升。第二,劳动和土地供给减少,生产成本优势减弱。第三,产业集群发展尚未成熟,产出附加值处于中低阶段。第四,产业发展的环保压力增强,面临的约束和成本增加。第五,南北差距仍然存在,苏北地区发展仍较落后。第六,服务业与制造业协同不足,亟需发展生产性服务业。第七,缺少本地跨境物流企业,跨境电商系统不够完善。第八,面临对外经济合作压力,企业"走出去"仍需加强。接下来,将对如上八个方面的挑战进行详细的阐述。

一、高端制造业比例偏低,服务业占比有待提升

首先,江苏作为全国的制造业强省,虽然制造业处于领先水平,但仍存在短板。从全球的视角来看,江苏省的制造业仍处于价值链的中低端,高端制造业仍较为欠缺。传统制造业占比较高,而高端制造业仍较少,表现为劳动密集、原材料消耗量大的加工型产品居多。

高技术产品的大量零部件仍依赖于进口,例如,在大型船舶生产中,70%左右的零部件和核心配套设备需要从国外采购。汽车的发动机、减速器、电喷系统、底盘等核心零部件被国外厂家控制。80%以上的高端芯片和高端检测设备、50%以上的高端数控机床、75%以上的高精密减速器和伺服电机、70%以上的风机叶片所用的高纯度树脂依赖进口。而且,江苏省制造业产品缺乏知名品牌,在全国乃至全世界闻名的工业产品相对不足,企业家队伍还不够强大,举世闻名的企业家数量偏少。这导致江苏省虽然制造业规模大,但仍存在大而不强的现象,总体利润率偏低。制造业中重工业比重偏高,低端制造业仍存在产能过剩现象。

江苏制造业龙头企业不够突出,数量仍然偏少。作为全国制造业第一大省,在2018年发布的全国制造业企业500强榜单中,仅48家企业入围,位居第三。位居第一和第二的山东省和浙江省入围企业的数量分别是79家和77家[①]。江苏的500强制造企业数量与山东和浙江相比,仍有较大差距。在前20位的制造企业中,江苏省企业缺位。江苏制造业的总体水平在全国首屈一指,但是,位居全国最前列的龙尖端企业却相对较少,缺乏龙头效应。

其次,江苏省服务业比重仍有待提高。近年来,江苏省第三产业获得了快速的发展,

---

① 2018 中国制造业企业 500 强出炉[EB/OL]. https://www.sohu.com/a/256511224_100017467,2018-09-27.

2018年,江苏省第三产业比重达到51%,超过了地区生产总值的一半。但该比例低于同期全国平均水平1.2个百分点。与一些经济发达的兄弟省份相比,差距较大。2018年北京市、上海市、天津市、浙江省、广东省的第三产业增加值占地区生产总值的比重分别是81%、70%、59%、55%、54%①。可以看出,江苏省的第三产业比例不仅远远低于北京、上海和天津,也低于浙江和广东。根据国际经验,一个国家产业升级的路径是由第一产业为主逐渐向第二产业为主,然后向第三产业为主逐步转变的。美国2018年第三产业比重高达80.6%,第二产业比重为18.6%,而第一产业极少,比例仅为0.8%②。

第三产业是经济发展现代化的标志,能够促进人们生活品质的提升,提升工业生产的品质。第三产业能够吸纳大量的就业,而且对环境的污染较少,是经济高质量发展的重要方向。江苏作为中国的经济发达省份,目前第三产业所占比重仍然偏低,提升空间较大。发展第三产业,并非以减少其他产业为代价。相反,应当是通过第三产业自身做大做强,提升其品质和产值,从而提高其在国民收入中的比重。在此过程中,应注重提升现代服务业的占比。

二、劳动和土地供给减少,生产成本优势减弱

江苏作为制造业大省,生产要素成本对产品的竞争力具有至关重要的影响。然而,近年来,随着本省老龄化程度的不断提高,以及可使用土地面积不断减少,劳动力成本和土地成本快速提升,这对本省商品的竞争力产生了负面的影响,接下来分别从上述两个方面进行阐述。

首先,江苏省近年来老龄化程度严重。2018年,江苏省的老龄化程度位居全国第三,60周岁及以上老年人口1805.3万人,占总人口的23.04%,仅次于上海和北京,比全国平均水平大约高5个百分点。老年人口抚养比为18.32%。13个设区市中60岁以上老年人口占比超过25%的有6个,分别是南通、无锡、镇江、苏州、泰州和扬州③。导致老龄化的主要原因有二:一是生育意愿低下,生育率不足;二是随着医疗卫生条件和生活水平的提高,人均寿命大幅提升。在此背景下,劳动力供给不断减少,劳动要素的成本持续攀升。根据上文所述,江苏省许多产业仍是劳动密集型,劳动力成本对其产品竞争力影响很大。

其次,除了劳动力成本之外,土地成本对企业也具有重要影响。江苏省土地面积较小,仅为10.26万平方公里,在全国各省份中排名第24位。近年来,随着外来人口的不断涌入,人口密集度大幅增加。2018年,江苏人口密度为742人/平方公里,位居全国第四。除了上海、北京、天津三个直辖市之外,江苏人口密度位居全国各省第一。这意味着人多地少,土地资源稀缺。在此背景下,近年来,江苏主要城市房价大幅上涨,带动土地使用价上涨。地价和房价的增加,对于生产企业而言,租金成本大幅提升,导致其总的生产成本增加。

总而言之,在江苏省劳动力和土地等供给缺口越来越大的情况下,生产要素的成本逐步上升。因此,为了保持经济的良好发展,必须注重调整经济结构,减少劳动密集型产业,集约

---

① 搜狐焦点南通站.各省第三产业增加值排名:江苏第二[EB/OL]. https://nt.focus.cn/zixun/bdb2e077e6023af2.html,2019-12-06.

② 南生今世说.中国、美国的三大产业对比:美国服务业占GDP的80.6%,那中国呢?[EB/OL]. http://www.sohu.com/a/309386315_100110525,2019-04-21.

③ 江苏广电融媒体新闻中心.江苏进入深度老龄化社会[EB/OL].http://news.jstv.com/a/20191023/1571829300983.shtml,2019-10-23.

使用土地,提升人力资本水平,发展人工智能,通过技术进步和生产结构的调整,提升江苏商务发展的核心竞争力。

三、产业集群发展尚未成熟,产出附加值处于中低阶段

科技是第一生产力,从全国来看,江苏一直是教育大省、科技大省和研发大省。2015—2018年,江苏省高新技术产业产值分别为6.14万亿元、6.71万亿元、6.79万亿元、7.5万亿元,增速依次为7.15%、8.00%和14.42%和11%。从增速来看,江苏省高新技术产值增长有所恢复,2018年增速较快,但低于上一年的增速。总体来看,江苏省制造业的产业集群还处于发展壮大阶段,区域间、产业链的上下游企业之间的协作、配套功能还未完全建立起来,行业内也缺少领导型企业,诸多企业"两头在外",处于产业价值链底部,附加值和科技含量较低、研发能力匮乏,这造成了高新技术产业发展水平不高的局面,高新技术产业增加值占制造业增加值的比重远低于发达国家和新兴工业化国家的水平。从江苏省的钢铁、机械、石油化工、有色金属等传统制造业来看,这些产业以价格为主要竞争手段,缺乏以高端技术为核心的竞争优势,多数大中型企业关键技术的开发与应用能力不强,大多还处于产业链底端,从事劳动密集型的加工装配环节。

科技研发能力的欠缺和不足,将在很大程度上制约高新科技产业的发展,并且将产业结构局限在低附加值区域;产业结构中高新技术偏低,对江苏省吸引外资、落实"走出去"战略造成障碍。最终,高新科技的发展不足,必然影响江苏省重点发展先进制造业的战略实施,很大程度影响去产能目标的实现,对新型产业结构的形成也造成了阻碍,从而对省内投资环境、商贸环境造成损伤。目前,工业生产已逐渐进入4.0时代,但是,江苏的许多企业还处于2.0时代,与国外先进水平存在较大差距。自主创新能力相对不足,研究成果转化率偏低。

四、产业发展的环保压力增强,面临的约束和成本增加

在环保压力日益增加的态势下,江苏经济发展和商务发展都面临着前所未有的挑战。习近平总书记提出在发展中"既要金山银山,也要绿水青山"。在现阶段,发展不能以污染和破坏环境为代价,对环境保护的要求增强了,这对江苏省的生产和商务互动产生强有力的约束。由于江苏省的制造业处于重要地位,且产业模式偏于重工业,因此,对环保影响较大,形势较为严峻。据江苏省环保厅统计,2018年江苏省空气质量达标率仅为68%,与上一年持平。环境空气中PM2.5年均浓度较上一年下降2个百分点。2018年,全省共发布5次蓝色预警、5次黄色预警、1次橙色预警。全省酸雨平均发生率为12.1%,降水年均pH值为5.69,酸雨年均pH值为4.94,与上一年相比,全省酸雨平均发生率下降3.5个百分点。据生态遥感监测结果显示,全省64个城市空气微生物测点中细菌含量评价为"清洁"的测点比例为76.6%,较2017年上升9.9个百分点。由此可见,江苏省虽然采取了一系列措施,加强环境污染治理,取得了一定的成效,但是环境污染形势仍然非常严峻。工业发展一方面拉动了江苏的经济增长,另一方面也对生态环境造成了一定的危害,资源环境对江苏省商务发展的约束力不断增强。

现阶段,江苏省商务企业的发展大多是依靠资源消耗、以环境污染为代价的粗放式发展,这种发展方式虽然曾经为江苏省的商务发展做出了巨大贡献,但在环境约束不断增强的

背景下,必须转变这种传统的发展方式。在环保约束之下,为了减少污染排放,企业需要增加环保处理设施。一些不达标的粗放型经营的小企业在政府的监管之下,需要减产乃至停产。这在以前属于外部成本,现在必须将这部分成本内部化,这就提高了产品的综合成本,影响江苏的产品在贸易中的价格和竞争优势。

五、南北差距仍然存在,苏北地区发展仍较落后

江苏省商务发展中存在明显的南北不平衡的问题。2018 年,苏南、苏中和苏北占全省 GDP 的比重分别为 58.3%、20.5% 和 23.1%,苏南占比先提高后逐年下降,苏中和苏北占比先回落后稳步提升。2000 年以来,三大区域人均 GDP 之比不断扩大,2005 年达到峰值 4.5∶1.7∶1,随后差距比不断缩小。2018 年,三大区域人均 GDP 之比缩小为 2.3∶1.6∶1,苏南与苏北的差距比上一年略有扩大。从社会消费品零售额来看,苏南是苏中的 3.24 倍,是苏北的 2.38 倍。从 2018 年进出口总额来看,苏南是苏中的 8.56 倍,是苏北的 14.18 倍。从实际使用外资额来看,苏南是苏中的 2.89 倍,是苏北的 3.09 倍。

从上述数据可以看出,近年来,经过政府的不断努力,江苏南北差距逐步缩小,但是,目前仍然存在着较为明显的差距。地区差距的缩小主要体现在人均地区产值方面,但是,在国内外贸易和投资方面,江苏省的南北差距仍然十分突出。尤其是在对外贸易方面,苏北地区仍然非常薄弱,仅为苏南地区的十五分之一。要提升江苏商务的总体水平,必须进一步加大对苏北地区的扶持力度,促进苏北地区的产业升级,加大对苏北地区的国内外投资,提升苏北地区的国内外贸易,最终实现不同地区协同发展,共同进步。

从产业转移方面来看,第二产业仍然集中在苏南地区,从而导致苏北和苏中地区的产业结构很难升级换代。受此影响,民间资本和市场热钱也不会投入到苏北和苏中地区的经济建设中,因此,和苏南等经济更为发达地区的差距一直得不到有效缩减。从政府政策方面来看,江苏省财政对苏北的转移支付和各类经济补助逐年增加,在某种程度上,政府拉动对于江苏省内落后地区的经济发展产生了较为积极的影响。但是,政府的扶持政策不仅仅体现在最直接的经济补贴上,更重要的是,政府部门应该通过制定产业政策和产业规划,通过在省内经济落后地区大规模设立开发区、创新孵化池等措施从根本上推动苏北和苏中地区的产业结构升级,从而带动经济全方位发展。

在人才转移和科技转移等方面,受地区发展状况等因素的影响,苏北和苏中地区一直很难留住或吸引到先进人才,区域内本来的人力资源更多的是向苏锡常宁或者向省外的北上广地区集聚。人才的流失和缺乏造成苏北和苏中地区很难培育自己的核心竞争力,也无法培育自己的优势产业,更多的时候是沦为苏南地区的产品加工地,在经济发展上自然也就"低人一等"。省内的经济发展不平衡对江苏省整体经济发展产生了巨大的制约作用,也产生了商务发展的区域不平衡。

六、服务业与制造业协同不足,亟须发展生产性服务业

发达国家的发展经验表明,当经济发展进入工业化中后期阶段,制造业和服务业的融合将成为产业发展的主流趋势。当前,江苏的制造业和服务业的协同发展还存在着明显的问题。首先,江苏的经济服务化水平较低,制造业中服务化的比重不高。究其原因,主要是江苏的制造型企业集中在加工装配环节,制造品的技术含量不高,以中低端产品为主,对诸如

批发零售、运输仓储等低端服务行业需求过高,对科技研发、品牌维护等高端服务业需求较少。同时,制造业和服务业并没有形成良好的产业关联,这种独立发展、缺乏联系的发展模式导致了两种产业不能形成有效的互动。

其次,江苏的服务业规模虽然在不断扩大,但是生产性服务业所占据的比重依然不高,和欧美发达国家生产性服务业占服务业比重达到70%的规模相比,江苏仍然有着不小的差距。生产性服务业发展的缓慢导致服务业难以满足制造型企业转型升级的需求。最后,江苏的生产性服务业中,创新较少。从统计数据可以看出,江苏的研发、设计、营销和供应链管理等服务业的创新水平不高,在一定程度上限制了制造业的发展。

七、缺少本地跨境物流企业,跨境电商系统不够完善

跨境电商的产品种类多、数量少,但是批次频率高,造成了通过时间较长、海关包裹积压等后果。虽然江苏省应用先进的平台技术进行了相关的整合,但仅仅针对部分重点进出口企业。众多的中小外贸企业因为资金少、人才缺乏、信息化机制不完善等原因,仍然不能和电子商务平台进行很好的对接,无法做到数据的对接和共享,从而制约了电子通关的进行。同时,部分货物依然采用灰色通关的方式,电子商务平台不能正常结汇和退税,入境货物缺少合法的身份,安全没有保障。跨境电商因为需要面对来自世界各地的顾客、文化、语言和生活习惯,从而更具复杂性,对江苏省内的跨境电商人力资源提出了很大的挑战。电商人才不仅需要掌握对应的语言和基本的电商知识,更为重要的是,需要了解国外政策、知识产权、区域习惯等。跨境电商领域的人才缺失以及培养对口人才的时间周期长,对江苏省推进跨境电商带来了更大的挑战。

当前,江苏跨境电子商务方兴未艾,还没有建立和健全针对跨境电子商务的法律体系,跨境电商的交易环境和国内电子商务相比要复杂得多。没有健全的法制,当跨境电商发生纠纷时,各方权益如果不能得到保障,将对跨境电商的推进带来负面影响。跨境电商的发展缓慢,也将影响经济效率的提升,影响省内经济的运行。长此以往,江苏省的经济活性也将受到损伤。

江苏的南通、连云港、盐城等沿海城市具有发展港口贸易与物流产业的先天条件,但这些优势并没有与跨境电商融合,产业链环节的脱节制约了跨境电子商务的进一步发展。虽然江苏物流网络、信息化建设等相对成熟,但涉及跨境电子商务贸易的体系并不完备。在支撑体系方面,江苏跨境物流运作模式存在不足。江苏缺少本土成熟的跨国物流企业,与领先企业的合作也相对有限。

同时,江苏电子商务因为起步晚,大型电商平台还未形成规模等原因,使得自身在物流方面受到的制约也越来越大。这主要体现在两个方面:第一,协同能力差。当前,跨境电子商务与跨境物流缺乏协同,两者发展不匹配。而且除物流公司外,跨境电子商务还涉及商检、海关、国税、电商、消费者等多个主体,原有电子商务平台并未将不同部门对同一跨境交易行为的服务统一到综合平台上,海关、商检、国税等政务部门相对分离,跨境电子商务企业在办理进出口业务相关手续时效率低、成本高。同时,现有平台在安全认证、产品质量及知识产权保护、政府监管、第三方支付平台等方面亟待完善,迫切需要构建一个规范、高效、便利的综合性公共服务平台。第二,跨境电子商务物流人才缺乏。开展跨境电子商务,相关的跨境物流人才也是非常重要的影响因素之一。

八、面临对外经济合作压力,企业"走出去"仍需加强

江苏的经济与商务发展是外向型的,对于贸易和投资的依存程度较高。然而,近期以美国为首的西方国家对我国的贸易壁垒增强,贸易摩擦增加,主要原因是中美贸易不平衡。2018 年,中国进出口总值 4.6 万亿,对外贸易顺差为 3518 万亿美元。江苏省 2018 年对外出口 4040 亿美元,进口 2600 亿美元,江苏进出口总额占全国贸易总额的比重为 14.4%;贸易顺差为 1440 亿美元,占全国贸易顺差的比例约为 41%,由此可见江苏在全国对外贸易中处于重要地位。由贸易顺差所带来的贸易摩擦,必将对江苏省对外贸易产生不利的影响。美国近期对我国的出口开展 301 调查,加征关税,对江苏省的贸易出口形成了障碍。此外,从外国投资的角度来看,近期来自北美的直接投资大幅减少,表明中美经贸关系陷入低潮,对江苏省的出口和外国直接投资产生了负面作用。

江苏是我国对外开放的先行省份,而近期国内外经济形势发生了巨大的变化,江苏省对外开放的思路和产业结构需要改进创新。在复杂的国际形势下,应对来自美国等国家的打压,江苏省应当突破过去 30 多年来固有发展模式的束缚。最后,江苏产业竞争力有待加强,企业走出去的能力尚有欠缺,产业层次较低,工业增加值率也偏低,服务业发展不完善,尚未形成一批具有国际竞争优势的产业集群,综合竞争力和抗风险能力较差。需要进一步提升产业综合竞争力,打造高效、有凝聚力的产业集群,发展高端制造业和现代服务业,才能更好地应对来自国际的挑战和压力。

第四章　江苏商务发展的政策建议

江苏省作为经济发达、商务发展名列前茅的东部大省,其商务发展不仅关乎江苏省的民生福祉,也直接影响全国高质量发展的大局。改革开放四十多年来,江苏省锐意进取,充分发挥自身的优势和特色,在产业发展、国内外贸易、电子商务、跨国投资等各个方面都取得了丰硕的成果。目前,江苏省站在新的起点上,百尺竿头,更进一步,需要戒骄戒躁,向欧美日等国家和地区的一流商务水平看齐,找差距、抓落实,奋勇前行,打造现代化一流商务强省。

一、锐意锤炼高端制造业,打造一批行业龙头企业

江苏省制造业是商务发展的基础和有力支撑,在未来较长时间内,制造业对江苏省的经济发展、就业和国内贸易都具有决定性作用。目前,江苏省制造业已经处于较为先进的水平,但对于许多制造业产品的生产而言,尚未能达到一流的先进水准。当前,江苏省制造业不仅要定位为国内一流水准,还要放眼全球,使本省制造业跻身于全球最高端的水平,创造出更多江苏省的制造业知名品牌和王牌产品,使制造业成为江苏省的一面旗帜。

(一)促进产业集群的形成与发展,打造制造业超级航母编队

产业集群是指某一行业内的竞争性企业以及与这些企业互动关联的合作企业、专业化供应商、服务供应商、相关产业厂商和相关机构聚集在某特定地域的现象,有助于相互竞争的企业提高竞争力,对特定产业的发展和国家竞争力的增强有重要作用。现代制造业发展往往采取产业集群的形式,能够取得集聚效应,构建紧密的产业上下游网络,提升该地区整个产业的竞争优势。目前,江苏省多个产业集群发展较快,产生了一批电子信息、智能制造、生物医药、新材料、新能源等高新技术产业集群。但还不够成熟和完善,数量不够多,分布不均衡。

应当采取鼓励措施,壮大现有的产业集群,鼓励相对落后的苏北和苏中地区组建更多的产业集群。产业集群自发的形成和演化是缓慢的,需要政府推动,引进龙头企业,给予政策支持,促进集群内企业的聚集、结网、升级与稳定。加强集群内企业的实质性协作和交流,通过产业集群,产生"1+1>2"的集聚效应,打造江苏制造业的"超级航母编队"。

(二)加强专门人才的培育和激励机制,为制造业发展提供复合型人才

随着信息化、智能化的推进,制造业对于复合型高级人才的需求日益迫切。制造业高级专门人才是提升制造业水平的关键所在,所需人才分为两类:一类是高水平研究型人才,另一类是高技术操作型人才,两者相辅相成,缺一不可。前者负责理论研究和创新,后者负责高端产品的生产与制造。目前,江苏省在这两类人才的储备方面还比较匮乏。为此,需要加大对这些专门人才培育的投入力度。在高等教育环节,引入更多国内外专家,加快年轻人才培育的力度。在技工培训环节,采取更多切实可行的措施,培养高水平技术工人。

制造业既需要理论,又需要实践。因此,在人才培育中,一定要强化培养单位与实践单位之间的沟通与合作,才能提高人才培养的质量与效率。应当重点建设几个专门人才培育基地。随着高端制造业的发展,能够为此类人才提供丰厚的回报,从而吸引更多的人才加入,形成良性循环的人才培养体系。此外,需要创新人才培养的理念和模式,加强制造业复合型人才的培养,主要是加强工业化与信息化的融合,培养出不仅具有高水平制造业技能,还具有互联网、大数据和人工智能等相关知识的高端人才。

(三)打造更多制造业一流企业,凸显龙头企业效应

在2018年的全国制造业500强企业中,江苏省的企业数量明显少于山东和浙江,与江苏省的制造业地位不完全相符。江苏制造业不能"大而全",而应"有所为有所不为",具体而言,当前应当逐渐由传统的制造业向高端的智能化、信息化制造业转型升级,转移和淘汰落后的产能。传统的低端制造业处于全球价值链的底层,利润低下,对资源和能源消耗量大,技术含量低,一般是劳动密集型。根据前文的分析,在江苏省生产要素成本不断攀升的情况下,这些低端制造业的竞争力会越来越弱,发展这些产业,对江苏省而言是低效率的。江苏省在制造业领域已经处于较高水平,有能力在此基础上继续提升,生产高精尖的产品。

因此,应当对江苏省的制造业加强指导与规划,结合本省的实际情况,发挥比较优势,打造一批最具有国际竞争力的江苏制造龙头产品,发展战略性新兴行业。目前,江苏制造业面临着有"高原"却缺乏"高峰",需要淘汰落后产品,却缺乏先进产品的困境。为此,需要从人才、国内外合作、创新与研发等多个方面共同努力,才能实现上述目标。打造一批占据制造业顶峰,在全国乃至全世界具有影响力的制造业一流龙头企业。

(四)推进制造业的智能化,提升江苏智造的水平

目前,制造业已经进入信息化和智能化时代,江苏制造业应当充分融入时代潮流,提升制造业的信息化和智能化水平,提升制造业的水平和效率。智能制造是发展先进制造业,实现制造强省跨越的突破口。智能制造是制造业的发展方向,应该稳健务实推进智能制造。智能制造能够大幅提升制造业的效率和精度,很多人工难以做到、难以做好的工作,能够很好地通过自动化智能化生产设施完成。而且,在当前劳动力成本居高不下的情况下,通过智能制造能够节省人工成本,提升产品的竞争力。

高端智能制造是技术密集型的。一方面,政府应该加大对研发的投入,增强对创新成果的激励和产权保护,推进创新成果向生产的转化。另一方面,虽然在技术创新的过程中,自主创新难能可贵,但在有些情况下,也应当加强与国外生产商的合作。通过合作,汲取对方的先进技术,更快更好地提升江苏省制造业的智能化、信息化水平。例如,高铁、核电、新能源汽车,以及海洋工程装备等行业,需要通过国际合作,突破重大技术难关,实现全球价值链的整合和生产要素的优化配置。

二、推进外贸高质量发展,提升江苏外贸的综合竞争力

进出口贸易是商务发展的一个重要组成部分。当今的世界是开放的,通过对外经济贸易和投资活动,能够取得互惠共赢的效果。江苏对外开放较早,对外经济依存度较高,在经济进入新常态之后,江苏的贸易和外国直接投资活动有所下滑,为此,需要根据新的经济形势,制定新的对外经贸战略。加强对外经贸的规划,优化江苏省对外贸易和外商投资的布

局,延续江苏在过去数十年间对外经贸合作方面的优势。

(一)注重贸易伙伴的多样化,加强与"一带一路"国家的贸易关系

除了传统的贸易伙伴关系之外,近年来,中央提出"一带一路"倡议,为江苏对外贸易发展提供了新的契机。尤其是在美国对中国产品的贸易壁垒更多、对江苏投资有所减少的情况下,江苏对外贸易应当寻求更多的贸易伙伴国,根据江苏的产业特点和国外的需求状况,积极开拓新的对外经贸合作对象,加强与"一带一路"沿线国家贸易与投资往来。引导省内企业积极开拓"一带一路"沿线国家市场,在政策扶持、信息披露、出口信用等方面给予支持,扩大目标国家对外投资规模。

按照"成熟一个、启动一个"的原则,在沿线国家逐步推进海外工业园区建设,带动江苏省对沿线国家的产业转移和贸易出口;以海外工业园区为基地,鼓励外贸企业打通贸易渠道,控制出口风险、挖掘出口的新兴市场。这也能够避免对外贸易集中度过高所产生的风险,即使与少数经贸伙伴产生摩擦,也不会对本省的经济产生过大的负面冲击。

(二)发挥本省产业优势,促进对外贸易稳定发展

保持本省优势产业的良好发展,是保持对外贸易核心竞争的关键所在。生产是贸易的源头,在对外贸易中,能否生产出有竞争优势的产品,是决定贸易成败的关键。当前,江苏省生产要素成本上升,许多制造业产品缺乏核心技术,这决定了此类产品利润较少,缺乏竞争优势。为此,长远来看,提升江苏省制造业的技术水平,发展附加值更高的高端制造业,是提升江苏省对外贸易的强劲驱动力。优化省内各地区产业布局,充分利用各地区的基础条件和比较优势,鼓励合理的产业转移,促使各地区发展各自的优势产业,并持续升级,使江苏省对外贸易保持永恒的竞争力。

(三)大力发展服务贸易,提升服务贸易的综合实力

当前,江苏省服务业所占比重已超过一半,服务贸易的发展是未来对外贸易合作的新方向。应当努力发展研发设计、金融、保险、计算机和信息服务等生产性服务和文化贸易、技术贸易、中医药和会展业服务贸易,稳步提升资本技术密集型服务、特色服务等高附加值服务在服务贸易中的比重。推动服务外包的发展,借助"一带一路"倡议,承接更多的"一带一路"沿线国家和地区的服务外包项目。

三、大力推动电子商务发展,以电子商务助推江苏商务前行

电子商务是未来商务发展的主流方向。江苏省电子商务虽然位居全国前列,但是在总体规模和产业渗透程度等指标上,与广东、浙江等省份还存在着较大的差距,电子商务发展总体水平不够高,缺乏标杆性电子商务平台和电子商务龙头企业。为此,需要从如下多个方面采取措施,促进电子商务产业的发展。

(一)注重电子商务人才培养,以专业人才促电商发展

电子商务的发展日新月异,新的经营模式和业态层出不穷,且涉及多个领域的融合,专业化程度高,对专门电商人才的需求日益旺盛。鉴于江苏省电子商务起步较晚,相关人才的储备相对匮乏,尤其是高端的电商人才稀缺,在此情况下,需要针对江苏省电子商务发展的需要,引

进和培养更多的高素质专门电商人才，为做大做强江苏省的电子商务奠定人才基础。

（二）进一步促进农村电商发展，以电商促进乡村振兴

电商向农村渗透，以电商武装三农，是江苏商务发展的新方向，也是实现乡村振兴的一个重要举措。农村地区收入低下的根源在于农产品销售渠道不畅，同时，农民难以找到合适的非农就业机会。打造农村电子商务，一方面能够给农产品提供更好的销售渠道；另一方面也能够促进农村居民的非农就业，提升农村地区的商务水平。农民既可以销售初级农产品，也可以销售一些农业深加工产品、副食品、手工制品。可以在农村开办不同规模的企业，通过电子商务进行营销。通过发展农村的电子商务，可以促进农民就业和创业，增加农民收入，增加农村商品零售额，活跃农村商品流通。目前，江苏省已设立了一些电子商务示范村，取得了一定的成效，需要继续扩大覆盖面，使更多农民受益。

（三）找准跨境电商存在的差距，努力发展跨境电商产业

跨境电商是促进江苏省商务国际化发展的重要途径。跨境电商一方面有助于扩大电商的规模和影响，促进电商的发展。另一方面通过电商的方式进行进出口活动，也有助于为进出口活动开辟新的交易渠道，促进贸易发展。目前，江苏省跨境电商位居全国第三位，落后于广东和浙江，跨境电商发展相对不足，为此，政府应当鼓励跨境电商发展，消除相关障碍，允许电商探索新的跨境进出口经营活动，为跨境电商的支付计算、货物仓储、快递物流等配套系统的建立提供支持。加强跨境电商与本省生产企业的合作，完善与国外经济主体的对接，形成完整的跨境电商产业链。

（四）扶持苏北地区电商发展，缩小商务发展的区域差距

在电子商务领域，苏北、苏中和苏南地区仍然存在着较大的差距。需要加大对苏北地区的扶持，大力发展苏北地区的电商产业。电子商务为苏北地区的商品交易提供了新的契机，为缩小江苏省内部的商务发展差距提供了途径。苏北地区地广人多，具有远大的发展前景，许多地区都有自身的特色产业，通过电子商务，拉动苏北这些产业的发展，带动产品需求，让这些产品销售到国内外千家万户，能够自然而然地促进苏北地区商品的生产与贸易，带动苏北地区的就业，增加苏北居民的可支配收入，进而推动苏北地区的经济向高端产业升级，最终缩小江苏不同区域在商务发展方面的差距，实现江苏商务的共同繁荣，促进全省商务发展起头并进，均衡发展。

（五）打造一批电子商务领军企业，引领江苏电商产业做大做强

对于电子商务而言，龙头企业的作用至关重要。当前，与广东、浙江等省份相比，江苏省电子商务的代表性龙头企业相对偏少。为此，江苏省政府应当加强政策引导，提供便利和优惠政策，使本省的一些电子商务企业做大做强，成为该领域的领军企业。同时，吸引国内外先进的电子商务企业入驻江苏，形成示范效应。将南京市、苏州市等电子商务较为发达的城市列为电子商务重点发展城市，建造一批电子商务的园区，在行政审批、土地使用、税收等方面，辐射和带动省内其他城市的电子商务发展，最终形成全省电子商务全面开花、多地发展的局面。打造更多的类似苏宁易购的大型标志性电商龙头企业，引领江苏电商更上层楼，向电子商务强省发展。

国内贸易篇

第一章　江苏内贸发展概况

2018年,在深入贯彻十九大精神和习近平总书记对江苏工作的重要指示要求下,江苏经济运行实现总体平稳,稳中有进,综合实力显著增强,改革效能加快提升。全年江苏地区生产总值达到9.26万亿元,同比增长7.8%,占全国GDP增量的10.3%。2018年,江苏居民人均可支配收入为38096元,同比增长8.8%,城乡收入差距不断缩小,全省社会消费品零售总额3.32万亿元,比上年增长7.9%,占全国的8.3%,其中,批发和零售业零售额增长7.7%,住宿和餐饮业零售额增长9.7%。网上消费快速增长,限额以上批发和零售业通过公共网络实现零售额增长25%,住宿和餐饮业通过公共网络实现餐费收入增长49.4%。无论是线上还是线下,江苏内贸流通业规模扩张均明显加快,在行业结构得以调整升级的同时,企业经营绩效不断提升。

一、流通业增长明显,产值比重提升

2018年,江苏第三产业产值47205亿元,同比增长9.4%,与2014年相比,增长53.4%,是三次产业中增幅最大的,但增速与上年相比收缩了2.2个百分点,且低于10%。从产业产值增长情况看,2014—2018年,第三产业增长曲线表现为先降后升再降,2016年增速最快,为12.9%,这五年间,第三产业的年均增速为11.5%,分别高出第一产业7.8个百分点和第二产业4.9个百分点。2018年,江苏三次产业产值在GDP的比重分别为4.5%、44.5%和51%。2015年,第三产业产值占比首次突破50%,超过第二产业,江苏产业结构自此开始形成"三二一"的格局。2018年,江苏人均GDP为115168元,同比增长7.5%,但增速比上年低出3.2个百分点,与2014年相比,增长38.5%,2014—2018年,江苏人均GDP平均增速为8.5%(见表1.1)。

本报告中,内贸流通业部分的行业界定以批发业和零售业、住宿业和餐饮业在内的四大行业为主体。江苏第三产业增长幅度最快,报告在研究过程中,选择服务业的另外两个主要行业金融业和房地产业与流通业在产值增长、增幅及对经济贡献等多方面进行对比分析。

2018年,江苏流通业产值为12795亿元,同比增长了35%,增速同比上升26.8个百分点,与2014年相比,增长了67.2%;金融业产值为7461.9亿元,同比增长了10%,增速同比下滑2.9个百分点,比2014年增长了58%;房地产业产值为5269.8亿元,同比增长了5%,增速同比下滑11.9个百分点,比2014年增长了47.8%。从增长幅度看,流通业增幅快于金融业和房地产业,2018年分别高于金融业近25个百分点、房地产业30个百分点(见表1.1)。2014—2018年,从行业产值的增长变化情况看,流通业前四年变化不大,在6%~8%之间徘徊,到2018年,增速拉高迅速;金融业产值增幅表现为先降后升再降,2014年为最高点19.3%,其余年份均保持在10%~13.5%之间;房地产业则表现为先降后升再降,2017年为16.8%,是其增速最快的一年,2018年为最低点(见图1.1)。五年间,这三个行业产值的平均增速分别为流通业12.8%、金融业13.6%、房地产业9.9%,金融业快于流通业和房地产业。

表 1.1 **2014—2018 年江苏第三产业主要行业产值及增长情况** 单位:亿元、%

年份	第三产业产值	流通业		金融业		房地产业	
		产值	增长率	产值	增长率	产值	增长率
2014	30774.3	7653.5	7.0	4723.7	19.3	3564.4	7.7
2015	34272.4	8182.1	6.9	5302.9	12.3	3755.5	5.4
2016	38691.6	8761.6	7.1	6011.1	13.4	4292.8	14.3
2017	43169.7	9477.1	8.2	6783.9	12.9	5016.5	16.9
2018	47205.2	12794.8	35.0	7461.9	10.0	5269.8	5.0

数据来源:根据《江苏统计年鉴》(2015—2019)数据整理而得。

注:该表中"流通业产值"数据来自《江苏统计年鉴 2019》中江苏分行业数据 2018 年。

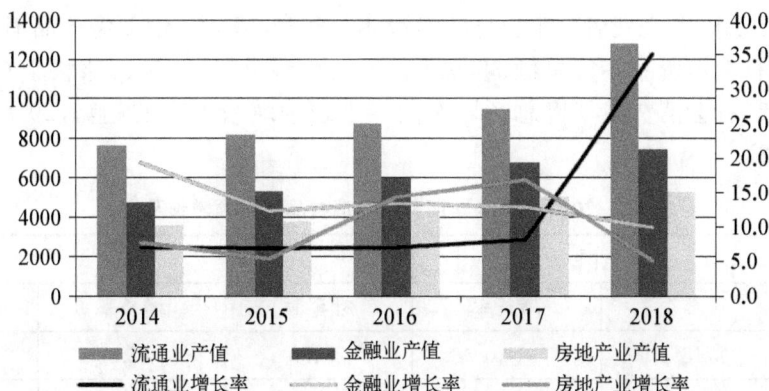

图 1.1 **2014—2018 年江苏第三产业主要行业产值及增长情况 单位:亿元、%**

数据来源:根据《江苏统计年鉴》(2015—2019)数据整理而得。

2018 年,江苏流通业产值占第三产业的比重为 27.1%,与上年相比,上升 5.1 个百分点,比 2014 年提高 2.2 个百分点;金融业产值比重为 15.8%,与上年相比,上升 0.1 个百分点;房地产业产值比重为 11.2%,与上年相比,下滑 0.4 个百分点。2014—2018 年,流通业产值比重表现为先降后升,而金融业则稳中有升,房地产业比重则在 11%~13% 之间(见图 1.2)。

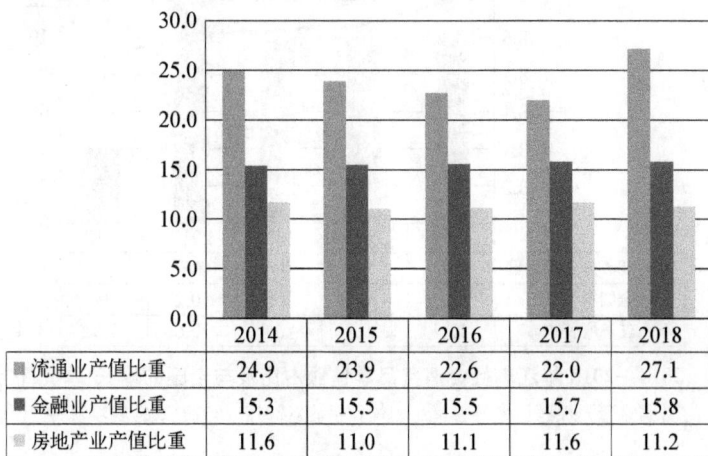

	2014	2015	2016	2017	2018
流通业产值比重	24.9	23.9	22.6	22.0	27.1
金融业产值比重	15.3	15.5	15.5	15.7	15.8
房地产业产值比重	11.6	11.0	11.1	11.6	11.2

图 1.2 **2014—2018 年江苏第三产业主要行业产值比重 单位:%**

数据来源:根据《江苏统计年鉴》(2015—2019)数据整理而得。

二、消费品零售额增速放缓，消费结构进一步优化

消费作为经济增长主动力作用进一步巩固，无论是在GDP的比重还是对GDP的贡献率，消费已成为经济增长的主导力量。2018年，全国最终消费支出对国内生产总值增长的贡献率为76.2％，比上年提高18.6个百分点，高于资本形成总额43.8个百分点。消费对经济发展的贡献进一步提高，消费结构优化促进了经济结构改善。2018年，全国居民人均消费支出中，服务性消费占比为44.2％，比上年提高1.6个百分点，绿色发展扎实推进，万元国内生产总值能耗比上年下降3.1％，实现了下降3％以上的预期目标。能源消费结构继续优化，全年天然气、水电、核电、风电等清洁能源消费量占能源消费总量的比重比上年提高约1.3个百分点。生活必需品消费增速放缓，吃穿用类生活必需品增速逐渐降低，体现生活品质的体育、娱乐和健康保健类等消费增速提升。个性化、定制化消费对商品和服务的科技含量提出了新的要求，为消费者带来更好的消费体验和身心享受，创新型产品消费增长迅猛。2018年，全国社会消费品零售总额380987亿元，比上年增长9.0％，略快于GDP的增速，2014—2018年，社会消费品零售总额增速曲线表现为缓慢下降的趋势，2018年增速跌破10％(见表1.2)。

表1.2 2014—2018年江苏社会消费品零售额增长及占比　　　单位:亿元、%

年份	全国		江苏		
	社零额	增长率	社零额	增长率	占全国比重
2014	271896	12.0	23458	12.4	8.6
2015	300931	10.7	25877	10.3	8.6
2016	332316	10.4	28707	10.9	8.6
2017	366262	10.2	31737	10.6	8.7
2018	380987	9.0	33230	7.9	8.3

数据来源:根据《国家数据》《江苏统计年鉴》(2015—2019)数据整理而得。

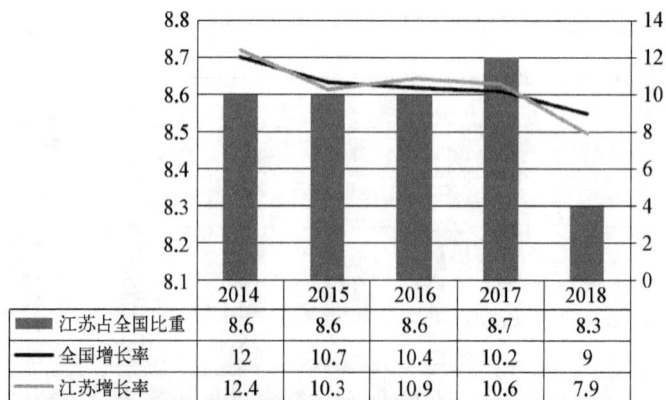

	2014	2015	2016	2017	2018
江苏占全国比重	8.6	8.6	8.6	8.7	8.3
全国增长率	12	10.7	10.4	10.2	9
江苏增长率	12.4	10.3	10.9	10.6	7.9

图1.3 2014—2018年江苏社会消费品零售额占比及与全国的增长 单位:亿元、%

数据来源:根据《国家数据》《江苏统计年鉴》(2015—2019)数据整理而得。

2018年，江苏社会消费品零售额为33230亿元，同比增长7.9％，增速比2017年下降了2.7个百分点，比2014年增长了41.7％，占江苏GDP的35.9％，但低于全国的平均增速1.1

个百分点。从增长速度的变化情况看,2014—2018 年,江苏社会消费品零售额的增速总体表现为下降态势,与全国的增长情况相似,这五年间,其年均增速为 10.4％,与全国平均水平一致(见图 1.3)。2018 年,江苏社会消费品零售额在全国的比重为 8.3％,与上年相比,下降0.4 个百分点,2014—2018 年,其所占全国的比重 8.3％~8.7％之间(见表 1.2)。

三、城乡收入差距缩小,消费支出更趋多元

随着经济改革的进一步深化,江苏消费市场规模的稳步增长,江苏城乡居民收入水平得以提高,居民生活质量不断提升。2018 年,江苏居民人均可支配收入为 38096 元,同比增长8.8％,城镇居民人均可支配收入为 47200 元,比上年增长 8.2％,同比增幅减少 0.4 个百分点,与 2014 年相比,增加 37％;农村居民人均可支配收入为 20845 元,首次超过 2 万元,比上年增长 8.8％,与 2014 年相比,增长 39％(见表 1.3)。

从收入增长速度的变化情况看,2014—2018 年,城镇居民人均可支配收入的增速从2014 年的 5.6％开始上升,然后基本稳定在 8.2％左右,五年间,其平均增速为 7.7％;农村居民人均可支配收入的增速表现为先降后升,其年均增速为 8.9％,快于城镇 1.2 个百分点,从这五年的增长情况看,农村居民人均可支配收入增长幅度均快于城镇,幅度差距最大的为2014 年,有 4.4 个百分点(见图 1.4)。2018 年,江苏城乡收入比为 2.26,五年间收入差距缩小了 0.04 倍,2014—2018 年,城乡居民收入比呈缓慢缩小趋势,保持在 2.3 以内,城乡居民收入相对差距在逐步缩小。

表 1.3　2014—2018 年江苏城乡居民人均可支配收入及增长　　　　　　单位:元、％

年份	城镇居民		农村居民		城乡收入比
	人均可支配收入	增长率	人均可支配收入	增长率	
2014	34346	5.6	14958	10.0	2.30
2015	37173	8.2	16257	8.9	2.29
2016	40152	8.0	17606	8.3	2.28
2017	43622	8.6	19158	8.8	2.28
2018	47200	8.2	20845	8.8	2.26

数据来源:根据《江苏统计年鉴》(2015—2019)数据整理而得。

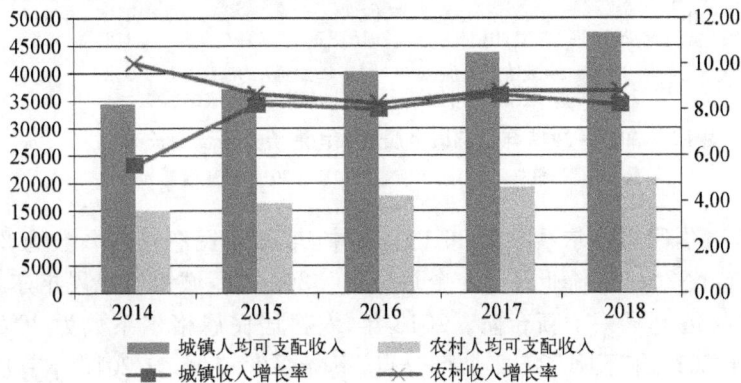

图 1.4　2014—2018 年江苏城乡居民人均可支配收入及增长 单位:元、％

数据来源:根据《江苏统计年鉴》(2015—2019)数据整理而得。

2018年，江苏居民人均消费支出25007元，比上年增长6.6%，低于居民人均可支配收入的增速2.2个百分点。城镇居民人均消费支出为29462元，比上年增长6.3%，增速同比提高1.4个百分点，与2014年相比，增加了25%；农村居民人均消费支出为16567元，比上年增长6.1%，增速同比下降2.1个百分点，与2014年相比，增加了40%（见表1.4）。从消费支出增长变化情况看，2014—2018年，江苏城镇居民消费支出增速表现为先升后降再升，但都低于6.5%，2017年为4.9%最低，五年间，其年均增速为5.8%；农村居民增速则表现为先降后升再降，2016年增速最快，为12%，2018年最低点，五年间，其年均增速为9%。

将江苏居民的消费支出与居民的人均可支配收入进行对比发现，一方面，居民消费支出的增速低于居民人均可支配收入，"量入为出"仍然是居民在消费上的基本原则；另一方面，农村居民的人均可支配收入的增速略高于城镇居民。不仅如此，农村居民的消费支出增速也普遍高于城镇居民，这表明城乡居民消费差距越来越小，农村居民消费需求旺盛，适应现代化生活服务方式的能力越来越强，农村居民消费模式和结构都在发生变化（见图1.5）。

表1.4 2014—2018年江苏城乡居民人均消费支出及增长　　　　单位:元、%

年份	城镇居民			农村居民		
	人均消费支出	增长率	恩格尔系数	人均消费支出	增长率	恩格尔系数
2014	23476	5.5	28.5	11820	9.9	31.4
2015	24966	6.3	28.1	12883	9.0	31.7
2016	26433	5.9	28.0	14428	12.0	29.5
2017	27726	4.9	27.5	15612	8.2	28.9
2018	29462	6.3	26.1	16567	6.1	26.2

数据来源:根据《江苏统计年鉴》(2015—2019)数据整理而得。

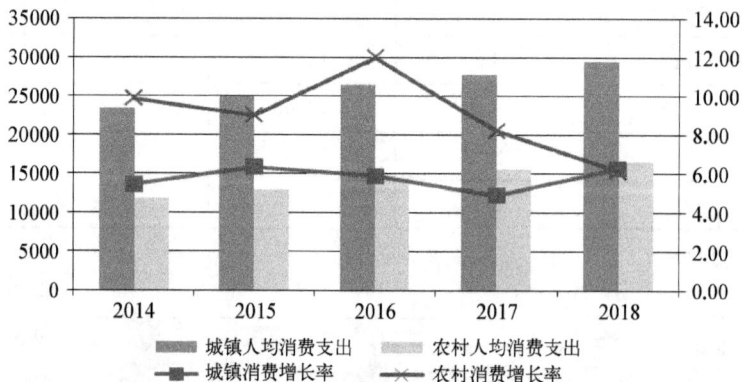

图1.5 2014—2018年江苏城乡居民人均消费支出及增长 单位:元、%

数据来源:根据《江苏统计年鉴》(2015—2019)数据整理而得。

2018年，江苏居民恩格尔系数为26.1%，其中，城镇居民恩格尔系数为26.1%，同比下降1.4个百分点，比2014年降低了2.4个百分点。2013年，城镇居民恩格尔系数首次跌破30%，消费模式又迈上了一个新台阶。2018年，农村居民恩格尔系数为26.2%，同比下降2.7个百分点，比2014年下降了5.2个百分点，下降幅度较大，自2016年首次跌破30%以来，迅速下落，勇追城镇恩格尔，2018年两者已相当接近（见图1.6）。当然，恩格尔系数并不能完全反映居民生活的状态，居民的生活和幸福指数还会受到收入水平、福利待遇、医疗改善、物价涨跌及相关政策等因素的影响,但在一定程度上表明,随着收入水平的提高,恩格尔系数仍可以作为一个地区的富裕程度及其长期发展趋势的指标。

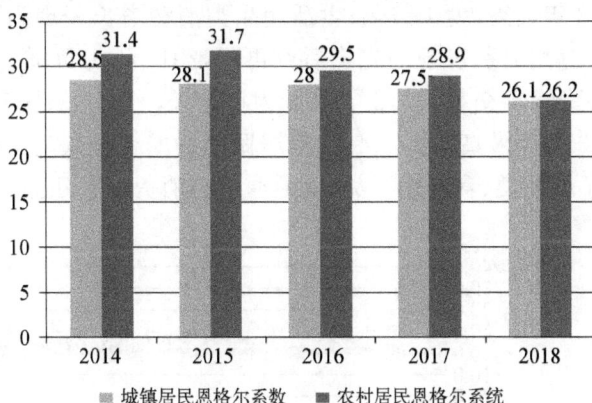

图 1.6   2014—2018 年江苏城乡居民恩格尔系数变化 单位:%
数据来源:根据《江苏统计年鉴》(2015—2019)数据整理而得。

从消费支出结构方面看,2018 年,江苏城镇居民消费支出排前三位的分别是居住类消费8104 元、食品烟酒类 7687 元、交通通信 3820 元(见表 1.5)。主要消费支出比重从高到低依次分别为居住类 27.5%,食品烟酒类 26.1%、交通通信类 13%、教育文化娱乐类 10.6%、医疗保健类7.7%、衣着类 6.5%、生活用品及服务类 6.1%,与2017 年相比,居住类消费位次排前,首次超过食品烟酒类,提高 3.5 个百分点,食品烟酒类下降2.9 个百分点,教育文化娱乐类下降 1.4 个百分点

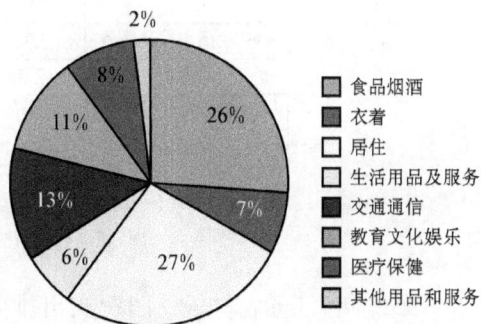

图 1.7   2018 年江苏城镇居民各类消费支出占比
数据来源:根据《江苏统计年鉴 2019》数据整理而得。

(见图 1.7)。消费支出的增加使得居民消费结构也发生变化,并拉动了经济的发展,从而进一步扩大了消费市场的规模。

表 1.5   2014—2018 年江苏城镇居民人均消费支出情况

城镇居民消费项目(元)	2014 年	2015 年	2016 年	2017 年	2018 年
人均生活消费支出	23476	24966	26433	27726	29462
食品烟酒	6696	7004	7389	7616	7687
衣着	1753	1781	1810	1838	1926
居住	5101	5645	6141	6773	8104
生活用品及服务	1335	1517	1616	1709	1786
交通通信	3504	3620	3952	3972	3820
教育文化娱乐	2839	3058	3164	3450	3129
医疗保健	1617	1594	1624	1574	2273
其他用品和服务	631	747	737	794	738

数据来源:根据《江苏统计年鉴》(2015—2019)数据整理而得。

在消费增长方面,2014—2018 年,食品烟酒类消费增长表现为先降后升再降,2018 年最低,增长 0.9%;衣着类消费增长表现为先降后升,2018 年最高,增长 4.8%;居住类消费表现为先降后升再降,2018 年最高,为 19.7%;生活用品类消费增长表现为先升后降,2015 年最高,为 13.6%;交通通信类消费表现为先降后升再降,2018 年为负增长,−3.8%;教育文化娱乐类消费表现为升降隔年交替,2018 年最低为负增长,−9.3%;医疗保健类消费同样表现为升降隔年交替,2018 年最高,为 44.4%,是居民消费增长最快的类别(见图 1.8)。2018年,城镇居民消费对于居住类、食品烟酒类、交通通信的消费需求旺盛。

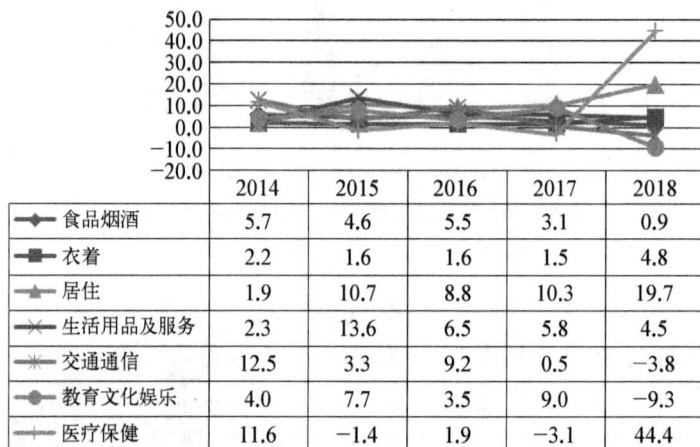

	2014	2015	2016	2017	2018
食品烟酒	5.7	4.6	5.5	3.1	0.9
衣着	2.2	1.6	1.6	1.5	4.8
居住	1.9	10.7	8.8	10.3	19.7
生活用品及服务	2.3	13.6	6.5	5.8	4.5
交通通信	12.5	3.3	9.2	0.5	−3.8
教育文化娱乐	4.0	7.7	3.5	9.0	−9.3
医疗保健	11.6	−1.4	1.9	−3.1	44.4

图 1.8 2014—2018 年江苏城镇居民人均消费各类支出增长 单位:%

数据来源:根据《江苏统计年鉴》(2015—2019)数据整理而得。

2018 年,江苏农村居民消费支出排前三位的分别是食品烟酒类 4338 元、居住类 4130元、交通通信类 2960 元(见表 1.6)。主要商品消费支出所占比重分别为食品烟酒类26.2%、居住类 24.9%、交通通信类 17.9%、教育文化娱乐类 9.3%、医疗保健类 9.2%、生活用品及服务类 5.7%、衣着类 4.9%。与 2017 年相比,食品烟酒消费变化较大,下降 2.8 个百分点,居住类消费提高 2.9 个百分点,衣着类下降 1.1 个百分点(见图 1.9)。

表 1.6 2014—2018 年江苏农村居民人均消费支出情况

农村居民消费项目(元)	2014 年	2015 年	2016 年	2017 年	2018 年
人均生活消费支出	11820	12883	14428	15612	16567
食品烟酒	3712	4078	4255	4511	4338
衣着	759	778	816	892	812
居住	2467	2650	3258	3395	4130
生活用品及服务	719	754	910	954	939
交通通信	1788	1880	2334	2620	2960
教育文化娱乐	1215	1320	1352	1450	1547
医疗保健	845	1088	1148	1395	1530
其他用品和服务	314	334	356	394	311

数据来源:根据《江苏统计年鉴》(2015—2019)数据整理而得。

在消费增长方面,2014—2018年,农村居民食品烟酒类消费增长表现为先降后升再降,2018年为负增长;衣着类消费也表现为先降后升再降,2018年最低,为负增长;居住类消费表现为隔年升降交替,2016年最高,为22.9%;生活用品类消费也表现为先降后升再降,2016年最高,为20.7%,2018年最低,为负增长;交通通信类消费表现为隔年升降交替,2016年最高,为24.1%;教育文化类消费增长同样表现为隔年升降交替,2015年最高,为8.6%,但都不超过10%;医疗保健类消费增长升降起伏较大,其中有两个年份都超过20%,2015年最高,为28.8%。从这五年各类消费增长的变化发

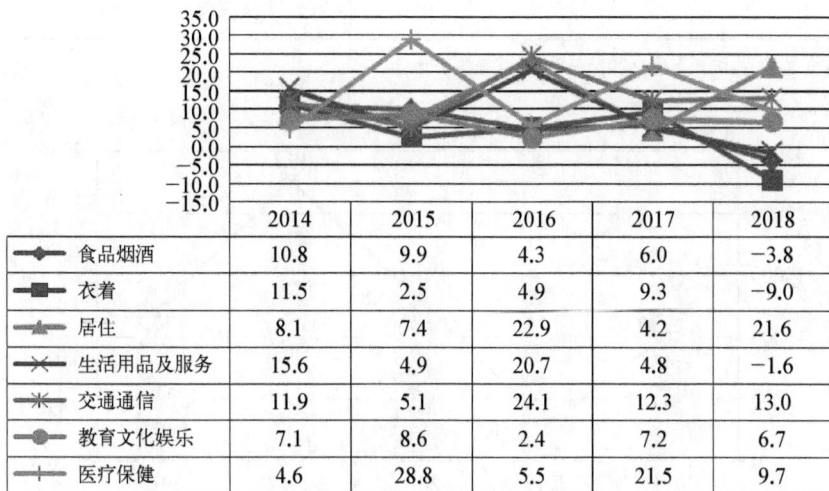

图 1.9　2018 年江苏农村居民各类消费支出占比

数据来源:根据《江苏统计年鉴 2019》数据整理而得。

现,2014年,农村居民消费对于食品烟酒类、居住类消费需求最高,2015年,居民对于教育文化娱乐类、医疗保健类的消费最高,2016年,居民对于居住类、生活用品类及交通通信类需求最旺盛,2017年,居民对于医疗保健类、交通通信类消费更旺盛,2018年,居民对于居住类、交通通信类更有需求(见图1.10)。

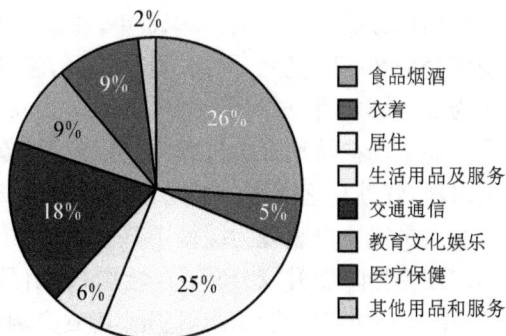

	2014	2015	2016	2017	2018
食品烟酒	10.8	9.9	4.3	6.0	−3.8
衣着	11.5	2.5	4.9	9.3	−9.0
居住	8.1	7.4	22.9	4.2	21.6
生活用品及服务	15.6	4.9	20.7	4.8	−1.6
交通通信	11.9	5.1	24.1	12.3	13.0
教育文化娱乐	7.1	8.6	2.4	7.2	6.7
医疗保健	4.6	28.8	5.5	21.5	9.7

图 1.10　2014—2018 年江苏农村居民各类消费支出增长

数据来源:根据《江苏统计年鉴》(2015—2019)数据整理而得。

江苏城镇和农村居民消费支出模式比重中,占前三位的仍然是食品烟酒、居住和交通通信方面的消费支出,且三者占总消费支出达到三分之二以上。近几年,城乡居民在消费模式和消费结构上都发生了变化,在食品烟酒类、居住类、交通通信类以及教育文化娱乐类等商品方面消费所占比重增加。一方面,不仅表明了城乡居民生活水平在不断提高,而且偏重于对居住条件、通信社交等的需求的增加,另一方面,随着我国城乡一体化进程的加快,对于农村居民而言,与之相适应的生活消费支出比重仍在不断增加。

四、商品市场不断整合,交易效率增速放缓

近几年,江苏限额以上商品市场在市场数量、从业人数上仍在收缩,但在商品交易额和

营业面积方面有所增加。2018 年,江苏拥有亿元商品市场 469 个,同比下降 3.7%,全年实现成交额 20771 亿元,同比增长 4.9%,增速同比下降了 12.2 个百分点,亿元市场的营业面积为 3616.6 万平方米,同比增长 3%,交易业主从业人员为 95.8 万人,比上年减少 2.3%,商品交易市场在转型升级过程中,更趋于规范化发展(见表 1.8)。2014—2018 年,从增长情况上来看,江苏超亿元商品交易市场数量自 2014 年逐年下降,2017 年后降到了 500 个以内;从业人员规模也表现为缓慢下降,2016 年以后减少到 100 万人以内;交易市场的营业规模则表现为先降后升,2016 年开始增长;商品成交额增长则表现为先降后升,2015 年为负增长,比 2018 年少了近 4800 亿元,其成交额增长变化表现为先升后降,2017 年增长最快,达到 17%,这五年的年均增速为 4.8%(见图 1.11)。

表 1.8   2014—2018 年江苏亿元以上商品交易市场情况

年份	市场个数(个)	商品成交额(亿元)	营业面积(万平方米)	从业人员(万人)
2014	536	17085.0	3266.6	101.4
2015	513	15973.1	3183.7	100.3
2016	501	16900.8	3211.6	98.4
2017	487	19796.6	3510.1	98.1
2018	469	20770.7	3616.6	95.8

数据来源:根据《江苏统计年鉴》(2015—2019)数据整理而得。

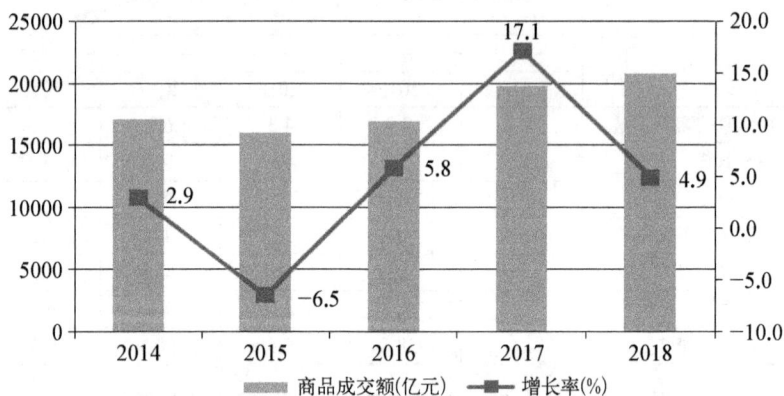

图 1.11   2014—2018 年江苏亿元以上市场商品成交额及增长
数据来源:根据《江苏统计年鉴》(2015—2019)数据整理而得。

商品市场的单位绩效是反映亿元以上商品交易市场的交易效率,本报告选择亿元以上商品市场的单位市场成交额、单位营业面积销售额和人均销售额这三项指标,来观察江苏亿元以上商品交易市场的交易效率。2018 年,江苏亿元以上商品交易市场单位市场成交额为 44.3 亿元,同比增长 8.9%,比 2014 年增加 38.9%;单位面积的销售额为 5.7 万元/平方米,同比增长 1.8%,比 2014 年增加 9.6%;人均销售额为 216.8 亿元,同比增长 7.4%,比 2014 年增加 28.7%(见表 1.9)。2014—2018 年,这三项指标的变化表现为先降后升,2015 年为它们的最低点,之后逐年提高,从增长幅度看,2015 年为增长最低点,之后两年增速加快,到 2017 年增长幅度最快,增速分别为单位市场成交额 20.5%、单位营业面积销售额 7.2%、人均销售额 17.5%,2018 年增速有所减缓(见图 1.12、图 1.13、图 1.14),表明近几年来,经济新常态下,企业通过改革,加速转型升级,成效渐显。

表 1.9 2014—2018 年江苏亿元以上商品交易市场单位绩效

年份	单位市场成交额(亿/个)	单位营业面积的销售额(万元/平方米)	人均销售额(元/人)
2014	31.9	5.2	168.5
2015	31.1	5.0	159.3
2016	33.7	5.3	171.8
2017	40.7	5.6	201.8
2018	44.3	5.7	216.8

数据来源:根据《江苏统计年鉴》(2015—2019)数据整理而得。

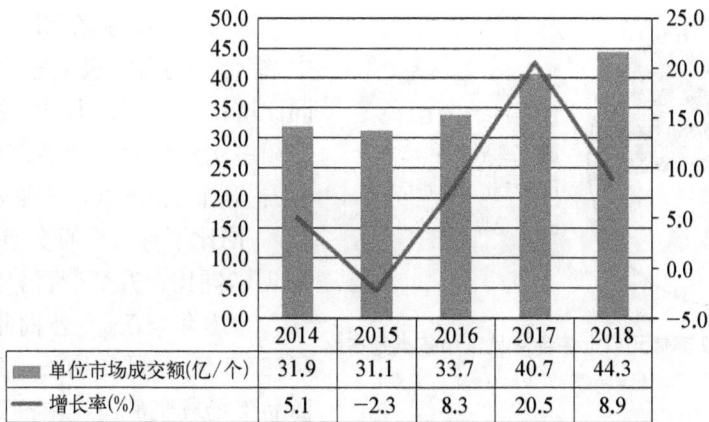

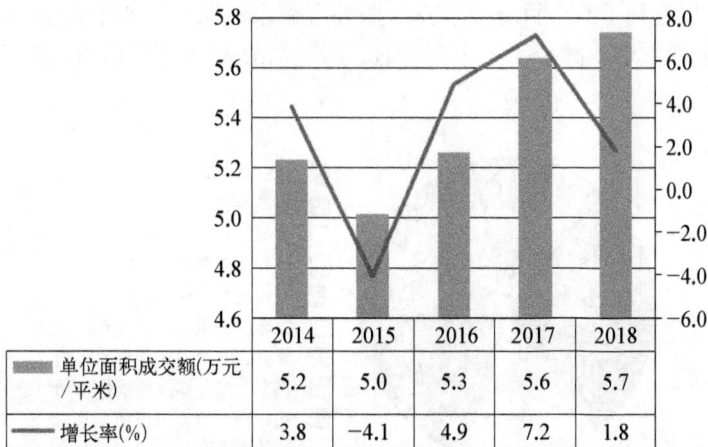

	2014	2015	2016	2017	2018
单位市场成交额(亿/个)	31.9	31.1	33.7	40.7	44.3
增长率(%)	5.1	-2.3	8.3	20.5	8.9

图 1.12 2014—2018 年江苏亿元以上商品交易市场单位市场成交额

数据来源:根据《江苏统计年鉴》(2015—2019)数据整理而得。

	2014	2015	2016	2017	2018
单位面积成交额(万元/平米)	5.2	5.0	5.3	5.6	5.7
增长率(%)	3.8	-4.1	4.9	7.2	1.8

图 1.13 2014—2018 年江苏亿元以上商品交易市场单位面积成交额

数据来源:根据《江苏统计年鉴》(2015—2019)数据整理而得。

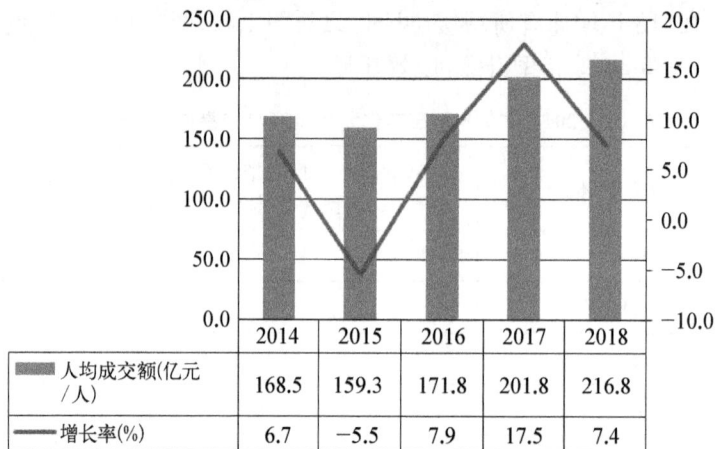

	2014	2015	2016	2017	2018
▉ 人均成交额(亿元/人)	168.5	159.3	171.8	201.8	216.8
── 增长率(%)	6.7	−5.5	7.9	17.5	7.4

图 1.14　2014—2018 年江苏亿元以上商品交易市场每人成交额

数据来源：根据《江苏统计年鉴》(2015—2019)数据整理而得。

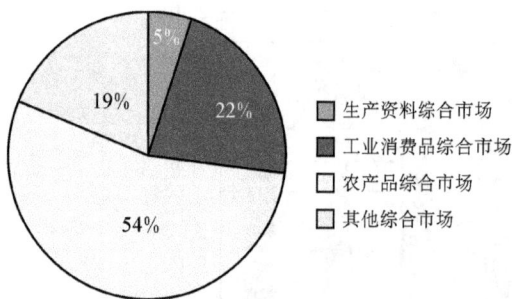

图 1.15　2018 年江苏亿元以上综合商品市场各类别占比

数据来源：根据《江苏统计年鉴 2019》数据整理而得。

2018 年，江苏亿元以上商品交易市场中，综合市场商品成交额为 2785.18 亿元，同比增长 10.9%。其中，主要商品市场成交额占比分别为农产品市场占 54%，同比上升 1 个百分点，工业消费品市场占 22%，同比下降 3 个百分点，生产资料市场占 5%，同比上升 2 个百分点（见图 1.15）。

2018 年，江苏专业商品市场成交额为 17985.5 亿元，同比增长 4.4%。其中，主要商品市场成交额占比由高到低分别为生产资料市场占 44.3%，纺织、服装鞋帽市场占 27.9%，农产品市场占 14.1%，家具、装饰材料市场占 5.1%，汽车及零配件市场占 2.7%，花鸟鱼虫市场占 2.3%，黄金、珠宝首饰市场占 0.9%，日用品及文化用品市场占 0.7%，食品、烟酒市场占 0.5%（见图 1.16）。与 2017 年相比，生产资料市场比重上升了 6 个百分点，纺织、服装鞋帽市场减少了 4 个百分点，家具、装饰材料市场、汽车及零配件市场均减少了 1 个百分点，农产品市场与食品、烟酒市场的比重变化不大。

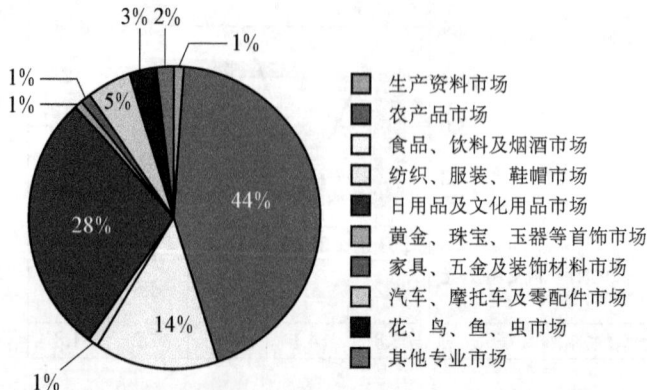

图 1.16　2018 年江苏亿元以上专业商品市场各类别占比

数据来源：根据《江苏统计年鉴 2019》数据整理而得。

五、流通企业市场化程度提高,跨国企业规模有所收缩

2018 年,江苏限额以上内贸企业销售额为 69212 亿元,同比增长 22.5%,增幅比 2017 年上升了 6 个百分点,与 2014 年相比,增长了 47.9%,增幅较大。其中,国有控股企业销售额为 12262.3 亿元,同比增长 13.5%,比 2017 年增幅下降 1.8 个百分点,与 2014 年相比,增长了 32%。从国有控股企业销售占比看,2018 年占比 17.7%,同比下降 1.4 个百分点。2014—2018 年,国有控股企业比重保持在 17%～21% 之间(见表 1.10)。

2018 年,非国有控股企业销售额增速为 24.7%,比上年提高了 8 个百分点,与 2014 年相比,增长 51.8%。2014—2018 年,其销售额增长速度表现为先降后升,平均增速为 8.8%。从销售额占比看,非国有控股企业销售额占比为 82.3%,比上年提高 1.4 个百分点,2014—2018 年,江苏内贸限额以上企业非国有化比重保持在 79%～83% 之间,表明江苏内贸企业市场化程度相对较高(见图 1.17)。

表 1.10　2014—2018 年江苏内贸限额以上国有控股企业销售及增长　　单位:亿元、%

年份	限额以上企业		国有控股企业		
	销售额	增长率	销售额	增长率	占比
2014	46796.2	−0.6	9288.4	10.5	19.8
2015	43450.2	−7.2	8931.1	−3.8	20.6
2016	48510.9	11.6	9374.4	5.0	19.3
2017	56485.1	16.4	10804.4	15.3	19.1
2018	69211.6	22.5	12262.3	13.5	17.7

数据来源:根据《江苏统计年鉴》(2015—2019)中的数据整理计算而得。

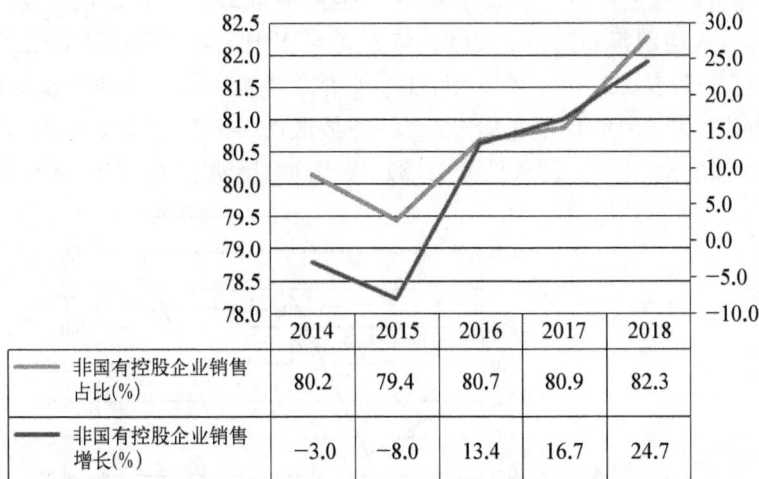

	2014	2015	2016	2017	2018
非国有控股企业销售占比(%)	80.2	79.4	80.7	80.9	82.3
非国有控股企业销售增长(%)	−3.0	−8.0	13.4	16.7	24.7

图 1.17　2014—2018 年江苏内贸限额以上非国有控股企业销售情况　单位:%

数据来源:根据《江苏统计年鉴》(2015—2019)中的数据整理计算而得。

当中国日益成为世界制造业基地、主要的商品采购市场和销售市场之时,流通业已成为全球供应链中的重要一环,尽管,少数国家近几年来贸易保护主义抬头,流通企业国际化发

展道路风险不可避免,相比全国平均水平,江苏流通国际化程度提高速度较快。2018年,江苏外商及港澳台投资连锁企业销售额为1058亿元,占连锁企业销售额的22.3%,比重连续三年几乎没有变化;门店数4097个,占连锁企业的比重为17%,同比下降了0.1个百分点;营业面积为547.9万平方米,占连锁企业的比重为27.6%,同比下降17.4个百分点;从业人员为13.2万人,占连锁企业的比重为39.8%,变化不大,与2017年相比,江苏外资及港澳台投资连锁企业营业面积仅为其的51.4%,明显减少(见表1.11)。从企业发展情况来看,五年间,外资连锁企业销售额占比表现为下降趋势,表明海外企业在国内市场的扩张在减少。

表1.11 2014—2018年江苏外资及港澳台投资连锁企业情况

年份	类型	门店数(个)	销售额(亿元)	营业面积(万平方米)	从业人员(万人)
2014	外商及港澳台投资	4153	1129	635.5	18.3
	总计	19818	3581	2002.9	44.7
2015	外商及港澳台投资	4105	1050	598.3	14.8
	总计	19364	4568	1982.6	40.7
2016	外商及港澳台投资	3926	1068	1035.6	13.8
	总计	19707	4790	2447	36.4
2017	外商及港澳台投资	3955	1010	1066.5	12.8
	总计	23151	4528	2369	32.2
2018	外商及港澳台投资	4097	1058	547.9	13.2
	总计	24064	4744	1983.2	33.2

数据来源:根据《江苏统计年鉴》(2015—2019)中的数据整理计算而得。

2018年,外资商业企业经营绩效方面,单店销售额为2581.4万元,单位营业面积销售额为19302.8万元,人均销售额为80.1万元,与2017年相比,均有不同程度提高,尤其单位面积的绩效提高了一倍多。2014—2018年,江苏外商及港澳台投资连锁企业销售额增速曲线表现为升降隔年交替,2017年增速为−5.4%,为最低,2018年增速最快,五年间,江苏外资企业销售额年均增长率为−2.1%(见图1.18)。一方面,反映了"新零售"背景下,江苏线下连

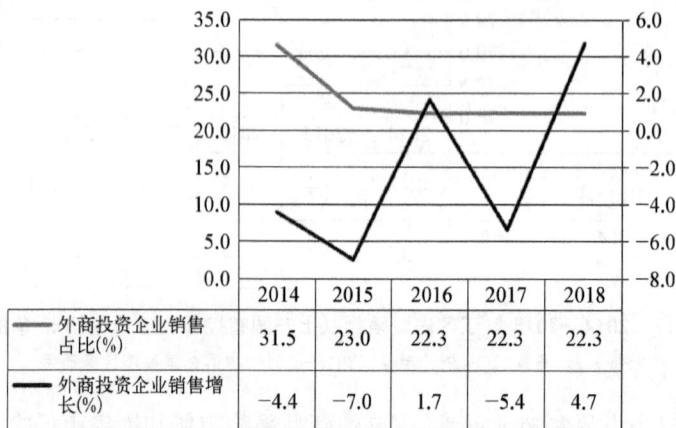

图1.18 2014—2018年江苏内贸外商投资企业销售增长情况,单位:%

数据来源:根据《江苏统计年鉴》(2015—2019)中的数据整理计算而得。

锁企业受到了不同程度的冲击,另一方面,跨国连锁企业受国内市场影响较大,市场规模有较明显的收缩,且较大规模的企业间重组和兼并将成为趋势。

六、连锁企业销售增长减缓,入选百强企业数量下降

2018年,江苏批发和零售业、住宿和餐饮业限额以上连锁总店212家,比上年增加了5家企业,全年实现商品销售总额为4744亿元,同比增长3.5%,增速比上年提高了7.8个百分点,扭转了2017年受互联网和"新零售"的影响而致线下连锁企业销售业绩下滑的局面,与2014年相比,连锁企业销售增长32.5%;连锁门店数24064个,同比增长4%,与2014年相比,增长21.4%;连锁门店营业面积1983万平方米,同比减少16.3%,与2014年相比,增长1.5%;从业人员33.2万人,同比减少11.3%,与2014年相比,减少11.4%(见表1.12)。

从限上连锁企业规模变化情况看,2014—2018年,连锁门店数表现为先减后增,2015年为最低点;销售规模表现为先增后减再增,2016年达到最高点,2017年销售收缩明显;销售面积呈现出先增后减,2016年为最高点;从业人数表现为先增后减再增,2015年为最高点,2017年为最低点。新零售背景下,流通业受影响明显,尤其2016年以后,部分线下商业业态销售呈下滑趋势,这将势必带来新一轮的行业调整和企业改革。

表1.12　2014—2018年江苏限上连锁企业经营情况

年份	门店数(个)	销售额(亿元)	营业面积(万平方米)	从业人员(万人)
2014	19818	3580.98	1954.29	37.45
2015	19364	4567.16	1982.63	40.65
2016	19707	4789.61	2447.03	36.40
2017	23151	4582.01	2368.97	32.21
2018	24064	4743.85	1983.23	33.18

数据来源:根据《江苏统计年鉴》(2015—2019)中的数据整理计算而得。

2018年,江苏限额以上连锁企业销售额占全省社会消费品零售额的比重为14.3%,与2014年相比,下跌了1个百分点。2014—2018年,江苏限上连锁企业连锁化比率表现为先升后降的趋势,2017年、2018年均低于15%。江苏限额以上连锁企业销售增长表现为先升后降再升,2014年增速为-25.9%,为最低点,2015年大幅度反弹,增速达到27.5%,然后又持续下滑,2017年为负增长,2014—2018年,限上连锁企业销售增速大起大落,其年均增长率为1.1%(见图1.19)。

从限上连锁企业单位绩效看,2018年,江苏限上连锁企业单店销售额为1971.4万元,同比减少0.4%,与2014年相比,增长18.5%;每平方米销售额为2.93万元,同比增长23.8%,与2014年相比,增长60.1%;人均销售额为143万元,同比增长0.5%,与2014年相比,增长49.6%。2014—2018年,江苏限上连锁企业单店销售额表现为先增后减,2016年为最高点,每平方米销售额表现为先增后减再增,2014年为最低点,2018年为最高点,人均销售额则表现为缓慢增长,2015年首次突破百万元大关(见表1.13)。

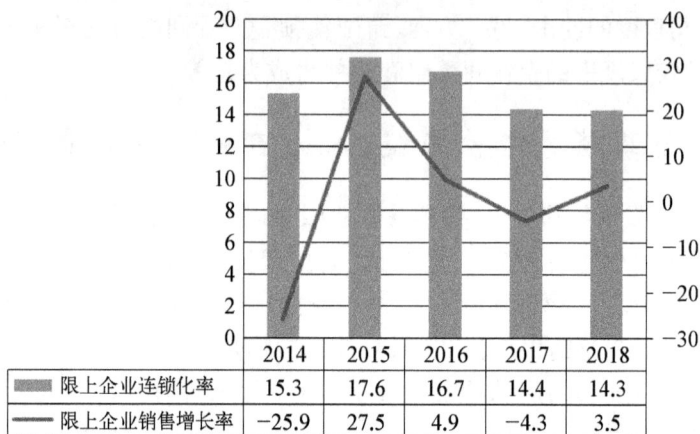

图 1.19　2014—2018 年江苏限上连锁企业连锁化及销售增长情况 单位:%

数据来源:根据《江苏统计年鉴》(2015—2019)中的数据整理计算而得。

表 1.13　2014—2018 年江苏限上连锁企业经营效率

年份	单店销售额(万元/个)	每平米销售额(万元/平方米)	人均销售额(万元/人)
2014	1806.9	1.83	95.6
2015	2358.6	2.30	112.4
2016	2430.4	1.96	131.6
2017	1979.2	1.93	142.3
2018	1971.4	2.93	143.0

数据来源:根据《江苏统计年鉴》(2015—2019)中的数据整理计算而得。

　　在单位绩效的增长情况方面,2014—2018 年,江苏限上连锁企业的单店销售增长表现为先升后降再升,2014 年为最低点,2015 年为最高点;单位面积销售增长表现为先升后降再升,也是 2014 年为最低点,2015 年为最高点;人均销售增长曲线表现为先升后降,2014 年为最低点,2015 年为最高点。尤以 2014 年问题比较突出,三项指标的增长都是两位数负增长,2015 年又呈现大幅反弹,三项指标增速分别提高 36 个百分点、50 个百分点和 28 个百分点(见图 1.20)。

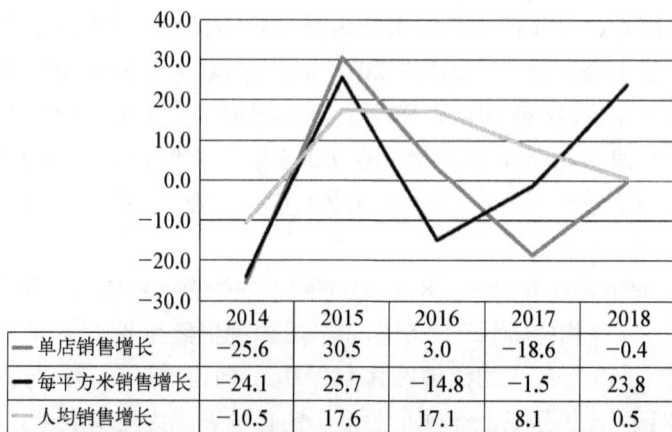

	2014	2015	2016	2017	2018
单店销售增长	−25.6	30.5	3.0	−18.6	−0.4
每平方米销售增长	−24.1	25.7	−14.8	−1.5	23.8
人均销售增长	−10.5	17.6	17.1	8.1	0.5

图 1.20　2014—2018 年江苏限上连锁企业效益增长 单位:%

数据来源:根据《江苏统计年鉴》(2015—2019)中的数据整理计算而得。

从总体上看,这五年间,限额以上连锁企业销售规模起伏变化,与近几年的互联网下带动的新型业态井喷式发展、创新型的无店铺商业形态的不断壮大、连锁企业自身的结构调整等因素有关,行业内部调整已迫在眉睫,企业痛定思痛后,需要采取一些措施:一方面,企业可以尝试关闭低效门店,减员增效;另一方面,需要加大信息和数字化的投入,引入合作机制,创新服务,逐步提高运营效率。

2018年,中国连锁百强企业销售规模达到2.4万亿元,同比增长7.7%,占社会消费品零售总额的6.3%,同比上升0.3个百分点。连锁百强门店总数13.8万个,同比增长16.0%,同比上升7个百分点。在连锁百强各业态中,便利店增速遥遥领先。2018年,便利店百强企业销售规模同比增长21.1%,比上年增长4.2个百分点,门店数量增长18.0%,新增门店11944个,占百强新增门店总数的62.5%。大型超市单位面积效率平均下降8.0%,但每个人员营业额提高4.9%,毛利率达到21.5%,提高0.5个百分点。外资大型超市的单位绩效方面,其坪效平均下降4.0%,人效提高5.5%,毛利率达到23.2%,略高于百强大型超市的平均水平。2018年,连锁百强百货店销售额同比增长3.5%,门店数同比增长3.9%,线上销售增长46.1%,均低于百强平均水平,毛利率17.4%,比上年下降0.2个百分点。国内百强连锁企业中涌现出一批具有相当规模和国际竞争力的连锁集团,成为商贸流通业的龙头企业和主导力量,其中,江苏进入连锁百强企业前10名的有1家,前50名的有5家,前百强的有7家,从数量上看,比上年少了3家。

七、内贸就业人数增加,就业结构优化

2018年末,全国就业人员77586万人,比上年年末增加54万人,其中城镇就业人员43419万人,比上年年末增加957万人。全国就业人员中,第一产业就业人员占26.1%,第二产业就业人员占27.6%,第三产业就业人员占46.3%,服务业成为吸纳就业的绝对主力。

江苏产业结构进一步优化,2018年,江苏就业人员数为4750.9万人,同比减少了6.9万人。第一产业就业人员为764.9万人,同比减少4.3%,第二产业就业人员为2033.4万人,同比减少0.4%,第三产业就业人员为1952.6万人,同比增长1.8%(见表1.14)。与2014年相比,三次产业就业占比变化情况分别为第一产业减少16.8%,第二产业减少0.7%,第三产业增长8.8%。

表1.14 2014—2018年江苏三次产业就业人数   单位:万人

年份	从业人数	第一产业	第二产业	第三产业
2014	4760.8	918.8	2047.2	1794.8
2015	4758.5	875.6	2046.2	1836.8
2016	4756.2	841.9	2045.2	1869.2
2017	4757.8	799.3	2041.1	1917.4
2018	4750.9	764.9	2033.4	1952.6

数据来源:根据《江苏统计年鉴》(2015—2019)数据整理而得。

从江苏三次产业就业结构变化情况看,2018年,第一产业就业占比为16.1%,同比下降0.7个百分点,第二产业为42.8%,同比下降0.1个百分点,第三产业为41.1%,同比上升0.8个百分点。与2014年相比,第一产业下降3.2个百分点,第二产业下降0.2个百分点,第三

产业则上升 3.4 个百分点。2014—2018 年,江苏三次产业就业人员结构中第一产业稳步下降,第二产业有所下降,第三产业则逐年上升,2017 年比重已超 40%(见图 1.21)。可以发现,江苏产业就业结构初步得到优化,但与全国平均水平相比还有些差距,2018 年,全国三次产业的就业人员比重比为 26.1%∶27.6%∶46.3%,江苏为 16.1%∶42.8%∶41.1%,第三产业比全国低了 5.2 个百分点,第二产业比重较高,江苏三次产业就业人员结构还有很大的提升空间。

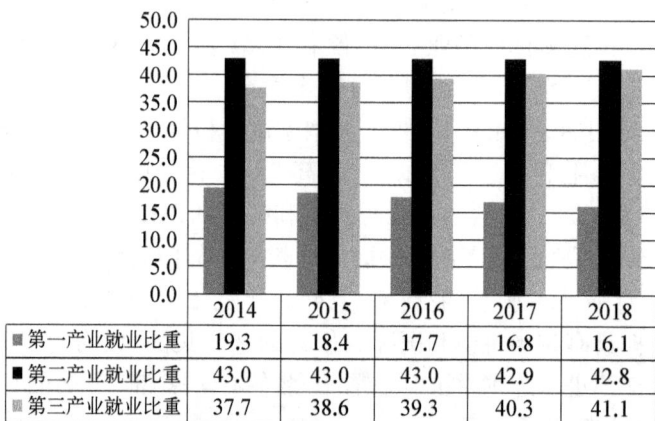

	2014	2015	2016	2017	2018
第一产业就业比重	19.3	18.4	17.7	16.8	16.1
第二产业就业比重	43.0	43.0	43.0	42.9	42.8
第三产业就业比重	37.7	38.6	39.3	40.3	41.1

图 1.21　2014—2018 年江苏三次产业就业人数　单位:%

数据来源:根据《江苏统计年鉴》(2015—2019)数据整理而得。

江苏内贸流通业的就业人员占第三产业的情况,2018 年,江苏流通业就业人员数 73.8 万人,同比增长 3.3 万人,占第三产业就业比重 3.8%,比 2017 年上升 0.1 个百分点,与 2014 年相比,下降了 0.6 个百分点。其中,批发零售业就业人员数 55.8 万人,住宿餐饮业就业人员数 18 万人,同比分别增长 1.9 万人和 1.4 万人,与 2014 年相比,分别减少 3.6 万人和 1.8 万人。五年间,内贸流通业就业人数下降了 5.4 万人(见表 1.15)。不难发现,"新零售"尽管给行业发展带来了很大的挑战,但也提供了更广阔的空间,内贸流通业 2018 年就业人员数不减反增正是一个可解释的例证。从就业人员增长情况看,内贸流通就业人员增长表现为先降后升,2014 年后均为负增长,2015 年为最低点,2018 年首次正增长,增速为 4.7%,这应该与相关政策的利好对行业和企业的影响有关(见图 1.22)。

表 1.15　2014—2018 年江苏内贸流通业就业情况　　　　单位:万人、%

年份	第三产业	流通业			
		批零业	住餐业	合计	比重
2014	1794.8	59.4	19.8	79.2	4.41
2015	1836.8	58.6	17.3	75.9	4.13
2016	1869.2	56.1	16.9	73.0	3.91
2017	1917.4	53.9	16.6	70.5	3.68
2018	1952.6	55.8	18.0	73.8	3.78

数据来源:根据《江苏统计年鉴》(2015—2019)数据整理而得。

注:该表数据为统计年鉴中"城镇非私营单位就业人员数"

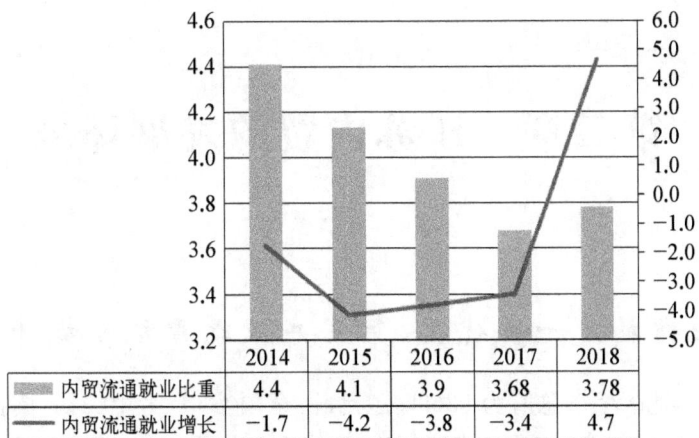

	2014	2015	2016	2017	2018
内贸流通就业比重	4.4	4.1	3.9	3.68	3.78
内贸流通就业增长	-1.7	-4.2	-3.8	-3.4	4.7

图1.22 2014—2018年江苏内贸流通业就业情况 单位:%

数据来源:根据《江苏统计年鉴》(2015—2019)数据整理而得。

第二章 江苏内贸的发展环境

一、产业结构进一步优化，第三产业比重稳步提升

2018 年,江苏地区生产总值为 92595 亿元,占全国 GDP 为 10.3%,同比增长 7.8%,增速下降 3.2 个百分点,与全国 GDP 增速相比,高出 1.2 个百分点。2014—2018 年,其增速均在 7.5% 以上,年均增速为 8.8%。第一产业产值为 4141.7 亿元,同比增长 2.4%;第二产业产值为 41248.5 亿元,同比增长 6.7%;第三产业产值为 47205.2 亿元,同比增长 9.4%,增速分别高于第一产业 7 个百分点和第二产业 2.7 个百分点(见表 2.1)。与 2014 年相比,三次产业产值分别增长 14.8%、29.9% 和 53.4%,第三产业产值增加最快。在人均地区生产总值方面,2018 年,江苏人均 GDP 为 115168 元,同比增长了 7.5%,与 2014 年相比,增长了 38.5%,2014—2018 年,江苏人均 GDP 增速保持在 7.5% 以上,年均增速为 8.5%(见表 2.1)。

表 2.1　2014—2018 年江苏三次产业产值及增长情况　　　　单位:亿元、%、元

年份	GDP	第一产业		第二产业		第三产业		人均 GDP
		产值	增长率	产值	增长率	产值	增长率	
2014	66123.7	3607.4	4.6	31742.0	6.2	30774.3	12.5	83177
2015	71255.9	3952.5	9.6	33031.1	4.1	34272.4	11.4	89426
2016	77350.9	4039.8	2.2	34619.5	4.8	38691.6	12.9	96840
2017	85869.8	4045.2	0.1	38654.9	11.7	43169.4	11.6	107150
2018	92595.4	4141.7	2.4	41248.5	6.7	47205.2	9.4	115168

数据来源:根据《江苏统计年鉴》(2015—2019)数据整理而得。

从产业产值增长情况看,2014—2018 年,三次产业产值的增速变化各有特点:第一产业增长曲线表现为先升后降再升,2015 年增长率为 9.6%,为这五年的最快增速,2017 年 0.1%,为最低点;第二产业增长曲线表现为先降后升再降,2015 年增长率 4.1%,为最低点,2017 年为五年来最高,首次突破 10%;第三产业增长曲线表现为先降后升再降,2016 年增速最快,但 2018 年跌破 10%(见图 2.1)。五年间,江苏三次产业产值的年均增速分别为 3.8%、6.7% 和 11.6%,可以看出,第三产业产值持续高速增长,且分别高出第一产业 7.8 个百分点和第二产业 4.9 个百分点。

2018 年,江苏三次产业产值在 GDP 的比重分别为 4.5%、44.5% 和 51%,与上年相比,第一、二产业分别下降了 0.2 个和 0.5 个百分点,第三产业上升了 0.7 个百分点。从产业产值比重的变化情况看,2014—2018 年,第一、二产业产值比重有逐年下滑趋势,第三产业产值比重则表现为稳步上升,五年间,第三产业产值比重上升了 4.5 个百分点。自 2015 年江苏三次产业结构开始历史性地转变为"三二一"格局以来,第一产业产值比重均低于 6%,

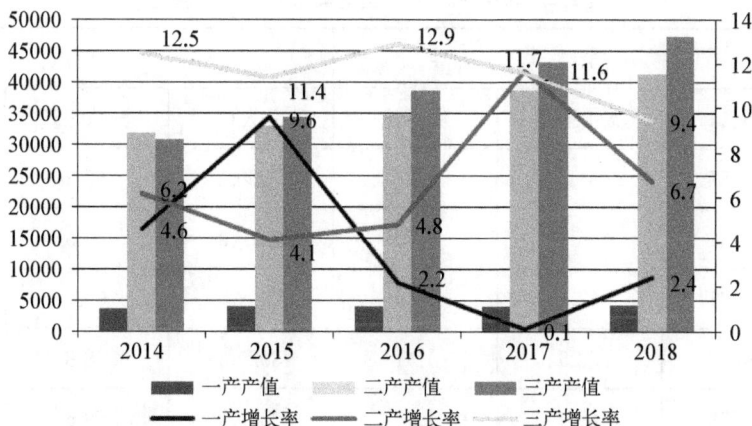

图 2.1　2014—2018 年江苏三次产业产值增长情况　单位:亿元、%

数据来源:根据《江苏统计年鉴》(2015—2019)数据整理而得。

2017 年跌破 5%,第二产业产值比重在 45% 左右,第三产业产值比重 2016 年首次超过 50%,2018 年,第三产业产值比重高出第二产业 6.5 个百分点,差距逐渐拉大(见图 2.2)。这表明服务业上升空间还很大,产业结构的调整和升级,对于内贸流通业的发展及转型升级将会产生较大影响。

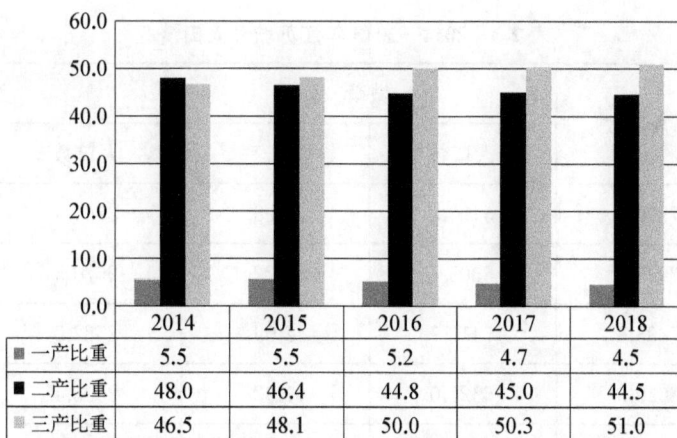

	2014	2015	2016	2017	2018
一产比重	5.5	5.5	5.2	4.7	4.5
二产比重	48.0	46.4	44.8	45.0	44.5
三产比重	46.5	48.1	50.0	50.3	51.0

图 2.2　2014—2018 年江苏三次产业产值占比　单位:%

数据来源:根据《江苏统计年鉴》(2015—2019)数据整理而得。

二、城镇人口比重不断提高,城镇化进程加快

　　城镇人口的增长带来了工业化、城镇化和市场化,城镇化程度的提高,在一定意义上反映了人们在生产方式、职业结构、生活方式、消费理念等诸多方面正在发生着变化,尤其表现在内贸流通领域。2018 年,江苏总人口为 8029 万人,在全国总人口中占 5.77%,同比增加 21.4 万人,增长 0.27%,低于全国增速 0.11 个百分点。自 2016 年以来,江苏城乡比已突破"2",高于全国平均水平。2014—2018 年,江苏城镇人口比重处于 65%~70% 之间,高出全国平均水平约 10 个百分点,江苏人口城乡比与全国的差距在逐年拉大,到 2018 年已拉大到 0.8(见表 2.2)。

表2.2　2014—2018年全国与江苏人口城乡比　　　　　单位:万人、%

年份	全国			江苏		
	总人口	城镇比重	城乡比	总人口	城镇比重	城乡比
2014	136782	54.8	1.21	7960.1	65.2	1.87
2015	137462	56.1	1.28	7976.3	66.5	1.99
2016	138271	57.4	1.35	7998.6	67.7	2.10
2017	139008	58.5	1.41	8029.3	68.8	2.21
2018	139538	59.6	1.48	8050.7	69.6	2.29

数据来源:根据《国家数据2019》《江苏统计年鉴2019》数据整理而得。

　　江苏城镇常住人口为5604万人,同比增长1.5%,农村常住人口为2446.6万人,同比减少了2.5%(见表2.3)。城镇人口占比为69.6%,同比提高了0.8个百分点,比2014年提高了4.4个百分点。2014—2018年,江苏城镇人口年均增速为1.9%,农村人口年均增速为-3%。2018年,江苏人口城乡比为2.29,比2014年上升0.42倍,五年间,其年均增速为0.08,城镇人口的增长,从一定程度上表明江苏城镇化进程加快。

表2.3　2014—2018年江苏城乡人口情况　　　　　单位:万人、%

年份	总人口数	城镇		乡村	
		人口数	增长率	人口数	增长率
2014	7960.1	5190.8	1.98	2769.3	-2.81
2015	7976.3	5305.8	2.22	2670.5	-3.57
2016	7998.6	5416.7	2.09	2582.0	-3.31
2017	8029.3	5521.0	1.92	2508.4	-2.85
2018	8050.7	5604.1	1.50	2446.6	-2.46

数据来源:根据《江苏统计年鉴》(2015—2019)数据整理而得。

三、城乡收入比相对缩小,农村居民收入增长加快

　　2018年,全国居民人均可支配收入28228元,同比增长8.7%,增速同比下滑0.3个百分点,略快于GDP的增速,与2014年相比,增长40%。2018年,全国居民人均消费支出19853元,同比增长8.4%,增速同比上升1.3个百分点,与2014年相比,增长37%。2018年,全国居民恩格尔系数为28.4%,比上年下降0.9个百分点,与2014年相比,下降了2.6个百分点(见表2.4)。2014—2018年,居民人均可支配收入的增长曲线表现为先降后升再降,其年均增速为9%,居民人均消费支出增长曲线表现为隔年升降交替,其年均增速为8.5%(见图2.3)。

表 2.4 2014—2018 年全国居民人均收入与人均支出情况 单位:元、%

年份	全国居民人均可支配收入		全国居民人均消费支出		恩格尔系数(%)
	收入	增长率	支出	增长率	
2014	20167	10.1	14491	9.6	31.0
2015	21966	8.9	15712	8.4	30.6
2016	23821	8.4	17111	8.9	30.1
2017	25974	9.0	18322	7.1	29.3
2018	28228	8.7	19853	8.4	28.4

数据来源:中国统计局(国家数据 2015—2019)整理而得。

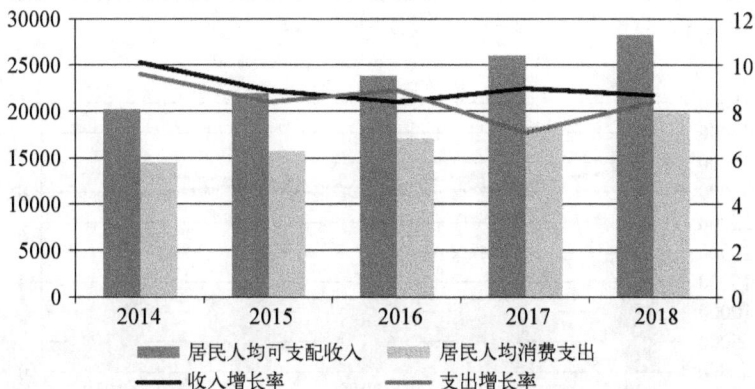

图 2.3 2014—2018 年全国居民人均收入与人均支出情况 单位:元、%

数据来源:中国统计局(国家数据 2015—2019)整理而得。

2018 年,中国的基尼系数为 0.474,较 2017 年的 0.467 上升 0.007,超过了警戒线,居民收入贫富差距有拉大的趋势。2018 年,在五个收入层次中,"高收入组"收入增长幅度为 8.8%,而中间层的"中等偏上""中等"和"中等偏下"的收入增长率分别为 5.6%、3.1%、3.7%,与 2017 年相比,增速都有减少,与富裕阶层产生了差距,这应该是导致 2014—2018 年中国人均可支配收入增速持续下降的原因。"低收入组"人群收入增长 8.7%,增幅扩大 1.2 个百分点,最低收入组与最高收入组增幅相当,但绝对增长还是低于最高组,扶贫政策虽已取得了一定成果,但收入差距还是存在的。

从地区人均可支配收入看,2018 年,全国城镇居民人均可支配收入 39251 元,同比增长 7.8%,增速同比下滑 0.5 个百分点,与 2014 年相比,增长 36.1%。农村居民人均可支配收入 14617 元,同比增长 8.8%,增速同比上升 0.2 个百分点,与 2014 年相比,增长 39.4%(见表 2.5)。2014—2018 年,全国城镇居民人均可支配收入增速表现为先升后降再升,2014 年为最高点,增速保持在 7.5%~9% 之间,年均增速为 8.2%;农村居民人均可支配收入增长表现为先降后升,2014 年为最高点,超过 10%,2016 年降到 8.2%,为最低点,五年间,其年均增速为 9.1%。农村居民人均可支配收入增速均快于城镇居民,增速差距最大为 2014 年的 2.2 个百分点,最小差距为 2017 年的 0.3 个百分点(见图 2.4)。城乡收入的绝对差距却逐年拉大,2014 年为 18355 元,2018 年则扩大到 24634 元,五年间,城乡收入差距增加了 34.2%。

再看城市收入比的相对差距,2014—2018年,城乡收入比表现为稳步下降。2018年,全国城乡居民人均收入比为2.69,比上年下降0.02,高出江苏城乡比0.07倍。

表2.5 2014—2018年中国城乡人均可支配收入增长情况 单位:元、%

年份	城镇居民		农村居民		城乡收入比
	人均可支配收入	增长率	人均可支配收入	增长率	
2014	28844	9.0	10489	11.2	2.75
2015	31195	8.2	11422	8.9	2.73
2016	33616	7.8	12363	8.2	2.72
2017	36396	8.3	13432	8.6	2.71
2018	39251	7.8	14617	8.8	2.69

数据来源:根据中国统计局(国家数据2015—2019)数据整理而得。

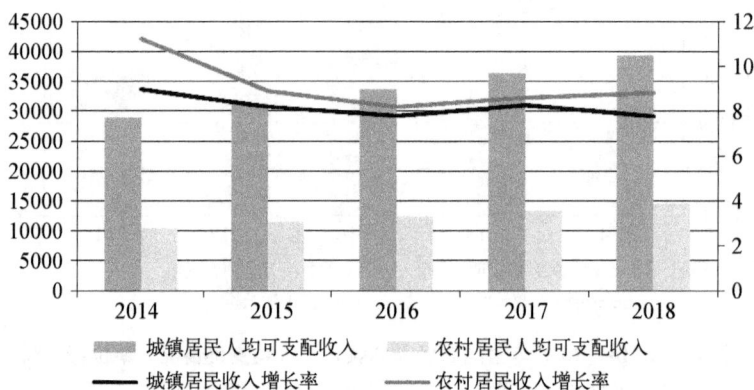

图2.4 2014—2018年中国城镇居民人均收入及增长 单位:元、%

数据来源:中国统计局(国家数据2015—2019)整理而得。

四、城乡消费支出差距缩小,农村居民支出增速较快

2018年,全国城镇居民人均消费支出26112元,同比增长6.8%,增速同比上升0.9个百分点,与2014年相比,增长了30.8%。农村居民人均消费支出12124元,同比增长10.7%,增速同比上升2.6个百分点,与2014年相比,增长44.6%(见表2.6)。2014—2018年,全国城镇居民人均消费支出增长表现为升降隔年交替,增速均在10%以内,2017年增速5.9%为最低点,五年间,其年均增速为7.1%。农村居民人均消费支出增长则表现为先降后升,2014年为12%,增速最快,2017年增速8.1%,为最低点,五年间,其年均增速为10.1%。从城乡消费支出增长情况看,农村居民人均消费支出增速均快于城镇居民,2014年增速差距最大,为4个百分点,最小差距为2016年的1.9个百分点(见图2.5)。从城乡消费支出相对差距看,2018年,城乡消费支出比为2.15,同比下降0.08倍,与2014年相比,下降0.23倍。一方面,消费支出影响了市场,并在很大程度上决定了市场的容量,是内贸流通企业销售额的"晴雨表";另一方面,农村居民消费支出增速快于城镇居民,反映了农村市场空间很大,且农村居民消费潜力很大,这是流通业未来需要加大开拓和发展的空间。

表 2.6　2014—2018 年中国城乡人均消费支出及增长　　　　　单位:元、%

年份	城镇居民		农村居民		城乡消费支出比
	人均消费	增长率	人均消费	增长率	
2014	19968	8.0	8383	12.0	2.38
2015	21392	7.1	9223	10.0	2.32
2016	23079	7.9	10130	9.8	2.28
2017	24445	5.9	10955	8.1	2.23
2018	26112	6.8	12124	10.7	2.15

数据来源:根据中国统计局(国家数据 2015—2019)数据整理而得。

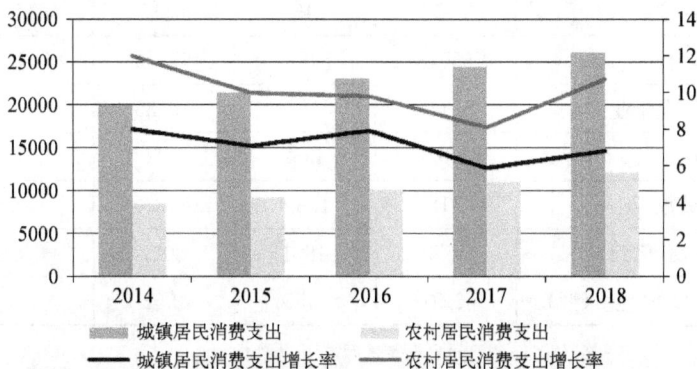

图 2.5　2014—2018 年中国城乡人均消费支出及增长　　单位:元、%

数据来源:根据中国统计局(国家数据 2015—2019)数据整理而得。

五、科技投入增加,经济改革深化

2018 年,江苏的科研机构数(包括科研单位和高等院校等)为 24728 个,同比增长 2.6%,与 2014 年相比,增长 13.2%。不同类型单位包含的科研机构数增长情况有差异,其中,科研单位中有 130 个,同比减少 3 个;规模以上工业企业中有 22469 个,同比增长 462 个,比 2014 年增长了 10.1%;高等院校中有 1219 个,同比增加 86 个,比 2014 年增长了 42.7%。高等院校中的科技机构增长幅度最高,而科研单位却处于逐年减少的趋势。在研究与实验课题项目方面,2018 年,江苏研究与实验发展课题 163052 项,同比增长 8%,与 2014 年相比,增长 37.6%。不同类型单位课题项目增长情况不同,其中,科研单位中有 7455 项,同比增加 198 项,与 2014 年相比,增长 32.3%;高等院校有 77219 项,同比增加 6237 项,与 2014 年相比,增长 40.4%;规模以上工业企业有 72426 项,同比增加 5221 项,与 2014 年相比,增长 36.4%。科技活动人员参与从 2014 年的 118 万人缓慢增长到 2018 年的 219.9 万人。各类机构科研项目均保持比较快速增长,高等院校的科研项目增速略快,但科研单位在收缩规模的同时,其项目增长情况更突出。在研发经费支出方面,2018 年,江苏研发经费支出为 2504 亿元,同比增长 10.7%,比 2014 年增长了 60.2%。研发支出占江苏 GDP 的比重为 2.7%,同比上升 0.07 个百分点,比 2014 年提高了 0.2 个百分点。2014—2018 年,江苏研究与发展经费支出不断增长,其在地区生产总值比重也逐年提高(见表 2.7)。科技进步是江苏经济发展、全面实施科技驱动战略、增强区域竞争力、率先建成创新省份的必然要求,是内贸流通业发展内在助推器。

表 2.7　2014—2018 年江苏科技发展情况

指标	2014 年	2015 年	2016 年	2017 年	2018 年
科技机构数(个)	21844	23101	25402	24112	24728
科研单位	144	142	135	133	130
规模以上工业企业	20411	21542	23564	22007	22469
高等院校	854	971	1055	1133	1219
其他	435	446	648	839	910
研究与实验发展课题(项)	118467	122629	138251	150951	163052
科研单位	5657	6490	6817	7257	7455
高等院校	55018	59887	67670	70982	77219
规模以上工业企业	53117	51720	59535	67205	72426
其他	4675	4532	4229	5507	5952
科技活动人员数(万人)	118	118.4	118.4	119.3	119.9
研发内部支出(亿元)	1653	1801	2027	2261	2504
研发经费支出占 GDP 比重(%)	2.50	2.53	2.62	2.63	2.7

数据来源:根据《江苏统计年鉴》(2015—2019)数据整理而得。

为进一步分析内贸流通业的科技发展和创新,报告以高校新生力量作为积极投身到行业事业发展的生力军代表,分别选择在江苏的本科和专科院校的财经类应届毕业生作为样本分析。2018 年,江苏普通高等教育本科毕业生数为 260106 人,同比增长 2.9%,与 2014 年相比,增长 5.9%(见表 2.8)。其中,经济学和管理学毕业生人数分别为 15705 人和 48922 人,同比分别增长 5.7%和 2.8%。2018 年,高校专科毕业生数为 231162 人,同比减少 5468 人,与 2014 年相比,减少 0.9%。五年间,专科毕业生人数总体呈下降趋势,其中,财经大类毕业生为 50607 人,与 2014 年相比,增长 18.2%。2014—2018 年,江苏普通高等教育向社会输送本科毕业生数近 125 万人,其中,经济学类 7.5 万人,管理学类 14.4 万人;专科毕业生数 117.6 万人,其中,财经类 20.3 万人。江苏省加大对科技的投入,以及对高等院校科技机构的持续增加,促进了科学技术的发展,从而促进了整个江苏知识人才的培养,对于经济的发展起到很重要的作用。

表 2.8　2014—2018 年江苏普通高等教育财经类毕业学生数　　　　　单位:人

年份	本科毕业生数			专科毕业生数	
	合计	经济学	管理学	合计	财经大类
2014	245558	14644	15616	233155	42820
2015	245932	14981	15909	238164	45489
2016	244215	14469	15969	237339	49575
2017	252892	14865	47603	236630	14122
2018	260106	15705	48922	231162	50607

数据来源:根据《江苏统计年鉴》(2015—2019)数据整理而得。

第三章 江苏内贸各行业发展情况

一、批发零售业

(一)产值增速平稳,但比重略有下滑

2018 年,江苏商贸流通业产值达到 12795 亿元,同比增长 6.6％,与 2014 年相比,增长 67.2％。全年江苏批发零售业产值为 10736 亿元,同比增长 6.2％,与 2014 年相比,增长 63.7％。除 2017 年产值增速为 35.3％以外,批发零售业产值增速在其他年份表现较为平稳,保持在 6％～7.5％之间。2014—2018 年,批发零售业产值年均增速为 13.6％,从行业产值占比情况看,2018 年,江苏批发零售业产值比重为 83.9％,但之后逐年下滑,2017 年跌破85％,为五年最低(见表 3.1)。

表 3.1 2014—2018 年江苏批发零售业产值增长及占比情况

年份	流通业产值(亿元)	批发零售业		
		产值(亿元)	增长率(％)	比重(％)
2014	7653.5	6559.0	7.1	85.7
2015	8182.1	6992.7	6.6	85.5
2016	8761.6	7470.3	6.8	85.3
2017	12003.0	10105.8	35.3	84.2
2018	12794.9	10735.7	6.2	83.9

数据来源:根据《江苏统计年鉴》(2015—2019)数据整理而得。

(二)批零消费品零售额稳步增长,比重占绝对优势

2018 年,江苏社会消费品零售额为 33230 亿元,其中,批发零售业零售额 29801 亿元,同比增长 4.2％,与 2014 年相比,增长 40.4％(见表 3.2)。2014—2018 年,江苏批发零售业零售额增长表现为先升后降,2016 年增速最快,2018 年最慢,这五年里,其平均增速为10.1％。2018 年,其占社会消费品零售额比重为 89.7％,与 2014 年的 90.5％相比,略有下降。2014—2018 年,批发零售业所占比重相对稳定,在行业占比中一直处于绝对优势地位。

表 3.2 2014—2018 年江苏批发零售业消费品零售额及增长

年份	社会消费品零售额(亿元)	批发零售业	
		零售额(亿元)	增长率(％)
2014	23458	21230	10.3
2015	25877	23414	10.6

（续表）

年份	社会消费品零售额（亿元）	批发零售业	
		零售额（亿元）	增长率（%）
2016	28707	25899	14.9
2017	31737	28610	10.5
2018	33230	29801	4.2

数据来源：根据《江苏统计年鉴》(2015—2019)数据整理而得。

2018年，江苏住宿餐饮业消费品零售额为3429亿元，同比增长9.6%，与2014年相比，增长53.8%。批发零售业与住宿餐饮业消费品零售额之比为8.7：1，远高于住宿餐饮业；2018年，住宿餐饮业增速高于批发零售业5.4个百分点，其增长曲线表现为先降后升再降，与批发零售业一样，2016年是其增速最高点，为14%（见图3.1）。

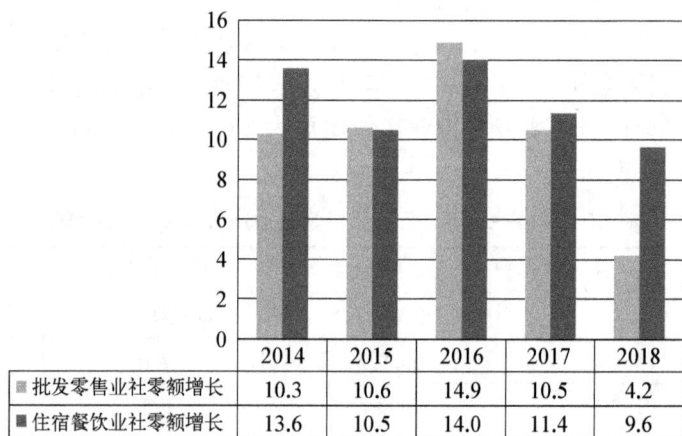

	2014	2015	2016	2017	2018
批发零售业社零额增长	10.3	10.6	14.9	10.5	4.2
住宿餐饮业社零额增长	13.6	10.5	14.0	11.4	9.6

图3.1　2014—2018年江苏各行业社会消费品零售额及增长　单位：亿元、%

数据来源：根据《江苏统计年鉴》(2015—2019)数据整理而得。

（三）就业规模减小，零售服务性特征凸显

2018年，江苏流通业城镇非私营单位就业人数为73.6万人，同比增长4.6%，与2014年相比，减少7.1%，江苏内贸行业就业人数总体表现为逐年减少的趋势。江苏全年批发零售业城镇非私营单位就业人数为55.6万人，同比增长3.2%，与2014年相比，减少6.5%。其中，批发业就业人数为26.1万人，同比增长9.7%，与2014年相比，增长4.6%，零售业就业人数为29.5万人，同比减少1.9%，与2014年相比，减少14.6%。2014—2018年，零售业就业人数规模下降幅度最大，达6万人（见表3.3），从就业增长情况看，批发业和零售业均表现为先升后降再升，除2016年零售业增速高于批发业以外，其余年份均低于批发业，五年间，批发业和零售业年均增速分别为0.7%和−3.9%（见图3.2）。传统的内贸行业主要是劳动密集型行业，但随着科学技术和互联网的快速发展，服务业的人口红利逐渐失去了原有的优势。在新型消费模式的引导下，需要更现代、更创新的新型模式出现，因此，以新技术、新资本为标志的新零售业态应运而生，如线上线下融合模式等。

表 3.3　2014—2018 年江苏批发零售业城镇非私营单位就业人员数　　　单位:万人

年份	流通业	批发零售业	批发业	零售业
2014	79.21	59.45	24.98	34.47
2015	75.95	58.61	25.11	33.50
2016	73.01	56.11	23.53	32.58
2017	70.41	53.85	23.82	30.03
2018	73.62	55.58	26.13	29.45

数据来源:根据《江苏统计年鉴》(2015—2019)数据整理而得。

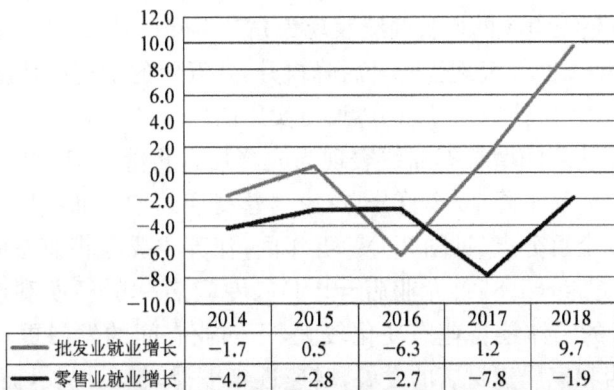

	2014	2015	2016	2017	2018
批发业就业增长	-1.7	0.5	-6.3	1.2	9.7
零售业就业增长	-4.2	-2.8	-2.7	-7.8	-1.9

图 3.2　2014—2018 年江苏批发零售业城镇非私营单位就业增长　单位:万人、%

数据来源:根据《江苏统计年鉴》(2015—2019)数据整理而得。

(四)连锁企业规模增加,便利店强势增长

2018 年,江苏批发零售业和住宿餐饮业连锁经营企业销售额为 4744 亿元,同比增长 3.5%,批发零售连锁销售额为 4635 亿元,增速同比增长 3.4%,与 2014 年相比,增长 33%。从连锁经营企业的销售增长情况看,2014—2018 年,批发零售业销售增长表现为先升后降再升,2014 年到 2015 年增速由负转正,增幅最大,提高 55 个百分点,五年间,批发零售企业销售年均增长 1.1%(见表 3.4)。

表 3.4　2014—2018 年江苏内贸连锁企业销售及增长情况　　　单位:亿元、%

年份	批发零售业		住宿餐饮业	
	销售额	增长率	销售额	增长率
2014	3483.9	-26.5	97.1	7.8
2015	4475.4	28.5	91.7	-5.6
2016	4695.6	4.9	94.0	2.5
2017	4480.2	-4.6	101.9	8.4
2018	4634.5	3.4	109.4	7.4

数据来源:根据《江苏统计年鉴》(2015—2019)中的数据整理计算而得。

随着互联网的发展以及数字技术在零售业的应用,零售市场发生了巨大的变化。一方面,市场容量的规模扩大,各类新型业态层出不穷,另一方面,在微观层面上,企业在盈利模

式、运作流程、供应链和渠道重构等方面的变化,这些都为企业和科研单位提供了新的研究课题和方向。

2018 年,江苏主要实体零售业态销售情况如下:百货店销售额为 276.9 亿元,同比增长 15.1%,与 2014 年相比,增长 10.2%;超级市场销售额为 897.2 亿元,同比减少 1.9%,与 2014 年相比,减少 5.9%;专业店销售额为 1433.8 亿元,同比减少 5.5%,与 2014 年相比,减少 36.3%;专卖店销售额为 27.1 亿元,同比增长 18.3%,与 2014 年相比,增长 89.5%;便利店销售额为 14.6 亿元,同比减少 14.6%,与 2014 年相比,增长 20.7%;家居建材店销售额为 0.6 亿元,同比下降了 66.7%,与 2014 年相比,减少 76%(见表 3.5)。从零售业态销售额增长情况看,2014—2018 年,江苏连锁百货店的增长曲线表现为先降后升,2016 年变化最大,下滑 20.6 个百分点;超级市场的增长曲线表现为先升后降再升,2017 年是个拐点,下滑 13.5 个百分点;专业店的增长曲线表现为先升后降再升,其五年的增速起伏变化最大,2015 年上升 78 个百分点,2017 年下滑 62.6 个百分点;专卖店的增长曲线表现为先逐年上升,2018 年下降 32 个百分点;便利店的增长率曲线表现为先降后升再降,2017 年是个增速最高点,先上升 67 个百分点,之后又下降 70 个百分点;家居建材店的增长曲线则表现持续下降,2018 年为最低点,下滑 45 个百分点(见图 3.3)。五年间,江苏主要零售业态的年均增速分别为:超级市场 4.1%、百货店 -1.8%、专业店 -9.4%、专卖店 9.6%、便利店 8%、家居建材店 -17.3%。这一阶段的实体零售业态变化较大,不同业态间的发展更具差异性,从数据上看,超级市场、专业店和家居建材店的发展,增速逐年下滑,且负增长,而便利店的发展起伏明显,百货店和专卖店近两年的增长有所回升。

表 3.5 2014—2018 年江苏主要零售业态销售情况　　　　　　　　单位:亿元

年份	百货店	超级市场	专业店	专卖店	便利店	家居建材店	合计
2014	251.3	953.3	2250.4	14.3	12.1	2.5	3483.9
2015	264.4	972.2	3212.3	11.3	12.5	2.7	4475.4
2016	223.7	1011.1	3432.3	15.2	11.0	2.3	4695.6
2017	240.6	914.6	1516.8	22.9	17.1	1.8	4480.2
2018	276.9	897.2	1433.8	27.1	14.6	0.6	4634.5

数据来源:根据《江苏统计年鉴》(2015—2019)中的数据整理计算而得。

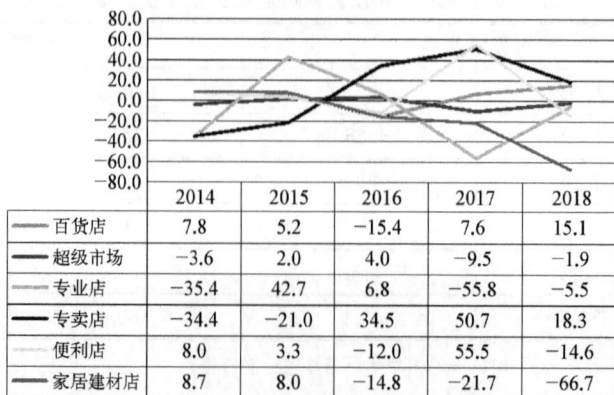

	2014	2015	2016	2017	2018
百货店	7.8	5.2	-15.4	7.6	15.1
超级市场	-3.6	2.0	4.0	-9.5	-1.9
专业店	-35.4	42.7	6.8	-55.8	-5.5
专卖店	-34.4	-21.0	34.5	50.7	18.3
便利店	8.0	3.3	-12.0	55.5	-14.6
家居建材店	8.7	8.0	-14.8	-21.7	-66.7

图 3.3 2014—2018 年江苏连锁零售业态销售增长　单位:%

数据来源:根据《江苏统计年鉴》(2015—2019)中的数据整理计算而得。

（五）线下业态不断调整，线上销售增长明显

2018年，限额以上零售企业中，江苏实体零售业态实现销售额10484亿元，同比减少0.5%，实体业态排前四位的分别为：专业店3946亿元、专卖店3183亿元、和百货店901亿元和大型超市899亿元，与上年相比，销售均有减少，业态占比分别为：专业店37.6%、专卖店30.4%、百货店和大型超市均为8.6%。其他实体零售业态销售占比由高到低分别为：便利店4.5%、购物中心3.1%、超市2.9%、厂家直销中心2.3%、家居建材商店0.9%、食杂店0.4%、仓储会员店0.2%和折扣店0.2%（见图3.4）。2018年，江苏无店铺零售业态实现销售额1557亿元，同比增长50%，增速较快，各业态销售所占比重由高到低分别为：网上商店实现商品零售额1069亿元，同比增长17.7%，占比68.7%，电视购物销售额20亿元，占比1.3%，邮购0.5%，电话购物0.4%和自动售货机0.1%（见图3.5）。可以发现，江苏线下实体零售店的销售依然强势，线上无店铺业态销售增长明显，尤其，网上商店比重较高，一方面，互联网的影响逐步改变了行业原有的格局，另一方面，也促进了产业结构的转型升级。

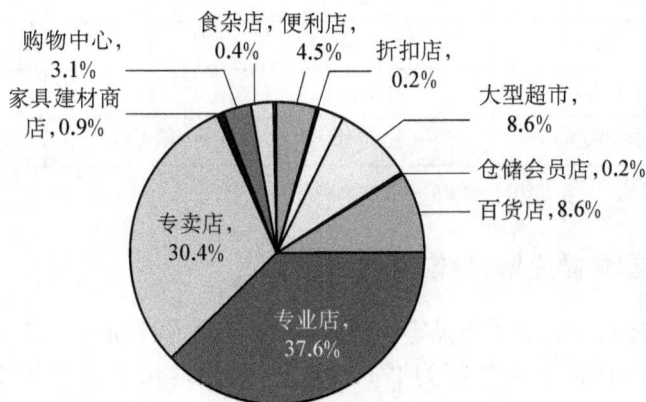

图3.4 2018年江苏限额以上有店铺零售业态销售占比

数据来源：根据《江苏统计年鉴2019》中的数据整理计算而得。

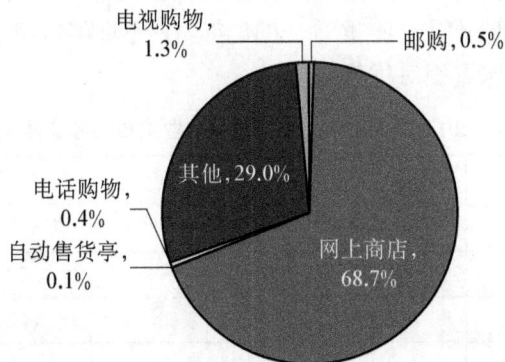

图3.5 2018年江苏限额以上无店铺零售业态销售占比

数据来源：根据《江苏统计年鉴2019》中的数据整理计算而得。

二、住宿餐饮业

(一)产值稳步增长,比重逐年上升

2018 年,江苏住宿餐饮业产值为 2059 亿元,同比增长了 8.5%,与 2017 年相比,增速下滑 38.4 个百分点,比 2014 年增长了 88.1%,增幅较大。住宿餐饮业产值表现为先升后降,2017 年增速最快,为 46.9%。2014—2018 年,住宿餐饮业年均增速为 15.8%。从行业产值占比情况看,2018 年,住宿餐饮业产值所占比重 6.1%,同比上升 0.3 个百分点,五年间,比重逐年上升(见表 3.6)。

表 3.6 2014—2018 年江苏住宿餐饮业产值增长及占比情况

年份	流通业产值(亿元)	住宿餐饮业		
		产值(亿元)	增长率(%)	比重(%)
2014	7653.5	1094.5	6.5	14.3
2015	8182.1	1189.4	8.7	14.5
2016	8761.6	1291.3	8.6	14.7
2017	12003.0	1897.2	46.9	15.8
2018	12794.9	2059.2	8.5	16.1

数据来源:根据《江苏统计年鉴》(2014—2019)数据整理而得。

(二)消费品零售额递增,餐饮业占比较大

2018 年,江苏住宿餐饮业消费品零售额为 3429 亿元,同比增长 9.7%,与 2014 年相比,增长 53.8%。其中,住宿业零售额为 249.8 亿元,同比增长 5.9%,与 2014 年相比,增长 33.1%;餐饮业零售额为 3179 亿元,同比增长 9.9%,与 2014 年相比,增长 55.8%(见表3.7)。从行业消费品零售额增长情况看,2014—2018 年,住宿业零售额及餐饮业零售额的增长曲线均表现为先升后降,升降幅度变化在时间上都相当一致,2016 年均为增速最高点,这一阶段,餐饮业增速每年都高于住宿业,住宿业、餐饮业平均增速分别为 8% 和 12.7%(见图 3.6)。从行业消费品零售额所占比重看,2018 年,住宿业零售额占比 0.8%,餐饮业占比 9.6%,一直以来,餐饮业比重相对优势明显。

表 3.7 2014—2018 年江苏住宿餐饮业消费品零售额及增长

年份	社零额(亿元)	住宿业		餐饮业	
		零售额(亿元)	增长率(%)	零售额(亿元)	增长率(%)
2014	23458.1	187.7	6.0	2040.9	10.9
2015	25876.8	198.9	8.9	2263.6	14.5
2016	28707.1	216.7	10.2	2591.3	16.8
2017	31737.4	235.8	8.8	2891.4	11.6
2018	33230.4	249.8	5.9	3179.1	9.9

数据来源:根据《江苏统计年鉴》(2014—2019)数据整理而得。

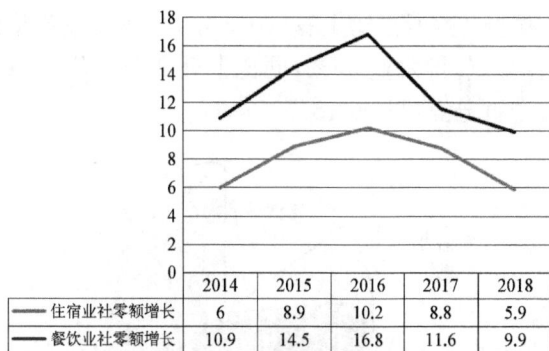

	2014	2015	2016	2017	2018
—— 住宿业社零额增长	6	8.9	10.2	8.8	5.9
—— 餐饮业社零额增长	10.9	14.5	16.8	11.6	9.9

图 3.6　2014—2018 年江苏住宿业餐饮业消费品零售额增长　单位：%

数据来源：根据《江苏统计年鉴》(2015—2019)数据整理而得。

（三）就业规模增加，住宿业略有减少

2018 年，江苏住宿餐饮业就业人数 18 万人，同比增长 8.9%，占内贸就业人数的24.5%，与 2014 年相比，减少 8.7%。其中，住宿业限额以上企业就业人数为 6.8 万人，同比减少3.8%，与 2014 年相比，减少 11.3%；餐饮业限额以上企业就业人数为 11.3 万人，同比增长18.4%，与 2014 年相比，减少 7.1%（见表 3.8）。2014—2018 年，住宿餐饮业就业人数都有所减少，住宿业增速除 2015 年以外，均为负增长，餐饮业增长速度表现为先降后升，2015 年负增长最低，为—20.4%，之后逐年增长，且为正增长，2018 年最高（见图 3.7）。

表 3.8　2014—2018 年江苏住宿餐饮业城镇非私营单位就业增长　单位：万人

年份	流通业	住宿餐饮业	住宿业	餐饮业
2014	79.21	19.76	7.64	12.12
2015	75.95	17.34	7.69	9.65
2016	73.01	16.90	7.45	9.45
2017	70.41	16.56	7.05	9.51
2018	73.62	18.04	6.78	11.26

数据来源：根据《江苏统计年鉴》(2015—2019)数据整理而得。

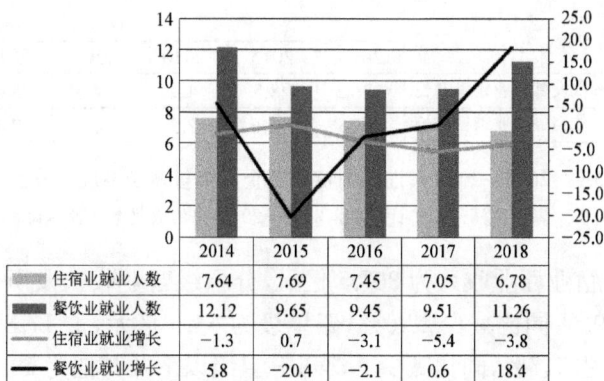

	2014	2015	2016	2017	2018
住宿业就业人数	7.64	7.69	7.45	7.05	6.78
餐饮业就业人数	12.12	9.65	9.45	9.51	11.26
—— 住宿业就业增长	−1.3	0.7	−3.1	−5.4	−3.8
—— 餐饮业就业增长	5.8	−20.4	−2.1	0.6	18.4

图 3.7　2014—2018 年江苏住宿餐饮业城镇非私营单位就业增长　单位：万人、%

数据来源：根据《江苏统计年鉴》(2015—2019)数据整理而得。

从江苏内贸各行业就业人数所占比重看,2018 年,行业就业比重由高到低分别为:零售业 40%,同比下降 2 个百分点;批发业 36%,同比上升 3 个百分点;餐饮业 15%,变化不大;住宿业 9%,同比下降 1 个百分点(见图 3.8)。

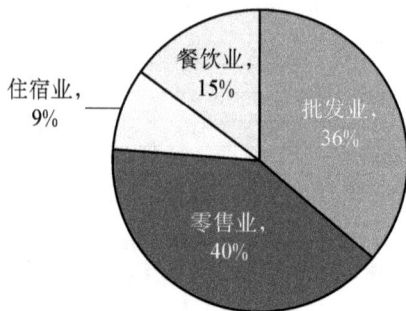

图 3.8　2018 年江苏内贸各行业限额以上就业人数占比

数据来源:根据《江苏统计年鉴 2019》数据整理而得。

(四)企业销售规模扩大,餐饮业增长较快

2018 年,江苏住宿餐饮企业营业收入为 823.7 亿元,同比增长 7.4%,其中,住宿企业营业额为 307.5 亿元,同比增长 2.2%;餐饮企业销售额为 516.2 亿元,同比增长 12.1%。从连锁经营企业的销售增长情况看,2014—2018 年,批发零售业销售增长表现为先升后降再升,2015 年增速为 28.5%最快,住宿餐饮业增长曲线表现为先降后升再降,2015 年负增长,为最低点。这五年间,批发零售业与住宿餐饮业平均增速分别为 1.1%、4.1%,住宿餐饮业略快,其增长平稳(见图 3.9)。

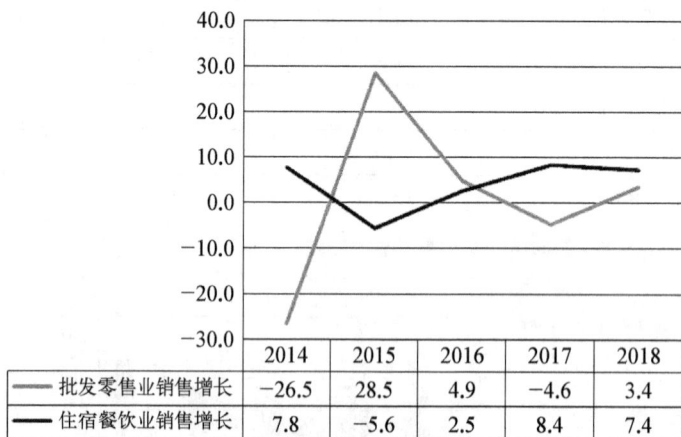

	2014	2015	2016	2017	2018
批发零售业销售增长	−26.5	28.5	4.9	−4.6	3.4
住宿餐饮业销售增长	7.8	−5.6	2.5	8.4	7.4

图 3.9　2014—2018 年江苏内贸连锁企业销售增长情况　单位:%

数据来源:根据《江苏统计年鉴》(2015—2019)中的数据整理计算而得。

2018 年,江苏住宿业营业收入为 307.5 亿元,分星级营业收入及所占比重分别为:五星级为 89.3 亿元,占 29%,同比减少 28.6%;四星级为 54.6 亿元,占 17.8%,同比增长 1.3%;三星级为 23.6 亿元,占 7.7%,同比减少 9.6%;三星级以下及其他为 140 亿元,约占 45.5%,表明高档住宿企业营业收入下降明显(见图 3.10)。

2018 年,江苏餐饮业营业收入为 516.2 亿元,同比增长 12.1%,分行业营业收入及所占

比重分别为:正餐服务为344.2亿元,占68.2%,同比增长11.3%;快餐服务为133.1亿元,占26.4%,同比增长14.2%;饮料及冷饮服务为14.5亿元,占2.9%,同比增长13.3%;其他餐饮服务为13.2亿元,占2.6%,同比减少40%,餐饮业的快速增长,表明其发展空间很大,尤其正餐和快餐业的营业收入占比较高,有绝对优势(见图3.11)。

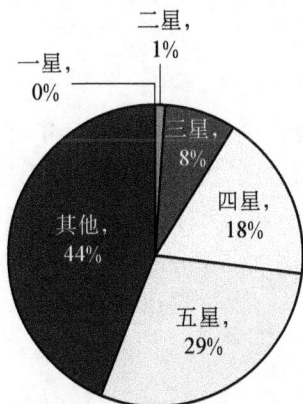

图 3.10　2018 年江苏各类住宿业营业收入占比
数据来源:根据《江苏统计年鉴 2019》中的数据整理计算而得。

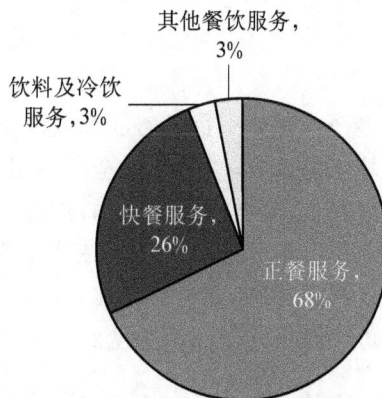

图 3.11　2018 年江苏餐饮业分行业营业收入占比
数据来源:根据《江苏统计年鉴 2019》中的数据整理计算而得。

第四章　江苏各地区内贸发展情况

作为经济大省,一直以来,江苏经济发展的各项指标处于全国前列。2018 年,江苏地区生产总值增加值 92595 亿元,占全国 GDP 比重 10.3％,仅次于广东,位列第二,第三产业产值 47205 亿元,占全国比重 10.1％,流通业产值 12795 亿元,占全国比重 12.1％,超过广东,位列全国首位。但因古时长江"天堑"屏障,淮河流域处在南北争夺的交错地带,常年战事,生产力破坏严重,后宋末黄河夺淮入海,苏北地区水系被破坏,大片农田被淤埋,苏北地区经济与苏南苏中地区之间的差距从此拉大。

一、苏中流通业增速快,苏南产值规模大

2018 年,苏南地区 GDP 增加值为 53957 亿元,同比增长 7.5％,苏中 GDP 为 19001 亿元,同比增长 8.3％,苏北为 21366 亿元,同比增长 5.4％。与 2014 年相比,三大地区的 GDP 分别增长 38.6％、49.4％和 41％,其中,苏中地区增长最快。从 GDP 增加值的总量上看,苏南高于苏北,苏北高于苏中地区,2018 年,苏南地区 GDP 增加值分别是苏中、苏北的 2.84 倍和 2.53 倍(见表 4.1)。

表 4.1　2014—2018 年江苏三大区域 GDP 增加值情况　　　　单位:亿元、元

年份	苏南		苏中		苏北	
	GDP	人均 GDP	GDP	人均 GDP	GDP	人均 GDP
2014	38941.3	117477	12721.5	77532	15151.5	50603
2015	41518.7	125002	13853.1	84368	16564.3	55127
2016	44795.8	134569	15319.4	93228	18160.2	60225
2017	50175.2	150200	17544.1	106637	20268.8	66934
2018	53956.8	160747	19000.8	115360	21366.0	70369

数据来源:根据《江苏统计年鉴》(2015—2019)中的数据整理而得。

从地区 GDP 增长速度看,2018 年,苏南地区 GDP 增速低于苏中 0.8 个百分点,高于苏北 2.1 个百分点,三个地区 GDP 增速同比分别下降 4.5 个百分点、6.2 个百分点和 6.2 个百分点。2014—2018 年,苏中 GDP 增速普遍快于苏北和苏南地区,在 GDP 增长率变化曲线方面,三地区基本保持一致,均表现为先降后升再降,且 2017 年都为最高点。五年间,三地区 GDP 的年均增速分别为 8.3％、10.5％和 9.2％,苏中地区增长速度最快,超过 10％,苏南地区较慢(见图 4.1)。

2018 年,苏南地区人均 GDP 为 160747 元,苏中 115360 元,苏北 70369 元,同比分别增长 7％、8.2％和 5.1％,增速上,苏中快于苏南,苏南快于苏北,与上年相比,同比分别下降 4.6 个百分点、6.2 个百分点和 6 个百分点。与 2014 年相比,三个地区的人均 GDP 分别增长

36.8%、48.8%和39.1%,增长幅度现为苏中高于苏北,苏北高于苏南地区。2014—2018年,三地区人均GDP的年均增速分别为8.2%、11.4%和10.3%,苏中快于苏北,苏北快于苏南地区,前两者增速均超过10%。从人均GDP增速变化曲线上看,三个地区均表现为先降后升再降,同样,2017年为其最高点,且增速均超过10%(见图4.1)。苏南地区人均GDP分别是苏中1.4倍、苏北2.3倍,有绝对优势,但在GDP增速和人均GDP的增速方面,呈现出苏北与苏中均快于苏南地区的态势。

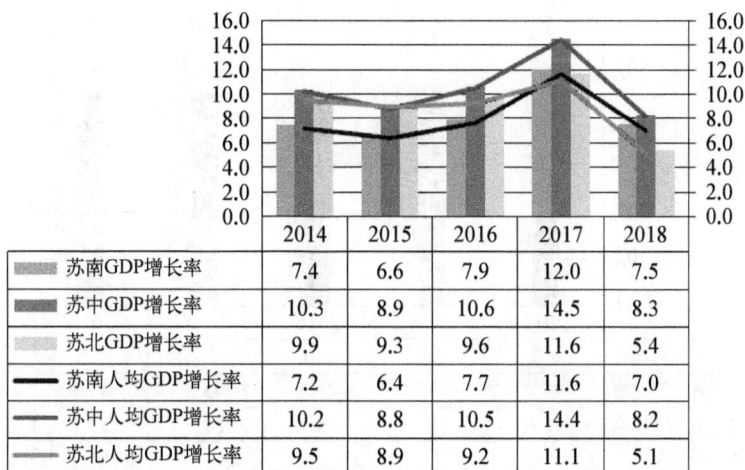

	2014	2015	2016	2017	2018
苏南GDP增长率	7.4	6.6	7.9	12.0	7.5
苏中GDP增长率	10.3	8.9	10.6	14.5	8.3
苏北GDP增长率	9.9	9.3	9.6	11.6	5.4
苏南人均GDP增长率	7.2	6.4	7.7	11.6	7.0
苏中人均GDP增长率	10.2	8.8	10.5	14.4	8.2
苏北人均GDP增长率	9.5	8.9	9.2	11.1	5.1

图4.1 2014—2018年江苏三大区域GDP、人均GDP增长情况 单位:%

数据来源:根据《江苏统计年鉴》(2015—2019)中的数据整理而得。

从区域发展的情况来看,江苏经济在总量逐年增长的同时,各地区三次产业也在不断调整和优化。2018年,苏南地区第一、二、三次产业产值分别为907亿元、24359亿元和28691亿元,与上年相比,增速分别为-1.4%、7.2%和8.2%;苏中地区第一、二、三次产业产值分别为951亿元、9005亿元和9045亿元,同比分别增长4.6%、7.8%和9.2%;苏北地区第一、二、三次产业产值分别为2190亿元、9244亿元和9933亿元,同比分别增长3.8%、2.9%和8.2%(见表4.2)。从产值增速方面看,苏中地区的三次产业均快于苏南和苏北地区,且第三产业增速最快,三个地区的第三产业产值增速均快于第一、二产业。

表4.2 2014—2018年江苏三大区域三次产业产值 单位:亿元

年份	苏南			苏中			苏北		
	一产	二产	三产	一产	二产	三产	一产	二产	三产
2014	816	18652	19473	776	6396	5550	1758	6938	6456
2015	865	19402	21251	816	6801	6237	1870	7446	7249
2016	900	20294	23601	858	7302	7159	1978	8022	8160
2017	920	22732	26524	909	8354	8281	2110	8981	9178
2018	907	24359	28691	951	9005	9045	2190	9244	9933

数据来源:根据《江苏统计年鉴》(2015—2019)中的数据整理而得。

从地区产业产值构成情况来看,2018年,苏南地区三次产业产值所占比重分别为1.7%、45.1%和53.2%,与上年相比,第一产业比重下降了0.1个百分点,第二产业下降了

0.2个百分点,第三产业比重提高了0.3个百分点。2014—2018年,三次产业比重变化分别是:第一产业缓慢下降,五年间比重下降0.4个百分点,均在2.1%以下;第二产业同样表现为缓慢下降,五年间比重下降2.8个百分点,在三次产业的比重排位上,第二产业逐步让位于第三产业;第三产业自2014年比重超过50%,逐年上升,五年间,其涨幅3.2个百分点。2018年,第三产业比重高于第二产业8.1个百分点,苏南地区已形成"三二一"的产业结构类型(见图4.2)。

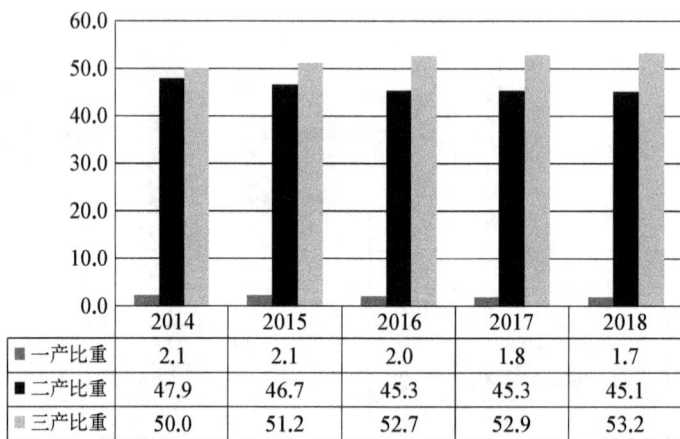

	2014	2015	2016	2017	2018
■ 一产比重	2.1	2.1	2.0	1.8	1.7
■ 二产比重	47.9	46.7	45.3	45.3	45.1
▨ 三产比重	50.0	51.2	52.7	52.9	53.2

图4.2 2014—2018年苏南地区三次产业产值比重 单位:%

数据来源:根据《江苏统计年鉴》(2015—2019)中的数据整理而得。

2018年,苏中地区三次产业产值所占比重分别为5%、47.4%和47.6%,与上年相比,第一产业比重下降了0.2个百分点,第二产业比重下降了0.2个百分点,第三产业比重提高了0.4个百分点。2014—2018年,三次产业产值比重变化分别是:第一产业缓慢下降,五年间比重下降1.1个百分点;第二产业则表现为慢速下滑,下降2.9个百分点,2015年跌破50%;第三产业则表现为一路上涨,五年间比重上升4个百分点,开始超过第二产业,但比重尚未超半(见图4.3)。

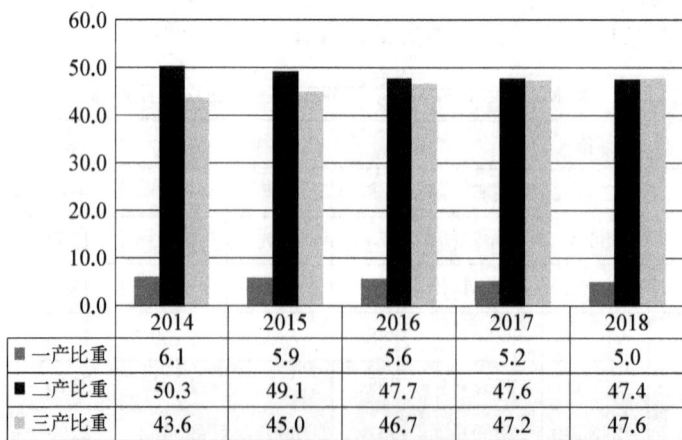

	2014	2015	2016	2017	2018
■ 一产比重	6.1	5.9	5.6	5.2	5.0
■ 二产比重	50.3	49.1	47.7	47.6	47.4
▨ 三产比重	43.6	45.0	46.7	47.2	47.6

图4.3 2014—2018年苏中地区三次产业产值比重 单位:%

数据来源:根据《江苏统计年鉴》(2015—2019)中的数据整理而得。

2018年,苏北地区三次产业产值所占比重分别为10.2%、43.3%和46.5%,与上年相比,第一产业比重下降了0.2个百分点,第二产业比重下降1个百分点,第三产业比重提高了1.2个百分点。2014—2018年,三次产业比重变化分别是:第一产业缓慢下跌,五年间比重下降1.4个百分点,但还未突破10%;第二产业表现为缓慢下滑,2017年略有上升,五年间比重下降2.5个百分点;第三产业则表现为逐年上升,五年间比重上升3.9个百分点,自2016年,比重赶超第二产业,2018年,第三产业比重高于第二产业3.2个百分点,正逐步形成"三二一"的结构类型(见图4.4)。

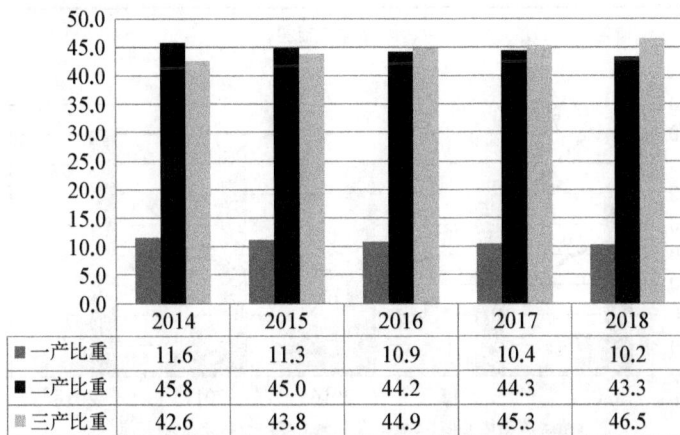

	2014	2015	2016	2017	2018
一产比重	11.6	11.3	10.9	10.4	10.2
二产比重	45.8	45.0	44.2	44.3	43.3
三产比重	42.6	43.8	44.9	45.3	46.5

图4.4 2014—2018年苏北地区三次产业产值比重 单位:%

数据来源:根据《江苏统计年鉴》(2015—2019)中的数据整理而得。

总体上,苏南、苏中、苏北三大区域的第三产业的发展趋势不断增强,从规模上看,苏南地区第三产业产值明显高于苏中和苏北地区;从增速上看,苏中地区快于苏南和苏北地区。2018年,苏南、苏中、苏北第三产业增加值的增速分别为12.4%、14.4%和6.7%,2014—2017年,三大区域第三产业产值的年均增幅分别为11.1%、14.4%和12.5%。苏南与苏中、苏北在第三产业规模上有着明显差距。

2018年,苏南、苏中和苏北三大区域流通业产值分别为8161亿元、1926亿元和2708亿元,占各自地区GDP的比重分别为苏南15.1%、苏中10.1%和苏北12.7%,与上年相比,分别增长7%、7.3%和5%,与2014年相比,三大区域流通业产值分别增长31.8%、36.4%和43.1%(见表4.3)。从区域流通业产值的增长情况看,2014—2018年,三大区域流通业产值增长率曲线均表现为先降后升再降,苏南地区2017年增速最快,2015年则最慢,苏中2014年最快,之后增速均低于10%,苏北2014年最快,之后均低于10%,2018年增速最慢(见图4.5)。五年间,苏南、苏中和苏北地区流通业产值的平均增速分别为7.6%、10%和10.5%。总体看,三大区域流通业产值占GDP比重均超过10%,苏南在规模上占有优势,且流通业产值比重最高,但在2018年增速方面,表现为苏中快于苏南,苏南快于苏北地区。

表4.3 2014—2018年江苏三大区域流通产值及增长 单位:亿元、%

年份	全省流通业产值	苏南		苏中		苏北	
		流通产值	增长率	流通产值	增长率	流通产值	增长率
2014	9497	6192	9.4	1412	17.9	1893	15.0
2015	10103	6466	4.4	1539	9.0	2097	10.8

(续表)

年份	全省流通业产值	苏南		苏中		苏北	
		流通产值	增长率	流通产值	增长率	流通产值	增长率
2016	10895	6959	7.6	1652	7.3	2284	8.9
2017	12003	7629	9.6	1796	8.7	2579	12.9
2018	12795	8161	7.0	1926	7.3	2708	5.0

数据来源:根据《江苏统计年鉴》(2015—2019)中的数据整理而得。

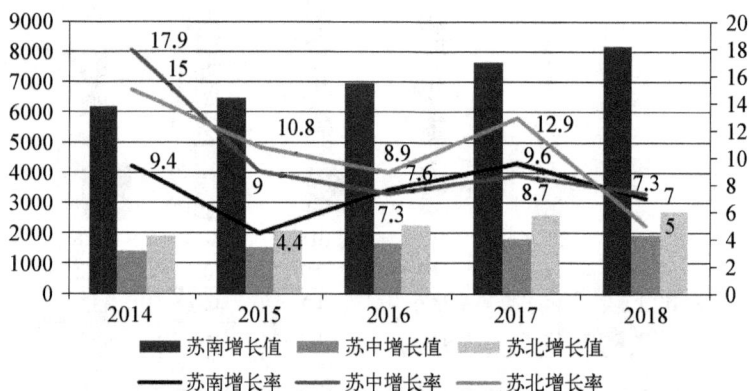

图 4.5　2014—2018 年江苏三大区域流通产值及增长　单位:亿元、%

数据来源:根据《江苏统计年鉴》(2015—2019)中的数据整理而得。

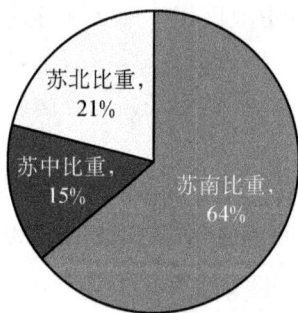

图 4.6　2018 年江苏三大区域流通业产值占比

数据来源:根据《江苏统计年鉴 2019》中的数据整理而得。

2018 年,苏南、苏中和苏北三大区域流通业产值在全省比重分别为 64%、15% 和 21%,苏南地区的流通业产值在全省几乎占到三分之二份额,有很大的优势,其流通业产值分别是苏中地区 4.2 倍和苏北地区 3 倍(见图 4.6)。

本报告对江苏省 13 个地级市流通业产值进行统计,评估 2014—2018 年各地区流通业产值增加值的情况。2018 年,全省流通业产值超千亿元的地区,有 6 个,与上年相比,常州和南通首次突破千亿元,其中,苏州 2853 亿元,无锡 2043 亿元,均超两千亿元,分别位列前两位,南京 1671 亿元,列第三位,这三个地区为第一梯队;位列第四至第六位的分别是徐州 1099 亿元、常州 1049 亿元和南通 1005 亿元,它们产值均超千亿元,为第二梯队;位列第七至第十位的分别是盐城 607 亿元、镇江 544 亿元、扬州 464 亿元和泰州 458 亿元,为第三梯队;第四梯队的为第十一至第十三位,分别是淮安 372 亿元、连云港 319 亿元和宿迁 311 亿元(见表 4.4)。从地区流通业产值增长情况看,第一梯队的苏州、南京和无锡分别增长 5.3%、6.8% 和 9.8%,第二梯队的徐州、常州和南通分别增长 1.9%、5.8% 和 7.2%,第三梯队的盐城、镇江、扬州和泰州分别增长 6.1%、10.5%、9.7% 和 5%,第四梯队的淮安、连云港和宿迁分别增长 7.3%、8.7% 和 11.3%。从全省各地产值增速情况看,宿迁 11.3%,增速最快,镇江其次,两者均超 10%,南京和扬州增速也接近 10%,增速最慢的是徐州,只有 1.9%(见

图 4.7)。从地区间流通业产值差距看,位列第一位的苏州,其流通业产值是第四位常州的 2.7 倍,是第十三位宿迁的 9.2 倍,甚至超过排名后 6 个地区流通业产值之和。

表 4.4　2014—2018 年江苏各地流通业产值　　　　　单位:亿元

地区	2014 年	2015 年	2016 年	2017 年	2018 年
南京	1119.2	1230.9	1357.1	1521.6	1670.8
苏州	2334.6	2353.8	2486.9	2709.6	2852.9
无锡	1570.3	1585.1	1720.5	1912.7	2043.4
常州	791.9	865.5	932.5	991.9	1049.2
镇江	393.3	430.9	462.2	492.7	544.3
南通	737.6	806.7	867.0	937.0	1004.5
泰州	338.1	370.3	397.7	435.8	457.7
扬州	339.0	362.4	387.5	423.2	464.2
盐城	442.3	481.7	518.7	572.4	607.3
淮安	266.2	300.9	325.0	347.1	372.4
连云港	209.4	238.2	263.8	293.3	318.9
宿迁	192.8	218	239.7	279.0	310.6
徐州	782.4	858.2	936.4	1078.2	1098.7
全省	9517	10103	10895	12003	12795

数据来源:根据《江苏统计年鉴》(2015—2019)中的数据整理而得。

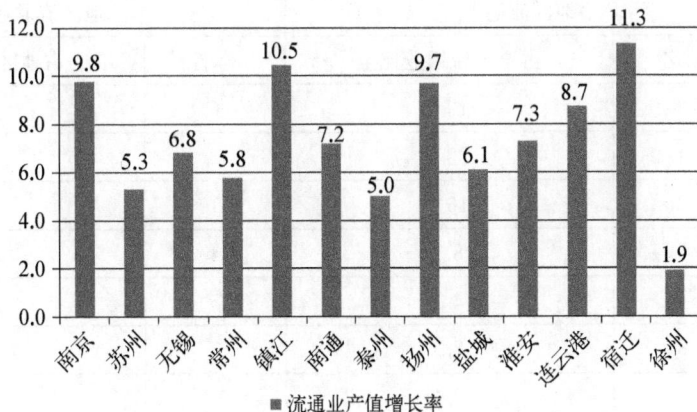

图 4.7　2018 年江苏各地区流通业产值增长　单位:%
数据来源:根据《江苏统计年鉴 2019》中的数据整理而得。

2018 年,江苏省 13 个地级市流通业产值在全省流通业产值比重由高到低分别为:苏州 22.3%、无锡 16%、南京 13.1%、徐州 8.6%、常州 8.2%、南通 7.9%、盐城 4.7%、镇江 4.3%、泰州 3.6%、扬州 3.6%、淮安 2.9%、连云港 2.5% 和宿迁 2.4%,与上年相比,地区流通业产值在全省的排位没有变化(见图 4.8)。

从地区流通业产值占地区 GDP 的比重来看,2018 年,江苏 13 个地级市地区流通业产

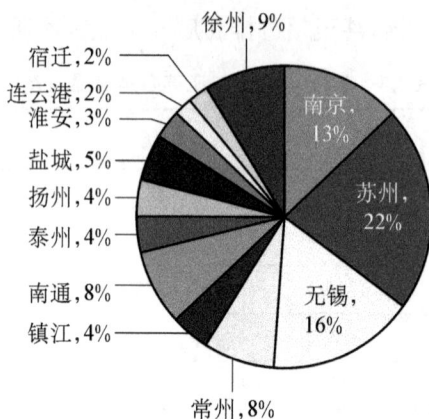

图 4.8　2018 年江苏各地流通业产值占比

数据来源：根据《江苏统计年鉴 2019》中的数据整理而得。

值占地区 GDP 的比重由高到低，分别是：无锡 17.9%、徐州 16.3%、苏州 15.3%、常州 14.9%、镇江 13.4%、南京 13%、南通 11.9%、盐城 11.3%、连云港 11.5%、宿迁 11.3%、淮安 11.1%、泰州 9%、扬州 8.5%，与上年相比，有 5 个地区排位有变动，分别是南京、镇江、扬州、连云港和宿迁，但变化相对不大。从地区流通业产值占比看，有 11 个地区比重超过 10%，泰州和扬州则低于 10%（见表 4.5）。无论是地区流通业产值占全省流通业产值比重，还是占地区 GDP 比重，苏南五市都有明显的优势，苏中地区的南通和苏北地区的徐州也优势明显。

表 4.5　2018 年江苏各地区流通业产值情况及排名　　　　单位：%

地区	地区流通业		地区流通业	
	排名	占全省流通业比重	排名	占地区 GDP 比重
南京	3	13.1	6	13.0
苏州	1	22.3	3	15.3
无锡	2	16.0	1	17.9
常州	5	8.2	4	14.9
镇江	8	4.3	5	13.4
南通	6	7.9	7	11.9
泰州	9	3.6	12	9.0
扬州	10	3.6	13	8.5
盐城	7	4.7	10	11.1
淮安	11	2.9	11	10.3
连云港	12	2.5	8	11.5
宿迁	13	2.4	9	11.3
徐州	4	8.6	2	16.3

数据来源：根据《江苏统计年鉴 2019》中的数据整理而得。

二、消费品市场增长放缓，苏北地区增长明显

2018 年,苏南、苏中、苏北三大区域社会消费品零售额分别为 19226 亿元、5929 亿元、8076 亿元,与上年相比,三大区域分别增长 5%、5.5% 和 3.5%,苏中增长略快,与 2014 年相比,苏南增长 40.6%、苏中增长 41.2%、苏北增长 44.7%,总体看,苏北增速快于苏中,苏中快于苏南。区域间社会消费品零售额差距还是比较大的,2018 年,苏南地区社会消费品零售额分别是苏中 3.2 倍和苏北 2.4 倍(见表 4.6)。从社会消费品零售额增长情况看,2014—2018 年,苏南增速曲线表现为先降后升再降,2016 年增速最快,2018 年最慢,苏中地区表现为先升后降,2016 年最快,2018 年最慢,苏北则表现为一路下滑,增速由 2014 年的 24.6% 快速下降到个位数,五年降幅达 86%,2018 年是三大区域增速最慢的一年,2018 年以前,三大区域的增速每年都在 10% 以上。五年间,苏南、苏中和苏北地区的社会消费品零售额年均增长率分别为 9.1%、8.9% 和 12.7%,增速表现为苏北快于苏南,苏南快于苏中(见图 4.9)。

表 4.6 2014—2018 年江苏三大区域社会消费品零售额及增长情况   单位:亿元、%

年份	苏南		苏中		苏北	
	社销额	增长率	社销额	增长率	社销额	增长率
2014	13679.4	10.0	4197.8	8.1	5580.9	24.6
2015	15003.6	9.7	4618.1	10.0	6255.1	12.1
2016	16584.2	10.5	5110.0	10.7	7012.9	12.1
2017	18315.6	10.4	5621.6	10.0	7800.2	11.2
2018	19226.2	5.0	5928.7	5.5	8075.5	3.5

数据来源:根据《江苏统计年鉴》(2015—2019)中的数据整理而得。

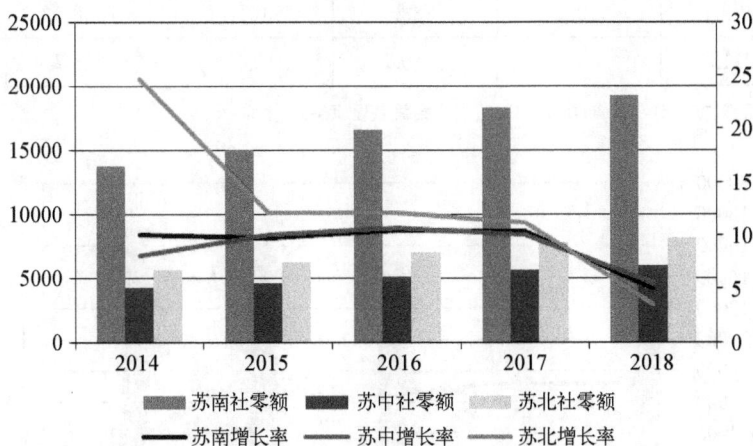

图 4.9 2014—2018 年江苏三大区域社会消费品零售额及增长情况   单位:亿元、%

数据来源:根据《江苏统计年鉴》(2015—2019)中的数据整理而得。

2018 年,苏南、苏中和苏北地区社会消费品零售额占全省比重分别为 57.9%、17.8% 和 24.3%,与 2014 年相比,苏南地区降低了 0.4 个百分点,苏中地区变化不大,苏北地区则提高了 0.4 个百分点(见图 4.10)。

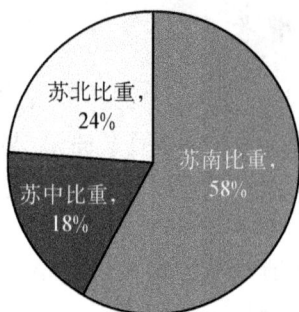

图 4.10　2018 年江苏三区域社会消费品零售额占比

数据来源:根据《江苏统计年鉴 2019》中的数据整理而得。

从地区社会消费品零售额细分行业的发展情况看,苏南、苏中和苏北三区域之间也有一定的差距。2018 年,苏南、苏中和苏北地区批发零售业零售额分别为 17212 亿元、5290 亿元和 7217 亿元,与上年相比,分别增长 4.4%、5.1%和 3%,增幅同比都有明显下降。与 2014 年相比,苏南、苏中和苏北地区批发零售业零售额分别增长 39.3%、44.2%和 42.8%,总体上,苏中增幅快于苏南和苏北地区(见表 4.7)。从批发零售业销售额增长情况来看,2014—2018

年,苏南增速曲线表现为先降后升再降,2018 年增速最慢,苏中地区表现为先升后降,2016 年增速最快,2018 年最慢,苏北则表现为一路下降(见图 4.11)。五年间,三大区域的平均增速分别为 9.1%、8.6%和 12.8%,从市场规模上看,苏南地区占有较大优势,其批发零售业零售额分别是苏中和苏北地区的 3.3 倍和 2.4 倍,从增长速度上看,苏北增速快于苏南,苏南快于苏中。

表 4.7　2014—2018 年江苏三大区域批发零售业销售额　　　　单位:亿元、%

年份	苏南		苏中		苏北	
	批零额	增长率	批零额	增长率	批零额	增长率
2014	12360.3	10.7	3773.9	7.9	5053.4	26.4
2015	13681.0	10.7	4137.7	9.6	5661.6	12.0
2016	14965.4	9.4	4573.1	10.5	6321.3	11.7
2017	16479.4	10.1	5033.6	10.1	7008.0	10.9
2018	17211.8	4.4	5289.7	5.1	7216.7	3.0

数据来源:根据《江苏统计年鉴》(2015—2019)中的数据整理而得。

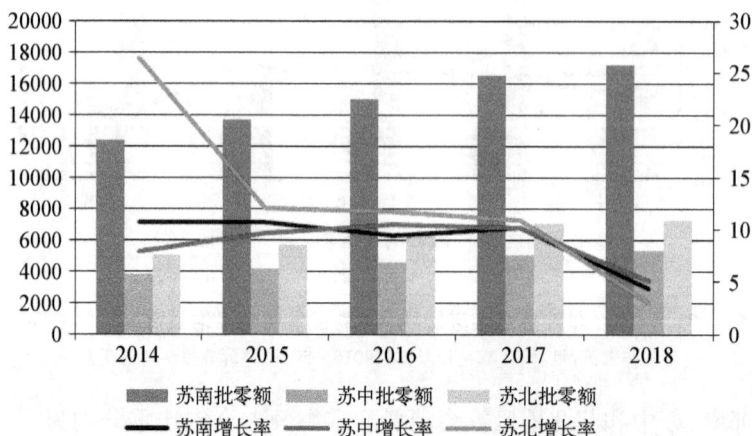

图 4.11　2014—2018 年江苏三大区域批发零售业销售额及增长　单位:亿元、%

数据来源:根据《江苏统计年鉴》(2015—2019)中的数据整理而得。

2018 年,苏南、苏中和苏北地区住宿与餐饮业零售额分别为 2014 亿元、639 亿元和 859 亿元,与上年相比,分别增长 9.7%、8.7% 和 8.5%,与 2014 年相比,三大区域零售额分别增长 52.7%、50.7% 和 62.7%,总体上看,苏北地区增速快于苏南,苏南快于苏中(见表 4.8)。从地区住宿餐饮业零售额增长情况看,2014—2018 年,苏南增长曲线表现为先降后升再降,2016 年最快,2015 年最慢,苏中地区则表现为一路下滑,五年间降幅达 44%,苏北地区表现为先降后升再降,2016 年最快,2018 年最慢。这一阶段,苏南、苏中和苏北地区的年均增速分别为 11.7%、11.7% 和 13.4%(见图 4.12),从市场规模上看,苏南地区占有较大优势,分别是苏中 3.2 倍和苏北 2.3 倍,从增长速度看,苏北增速略快于苏南和苏中地区。

表 4.8 2014—2018 年江苏三区域住宿餐饮业销售额　　　　单位:亿元、%

年份	苏南		苏中		苏北	
	住餐额	增长率	住餐额	增长率	住餐额	增长率
2014	1319.1	12.9	423.9	15.4	527.5	14.8
2015	1322.6	0.3	480.3	13.3	593.5	12.5
2016	1618.7	22.4	536.9	11.8	691.7	16.5
2017	1836.2	13.4	588.0	9.5	792.1	14.5
2018	2014.4	9.7	639.0	8.7	858.8	8.5

数据来源:根据《江苏统计年鉴》(2015—2019)中的数据整理而得。

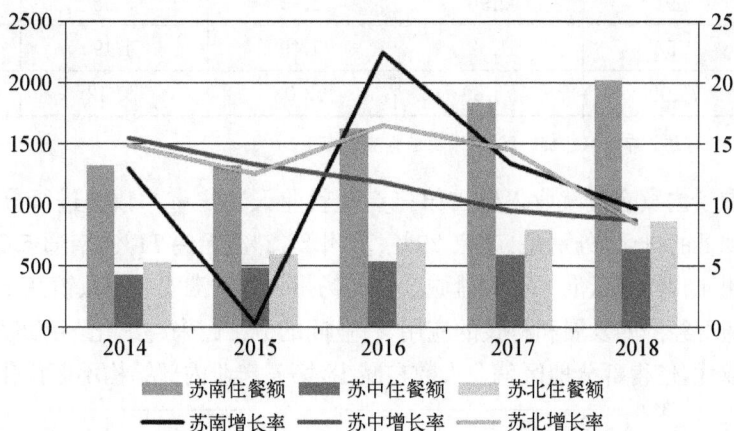

图 4.12 2014—2018 年江苏三区域住宿餐饮业销售额及增长 单位:亿元、%
数据来源:根据《江苏统计年鉴》(2015—2019)中的数据整理而得。

三、就业规模略有反弹,地区间变化有差异

2018 年,江苏内贸就业人数为 73.6 万人,同比增长 4.5%,其中有 6 个地区略有减少。13 个地级市内贸企业城镇就业人数规模由高到低,分别是南京 21.37 万人,同比增长 6.6%,苏州 16.31 万人,同比增长 6.4%,为就业人数第一梯队,均超过 15 万人;第二梯队为第 3 到第 7 位,分别是无锡 8.08 万人,同比增长 13.6%,南通 4.13 万人,同比减少 4%,徐州 3.64 万人,同比减少 7.1%,常州 3.79 万人,同比增长 3.8%,泰州 3 万人,同比减少 1.6,就业人数均超 3 万人;第三梯队位列第 8 位到第 13 位,分别是连云港 2.73 万人,同比增长 24.1%,盐城

2.55万人,同比减少9.9%,扬州2.51万人,同比减少4.9%,淮安2.05万人,同比减少1.9%,镇江1.94万人,同比增长9.6%,宿迁1.5万人,同比增长0.7%。2014—2018年,徐州和淮安就业人数一路下滑,南京、无锡、常州在持续四年下滑之后,2018年反弹,连云港内贸就业人数则一路上涨(见表4.9)。

表4.9　2014—2018年江苏13个地级市内贸企业城镇就业人数　　　　　　单位:万人

年份	2014	2015	2016	2017	2018
南京1	25.71	22.94	22.92	20.04	21.37
无锡3	7.83	7.68	7.26	7.11	8.08
徐州6	4.29	4.13	4.05	3.92	3.64
常州5	4.03	3.82	3.67	3.65	3.79
苏州2	15.81	15.05	14.23	15.33	16.31
南通4	4.44	4.59	4.29	4.30	4.13
连云港8	1.61	2.07	2.13	2.20	2.73
淮安11	2.54	2.49	2.26	2.09	2.05
盐城9	3.44	3.63	3.30	2.83	2.55
扬州10	2.83	2.72	2.59	2.64	2.51
镇江12	2.15	2.29	1.92	1.77	1.94
泰州7	2.91	2.96	2.92	3.05	3.00
宿迁13	1.50	1.52	1.49	1.49	1.50
全省	79.09	75.89	73.03	70.42	73.6

数据来源:根据《江苏统计年鉴》(2015—2019)中的数据整理而得。

本报告选取了内贸企业就业人数占第三产业就业人数比重的数据进行分析,2018年,按就业比重由高到低的排名,分别是:南京29%、苏州22.2%、无锡11%、南通5.6%、常州5.1%、徐州4.9%、泰州4.1%、连云港3.7%、盐城3.5%、扬州3.4%、淮安2.8%、镇江2.6%和宿迁2%(见图4.13)。随着经济的发展和科技的应用,行业间的分工越来越细化,劳动密集型的行业或部门在逐步被取代,使得部分地区就业人数在减少,第三产业内部结构不断优化和升级。

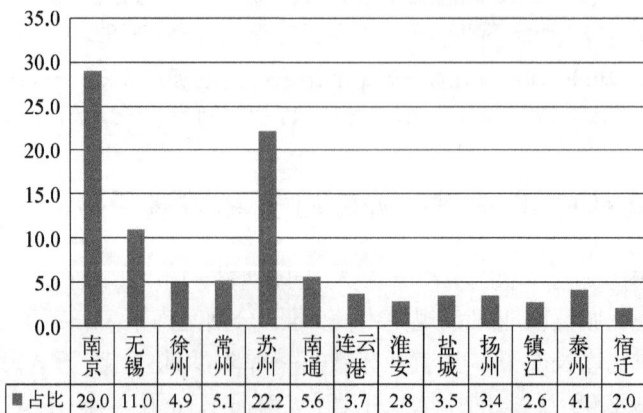

	南京	无锡	徐州	常州	苏州	南通	连云港	淮安	盐城	扬州	镇江	泰州	宿迁
■占比	29.0	11.0	4.9	5.1	22.2	5.6	3.7	2.8	3.5	3.4	2.6	4.1	2.0

图4.13　2018年江苏各地区内贸企业占第三产业就业人数比重

数据来源:根据《江苏统计年鉴2019》中的数据整理而得。

四、居民收入增长稳定，苏中苏北消费增速略快

2018 年,苏南、苏中和苏北地区居民人均可支配收入分别为 51065 元、35573 元和 26997 元,同比分别增长为 9.6%、11.6% 和 11.1%,苏中和苏北地区增长均超 10% 以上(见表 4.10)。苏南地区居民人均可支配收入分别是苏中和苏北地区的 1.32 倍和 1.75 倍。从人均可支配收入增速看,2015—2018 年,三个地区增速均表现为持续上升,与 2015 年相比,苏南上升 1.4 个百分点,苏中上升 2.8 个百分点,苏北上升 2 个百分点。这一阶段,三个地区平均增速分别为苏南 8.8%、苏中 9.7% 和苏北 9.8%,苏北和苏中略高于苏南地区(见图 4.14)。

表 4.10　2014—2018 年江苏三大区域居民人均可支配收入及增长　　　单位:元、%

年份	苏南		苏中		苏北	
	可支配收入	增长率	可支配收入	增长率	可支配收入	增长率
2014	36472	—	24599	—	18623	—
2015	39476	8.2	26760	8.8	20312	9.1
2016	42795	8.4	29138	8.9	22174	9.2
2017	46592	8.9	31863	9.4	24294	9.6
2018	51065	9.6	35573	11.6	26997	11.1

数据来源:根据《江苏统计年鉴》(2015—2019)中的数据整理而得。

注:《江苏统计年鉴 2014》中居民人均可支配收入没有统计,故 2014 年居民可支配收入增长率无法计算。

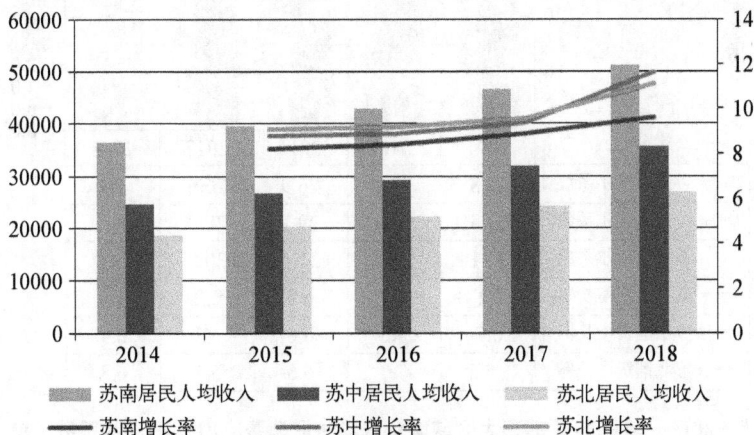

图 4.14　2014—2018 年江苏三大区域人均可支配收入及增长　单位:元、%

数据来源:根据《江苏统计年鉴》(2015—2019)中的数据整理而得。

2018 年,苏南城镇居民人均消费支出 34078 元,同比增长 6.4%,苏中地区 26236 元,同比增长 6.9%,苏北地区 19264 元,同比增长 6.8%,与 2014 年相比,分别增长 28.7%、29% 和 28.8%,三个地区增速很靠近(见表 4.11)。从地区人均消费支出差距看,苏南城镇居民人均消费支出高于苏中和苏北地区,苏南是苏中的 1.3 倍、苏北的 1.77 倍,与上年相比,差距略有缩小。从消费支出增长情况看,2014—2018 年,苏南地区表现为先降后升,2017 年为最低点,苏中地区表现为先升后降再升,2015 年为最高点,2017 年为最低点,苏北地区也表现为先升后降再升,2015 年为最高点,2014 年为最低点,五年间,城镇居民人均消费支出平均增

速分别为苏南 6.6%、苏中 6.6% 和苏北 4.1%(见图 4.15)。

恩格尔系数从一个侧面反映了居民消费结构的变化。2018 年,苏南城镇居民恩格尔系数为 26%,同比下降 0.6 个百分点,苏中地区 28.7%,同比下降 0.1 个百分点,苏北地区 29.9%,同比下降 1 个百分点,苏南恩格尔系数低于苏中 2.7 个百分点,低于苏北 3.9 个百分点。与 2014 年相比,苏南、苏中和苏北地区分别下降 1.3 个百分点、0.8 个百分点和 2.2 个百分点(见表 4.11)。苏北地区下降幅度最大,其次苏南,再次苏中,自 2013 年以来,苏南和苏中地区城镇居民恩格尔系数均低于 30%,苏北地区则在 2018 年首次跌破 30% 大关。

表 4.11　2014—2018 年江苏三大区域城镇人均生活消费支出　　单位:元、%

年份	苏南		苏中		苏北	
	消费支出	恩格尔系数	消费支出	恩格尔系数	消费支出	恩格尔系数
2014	26487	27.3	20336	29.5	14956	32.1
2015	28477	27.1	21861	29.4	16105	31.7
2016	30444	26.9	23311	29.1	17163	31.4
2017	32034	26.6	24549	28.8	18035	30.9
2018	34078	26.0	26236	28.7	19264	29.9

数据来源:根据《江苏统计年鉴》(2015—2019)中的数据整理而得。

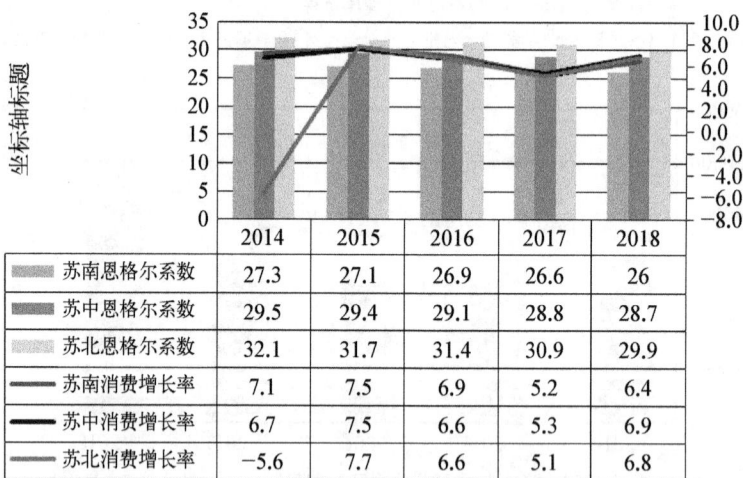

	2014	2015	2016	2017	2018
苏南恩格尔系数	27.3	27.1	26.9	26.6	26
苏中恩格尔系数	29.5	29.4	29.1	28.8	28.7
苏北恩格尔系数	32.1	31.7	31.4	30.9	29.9
苏南消费增长率	7.1	7.5	6.9	5.2	6.4
苏中消费增长率	6.7	7.5	6.6	5.3	6.9
苏北消费增长率	−5.6	7.7	6.6	5.1	6.8

图 4.15　2014—2018 年江苏三大区域城镇人均生活消费支出及恩格尔系数　单位:%

数据来源:根据《江苏统计年鉴》(2015—2019)中的数据整理而得。

2018 年,苏南农村居民人均消费支出 20190 元,同比增长 7%,苏中地区 15671 元,同比增长 7%,苏北地区 12449 元,同比增长 5.8%,与 2014 年相比,分别增长 41.4%、41.8% 和 40.3%(见表 4.12)。从地区人均消费支出差距看,苏南农村居民人均消费支出高于苏中和苏北地区,苏南是苏中的 1.3 倍、苏北的 1.6 倍,与上年相比,差距略有扩大。从消费支出增长情况看,2014—2018 年,苏南地区表现为先升后降,2016 年为最高点,超过 10%,2014 年为最低点,苏中地区也表现为先升后降,2016 年为最高点,超过 10%,2018 年为最低点,苏北地区则由 2014 年的 20.4%,一路下滑到 2018 年的 5.8%,降幅为 72%。五年间,城镇居民人均消费支出平均增速分别为苏南 8%、苏中 9% 和苏北 11.2%,苏北增速最快,且超过

10%(见图 4.16)。

2018 年,苏南农村居民恩格尔系数 27.6%,同比下降 0.4 个百分点,苏中地区 29.5%,同比没有变化,苏北地区 30.8%,同比下降 1.2 个百分点,区域恩格尔系数差距表现为:苏南恩格尔系数低于苏中 1.9 个百分点,低于苏北 3.2 个百分点。与 2014 年相比,苏南、苏中和苏北地区恩格尔系数分别下降 1.5 个百分点、0.8 个百分点和 2.2 个百分点(见表 4.12)。苏北下降幅度大于苏南,苏南大于苏中,自 2014 年,苏南农村居民恩格尔系数均低于 30%,苏中地区则在 2016 以后低于 30%,到 2018 年,苏北地区仍未突破 30%。

表 4.12 2014—2018 年江苏三大区域农村人均生活消费支出 单位:元、%

年份	苏南		苏中		苏北	
	消费支出	恩格尔系数	消费支出	恩格尔系数	消费支出	恩格尔系数
2014	14276	29.1	11049	30.3	8870	32.6
2015	15524	29.0	12062	30.2	9792	32.3
2016	17423	28.4	13460	29.9	10929	32.3
2017	18872	28.0	14644	29.5	11763	32.0
2018	20190	27.6	15671	29.5	12449	30.8

数据来源:根据《江苏统计年鉴》(2015—2019)中的数据整理而得。

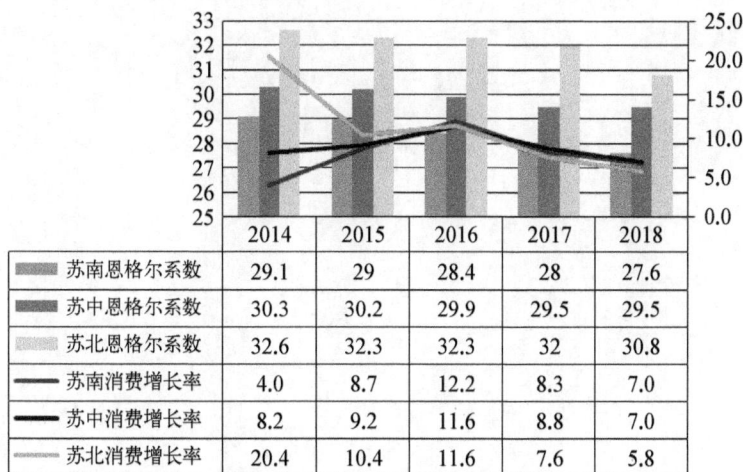

	2014	2015	2016	2017	2018
苏南恩格尔系数	29.1	29	28.4	28	27.6
苏中恩格尔系数	30.3	30.2	29.9	29.5	29.5
苏北恩格尔系数	32.6	32.3	32.3	32	30.8
苏南消费增长率	4.0	8.7	12.2	8.3	7.0
苏中消费增长率	8.2	9.2	11.6	8.8	7.0
苏北消费增长率	20.4	10.4	11.6	7.6	5.8

图 4.16 2014—2018 年江苏三大区域农村人均生活消费支出及恩格尔系数 单位:%

数据来源:根据《江苏统计年鉴》(2015—2019)中的数据整理而得。

参考文献

[1] 王汉春.江苏产业结构优化升级迈入新境界[J].群众,2019(6):5-6.

[2] 刘煜,刘遗志,汤定娜.互联网时代零售企业构建全渠道商业模式的探讨[J].北京工商大学学报(社会科学版),2016(11):34-42.

[3] 黄曼宇,李圆颖.零售企业全渠道发展水平对经营效率的影响路径及效应研究[J].北京工商大学学报(社会科学版),2017(11):35-44.

对外贸易篇

第一章　江苏对外贸易发展概况

　　2018 年全国经济运行继续保持在合理区间,全年实现了 6.6% 的经济增长,主要的发展目标得到较好的完成。外贸方面,全国全年进出口贸易总额 30.51 万亿元人民币,较上年增长 9.7%。作为我国的外贸大省,江苏省在外贸方面也表现不俗,以人民币作为计量单位来看,全年江苏贸易总量增长 9.5%。在复杂的国际贸易环境下,尤其是在美国发起的一系列贸易保护主义行为影响下,江苏省在过去的一年中能够迎难而上,创新发展,主动求变,积极化解外部不利影响,并取得贸易总量历史新高的佳绩,实属不易。

　　本章通过整理统计数据及相关资料,从多维度呈现 2018 年江苏省对外贸易的发展情况,使读者从宏观上对江苏对外贸易的发展有一定的了解。具体来说,将涉及贸易总量及增速、贸易类型和结构、贸易主体经济类型、贸易伙伴以及外贸新业态等内容。

一、贸易总量连创新高,开放创新勇克时艰

　　据南京海关统计,2018 年江苏外贸进出口总额 43802.4 亿元,同比增长 9.5%。其中,进口 17144.7 亿元,较上年增长 11.3%;出口 26657.7 亿元,较上年增长 8.4%。以美元统计来看,全年江苏省进出口 6640.43 亿美元,其中,进口 2599.99 亿美元,较上年增长 14.11%;出口 4040.44 亿美元,较上年增长 11.22%(详见表 1.1)。

表 1.1　2014—2018 年江苏省进出口情况　　　　　　　　单位:亿美元

年份	进出口		进口		出口	
	总额	增长率	总额	增长率	总额	增长率
2014	5637.62	2.35%	2218.93	−0.04%	3418.69	3.96%
2015	5456.14	−3.22%	2069.45	−6.74%	3386.68	−0.94%
2016	5096.12	−6.60%	1902.68	−8.06%	3193.44	−5.71%
2017	5911.39	16.00%	2278.40	19.75%	3632.98	13.76%
2018	6640.43	12.33%	2599.99	14.11%	4040.44	11.22%

数据来源:《江苏统计年鉴 2019》

　　在经历 2016 年的低谷后,江苏外贸实现了连续两年的强劲增长,继 2017 年外贸强劲反弹之后,2018 年贸易总量又再创历史新高。图 1.1 呈现了 2009—2018 年十年间江苏对外贸易的发展走势情况。从时间纵向来看,江苏省对外贸易取得了重大的突破;从区域横向来看,江苏在全国继续占据着外贸大省的稳固地位。2018 年江苏省贸易总量仅次于广东省,连续 16 年排名全国第二。全年江苏对外贸易进出口总额 6640.43 亿美元,占全国贸易总量的 14.36%,相比 2017 年的 14.40%,稍有下降(详见表 1.2)。

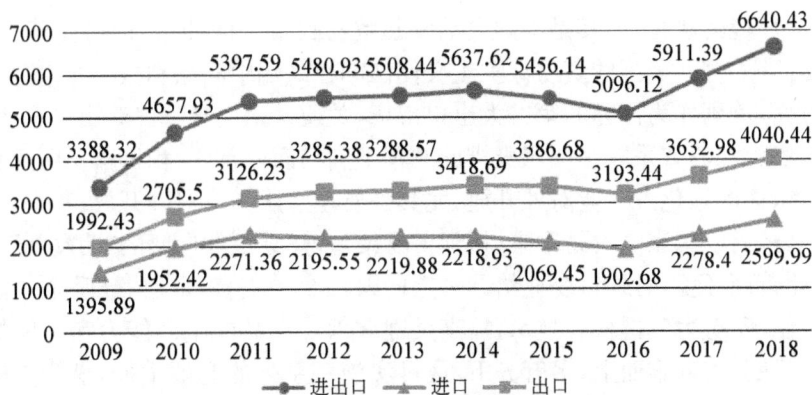

图 1.1　2009—2018 年十年间江苏省进出口情况

数据来源:《江苏统计年鉴》(2010—2019)。

表 1.2　2018 年全国前五省(市)外贸总量及占全国比重情况　　　　单位:亿美元

	进出口		进口		出口	
	总量	占比	总量	占比	总量	占比
全国	46230.00	100.00%	24874.00	100.00%	21356.00	100.00%
广东	10847.08	23.46%	6466.76	26.00%	4380.32	20.51%
江苏	6640.43	14.36%	4040.44	16.24%	2599.99	12.17%
上海	5156.41	11.15%	2071.70	8.33%	3084.72	14.44%
浙江	4324.77	9.35%	3211.55	12.91%	1113.22	5.21%
北京	4124.01	8.92%	741.70	2.98%	3382.30	15.84%

数据来源:《江苏统计年鉴 2019》

　　表 1.3 呈现了 2014—2018 年五年间全国外贸总量排名前五的省市对外贸易占比情况。近五年间,尽管国际贸易外部环境存在诸多不利因素,但江苏省外贸占比仍呈现持续上升趋势,体现了较好的韧性和承压能力;广东作为全国外贸第一大省,始终贡献着近四分之一贸易总额,虽然近五年来其外贸占比有一定的小幅下降,但仍是一枝独秀,与其他省市有巨大的差距;浙江省近年来外贸占比增长势头强劲,逐渐超越北京市成为全国第四;上海和北京有一定程度的上下波动,整体占比保持平稳。

表 1.3　2014—2018 年全国前五省(市)进出口占全国比重(%)

年份	广东	江苏	上海	浙江	北京
2014	25.02%	13.10%	10.84%	8.25%	9.66%
2015	25.85%	13.79%	11.35%	8.78%	8.08%
2016	25.93%	13.83%	11.77%	9.13%	7.65%
2017	24.52%	14.40%	11.60%	9.21%	7.89%
2018	23.46%	14.36%	11.15%	9.35%	8.92%

数据来源:历年《江苏统计年鉴》

国际贸易环境的恶化,尤其是美国主动发起贸易战带来的冲击,使得江苏省面临"两头受阻"的局面。一方面,美国的贸易保护主义使江苏在高端中间品和核心技术环节进口方面受阻;另一方面,美国作为江苏的第一大出口市场,关税壁垒会导致江苏出口企业经营困难。面对压力和挑战,江苏省采取多项积极措施改善不利局面。首先,积极落实国家扩大对外开放的战略部署,逐渐强化各行业对外开放,尤其是要攻坚服务业对外开放;其次,加强与日欧以及"一带一路"沿线国家的贸易往来,拓展贸易渠道,建立更加广阔的"朋友圈";再次,积极推动改善企业营商环境,对外贸企业给予一定的财税金融支持;最后,鼓励企业加大研发投入,增强自主创新,努力掌握核心技术,提高关键零部件产品的生产能力和发展战略性新兴产业的能力。江苏省迎难而上,多管齐下,通过实施一系列的有效举措,最终交出了一份令人满意的外贸成绩单。

二、一般贸易占据主导,加工贸易深度提升

一般贸易和加工贸易是一国或一个地区对外贸易的最主要方式。一般贸易是相对加工贸易而言的,指的是境内有进出口经营权的企业单边进口或者单边出口的贸易;加工贸易,是指经营企业进口全部或者部分原辅材料、零部件等经加工或装配后,将制成品再出口的经营活动。除了以上主要的两种贸易方式外,对外贸易还包括易货贸易、保税监管场所进出境货物和海关特殊监管区域物流货物等几种类型。

从数值来看,2018年江苏省各贸易方式下,进出口总额、进口总额和出口总额均有提升(详见表1.4)。一般贸易方面,全年进出口总额3238.30亿美元,同比增加13.93%;进口总额1206.13亿美元,同比增加11.00%;出口总额2032.17亿美元,同比增加15.70%。加工贸易方面,全年进出口总额2605.08亿美元,同比增加7.05%;进口总额1055.39亿美元,同比增长14.70%;出口总额1549.69,同比增长2.40%。其他贸易方式进出口相比2017年均有较大幅度的提升。

表1.4 2018年江苏省按贸易方式分类的进出口情况　　　单位:亿美元

贸易方式	进口		出口	
	金额	同比变动	金额	同比变动
总值	2599.99	14.20%	4040.44	11.30%
一般贸易	1206.13	11.00%	2032.17	15.70%
加工贸易	1055.39	14.70%	1549.69	2.40%
其他贸易	338.46	24.80%	458.58	27.00%

数据来源:江苏省商务厅

从结构上来看,作为最主要贸易方式的一般贸易和加工贸易,整体呈现"一般贸易比重上升,加工贸易比重下降"的趋势。进口贸易方面(详见图1.2),2018年江苏省一般贸易贸易额为1206.13亿美元,占全部进口贸易的46.39%。加工贸易为1055.39亿美元,占全部进口贸易的40.59%。一般贸易从2009年的最低占比32.35%上升到2019年的46.39%,最高时占比达到47.67%;加工贸易从2009年的最高占比50.67%下降到2018年的40.59%,最低时占比仅为37.66%。

出口贸易方面(详见图1.3),2018年江苏省一般贸易贸易额为2032.17亿美元,占全部

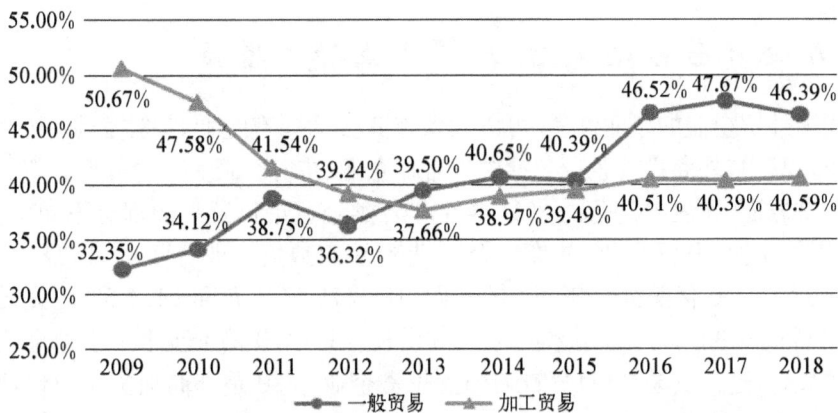

图 1.2　2009—2018 年进口贸易中两种主要贸易方式占比变化
数据来源：《江苏统计年鉴》(2010—2019)。

进口贸易的 50.30%。加工贸易贸易额为 1549.69 亿美元,占全部进口贸易的 38.35%。一般贸易从 2009 年的最低占比 35.59% 上升到 2019 年的 50.30%;加工贸易从 2009 年的最高占比 61.53% 下降到 2018 年的 38.35%。

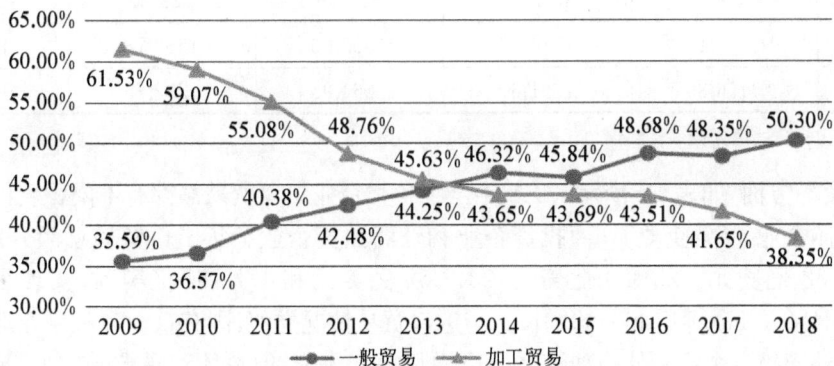

图 1.3　2009—2018 年出口贸易中两种主要贸易方式占比变化
数据来源：《江苏统计年鉴》(2010—2019)。

不论是进口贸易还是出口贸易,一般贸易的贸易占比均有所提升,而且逐渐在各类贸易方式中占据主导地位。这种转变从金融危机之后变得愈加明显,这点从图 1.2 和图 1.3 的"X"形图像即可看出。金融危机之后,主要经济体经济复苏乏力,以劳动密集型和资源密集型为代表的传统加工贸易面临市场需求萎缩和传统成本优势趋弱的双重压力。改变传统经营方式,增强企业外贸自主性,提高创新能力,自然而然地成为接下来十年间外贸企业的转型方向。

近年来,江苏省在加工贸易转型升级,提升深度方面有了较好的发展。一方面,企业自身发力,加速转型升级。在产品加工上由低端向高端转变,逐步由以简单加工组装为主向高水平、精加工为主转变,提高产品技术含量,并逐渐把有创新的关键部分申请专利和注册商标,使加工贸易企业拥有更多的自主品牌和自主知识产权。另一方面,监管部门创新改革也助力加工贸易企业转型升级。例如,南京海关将以往的"以合同为单元的加工贸易监管方式"转变为"以企业为单元的加工贸易监管模式",助力企业节约报关和物流成本。又比如针对飞机、船舶、海洋工程等大型装备制造业和国家战略性新兴产业实行适合其生产特点的"量体裁衣"式的监管,多种举措帮助企业降本增效,提高竞争力。

三、外企贸易占比收缩,外贸内生动力增强

根据我国外贸企业的企业性质,可以大致将其分为国有企业、集体企业、私营企业和外商投资企业。其中,外商投资企业包括中外合作企业、中外合资企业及外商独资企业。

进口贸易方面,如表1.5所示,2018年全年各类企业进口贸易额都有不同程度的增加。国有企业、集体企业、私营企业、外商投资企业和外商独资企业全年进口贸易总额分别为202.73亿美元、34.50亿美元、523.50亿美元、1838.79亿美元和1414.50亿美元。实现了20.69%,1.48%,17.98%,10.06%和9.31%的增长。其中,国有企业和私营企业进口贸易额增长幅度较大,但进口贸易规模仍较小;外商投资企业,尤其是外商独资企业仍然是江苏进口贸易增长的主力军,占据着重要的地位。

表1.5 2014—2018年江苏省按外贸企业性质分类的进口情况 单位:亿美元

类型	2014年	2015年	2016年	2017年	2018年
国有企业	162.24	142.21	125.68	160.78	202.73
集体企业	47.64	35.98	27.47	33.99	34.50
私营企业	495.44	544.88	355.29	429.40	523.50
外商投资#	1511.10	1434.33	1393.66	1653.78	1838.79
外商独资	1156.83	1091.61	1064.95	1282.75	1414.50

数据来源:历年《江苏统计年鉴》

出口贸易方面,如表1.6所示,2018年全年各类企业出口贸易额都有不同程度的增加。国有企业、集体企业、私营企业、外商投资企业和外商独资企业全年出口贸易总额分别为453.85亿美元、58.58亿美元、1281.80亿美元、2243.57亿美元和1770.84亿美元,实现了21.05%、3.12%、18.24%、6.11%和5.46%的增长。与进口贸易情况类似,国有企业和私营企业出口贸易增幅巨大,外商投资企业和外商独资企业虽增长幅度收窄,但总体贸易数额较大,是出口贸易企业的重要组成部分。

表1.6 2014—2018年江苏省按外贸企业性质分类的出口情况 单位:亿美元

类型	2014年	2015年	2016年	2017年	2018年
国有企业	306.18	307.40	287.06	374.92	453.85
集体企业	66.06	69.52	56.73	56.81	58.58
私营企业	1054.62	1068.18	981.49	1084.09	1281.80
外商投资#	1987.99	1938.86	1865.44	2114.43	2243.57
外商独资	1530.89	1527.68	1475.97	1679.12	1770.84

数据来源:历年《江苏统计年鉴》

如图1.4和图1.5所示,对比内资企业(国有企业、集体企业和私营企业)与外资企业进口和出口贸易在贸易总额中占比的变化情况。可以发现,不论进口贸易还是出口贸易,外资企业贸易占比都有收缩的表现,内资企业尤其是国有企业和私营企业外贸增长幅度较大,这种变化与中美贸易战对外资企业的影响存在一定的关系。就全国而言,在中国进出口总额中,外商投资企业占比接近一半,在对美出口中外商投资企业贸易总额已超过一半,美方公

布的征税产品清单中,有相当一部分是在华外资企业的产品,因而势必会对包括美方企业在内的所有外贸企业产生负面影响。但是,江苏外贸企业的产业涉及范围广泛,美国对中国的外贸的限制措施主要针对中高端产业,而且中国通过与"一带一路"沿线国家开展广泛的贸易合作,不断扩大的"朋友圈"为国内企业提供了更广阔的贸易平台,再加上江苏省采取的其他一系列有益举措,使得贸易战对江苏外贸的影响有限且可控。

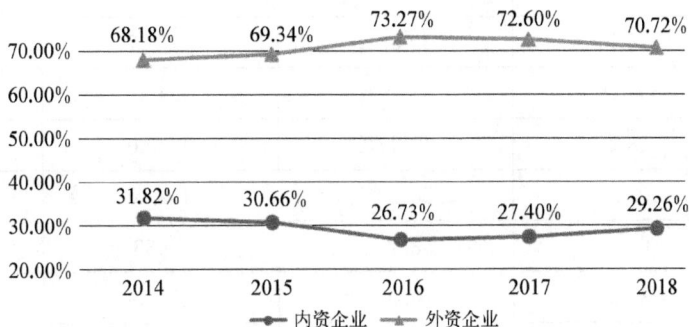

图 1.4　2014—2018 年进口贸易中内外资企业贸易占比变化

数据来源:历年《江苏统计年鉴》。

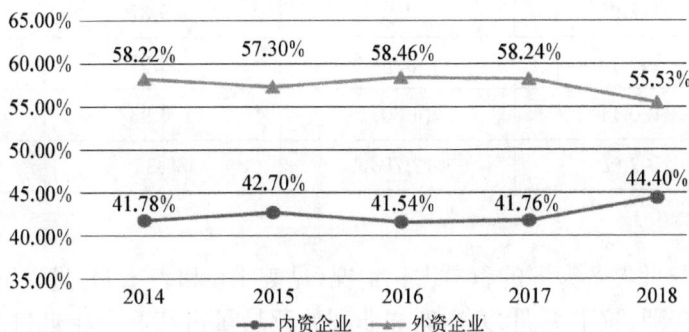

图 1.5　2014—2018 年出口贸易中内外资企业贸易占比变化

数据来源:历年《江苏统计年鉴》。

四、贸易伙伴结构有所调整,"一带一路"倡议多点开花

截至 2017 年年末,江苏省在全球的贸易伙伴已遍布 233 个国家(地区),作为我国的贸易大省,江苏正在积极拓展与全球各国的贸易往来。2018 年全年,江苏省与美国、欧盟、韩国、东盟和日本这前五大贸易伙伴的贸易额分别为 1075.40 亿美元、1062.53 亿美元、787.62亿美元、787.34亿美元和599.08亿美元,较去年同比上升 6.77%、9.97%、15.56%、22.70%和6.81%。其中,江苏与美国贸易增速明显放缓,但总量仍居第一,美国仍是江苏最主要出口国,两者之间保持巨大的贸易逆差(详见表 1.7)。

表 1.7　2018 年江苏对外贸易主要贸易伙伴情况　　　　单位:亿美元

主要市场	进口		出口	
	金额	同比变动	金额	同比变动
总值	2599.99	14.20%	4040.44	11.3%
亚洲#	1800.99	15.40%	1800.08	13.4%

(续表)

主要市场	进口		出口	
	金额	同比变动	金额	同比变动
中国香港	3.35	−48.20%	365.41	20.8%
日本	303.36	5.40%	295.72	8.3%
中国台湾	327.15	10.60%	115.17	10.2%
韩国	563.16	23.20%	224.46	21.7%
东盟	328.74	13.30%	454.60	16.2%
中东	104.96	50.20%	152.40	−3.0%
非洲#	32.72	58.30%	99.33	14.9%
欧洲#	339.03	10.40%	829.39	10.1%
欧盟	309.21	10.90%	753.32	9.6%
拉丁美洲#	133.93	22.80%	215.34	12.8%
北美洲#	172.95	−2.10%	989.37	8.5%
美国	145.49	−3.90%	929.91	8.7%
大洋洲#	120.11	16.80%	106.93	5.9%
澳大利亚	103.08	12.70%	86.35	13.6%

数据来源:江苏省商务厅

观察江苏省与世界各大洲的贸易占比情况(见表1.8和表1.9),进口贸易方面,江苏省与亚洲、欧洲、北美洲、拉丁美洲、大洋洲和非洲的贸易量占江苏全年进口总量的69.27%、13.04%、6.65%、5.15%、4.62%和1.26%,所占比例依次递减。与上一年度相比,亚洲、非洲、拉丁美洲和大洋洲占比有明显提升,北美洲和欧洲贸易占比下降。出口贸易方面,江苏省与亚洲、北美洲、欧洲、拉丁美洲、大洋洲和非洲贸易量占江苏全年出口总量的44.55%、24.49%、20.53%、5.22%、2.65%和2.46%,所占比例依次递减。与进口贸易相似,除大洋洲外,亚洲、拉丁美洲和非洲的出口贸易占比都有所提升,欧洲和北美洲占比下降。

表1.8 2014—2018年江苏与各洲进口贸易占比情况(%)

	2014年	2015年	2016年	2017年	2018年
亚洲	69.63%	70.33%	69.35%	68.56%	69.27%
非洲	0.80%	0.75%	0.82%	0.91%	1.26%
欧洲	12.97%	12.78%	13.21%	13.48%	13.04%
拉丁美洲	3.62%	4.38%	4.98%	4.79%	5.15%
北美洲	8.34%	7.96%	7.58%	7.75%	6.65%
大洋洲	4.63%	3.78%	4.06%	4.51%	4.62%

数据来源:根据历年《江苏统计年鉴》计算而得。

表 1.9 2014—2018 年江苏与各洲出口贸易占比情况（%）

	2014 年	2015 年	2016 年	2017 年	2018 年
亚洲	46.73%	46.62%	45.05%	43.75%	44.55%
非洲	2.72%	2.57%	2.41%	2.38%	2.46%
欧洲	20.65%	19.57%	20.51%	20.73%	20.53%
拉丁美洲	5.61%	5.59%	5.29%	5.25%	5.33%
北美洲	22.08%	23.14%	24.10%	25.10%	24.49%
大洋洲	2.21%	2.51%	2.64%	2.78%	2.65%

数据来源：根据历年《江苏统计年鉴》计算而得。

江苏与各大洲的贸易占比的变动，基本在预料之内。受中美贸易战影响，一方面江苏与北美洲，尤其是与美国的贸易必定会受一定程度的影响，从而占比有所下降；另一方面，美国作为江苏省最大的贸易伙伴国，双方贸易范围广泛，品类多样，贸易范围并不仅仅局限于征税清单上的产品。再者，一轮轮加征关税措施正式实行前，双方企业都会形成一定的理性预期，从而赶在贸易限制措施正式执行前，积极增加进出口贸易，尽可能保持企业生产和经营的连续性，降低综合成本。所以，中美贸易战对江苏省与美国的贸易影响有限，主要表现为增速减缓，而整体仍呈增长态势。此外，为了消减这种冲击，江苏省必定尝试与其他贸易伙伴开展更多密切的合作，从而带动与其他地区的贸易总额和占比提升。

作为"一带一路"倡议的交汇点，江苏省近年来借助区位优势，进一步扩大对外开放，积极与沿线国家开展贸易合作，形成了庞大的"朋友圈"。广阔的"朋友圈"不仅促进了江苏与沿线国家共同发展，也正在成为江苏省对外贸易坚实的"稳定器"。面对美国主动发起的贸易战带来的冲击，江苏企业积极拓展与"一带一路"沿线国家的贸易往来。据统计，2018 年江苏外贸对中东欧 16 国增长 14.3%，对东南亚 11 国增长 12%，对西亚北非 16 国增长 10.4%，均高于同期进出口总体增速。如今，江苏省正在加快形成以"一带一路"为统领的全面开放新格局，与沿线国家的贸易发展未来将继续成为江苏对外贸易的亮点和增长点。

五、新业态提供新动能，稳外贸协同促发展

在全球贸易增长缓慢，国际贸易保护主义盛行的背景下，积极培育和发展外贸新业态已成为全国及各地方政府稳外贸促发展的主要抓手。江苏省积极推动外贸新业态发展，既是主动应对市场变化、创新商业模式的必然之选，也是借力新技术条件、实现外贸发展新旧动能转换的重要路径。

通常说的外贸新业态主要指的是跨境电商、市场采购贸易和外贸综合服务三种类型。2018 年，江苏省跨境电商贸易发展势头迅猛。首先，许多与跨境电商相关法律或政策密集推出。例如，全国人大常委会通过了《中华人民共和国电子商务法》，国务院常务会议决定在江苏新设电商综试区以及决定完善跨境电商零售进口政策并扩大范围，财政部等多部门完善跨境电商零售尽快税收政策等等，相关法律及政策的落地实施极大地推动了跨境电商行业高质量发展。其次，跨境电商综合试验区在江苏省又获新增。2018 年 7 月，南京、无锡获批成为国家跨境电商综合试验区，加上 2016 年 1 月获批的苏州，江苏已有 3 个城市成为跨境电商综合试验区。目前已在综合试验区逐步实现了保税进口 B2B2C、直邮进口 B2C、一

般出口 B2C 以及跨境 B2B 出口全模式支持。数据显示,江苏跨境出口卖家占全国整体的11.3%左右;跨境网购用户方面,全省网购用户全国占比 6.88%,居全国第三位,位列广东和浙江之后,处于全国第一梯队。最后,跨境电商监管服务同步推进。南京海关等相关监管部门深入研究跨境电子商务发展的新要求,及时调整跨境电商相关的监管理念,不断完善监管模式,多种创新监管举措的推出有效地提升了江苏外贸企业的国际竞争力。

市场采购贸易在近些年也有很大的发展。2015 年叠石桥国际家纺市场获批列入市场采购贸易试点。与此同时,五湖四海客商纷至沓来,2017 年市场营业执照发证量达到 3119户,是 2014 年的 4.7 倍。另外,在南京海关积极争取下,常熟服装城也获批国家第三批市场采购贸易方式试点,2017 年实现全年出口 300.3 亿元、增长 71.8%。市场采购贸易实现了增值税免征不退、简化归类申报等四方面政策突破,明确了"一划定、三备案、一联网"的管理机制,建立了"信息共享、部门联动、风险可控、源头可溯"的商品认定体系和知识产权保护体系,基本实现了"源头可溯、责任可究、风险可控"的管理目标。市场采购贸易有力地激发了市场主体活力,扩大了市场规模,提升了国际化水平,推动了外贸增长,取得了积极成效。

外贸综合服务平台(企业)通过整合融资、通关、退税、外汇以、物流以及保险等外贸必须环节的服务,然后统一投放给中小外贸企业,来帮助中小企业形成规模优势,降低交易成本,提高运营效率,实现优进优出,使得更多的中小企业能够走出国门,壮大了外贸企业主体,对于我国外贸转型升级具有重要的积极意义。

如今,通过监管部门和有关机构不断地聚焦难点、破除痛点,以政策创新、监管创新不断释放企业商业创新活力,江苏跨境电商、市场采购贸易等新业态已实现连续多年快速发展,成长为外贸增长新亮点,为外贸和经济高质量发展提供新动能。此外,相比于传统贸易,外贸新业态具有更强的韧性和灵活性,能够更好地面对国际贸易环境变化带来的挑战,是今后江苏对外贸易发展的重要方向。

第二章 江苏对外贸易发展的主要特征

江苏省作为我国的外贸大省,其对外贸易的产品在不同的阶段和时期可能具有不同的特征。生产力水平和特点、劳动及其他生产资源要素的稀缺程度、国内政策及国际贸易环境等因素带来的影响,都可能会反映在江苏省对外贸易的产品特征上,因而有必要对江苏外贸的产品特征做出观察和分析。此外,江苏省下辖 13 个地市,跨江滨海,扼淮控湖,不同地市的地理位置、政策特点和发展基础都有不同,这势必会引起各地具有不同的对外贸易特征,这一点也值得关注。

本章节先从江苏省整体出发,关注江苏省对外贸易的产品特征,将从初级产品和工业制成品、机电产品和高新技术产品、农产品和劳动密集型产品几个角度展开介绍。之后再关注江苏各地区的贸易特征,将从江苏省各地市、苏南苏中苏北三大区域,以及沿江沿海地区几个角度进行分析。

一、江苏对外贸易的产品特征

(一)初级产品和工业制成品

在国际贸易中,进出口产品按照其加工程度不同区分为初级产品和工业制成品。未做加工或因销售习惯只略做加工的产品称为初级产品,又称为基本产品或原始产品。经过复杂加工的工业产品或商品则称为工业制成品。

由表 2.1 和表 2.2 可以看出,2018 年全年江苏省进口初级产品 334.24 亿美元,占全部进口产品的 13.63%,同比下降 0.32%;进口工业制成品共计 2118.86 亿美元,占全部进口产品的 86.37%,同比增加 0.32%。出口方面,2018 年江苏省出口初级产品 58.58 亿美元,占比 1.52%,同比下降 0.07%;出口工业制成品共计 3786.02 亿美元,占比 98.48%,同比增加 0.07%。

表 2.1 2014—2018 年江苏省进口商品总体情况 单位:亿美元

年份	进口情况			
	初级产品	所占比重	工业制成品	所占比重
2014	330.39	15.22%	1840.54	84.78%
2015	253.40	12.65%	1749.47	87.35%
2016	233.26	12.78%	1591.87	87.22%
2017	299.86	13.95%	1849.92	86.05%
2018	334.24	13.63%	2118.86	86.37%

数据来源:历年《江苏统计年鉴》

表 2.2 2014—2018 年江苏省出口商品总体情况　　　　　　　单位:亿美元

年份	出口情况			
	初级产品	所占比重	工业制成品	所占比重
2014	56.01	1.66%	3321.42	98.34%
2015	50.99	1.53%	3285.58	98.47%
2016	51.38	1.64%	3077.73	98.36%
2017	55.26	1.59%	3411.89	98.41%
2018	58.58	1.52%	3786.02	98.48%

数据来源:历年《江苏统计年鉴》

观察 2014—2018 年近五年的产品进出口情况可知,进口贸易中工业制成品比重基本在85%以上,出口贸易中工业制成品占比更是超过98%,不论是进口贸易还是出口贸易,工业制成品都占据绝对的比重。这种进出口贸易结构的形成,主要是由地区经济发展阶段和工业化水平决定的。

就全国来看,在建国初期,我国经济发展落后,工业化水平较低,出口贸易基本上以初级产品为主,包括食品及活动物、饮料及烟类、非食用原料(燃料除外)、矿物燃料、润滑油及有关原料,动植物油、脂及蜡。到 20 世纪 80 年代末,随着经济的发展和工业化水平提升,出口贸易逐渐转向以劳动、资本和技术密集的工业制成品为主,其中包括化学成品及有关产品、按原材料划分的制成品、机械及运输设备及杂项制品。一方面,随着工业化的发展,加工制造能力有所提升;另一方面,出口工业制成品相比于初级产品具有更好的附加值,企业能够在贸易中获得更多收益。在进口贸易方面,由于初级产品对于物价稳定、国家经济安全和国际生产投资都具有越来越重要的作用,因而初级产品进口贸易相较于出口贸易,贸易金额和所占的贸易比重都更大。

(二)机电产品和高新技术产品

机电产品是江苏省进口的主要产品,也是对外出口的主打产品,一般包括机械设备、电气设备、交通运输工具、电子产品、电器产品、仪器仪表、金属制品等及其零部件、元器件等。高新技术产品具较高的技术含量、良好的经济效益和广阔的市场前景,是江苏省对外贸易转型升级的重要组成部分,包括计算机与通信技术、生命科学技术、航空航天技术、光电技术、生物技术和材料技术等。在江苏省推动对外贸易转型升级的过程中,更具有知识密集度的机电产品和高新技术产品是必须重点发展的方向①。

由表 2.3 可知,2018 年全年,江苏省进口机电产品 1547.65 亿美元,占全年进口总额的59.53%,同比增长 14.20%。高新技术产品全年进口 1102.94 亿美元,占全年进口总额的42.42%,同比增长 16.20%。近五年间,2018 年全年进口机电产品和高新技术产品所占比重较前两年有一定的回升(详见表 2.4)。

---

① 机电产品和高新技术产品的划分有重合的部分。

表 2.3　2018 年江苏省机电产品和高新技术产品对外贸易情况　　单位:亿美元

商品结构	进口		出口	
	金额	同比变动	金额	同比变动
总值	2599.99	14.20%	4040.44	11.30%
机电产品	1547.65	14.20%	2671.05	11.70%
高新技术产品	1102.94	16.20%	1498.57	10.50%

数据来源:江苏省商务厅

表 2.4　2014—2018 年机电产品和高新技术产品进口额及占比　　单位:亿美元

年份	进口总额	机电产品	占比	高新技术产品	占比
2014	2218.93	1290.59	58.16%	904.44	40.76%
2015	2069.45	1268.23	61.28%	907.61	43.86%
2016	1902.68	1143.75	60.11%	787.26	41.38%
2017	2278.40	1354.88	59.47%	950.17	41.70%
2018	2599.99	1547.65	59.53%	1102.94	42.42%

数据来源:历年《江苏统计年鉴》

　　具体机电产品和高新技术产品进口贸易方面,2018 年部分重要设备和关键零部件进口贸易增长较快,其中,集成电路和金属加工机床进口贸易额分别为 626.20 亿美元和 302.52 亿美元,同比分别增长 29.65% 和 19.68%。高附加值机电产品如医疗仪器及器械全年进口 7.03 亿美元,同比增长 3.66%;高新技术产品中航空器零件全年进口贸易额达 6.37 亿美元,同比增长 12.93%。其余如液晶显示板、电视摄像机和数字照相机、汽车及船舶进口贸易都有不同程度的下降。

　　出口贸易方面,2018 年全年机电产品出口 2671.05 亿美元,同比增长 11.70%,较出口总额增速高 0.4 个百分点,占出口总额的 66.11%。高新技术产品全年出口总额 1498.57 亿美元,较出口总额增速低 0.8 个百分点,占出口总额的 37.09%(详见表 2.5)。

表 2.5　2014—2018 年机电产品和高新技术产品出口额及占比　　单位:亿美元

年份	出口总额	机电产品	占比	高新技术产品	占比
2014	3418.69	2214.51	64.78%	1293.59	37.84%
2015	3386.68	2247.52	66.36%	1310.89	38.71%
2016	3193.44	2080.04	65.13%	1169.78	36.63%
2017	3632.98	2393.00	65.87%	1380.00	37.99%
2018	4040.44	2671.05	66.11%	1498.57	37.09%

数据来源:历年《江苏统计年鉴》

　　具体机电产品和高新技术产品出口贸易方面,2018 年全年集成电路、汽车和汽车底盘、金属加工机床、照相机出口贸易额分别为 235.79 亿美元、7.33 亿美元、9.82 亿美元和 8.48

亿美元,同比分别增长 37.79%、30.89%、28.10% 和 26.36%。医疗仪器及器械全年出口 20.47 亿美元,同比增长 15.56%。

(三)农产品

据南京海关统计,2018 年全年江苏省进出口农产品 196.30 亿美元,同比增长 13.53%。其中,农产品进口贸易额为 156.19 亿美元,同比增长 16.00%,较上年增速提高 2.79 个百分点;全年农产品出口贸易额为 40.11 亿美元,同比增长 4.80%,较上年增速下降 1.8 个百分点。全省农产品贸易呈现以下几个特点:

表 2.6　2014—2018 年农产品进出口金额及变动情况　　　　单位:亿美元

年份	进口		出口	
	金额	同比	金额	同比
2014	103.26	−1.93%	36.17	14.39%
2015	114.73	11.11%	33.68	−6.88%
2016	118.91	3.64%	35.92	6.65%
2017	134.62	13.21%	38.29	6.60%
2018	156.19	16.00%	40.11	4.80%

数据来源:历年《江苏统计年鉴》

首先,农产品贸易增长方面,呈现"苏南领涨,苏中领跑,苏北下滑"的局面。2018 年全年,苏南、苏中、苏北全年农产品出口分别为 12.11 亿美元、12.85 亿美元、12.15 亿美元,同比增幅分别为 18.32%、5.58%、−5.88%。徐州、常州、淮安、盐城、扬州五个地市农产品出口呈现负增长,其中,徐州跌幅较大,同比下降 39.40%。其中,徐州下辖市邳州市出口下降幅度为各县(区)之最,同比下降 62.83%。邳州白蒜出口大幅度减少直接影响苏北片农产品出口业绩。

其次,农产品贸易在传统市场上继续保持增长,与"一带一路"沿线国家贸易总体向好。2018 年,江苏省对亚洲、北美、欧洲三大传统市场分别出口 24.23 亿美元、6.32 亿美元、6.07 亿美元,其中亚洲市场份额达六成。对日本、韩国、美国、中国香港等重要贸易伙伴分别出口农产品 5.25 亿美元、2.35 亿美元、5.77 亿美元、2.26 亿美元,增幅分别为 9.3%、9%、17.2%、81.6%。2018 年,江苏省与"一带一路"沿线国家中的 63 个国家或地区有农产品贸易往来,全年出口达 15.04 亿美元,占全省农产品出口额的 34.71%。

最后,江苏省农产品出口支柱产业喜忧参半。2018 年全年,江苏省园艺、畜禽、特色粮油和水海产品四大出口支柱产业共创出口额 31.89 亿美元,同比下降 1.3%,占全省农产品出口额的 79.33%。其中,园艺产品 11.04 亿美元,畜产品 12.07 亿美元、特色粮油 4.03 亿美元、水海产品 4.75 亿美元,同比增幅分别为 −10.02%、14.41%、−22.95%、19.90%。

(四)传统劳动密集型产品

传统劳动密集型产品主要有七大类,包括服装及衣着附件、纺织纱线织物及制品、塑料制品、家具、鞋类、旅行用品及箱包、玩具。2018 年全年,七大类传统劳动密集型产品出口额为 665.64 亿美元,同比增长 8.12%,较上年度增速有所放缓。

从出口贸易额来看,七大类传统劳动密集型产品出口贸易分别为 264.79 亿美元、236.90 亿美元、64.68 亿美元、45.44 亿美元、22.18 亿美元、17.25 亿美元和 14.40 亿美元。从出口贸易占比来看服装及衣着附件、纺织纱线织物及制品出口占比较大,占传统劳动密集型产品出口总额的 39.78% 和 35.59%。从增长速度来看,塑料制品、家具、纺织纱线织物及制品增长较快同比增长 21.01%、12.95% 和 11.03%。鞋类产品出口较去年下降 3.73%,是唯一负增长的传统劳动密集型产品。总体而言,江苏传统劳动密集型产品出口贸易放缓,除纺织纱线织物及制品增长较去年快了 5.08 个百分点,增长幅度较大以外,其他产品出口贸易增长速度都有所下滑,鞋类、旅行用品及箱包、玩具增长幅度更是大幅下降。(详见表 2.7 和表 2.8)

表 2.7　2018 年江苏省传统劳动密集型产品出口情况　　　单位:亿美元

商品类型	金额	同比变动	占比情况
总额	665.64	8.12%	100%
服装及衣着附件	264.79	3.35%	39.78%
纺织纱线织物及制品	236.90	11.03%	35.59%
塑料制品	64.68	21.01%	9.72%
家具	45.44	12.95%	6.83%
鞋类	22.18	−3.73%	3.33%
旅行用品及箱包	17.25	8.42%	2.59%
玩具	14.40	3.23%	2.16%

数据来源:《江苏统计年鉴 2019》

表 2.8　2014—2018 年传统劳动密集型产品出口情况　　　单位:亿美元

	2014 年	2015 年	2016 年	2017 年	2018 年
服装	255.36	239.31	232.85	255.72	264.79
纺织	203.70	201.27	201.39	213.36	236.90
塑料制品	40.23	41.74	45.27	53.45	64.68
家具	35.11	36.32	36.16	40.23	45.44
鞋类	23.89	20.85	21.56	23.04	22.18
箱包	14.94	14.48	13.33	15.91	17.25
玩具	11.83	11.32	12.06	13.95	14.40

数据来源:历年《江苏统计年鉴》

二、江苏对外贸易的区域特征

江苏省位于中国大陆东部沿海中心、长江下游,东濒黄海,东南与浙江和上海毗邻,西接安徽,北接山东,地跨长江、淮河,京杭大运河从中穿过。地势以平原为主,水网密布,湖泊众多,地理上跨越南北,气候、植被同时具有南方和北方特征。

正如本章开篇介绍的那样,不同地市的地理位置、发展基础和政策部署都有不同,决定了各地市各区域的外贸发展情况也有所不同。地理位置方面,譬如,连云港、盐城和南通东面临海,长江流经南京、镇江、扬州、泰州、常州、苏州和南通,等等。地理位置的优势自然有利于当地的贸易发展。历史发展基础方面,苏州和无锡新中国成立前就是我国重要的轻纺工业基地,具有良好的发展经验和人力资本。政策和战略部署方面,连云港是"一带一路"倡议的交汇点,是亚欧大陆桥的东方桥头堡,南京、无锡、苏州近些年又设立跨境电商综试区,等等。许多因素综合影响下,决定了各地区各区域不同的对外贸易特征。

(一)各地市的贸易特征

2018年江苏省全年进出口贸易额为6640.43亿美元,其中,进口贸易总额2599.99亿美元,出口贸易总额为4040.44亿美元,全年实现了对外贸易连续两年增长的好成绩。作为全国的外贸大省,下辖的13个地市对外贸易发展水平普遍较高。根据国家海关总署公布的"2018年中国外贸百强城市"名单,江苏省除徐州和宿迁未上榜外,共有11个地市入选,上榜城市数量位居全国首位。由表2.9可知,2018年苏州市以79.9分的得分位列全国第四,这也是江苏省唯一跻身全国外贸百强城市前十名的城市。外贸百强城市的评选不仅将城市当年的外贸总额作为评选标准,而且包括外贸竞争力、结构竞争力、效益竞争力、发展竞争力和潜力竞争力5大类共25个指标,以此综合计算城市外贸竞争力分值,具有较强的专业性和权威性。

表2.9 江苏省荣获"2018年中国外贸百强城市"的城市

城市	得分	排名	城市	得分	排名
苏州市	79.9	4	连云港市	70.7	71
无锡市	75.1	11	泰州市	70.7	73
南京市	73.7	20	盐城市	70.7	74
常州市	73.5	23	徐州市	70.7	75
南通市	72.0	34	扬州市	70.6	77
镇江市	71.1	56			

数据来源:国家海关总署

由表2.10可知,从外贸规模来看,苏州对外贸易一枝独秀。全年苏州贸易总额为3541.14亿美元,占全省外贸总额的53.33%,全年进口1472.83亿美元,占全省进口总额的56.65%;出口2068.31亿美元,占全省出口总额的51.19%。可以说苏州外贸占据了江苏省的"半壁江山",相比其他地市,真有"一超多极"的感觉。紧随苏州之后的主要是无锡和南京,进出口贸易额分别是934.33亿美元和654.91亿美元,分别占全省比重的14.07%和9.86%,处于第二梯队。南通市和常州市全年对外贸易总额分别为385.91亿美元和343.86亿美元,分别占全省外贸的5.81%和5.18%,属于第三梯队。其余地市外贸占比较小,均在2.5%以下。

从增长速度来看,2018年全年江苏各地市都实现了外贸正向增长,徐州全年对外贸易增长50.60%,领涨全省。此外,宿迁、连云港、无锡、泰州、镇江、苏州、扬州、南通、盐城、常州也都实现了两位数增长,分别为22.10%、16.30%、15.00%、13.80%、12.40%、12.00%、11.10%、10.80%、10.40%和10.00%。

表 2.10　2018 年江苏省各地市的外贸主要数据情况　　　　单位：亿美元

	进出口总额	进口	出口	总额增长率	总额占比
江苏省	6640.43	2599.99	4040.44	12.40％	100.00％
南京	654.91	276.12	378.79	7.60％	9.86％
无锡	934.44	366.63	567.81	15.00％	14.07％
常州	343.86	93.14	250.72	10.00％	5.18％
苏州	3541.14	1472.83	2068.31	12.00％	53.33％
镇江	118.39	38.59	79.8	12.40％	1.78％
南通	385.91	131.38	254.53	10.80％	5.81％
扬州	119.93	34.51	85.42	11.10％	1.81％
泰州	147.3	51.99	95.31	13.80％	2.22％
徐州	117.44	20.36	97.08	50.60％	1.77％
连云港	95.51	53.98	41.53	16.30％	1.44％
淮安	50.1	16.43	33.67	8.10％	0.75％
盐城	95.49	35.19	60.31	10.40％	1.44％
宿迁	36.01	8.84	27.17	22.10％	0.54％

数据来源：《江苏统计年鉴 2019》

（二）三大区域的贸易特征

21 世纪初，江苏省委省政府依据区域发展不平衡、梯度特征明显的省情实际，重新界定了苏南、苏中、苏北三大经济区域的范围，明确将南京、镇江、苏州、无锡和常州五市划分为苏南地区，将扬州、泰州、南通三市划分为苏中地区，将淮安、盐城、宿迁、徐州、连云港五市划分为苏北地区，并提出了苏南提升、苏中崛起、苏北振兴的目标。近些年来，苏南地区对外贸易仍然是江苏省对外贸易贡献度最大的区域，与此同时，苏中和苏北地区也通过进一步扩大开放，实现了对外贸易的快速增长。

整体来说，江苏的苏南、苏中、苏北地区对外贸易发展差距悬殊。人们常说"没有苏州就没有苏南，没有苏南就没有江苏"，观察表 2.11 就可以深刻地感受到这一点。2018 年全年，苏南地区对外贸易进出口总额 5592.74 亿美元，同比增长 11.78％，占江苏全省对外贸易的84.22％。其中，进口贸易额为 2247.31 亿美元，同比增长 12.76％；出口贸易总额为 3345.43亿美元，同比增长 11.14％。

表 2.11　2018 年江苏省三大区域的外贸主要情况　　　　单位：亿美元

	进出口总额	进口	出口	总额增长率	总额占比
苏南	5592.74	2247.31	3345.43	11.78％	84.22％
苏中	653.14	217.88	435.26	11.52％	9.84％
苏北	394.51	134.69	259.82	22.33％	5.94％

数据来源：《江苏统计年鉴 2019》

同年,苏中和苏北地区对外贸易总额分别为653.14亿美元和394.51亿美元,分别占全省对外贸易总额的9.84%和5.94%,不足苏南地区的1/8和1/14。

增长速度方面,2018年苏北以22.33%的增长速度再次领涨江苏,相比于去年的增长速度还要高3.58个百分点。苏南和苏中地区增长速度差异不大,分别为11.78%和11.52%。表2.12呈现了近五年间江苏三大区域的对外贸易总额及变动情况。可以看出,近两年三大区域外贸平均增速从高到低分别为苏北、苏南、苏中,近五年三大区域外贸平均增速从高到低分别为苏北、苏中和苏南。总体来说,苏南地区外贸体量庞大,增长情况也较为可观。苏北地区外贸规模最小,但发展势头强劲,未来有望逐步缩小与其他地区的差距。

表2.12 2018年江苏省各地市的外贸主要数据情况   单位:亿美元

年份	苏南		苏中		苏北	
	总额	增长率	总额	增长率	总额	增长率
2014	4818.13	1.51%	525.52	5.61%	293.96	11.17%
2015	4651.62	−3.46%	521.46	−0.77%	283.05	−3.71%
2016	4316.78	−7.20%	508.65	−2.46%	271.58	−4.05%
2017	5003.22	15.90%	585.68	15.14%	322.49	18.75%
2018	5592.74	11.78%	653.14	11.52%	394.51	22.33%

数据来源:历年《江苏统计年鉴》

苏南、苏中和苏北地区对外贸易发展差异巨大,总的来说有以下几个方面原因。

首先,苏南地区地理位置更为优越,苏州昆山等地区毗邻上海,能够承接上海发展的辐射带动,可以通过市场拓展、分工协作和资源互补等不同方式进行制造业体系战略性调整和结构升级。

其次,苏南地区对外开放程度更高,外贸新业态发展迅速。苏南拥有最多的开发区,尤其是国家级开发区,譬如,昆山高新技术开发区、苏州工业园区、无锡经济开发区等的国家级开发区。此外,苏南地区贸易创新能力强,外贸新业态发展迅速。自2016年以来,苏州南京无锡三地相继设立跨境电商综合试验区,综试区的设立,有助于促进当地企业不断提升技术水平、优化商品供给、完善服务质量,从而带动产业转型升级。

再次,苏南地区整体工业基础扎实,发展历史悠久。譬如,苏州和无锡,在解放前就已经是中国重要的轻纺工业基地,积累了良好的工业发展经验和人力资本。苏中地区,尤其是苏北地区农业发展设施落后,高效农业少。工业发展水平较低,产品竞争力弱,高附加值产品出口贸易相对较少。

最后,苏南地区外商投资密集。由于具有相对良好的基础设施和高效的行政效率,再加上产业集聚效应明显,相比其他两地,苏南更容易成为中国主要的外商投资集聚地。

（三）沿江沿海地区的贸易特征

对江苏省各地市的划分,除了习惯的苏南、苏中、苏北的分类,还可以根据各地市的地理位置从其他角度进行划分,来研究各区域外贸发展状况。

表 2.13　2018 年江苏省沿江沿海地区对外贸易情况　　　　　单位:亿美元

	进出口总额	进口	出口	总额占比
沿江八市	6245.88	2465.19	3780.69	94.06%
沿江开发区域	2661.18	1024.78	1636.40	40.07%
沿海三市	576.87	220.45	356.42	8.69%

数据来源:《江苏统计年鉴 2019》

　　通常情况下,我们把长江流经江苏省的八个地市称为沿江八市,包括苏南地区的南京、无锡、苏州、常州和镇江,以及苏中地区的南通、泰州和扬州;沿江开发区的成立是江苏省委、省政府审时度势做出的重大决策,总共包括江苏省 6 个市区和 13 个县(市),具体指的是南京市区、常州市区、南通市区、扬州市区、镇江市区和泰州市区,以及六个市下辖的江阴市、常熟市、张家港市、太仓市、启东市、如皋市、海门市、仪征市、丹阳市、扬中市、句容市、靖江市和泰兴市。目的是通过沿江开发促进沪宁沿线高新技术产业的提升,同时带动苏北地区经济外贸发展,是江苏经济社会发展新的增长极。沿海三市则指的是江苏省临海的三个城市,分别是南通、盐城和连云港。

　　2018 年全年,江苏省沿江八市进出口贸易额为 6245.88 亿美元,同比增长 11.76%,占全省贸易额的 94.79%。其中,进口贸易额 2465.19 亿美元,同比增长 13.68%;出口贸易额 3780.69 亿美元,同比增长 10.53%。沿江开发区全年进出口贸易额为 2661.18 亿美元,同比增长 9.46%,占全省贸易额的 40.07%。其中,进口贸易额为 1024.78 亿美元,同比增长 10.29%;出口贸易额为 1636.40 亿美元,同比增长 8.94%。沿海三市全年进出口总额为 576.87 亿美元,同比增长 11.61%,占全省贸易额的 8.69%。其中,进口贸易额为 220.45,同比增长 29.69%;出口贸易额为 356.42 亿美元,同比增长 2.76%。

表 2.14　2014—2018 年江苏省沿江沿海地区外贸情况　　　　　单位:亿美元

年份	沿江八市		沿江开发区域		沿海三市	
	进出口额	占比	进出口额	占比	进出口额	占比
2014	5343.66	94.79%	2279.46	40.43%	471.94	8.37%
2015	5173.08	94.81%	2204.92	40.41%	447.43	8.20%
2016	4825.44	94.69%	2100.39	41.22%	458.50	9.00%
2017	5588.89	94.54%	2431.19	41.13%	516.84	8.74%
2018	6245.88	94.06%	2661.18	40.07%	576.87	8.69%

数据来源:历年《江苏统计年鉴》

　　观察近五年的历史数据可以发现,沿江八市在全省的贸易总额占比中呈现连年下降趋势,从 2014 年的 94.79% 降低至 2018 年的 94.06%,但所占比重仍然巨大。2018 年其他两个区域贸易占比也有所下降,主要原因应是苏北地区部分城市如徐州和宿迁对外贸易快速发展,比重有所提升。

第三章　江苏对外贸易发展的国内外影响因素

江苏省对外贸易发展受到诸多因素的影响,可将这些因素分为国际影响因素和国内影响因素两大类进行考察。国际影响因素方面,主要包括世界经济发展情况、人民币汇率变动情况、国际贸易保护主义情况以及制造业产品贸易竞争情况;国内影响因素方面,主要包括生产要素价格变动情况、减税降费和改善营商环境、扩大对外开放、外贸新业态发展及监管机制改革优化。

一、江苏对外贸易发展的国际影响因素

(一)世界经济增速稍降,全球贸易发展放缓

2018年世界经济增长3.04%,增长速度比上一年度低0.11个百分点,增长速度稳中有降。2018年并没有延续2017年各国经济增长的强劲势头,除了美国等少数经济体增速继续上升外,包括欧元区和亚洲的日韩在内的多数经济体的经济增长速度均出现了回落。2018年美国GDP增长2.86%,比2017年提高0.59个百分点。欧元区GDP增长2.0%,比2017年下降0.4个百分点。日本和韩国GDP增长分别为0.79%和2.67%,比2017年下降0.92个和0.39个百分点。英国、法国、德国和加拿大的GDP增长率比2017年分别下降0.39个、0.10个、0.79个和1.17个百分点。金砖国家方面,2018年巴西、俄罗斯、印度经济较上一年度增长更快,分别实现1.12%、2.25%和6.98%的增长,同比分别提高0.14个、0.70个和0.36个百分点。南非和中国经济增速回落,分别增长0.79%和6.60%。(详见表3.1)

表3.1　全球主要经济体2014—2018年经济增长水平

国家	2014年	2015年	2016年	2017年	2018年
美国	2.57%	2.86%	1.49%	2.27%	2.86%
澳大利亚	2.56%	2.35%	2.83%	1.96%	2.83%
巴西	0.51%	−3.55%	−3.47%	0.98%	1.12%
德国	1.93%	1.74%	1.94%	2.22%	1.43%
韩国	3.34%	2.79%	2.93%	3.06%	2.67%
俄罗斯联邦	0.74%	−2.83%	−0.22%	1.55%	2.25%
法国	0.95%	1.07%	1.19%	1.82%	1.72%
加拿大	2.86%	1.00%	1.41%	3.05%	1.88%
南非	1.85%	1.28%	0.57%	1.32%	0.79%
日本	0.37%	1.35%	0.94%	1.71%	0.79%

（续表）

国家	2014 年	2015 年	2016 年	2017 年	2018 年
英国	3.05％	2.35％	1.94％	1.79％	1.40％
印度	7.41％	8.15％	7.11％	6.62％	6.98％
中国	7.30％	6.90％	6.70％	6.90％	6.60％

数据来源：新浪财经全球宏观经济数据

全球贸易方面，根据世贸组织发布的《全球贸易数据与展望》报告，受国际贸易摩擦升级和经济不确定性加剧等因素影响，2018 年全球贸易增长 3.0％，远低于预期的 3.9％的增长率。分地区来看，亚洲地区国际贸易量增速回落幅度最大。2018 年第一季度和第二季度，亚洲货物出口总量季调后同比增长率分别为 4.7％和 3.8％，比上年同期增速分别下降 3.6和 2.9 个百分点。其中，中国、日本和马来西亚的货物出口量增长速度下降最为明显。欧洲整体国际贸易量的增速也有一定回落。2018 年第一季度和第二季度，欧洲货物出口总量季调后同比增长率均为 2.8％，比上年同期增速分别下降 0.2 个和 0.3 个百分点。欧盟由于内部贸易加速增长，其整体贸易量的增速稍有提升。中南美洲出口总额增速快速回落。2018年第一季度和第二季度，中南美洲货物出口总额同比增长率分别为 10.1％和 8.0％，比上年同期分别下降 9.5 和 3.1 个百分点。美国对外贸易形势相对较好。2018 年第一季度和第二季度，美国货物出口总量同比增长率分别为 4.5％和 7.1％，比上年同期分别提高 0.1 个和 2.8 个百分点；出口额更是分别增长了 8.0％和 11.2％，比上年同期分别提高 0.5 个和 5.4 个百分点。

主要经济体经济增速下降，国际贸易增长放缓，这样的外部整体环境并不有利于江苏省对外贸易发展。但从 2018 年全年江苏对外贸易的成绩来看，这样的不利条件并没有对江苏外贸产生显著的影响。全年江苏省与美国、欧盟、韩国、东盟和日本这前五大贸易伙伴的贸易额分别为 1075.40 亿美元、1062.53 亿美元、787.62 亿美元、787.34 亿美元和 599.08 亿美元，较去年同比上升 6.77％、9.97％、15.56％、22.70％和 6.81％。一方面，对外贸易情况受到诸多因素影响，国际经济贸易环境只是其中的一部分因素。另一方面，江苏省着力稳外贸保增长，采取了扩大开放、加强创新、政策扶持等多种应对措施。总体来说，国际经济贸易环境对江苏省外贸进一步发展是存在不利影响的，但就江苏外贸的发展结果来看，影响程度可控。

（二）美元指数增长强劲，人民币对多国货币贬值

2018 年全年，美元指数从 1 月份的 89.19 上升至 12 月的 96.41，增长势头强劲。该指数综合反映了美元在国际外汇市场的汇率情况，用来衡量美元对包括欧元、日元、英镑和加拿大元等一揽子货币的汇率变化程度，体现出全年美国对多国货币的升值情况。

人民币方面，2018 年人民币对美元汇率从 6.50 贬值至 6.86，贬值幅度达到 5.4％。一季度人民币对美元保持强势，人民币汇率一度低于 6.3。4 月份尤其是 5 月中美贸易谈判破裂后，人民币汇率迅速贬值。8 月，央行调整了远期售汇外汇风险准备金率，并且重启了逆周期因子，仍然没有阻止人民币汇率的贬值趋势。直到 12 月 5 日，G20 峰会中美领导人会晤决定暂时中止贸易战后，人民币汇率才止跌反弹。2018 年全年，人民币对欧元小幅下跌，全年走势与人民币对美元相似，人民币呈现先升值后贬值的状况；人民币对日元和韩元分别贬值，人民币对日元从 17.35 贬值到 15.92，人民币对韩元从 170.09 到 161.91。人民币对多国货币呈现贬值状态。

人民币汇率变化影响着江苏省对外贸易的发展情况。作为出口导向的贸易大省,对外出口在经济中占有重要的地位,人民币贬值有利于拉动出口经济发展,提升江苏省对外贸易总额,但是不利于以进口为主的外贸型企业,货币贬值将增加这些企业原材料和产品的生产成本。反之,人民币升值则使得一些企业生产需要进口大量国外技术和大型仪器的企业受益,但会使得出口产品成本提升,国际市场竞争力减弱。

美国作为江苏省对外贸易占比最大的伙伴国,人民币对美元贬值会显著的影响江苏省与美国的贸易发展。人民币贬值在一定程度上对冲了美国对于江苏出口企业加征关税的影响,整体上 2018 年江苏省对美国出口仍呈增加态势,但增速放缓。人民币贬值另一方面又提高了江苏企业从美国进口产品的成本,再加上美国对科技领域产品出口限制升级,全年江苏省从美国进口 145.49 亿美元,同比下降 3.9%。

(三)美方主动挑起贸易战,贸易保护主义再升温

2018 年 3 月 22 日,美国总统特朗普在白宫正式签署对华贸易备忘录,宣布将有可能对从中国进口的 600 亿美元商品加征关税,并限制中国企业为获取美国技术而在美国开展的投资并购;6 月 25 日,美国政府公布了对总额 500 亿美元涉及 1102 种从中国进口的商品加征 25% 关税的征税清单;2018 年 7 月 6 日,中美双方正式开始对首批原产于对方国家的 340 亿美元商品征收 25% 的惩罚性关税,这标志着中美贸易战正式打响。由于中方拒绝受美国的威吓而投降,2018 年 7 月 11 日美国政府又发布了对从中国进口的约 2000 亿美元商品加征 10% 的关税的措施,并于 8 月 2 日宣布征税税率由 10% 提高至 25%,在此情况下,中国被迫采取相应的反制措施予以应对。

江苏省作为我国的外贸大省,贸易总量仅次于广东省,连续 16 年排名全国第二。美国是江苏对外贸易最重要的贸易伙伴之一,既是江苏省重要外资来源地和第一大对外投资国,也是江苏省第二大贸易出口国。由美国发起的旨在遏制"中国制造 2025"进程的贸易战,必然也会对江苏产生一系列的冲击和影响。

第一,对出口贸易冲击较大,江苏成为贸易战的重灾区。美国贸易代表办公室(USTR)发布的第一份清单 800 多种中国产品,从 2018 年 7 月 6 日开始立即缴纳 25% 的额外关税。根据这份清单中的海关商品代码,将我国五个出口大省与全国贸易数据进行比对测算发现,江苏占比最高,达到 24.44%,广东 22.20%,上海 16.66%,浙江 7.86%,山东 3.48%,江苏已经成为贸易战的"重灾区"。

第二,高新技术产品出口被明显针对,电子信息产业面临"卡脖子"技术瓶颈。尽管我国高新技术产品对美国的出口并不多,如激光设备、工业机器人、智能制造设备等尚处于起步阶段,但美国将这些产品列入制裁清单,意图就是将"中国制造 2025"计划扼杀在摇篮中,以维护美国垄断技术领域的超额利润。从产品清单范围看,高新技术产品出口被明显针对,产品多集中于 84、85 章、出口金额排名前十的产品:自动数据处理设备及其部件,即硬盘及附件,变压器、静止式变流器(例如整流器)及电感器;打印机、复印机等,占到该清单产品出口69.08%。而在这些行业中,江苏出口在全国范围内具有较大优势。江苏高新技术产品出口额占全国的 27.85%,其中,八成以上是计算机通讯技术类产品。2017 年,江苏 301 清单产品对美国的出口同比增长 10.26%,今年第一季度 17.32%,中美贸易战无疑将给江苏高新技术行业未来出口的进一步复苏涂上阴影。

第三,对外资影响巨大,加工贸易无异于"雪上加霜"。江苏利用外资主要集中在苏南,

并且主要贸易方式为加工贸易,最终目标市场大多集中在美国。在301清单产品中,江苏一般贸易的占比仅为23.22%,加工贸易的比例达到76.78%,其中,对美出口最多的8471自动数据处理设备产品,加工贸易比重更是高达99.82%。除了国内资源、环境、政策等因素制约越来越紧,发达国家通过修改经贸规则、"再工业化"等推动资本回流,发展中国家凭借低廉的要素成本、优惠政策积极吸引外资,江苏在全球范围的引资竞争压力超乎想象。更为严峻的形势是,贸易战通过限制跨国公司在国外布局生产线,对全球制造业的供应链形成严重冲击,江苏在电子信息半导体等行业的全球供应链的优势地位将受到贸易战的严重阻击,甚至有可能在重新洗牌中被调整出局,这将成为贸易产业安全的重大隐患。

(四)制造业面临双重挤压,中高端优势亟待养成

改革开放以来,我国充分利用"两个市场""两种资源"不断融入全球经济,逐步实现在全球分工价值链上的攀升,而近年来我国面临新兴经济体低端挤出和发达国家高端挤压的"双重挤压"风险。一方面,新兴经济体快速崛起,凭借更低的劳动力成本和制造业区位优势,对中国制造业产品出口和吸引外资构成替代效应。另一方面,近年来,德国政府提出"工业4.0""互联工厂"高技术战略,以福特、GE为代表的美国制造业企业明显加大了在本土的投资规模,克莱斯勒、惠普、耐克等著名品牌也相继将国外生产线迁移回美国。根据波士顿咨询集团预测,2020年将会有多达60万个制造业岗位从中国返回美国。在"两端挤压"压力下,我国原来以廉价劳动力和资源要素投入为主要特征的传统优势正日趋弱化,迫切需要培育面向产业中高端的竞争新优势。

2018年中美贸易战给我们最大的启示和警醒就是,作为产业发展"命门"的核心技术,靠"化缘"是要不来的,必须通过提高自主创新能力真正掌握核心技术,提高关键零部件产品的生产能力和发展战略性新兴产业的能力。在开放经济条件下,利用全球要素分工的战略机遇,吸引和集聚外部先进和高端要素,无疑是提升自主创新能力的一种方式和途径,但并非唯一方式和途径。另外一条重要途径就是通过自主培育来集聚和积累创新要素,提升创新能力。何况,在全球要素分工条件下,从要素质量匹配的角度看,一国或地区能够吸引何种层次和质量的要素,很大程度上取决于自身拥有什么层次和质量的要素。因此,注重自身高端要素的培育和积累,不仅是提升自主创新能力的路径选择,也是"虹吸"全球高端要素尤其是创新要素的重要条件。对此,江苏需要在加大研发投入、鼓励创新政策、培育工匠精神、优化制度环境等方面做足功课。将对外开放与自主创新有效结合,实施开放式创新,为攀升全球产业链中高端和发展战略性新兴产业奠定创新驱动基础。

二、江苏对外贸易发展的国内影响因素

(一)成本优势面临挑战,环境约束更趋严格

"低制造成本"和"完善的制造体系"是我国加入WTO以来,制造业得以快速发展的重要支撑。但近年来,随着国内要素价格的上涨,制造业成本优势不断面临挑战,加上环境保护约束日趋严格,企业环保成本也有所增加,外贸企业竞争优势受到威胁。

第一,劳动力成本持续上升。制造业就业人数于2013年达到峰值后逐步回落,而同时,我国制造业职工工资水平保持快速增长。据统计,2018年我国规模以上制造业企业就业人员年平均工资达64643元,是2013年的1.5倍。就江苏地区来看,由表3.2可以看到,省内

全体职工包括国有单位职工、城镇集体单位职工和其他单位职工,近五年间平均工资水平都呈现明显上升趋势。2018 年江苏全部职工平均工资水平同比上升 8.66%,国有单位和城镇集体单位职工同比分别上涨 16.42% 和 19.75%。由表 3.3 近五年各类型单位人员工资指数,也可以看出工资水平逐年上升,尤其是国有单位和城镇集体单位人员工资上涨更为明显。

表 3.2 2014—2018 年江苏省各类型单位人员平均工资水平　　　单位:万元

年 份	绝对数(元)			
	全部职工	国有单位	城镇集体单位	其他单位
2014	6.18	7.47	5.5	5.89
2015	6.72	8.24	5.96	6.38
2016	7.27	9.24	6.55	6.80
2017	7.97	10.23	7.14	7.26
2018	8.66	11.91	8.55	7.95

数据来源:《江苏统计年鉴 2019》

表 3.3 2014—2018 年江苏省各类型单位人员工资指数　　　单位:万元

年 份	指数(以上年为 100)			
	全部职工	国有单位	城镇集体单位	其他单位
2014	106.5	106.5	106.3	106.9
2015	108.8	110.3	108.4	108.3
2016	108.2	112.2	109.9	106.6
2017	109.7	110.7	109.0	106.7
2018	108.6	116.4	119.8	109.6

数据来源:《江苏统计年鉴 2019》

第二,工业用地成本上升。近年来,随着城镇化速度的加快,土地稀缺性问题日益突出,但工业用地需求依旧增长迅速。据调查,工业用地指标已经成为制约地区工业发展的刚性约束,工业用地成本增加压缩了企业利润空间。

第三,融资成本较高。近年来,随着金融市场的繁荣和实体经济投资收益率较低,国内金融资源"错配"严重,资金在虚拟经济体系内"空转",工业企业融资难、融资贵的问题突出。首先,随着制造业进入微利时代,制造业企业效益有所下滑,制造业资本逐渐流出。其次,民营企业融资环境不佳。民营企业受多方面限制,直接融资受到约束,间接融资方面,又会面临银行"不愿贷、不敢贷、不会贷"的情况。最后,中小企业融资成本高,融资结构不合理。经测算,我国中小企业的融资成本已经高于 10%,而社会平均融资成本为 7.6%,如果中小企业选择融资租赁、保理、小贷等融资方式,其融资成本则可能达到 20%。

第四,环境保护成本增加。近年来,我国不断加强对高投入、高消耗、高污染工业企业的环保督察和生态整治,《中华人民共和国环境保护法》等法律法规的出台也在不断增强工业生产的环境约束,企业的环境保护成本随之提高。

（二）扎实落实减税降费，改善企业营商环境

近年来，在复杂的国际贸易形势下，外向型企业面临的市场不确定性风险持续增加。2018年，我国出台了一系列减税降费举措，为企业提供了"真金白银"的红利，帮助外贸企业注入了信心和活力，普遍提高了他们抵御国际贸易风险的能力。2018年江苏税务部门平稳推进改革发展任务，交出亮眼的成绩单。过去一年，全省各级税务机构完成合并挂牌、顺畅运转，全年组织税收收入近1.4万亿元。其中，为实体经济、民营经济减免税收4724亿元。

增值税改革方面，从2018年5月1日起，制造业等行业增值税税率从17%降至16%，将交通运输、建筑、基础电信服务等行业及农产品等货物的增值税税率从11%降至10%；统一增值税小规模纳税人标准；对装备制造等先进制造业、研发等现代服务业符合条件的企业和电网企业在一定时期内未抵扣完的进项税额，予以一次性退还。通过实施上述三项措施，全年减轻市场主体税负超过4000亿元，内外资企业都将同等受益。

另外，在营商环境方面，江苏省进行优化提升的领域也大为拓宽。其中，纳税服务、跨境贸易、电力接入、融资贷款等均加入改革行列。在优化纳税服务方面，江苏除全面落实国家减税政策外，还将加快推动网上办税，全面实现备案类减免税网上办理、核准类减免税网上预申请，统一网上申请、受理、办理、反馈流程；在推动跨境贸易便利化方面，全面落实通关一体化改革。全力助推国际贸易"单一窗口"国家标准版和"三互"大通关建设；在优化电力接入方面，用户申请新装、增容用电，由供电企业"一站式"受理。平均接电成本压降30%；在中小企业融资方面，降低融资成本、提升融资便利度，进一步整合金融产品、融资需求、信息中介、征信服务、扶持政策等资源，实现网络化、一站式融资对接。支持民营科技型中小微企业发展，发放"苏科贷"贷款等。此外，江苏还将进一步清理涉企收费，通过推进企业投资项目信用承诺制试点、完善投资项目在线审批监管平台、全面实行准入前国民待遇加负面清单的外资准入制度等措施，推进投资审批便利化。

在传统低成本优势不断减弱的背景下，推行减税降费新举措，注重打造低成本的营商环境，降低交易成本和制度性成本，不仅是适应进一步扩大开放、再创开放发展新优势的现实需要，也是应对特朗普减税等政策措施带来的成本竞争冲击的需要。

（三）坚守对外开放大方向，构筑全面开放新格局

2018年是"一带一路"倡议提出的第五个年头，"一带一路"正在向落地生根、持久发展的阶段迈进。江苏省处于"丝绸之路经济带"和"21世纪海上丝绸之路"的交汇处，地理位置优越，对外贸易发达。"一带一路"倡议的给江苏省带来了更加宽广的贸易舞台和更加便利的贸易途径，有力地带动了江苏省对外贸易的发展。据统计，2018年全年，江苏省对"一带一路"沿线国家出口额达7284.2亿元，同比增长12.8%；占全省出口总额的比重为26.8%，对全省出口增长的贡献率为147.3%。从国家和地区来看，江苏省全年对中东欧16国进出口贸易同比增长14.3%，对东南亚11国增长12%，对西亚北非16国增长10.4%，均高于同期进出口总体增速。对拉丁美洲和非洲等新兴市场的开拓卓有成效，全年进出口分别增长13.2%和19.7%。

2018年，江苏省"一带一路"交汇点建设取得积极进展和明显成效。涉外园区建设全面开花，国家级出口加工区和综合保税区数量目前是全国最多的。中阿（联酋）产能合作示范园是国家目前唯一明确的"一带一路"产能合作园区。2018年7月中旬，在中国阿联酋两国

元首见证下，示范园金融服务平台正式签约，后来又获得了首批金融牌照。未来将投资 20 亿美元左右为示范园内的中国企业和机构提供服务。柬埔寨西哈努克港经济特区被誉为"中柬务实合作的样板"，目前入园企业 130 家，提供就业岗位 2.1 万个，工业产值对西哈努克省的经济贡献率已超过 50%。此外，连云港战略支点作用进一步凸显，互联互通方面，港口通过能力大幅提高。截至 2018 年 12 月 15 日，港口新开近洋、内贸、海河航线各 2 条，集装箱航行总数破 60 条。中哈（连云港）物流合作基地获批全国唯一的粮食过境运输口岸，与霍尔果斯口岸共建"无水港"运营良好，连云港综合保税区成功获批。值得一提的是，8 月初冰级船"天恩号"从这里启程，取道北极东北航道，跨越北冰洋前往欧洲，开启了"冰上丝绸之路"。

2018 年 11 月 5 日，在我国上海开启了第一届中国国际进口博览会，这是世界上首个以进口为主题的大型国家级展会。江苏省委、省政府高度重视博览会筹备工作。省委书记娄勤俭和省长吴政隆作出指示，要求"按照中央的要求，做好首届中国国际进口博览会江苏交易团筹备工作，充分利用这一重大平台，满足人民群众对美好生活的需要，助力我省产业转型升级，促进高质量发展"。

本次进博会期间，江苏省抓住机遇，积极促进贸易成交，较好地展现了江苏水平、江苏形象和江苏担当。首先，采购主题覆盖面广泛。江苏交易团积极当好"准主场"，与 75 个国家和地区的参展商达成成交意向，总意向成交额位居地方交易团前列。其次，大额采购项目数量较多。江苏交易团意向成交超过 1 亿美元的共有 10 项，合计 22.85 亿美元，涉及消费电子、食品、汽车、高端装备、医疗器械等领域。其中，SK 海力士半导体（中国）有限公司与美国应用材料公司、美国泛林集团、阿斯麦签约，采购规模约 6 亿美元。苏宁集团在全球供应链采购峰会上也签订了巨额订单。再次，成交结构较好体现产业升级需求。江苏交易团智能及高端装备类意向成交占总意向成交比例为 39.5%，高于全国 11 个百分点。其中，中央电视台报道的德国瓦德里西科堡公司金牛座龙门五面体加工中心 TAURUS 30，被无锡一家民营企业成功购得。最后，与"一带一路"沿线国家成交活跃。江苏交易团与"一带一路"沿线国家累计意向成交 4.8 亿美元，占博览会上与"一带一路"沿线国家累计意向成交额的 10.2%。特别是与埃塞俄比亚、布基纳法索、贝宁等联合国认定的最不发达国家达成 30 多项意向成交，总额约 5500 万美元。

（四）新业态带动新发展，新监管注入新活力

近年来，以跨境电商、市场采购贸易和外贸综合服务为代表的外贸新业态蓬勃发展，增长势头迅猛，正逐步成为江苏省对外贸易增长的新动力。去年，汇鸿国际集团股份有限公司及收购控股的无锡天鹏集团有限公司，双双入选"全国供应链创新与应用试点企业"。汇鸿畜产有关子公司全年 70% 的订单源于自主设计，汇鸿盛世自营出口额同比增长 30% 以上。苏豪集团所属弘业股份组建 60 多人电商团队，去年平台销售超 1000 万美元，同比增长五成。总部位于南京江北新区的焦点科技通过运营中美跨境贸易服务平台、收购美国电商平台 Doba、上线跨境 B2B 在线交易平台开锣，在美国加州、越南、马来西亚等地设立海外仓，助力中小企业以跨境贸易方式"出海"，拥有 1380 万注册供采会员，网上年出口成交超 620 亿美元，其中，不少是江苏企业。除了新业态带来的贸易发展新活力之外，监管部门所做的管理服务措施改善和监管模式创新，也有力地助推了外贸新业态的快速发展。

为帮助企业充分享受优惠贸易协定政策红利，南京海关常态化举办宣传推广会，加强企

业对政策调整的理解,引导企业规范操作。南亚塑胶工业(南通)有限公司根据海关指导,在企业 ERP 系统中设置协定降税清单与进出口料件的对碰提示,近 5 年来享受自由贸易协定带来的税收优惠累计达 2300 余万元。2018 年江苏优惠贸易协定货物进口保持增长态势,1—11 月,江苏原产地签证备案企业总数达 5.7 万家,受惠货物进口总值 167.2 亿美元,关税优惠 82.5 亿元人民币。

为助力江苏农产品走出国门,南京海关发挥政策、信息、技术等方面的优势,持续推动出口农产品增品种、提品质、创品牌。开展出口农产品大调研活动,广泛征求地方政府、行业企业的出口意向和需求,建立重点项目库,实行全流程指导与监管,对苗种、投入品及外部环境等关键环节实施严密监控,确保出口动物符合国(境)外官方要求。出口农产品质量安全示范区通过安全区域化管理,建立现代农产品生产方式和科学的风险控制措施,实现了生产标准化、规模化、现代化,从源头上提高了示范区出口农产品的质量安全水平。目前,江苏已有各类出口农产品示范区、示范基地 37 个。

此外,南京海关还通过税则调研方式帮助企业反映税则税目设置、进出口暂定税率设置、出口退税政策等方面的意见和建议。自 2008 年开展税则调研以来,共提出税则修订调整建议 165 项,22 项税政建议被国务院关税税则委员会及国家相关部委采纳实施,累计为企业节约成本约 9.1 亿元。

第四章　江苏服务贸易发展概况

随着经济全球化深入发展,服务贸易在世界经济和全球贸易中的重要性稳步提升。推动服务业开放和服务贸易发展,已成为一国或一地区融入经济全球化、参与全球价值链的重要途径。近年来,江苏省服务贸易发展迅速,量质齐升,逐渐成为江苏省扩大对外开放、拓展发展空间、释放增长新动能的重要着力点。通过加快服务贸易发展,一方面,可以促进江苏经济结构调整,提高经济发展质量,推动外贸转型升级;另一方面,服务贸易国际竞争力的提升,也能够有效带动制造业国际竞争力提升,是江苏培育国际竞争新优势的重要环节,对江苏迈向价值链高端、推动经济高质量发展具有重要作用。

本章节将首先介绍江苏省服务贸易的发展现状,之后再介绍江苏省服务贸易发展中存在的问题,最后对江苏服务贸易发展提出一些对策建议。

一、江苏服务贸易的发展现状

根据世界贸易组织定义,服务贸易可划分为跨境贸易、境外消费、商业存在、自然人流动四种提供模式。服务贸易中的"贸易"概念已经超出了传统的"贸易",它将投资、要素流动等国际经贸合作形态也纳入其中。近年来,江苏服务贸易发展呈现良好态势,主要表现出以下几个特点:

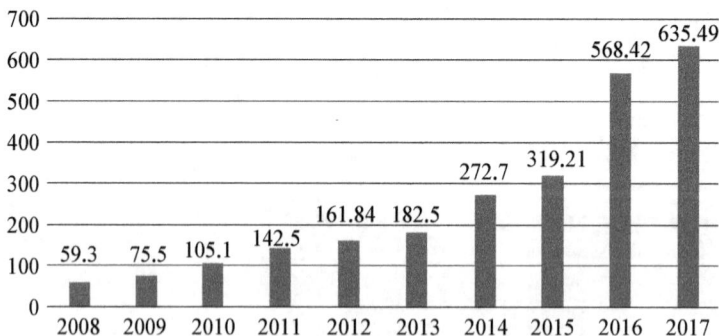

图 4.1　2008—2017 年十年间江苏省服务贸易总额

数据来源:江苏省外汇管理局。

(一)服务贸易规模快速扩大

由于 2018 年江苏服务贸易数据暂时缺失,故以 2017 年为例。2017 年全年江苏服务贸易进出口额突破 600 亿美元,达 635.49 亿美元,较上年同比增长 11.80%,服务贸易规模创历史新高。相比十年前,江苏服务贸易的规模已经是 2008 年的 10 倍还多。

（二）服务贸易结构趋向合理

早期江苏服务贸易主要以旅游和运输服务为主,计算机和信息技术、商务服务、金融保险等非劳动密集型服务贸易占比较小。近年来,随着人力资本的提升,企业研发投入的增加,以及政府政策体系对服务贸易发展的支持,资本和技术密集型的服务贸易占比正在不断提升,服务贸易结构逐渐趋向合理。

（三）科技创新筑造服务贸易发展新亮点

近年来,江苏强化科技引领,积极探索服务贸易新模式、新业态。"互联网＋旅游""物联网＋运输""互联网＋金融"等新服务模式已广泛运用,虚拟现实、全球定位、远程可视化、移动支付等现代科技的应用层出不穷。在计算机服务、软件和信息技术服务、知识产权服务等新兴行业,科技引领作用不断显现。随着人工智能等战略性技术的兴起和应用,高附加值、高技术、高文化内涵的服务贸易新业态稳步发展,在服务贸易中的占比稳步上升,为服务贸易发展提供了新的增长点。

（四）服务贸易综合发展水平位居全国前列

《2019 全球服务贸易发展指数报告》指出,江苏服务贸易综合发展实力强劲,在各分项指数均排在全国前列。其中,在服务贸易结构指数中,江苏位居全国第四,这与江苏新兴服务贸易发展迅速、占比突出有着不可分割的联系。在服务业增加值排名中,广东、江苏与山东排名前三,与其他省市差距较大。在全国省级服务贸易综合环境指数中,江苏省更因其服务外包示范城市和服务贸易创新试点数量全国最多,位列全国第一。

（五）载体平台拓宽服务贸易发展空间

近年来,江苏积极打造多层次、多功能的服务贸易载体平台,形成了江苏服务贸易的闪亮名片。一是开展国家级服务贸易创新发展试点。2016 年 2 月起,按照国务院部署,我省苏州和江北新区开展国家级服务贸易创新发展试点。两年多来,江苏在管理体制、促进机制、政策体系和监管模式等方面开展了先行先试,取得了积极成效,共有 11 条试点经验由商务部向全国推广。二是建设服务外包示范城市集群。江苏有南京、无锡、苏州、南通、镇江等 5 个国家级服务外包示范城市,徐州、常州、泰州、昆山、太仓、江阴等 6 个省级服务外包示范城市,形成了江苏服务外包示范城市集群,其中,南京、无锡、苏州在全国 31 个示范城市综合评价中位居前列,对全省服务外包产业发展起到了很好的示范引领作用。三是打造江苏展会品牌。近年来,江苏着力打造了世界智能制造大会、中国（南京）国际软件产品和信息服务交易博览会、世界物联网博览会等 7 个重点展会品牌,以展会有力地带动了服务贸易的发展。

二、江苏服务贸易发展存在的问题

（一）服务贸易逆差不断扩大

近年来,江苏省服务贸易在快速发展的过程中,服务贸易逆差也在不断扩大。服务尤其是高端服务在国际市场上缺乏竞争力,这不仅不利于服务出口,也会引起省内高端服务消费外流。例如,随着江苏省人均收入的不断提升,出国旅行、海外留学以及海外就医的需求不断提升,由于省内乃至国内相关的高端服务供给在质量和数量上有限,部分与此相关的高端服务需求流失严重,从而进一步加剧了服务贸易逆差的扩大。

(二)服务贸易地区发展不平衡

江苏省服务贸易发展具有很大地区间不平衡性,苏南、苏中和苏北三地服务贸易水平差异较大。首先,在服务业发展水平方面,苏北地区明显落后于苏南,江苏呈现从南到北服务业发展水平逐渐下降的特点。苏南地区由于改革开放,引进了大量的资金,人才,技术,使得第三产业优先发展起来,在逐年的发展中,服务业的产业结构不断积累升级,由此服务业的进出口额较大,且技术含量也比较高。相比之下,苏中和苏北地区服务贸易的发展较落后许多。其次,制造业发展水平方面,基本上也呈现和服务业相似的特点。江苏省作为外贸大省,货物贸易出口数额位居全国前列,苏南地区货物贸易占全省大半份额,主要原因在于其制造业总体规模庞大和水平相对发达。制造业的快速发展催生了与生产相关的服务贸易进口需求,由此也加剧了地区服务贸易发展的不平衡性。最后,政策部署倾向不同。苏南地区由于各方面基础和条件相对较好,许多的服务贸易载体平台设立于此,如国家级服务贸易创新发展试点和国家级服务外包示范城市,多数都设立与此,这些地区能够在管理体制、促进机制、政策体系和监管模式等方面进行先行先试,更多的政策倾斜为其带来了更多的创新服务贸易发展机遇。

(三)服务贸易结构有待继续优化

江苏省服务贸易进口以商贸服务、计算机和信息技术服务为主;出口以旅游,交通运输为主,这类型的出口服务贸易主要依赖的是劳动力资源和自然禀赋资源,技术含量比较低,含金量也比较低。对知识、技术密集型服务贸易的地位重视不够,这类服务贸易的市场份额较小。金融、保险和专利使用等技术含量高的现代服务领域,不仅出口金额小,且世界范围内占有率极低。服务贸易的进口又主要集中在商贸服务、咨询、专利使用费和特许费、计算机和信息服务等方面,其中,外资企业是江苏服务贸易进口的主力军,所占比重也较高,竞争力持续提升。

(四)服务贸易发展仍然缺乏开放动力

服务业开放可有效推动服务贸易发展,而服务业开放不足、国内规则障碍等因素又导致服务贸易发展的潜力未能充分释放。服务业开放既包括对外资企业的开放,也包括对国内民营企业的开放。要形成江苏服务贸易的竞争力,必须更多借助民营资本参与服务产业的国际竞争,以此推动江苏服务产业市场化和国际化。

(五)服务贸易的相关体制不健全

目前,我国尚没有一个关于服务业的一般性法律,已有的规定主要表现为各职能部门的规章和内部文件,不仅立法层次较低,而且缺乏协调性,从而影响了我国服务贸易立法的统一性和透明度。而且,所颁布的法律法规在实际运用中操作性比较差,一些条文也与国际规定有冲突。并且,一些外国政府针对我国服务贸易设置的壁垒,在我国的现行法律法规中没有相关的保护措施。

三、江苏服务贸易发展的对策建议

(一)采取务实举措,促进服务业快速发展

服务业的更好发展对服务贸易的支撑作用至关重要,亦有利于更好挖掘服务贸易发展的潜力。对此,要大力发展现代服务业,促进服务业转型升级,增强市场竞争力。一方面,要进一步扩大服务业向非国有资本开放的力度,增强社会资本进入的积极性,激活服务市场活力;另一方面,要着力提升监管部门的能力和水平,减少准入审批,增强信用体系建设和事中事后监管。

(二)依托制造优势,夯实服务贸易发展的产业基础

制造业是服务业及服务贸易发展的重要基础,制造业中服务要素的投入程度和水平,日益成为决定一国国际分工地位、企业国际竞争力的重要因素。提升服务贸易竞争力,需注重发挥我国"制造大国"的优势,推动制造业与现代服务业融合发展,将"中国制造"与"中国服务"有机结合、一体推进。

(三)抢抓科技机遇,加快服务贸易提质升级

主要是抢抓信息技术和数字经济发展的机遇,提升创新发展能力。技术进步,尤其是人工智能、大数据、物联网等新技术引领的数字化变革,将大大提高服务的可贸易性,拓宽服务业领域贸易投资合作的广度和深度,未来服务贸易会成为贸易发展新的引擎。对此,我们应该深入研究应对新一轮科技革命和产业变革的新趋势新挑战,顺应服务贸易数字化进程,加强互联网、大数据等先进信息技术与服务贸易的融合发展,着力打造和完善有利于服务贸易更好发展的基础设施和生态系统;鼓励创新发展,大力推动以云计算、大数据、人工智能为技术支撑的平台经济和服务贸易新内容;积极培育跨境电商、外贸综合服务、市场采购贸易等综合服务提供商,努力拓展我国服务贸易在全球价值链的增值空间。

(四)加快扩大市场准入,推动服务业对内对外开放

着眼于推动全产业链发展和价值链提升,着眼于服务业与制造业融合发展的现实需要,提升研发与设计服务、商务服务、信息服务和金融服务等高端生产性服务业的开放水平;在外资进入意愿强烈、我国人民生活需求迫切的领域,可考虑加快开放步伐;加大对新兴服务领域的市场开放力度,通过引入高水平竞争,促进国内服务业水平提升,满足高质量发展的要求和人民生活需要。

(五)创新监管模式,切实提高服务贸易效率

进一步加强跨部门沟通协作,合力营造便利高效的管理体制;改革创新监管模式,提升促进服务贸易发展的针对性、便利性和有效性;加快完善服务贸易统计体系,建立健全相关部门的信息统计职能,探索建立各部门信息共享、协同执法的服务贸易统计和监管体系,逐步形成常态化信息发布机制。

参考文献

[1] 江苏统计年鉴2014—2018[EB/OL].https://www.yearbookchina.com/

[2] 2019年江苏省国民经济和社会发展统计公报[EB/OL].http://tj.jiangsu.gov.cn/art/2020/3/3/art_4031_8993801.html

[3] 江苏省商务厅统计数据[EB/OL].http://swt.jiangsu.gov.cn/col/col12418/index.html

[4] 江苏省统计局[EB/OL].http://tj.jiangsu.gov.cn/index.html

[5] 历史新高！2018年江苏外贸交出亮眼"成绩单"！[EB/OL].http://news.jstv.com/a/20190118/5c417e52b831895834bb3a22.shtml

[6] 南京海关促进江苏开放型经济高质量发展[EB/OL].http://www.js.gov.cn/art/2018/12/25/art_63909_7964794.html

[7] 江苏2018年度回顾|外贸，从大省转向强省的江苏担当[EB/OL].https://www.sohu.com/a/287912636_120047263

[8] 2018年，我国机电产品进出口额创历史新高[EB/OL].http://www.tradetree.cn/content/6876/2.html

[9] 2018年中国外贸百强城市排行榜[EB/OL].http://top.askci.com/news/20190729/1535271150527.shtml

[10] 2018年我省农产品进出口额创新高出口增幅趋缓[EB/OL].http://nynct.jiangsu.gov.cn/art/2019/1/31/art_12651_8290051.html

[11] 新浪财经——全球宏观数据[EB/OL].http://finance.sina.com.cn/worldmac/compare.shtml?indicator=NY.GDP.MKTP.KD.ZG&nation=US&type=0

[12] 新浪财经——外汇数据[EB/OL].https://finance.sina.com.cn/forex/

[13] 人民币汇率变化对我国进出口贸易的影响[EB/OL].https://www.xzbu.com/1/view-14755087.html

[14] 新鲜出炉最全最新的中美贸易战历程表[EB/OL].https://zhuanlan.zhihu.com/p/65801521

[15] 江苏一带一路网[EB/OL].http://ydyl.jiangsu.gov.cn/col/col76298/index.html

[16] 江苏应对中美贸易摩擦的思路与对策[EB/OL].http://www.js-skl.org.cn/decision_participation/9309.html

[17] 江苏发布26条措施扩大开放9条涉及金融服务[EB/OL].http://finance.eastmoney.com/a/201901111024332770.html

[18] 《全球服务贸易发展指数报告2018》在南京发布[EB/OL].http://js.people.com.cn/n2/2018/0908/c360301-32030379.html

[19] 崔黎犁.江苏省服务贸易发展现状及对策研究[J].江苏商论,2015(10):42-44.

[20] 袁蓉.江苏服务贸易发展现状及区域竞争力分析[J].时代金融,2014(35):72-75,77.

[21] 王彩霞,施润玲.江苏服务贸易存在的问题及对策研究[J].东方企业文化,2012(04):164.

[22] 陶明,吴申元.服务贸易学[M].山西经济出版社,2001-08.

[23] 顾国达,陆菁.中国对外贸易概论[M].北京大学出版社,2015-06.

外商直接投资篇

第一章　江苏外商直接投资发展概况

　　随着江苏产业结构不断优化,江苏外商直接投资使用效率不断提升。2018 年,江苏先进制造及高端服务业外商投资占比增加,未来将延续这一趋势。中国外商投资将更加注重高端人才、先进技术和资金的同时引进,以配合我国"制造业 2025"战略和"一带一路"倡议的深入推进。随着《江苏省外商投资战略性新兴产业目录》的逐步建立和营商环境的进一步优化,越来越多世界 500 强企业在江苏投资高端制造业和新兴服务业,江苏盐城的东风悦达起亚汽车制造等三百多家 500 强企业投资江苏。2018 年江苏省外商投资在各地区仍然存在较大差异,苏南地区的外商直接投资远远高于苏中、苏北,但是有轻微靠拢,随着省内经济结构的进一步优化,差距将进一步缩小。苏北与苏中的外商直接投资总量基本在同一水平。从数量上看,全省外商投资呈现出一种地域性的不平衡,而从经济禀赋性差异来看,这种数量占比的相对稳定也可以被视作一种均衡。总体来看,2018 年全省新批外商投资企业 3348 家,新批协议外资 605.22 亿美元;实际使用外资 255.92 亿美元,比上年上升 1.80%。

一、江苏外商直接投资的省内外环境分析

　　2018 年,江苏吸引外商投资受到积极的政策推动和国际经济环境整体因素影响,依然保持相对平稳发展趋势和投资结构优化整体方向。

(一)影响江苏吸引外商直接投资的省内因素

1. 地理位置

　　从地理位置分析,江苏属于中国东部经济发达省份,濒临沿海,是华东地区面向太平洋的重要经济区域。江苏境内的连云港市位于中国沿海中部,是中国改革开放的重要窗口,也是中国进行新一轮经济转型升级和进一步扩大开放的战略高地。江苏是"一带一路"中线亚欧大陆桥的起点,江苏向东是新海上丝绸之路的出发点之一,向西又是丝绸之路经济带的中线起点所在地,是"一带一路"在中线的一个交汇点,有效地衔接环太平洋经济与亚欧经济,在吸引外商投资中扮演着非常重要的角色。2018 年,江苏的外商直接投资对国际环境反映仍然十分敏感,外资"晴雨表"的作用继续显现。来自欧盟、东盟和东北亚等主要经济合作区域的外资增长明显。

2. 经济基础

　　中国作为世界第二大经济体,自 2008 年世界金融危机以来,一直保持全球经济第一驱动力的地位。国家统计局于 2019 年 9 月发布的报告显示,2018 年中国对世界经济增长的贡献率为 27.5%。全球投资者对中国经济发展和投资环境依然保持整体乐观态度。中国经济呈现东南沿海地区在中速增长中保持领先、中西部地区保持高速增长的态势。2018 年,中国 17 个城市 GDP 超过万亿,江苏的苏州、南京、无锡三个地区在列。江苏经济体量大,经济全球化程度相对较高,吸引外商投资起步较早、制度相对完善、营商环境领先、投资相关配

套相对齐全,在吸引外资方面依然走在全国前列。

3. 政策优势

随着国家对制造业和高兴技术产业的扶持,以及江苏省内对技术创新型企业的财政支持,制造业优势逐渐显现。在培育外资发展新动能方面,江苏政府实施"双轮驱动"引资战略,在先进制造业和现代服务业两个方面都取得良好成效。鼓励更多外资进入高端装备、新材料等战略新兴制造产业,降低相关税收,降低外资使用成本。同时,扩大服务业对外开放,清除服务业利用外资的隐形障碍,放宽银行类金融机构的外资准入限制等。加强高科技领域经济合作和外资引入,信息传输计算机服务和软件业外商直接投资增速高达 98.77%,延续上一年高速增长趋势。

4. 基础设施

2018 年,江苏省的基础设施建设进一步优化。截至 2018 年底,江苏全省实有二级以上公路 43231 公里,较上年增长 2.9%。公路通车里程 15.87 万公里。港口外贸货物吞吐量 49045 万吨。在环境卫生领域,江苏全省各市医院 1853 个,医疗机构 33253 个,执业医师人数 23.32 万人,较上年增长 82.98%。其他环境卫生及文化教育等软实力也随着经济的发展稳步提升,这些条件对于吸引外商投资起到促进作用。

5. 人力资源

人力资源是经济发展动力的重要组成部分,与地区经济发展水平之间有着相互促进的作用。江苏良好的经济基础使得更多人愿意选择在区域内工作生活,而人才的积聚反过来又促进经济的发展。一方面,江苏省一直以劳动力的低成本优势吸引了大量的制造业外资。另一方面,江苏的学院众多,人才辈出,以及周边地区的人才涌入为吸引大量的服务业外资提供了人才基础。2018 年全省各类事业单位内专业技术人员 99.3 万,本、专科以上在校学生人数 400.13 万,其中,研究生在校人数 19.46 万,本、专科以上毕业生 107.74 万,其中研究生 4.74 万。同时,江苏为吸引海外高层次人才在江苏创业发展,深入实施了"双创计划""凤凰巢"计划、"外专百人计划"等人才工程,做到引智与引资并举,进一步促进外资在高端制造与服务领域的应用。

(二)影响江苏吸引外商直接投资的省外因素

1. 中国经济长期稳定和以更加开放姿态拥抱全球化吸引外资

2018 年,全球 GDP 与贸易保持增长,但是全球贸易增速继续低于经济增速。全球贸易总额增长率 3%,低于 2017 年的 4.6%[①]。全球外商直接投资总额下降 13% 至 1.3 万亿美元[②]。受全球经济增长乏力和中美贸易战等因素影响,全球贸易增速放缓,外商投资规模整体下降。中国由于经济体量巨大、稳中有升的国家信誉和优良的投资环境、国家中远期发展战略带来的良好预期、在贸易全球化领域的突出成就以及以更加开放的姿态与"一带一路"沿线国家、"东盟"主要成员国、欧洲主要经济体之间的开放合作等综合因素的推动,成为外商投资相对活跃国家的投资看好和资金避险地区之一。亚洲重要经济体如韩国、新加坡对江苏等地区的外商投资仍然保持高速增长,我国港澳台以及东南亚大部分地区外商直接投资增长,欧洲主要经济体英、德、法、意等对江苏外商直接投资增长,整体增长率接近 19%,预计投资额将持续上升。此外,来自大洋洲的外商直接投资增加,而来自北美以及经济状况持续

---

① 来自 WTO《2018 年世界贸易统计报告》
② 来自商务部《2018 世界投资报告》

低迷的南美 FDI 下降。

2.成本增加制约了外资的利润增长

尽管中国的高端服务业持续发展,以移动互联网、移动通信设备、电子商务等领域为代表的"弯道超车"体现了中国在经济转型过程中取得的突出成就以及鼓励创新创业的政策的高效实施,中国仍然是世界制造中心,对能源、原材料、矿产品等需求越来越大,从而导致资源类产品的价格不断提高,制造业产品的成本出现上涨趋势,成本投入的增加抑制了外资企业的利润,从而使得利润都相对减少。同时,人力资源成本随着中国经济的发展而缓慢地提升,这是经济发展到一定阶段的必然趋势。人力成本提升的同时也伴随着人力整体素质的提高,从中长期来看,这一变化对投资的影响就是中低端制造的外商直接投资将会受到抑制,相关投资向越南等国家转移,而高端制造业和高端服务业的技术合作型外商投资将会持续增加。

3.新一轮的改革开放,释放了巨大的制度红利

国家政策对江苏外商投资的引入起到基础保障的作用。2018 年,中国外资投资环境进一步优化,外商投资的成本和交易费用得到进一步降低,扩充了外商投资的市场准入空间。同时,中国的开放战略有效提振了中亚、北非等"一带一路"沿线地区及欧洲各国外资在华投资信心。外商直接投资在华利用总额上升、结构优化。

二、江苏外商直接投资规模分析

从规模方面看,2018 年江苏外商直接投资呈现出合同利用外商直接投资上升、外资企业单体规模增长快等几个方面的特点。

(一)江苏省外商直接投资的总体规模

2008—2018 年的统计数据显示:江苏实际利用外商直接投资占全国实际利用外商直接投资的比重较大,并且与 2017 年相比,比重基本持平。2012 年以前,江苏吸引外商直接投资在全国占比处在高位且相对稳定。说明江苏利用外商直接投资在我国有比较重要的地位,而 2012 年到 2015 年连续三年占比下降,2016 年到 2017 年占比略有提升。这说明,2012 年以前,江苏吸引外资相对于全国的吸引外资进度比较超前,而在 2012 年到 2015 年全国吸引外商投资速度开始增加的时候,江苏吸引外资的平均速度低于全国的平均速度,

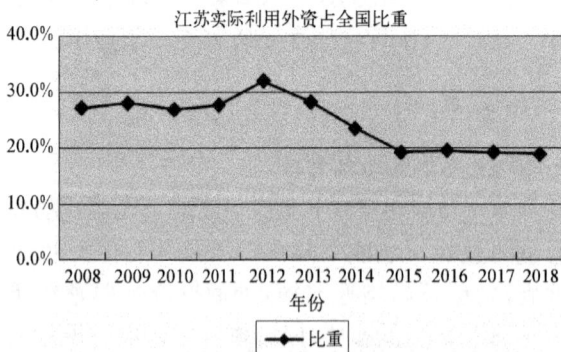

图 1.1 2008—2018 年江苏实际利用外资占全国
实际利用外资比重走势图

以至于比重下降。2015 年,全国吸引外资达到一个相对稳定的阶段,这一趋势在 2018 年得以延续,全国占比维持在 19% 左右。江苏吸引外资的规模相对全国吸引外资保持协同。2015 年至 2017 年江苏利用外商直接投资占比很好地体现了这一规律,2018 年继续保持稳定,印证了这一规律。具体情况如表 1.1 所示。①

---

① 在本章中,如无特别标注,江苏省相关数据均来自历年《江苏统计年鉴》。

表 1.1　2008—2018 年江苏实际利用外商直接投资规模情况　　单位:亿美元

年份	江苏省实际利用外商直接投资金额	全国实际利用外商直接投资金额	比重
2008	251.2	923.95	27.19%
2009	253.23	900.33	28.13%
2010	284.98	1057.35	26.95%
2011	321.32	1160.11	27.70%
2012	357.6	1117.16	32.01%
2013	332.59	1175.86	28.28%
2014	281.74	1195.62	23.56%
2015	242.7	1263	19.22%
2016	245.4	1260	19.48%
2017	251.35	1310	19.19%
2018	255.92	1350	18.96%
年均增长率	0.19%	3.86%	

(二) 江苏外商直接投资的规模变动

2018 年,江苏引进外资项目数继续 2016 年以来的上升趋势,2013—2018 年合同外资项目分别为 3453 个、3031 个、2580 个、2859 个、3254 个和 3348 个。平均单体规模持续上升并趋于稳定,从 2013 年的平均投资额 1368.90 万美元快速攀升至 2018 年的平均投资额 1807.71 万美元,比上年增长 6.12%。

其中,2018 年,合同外商直接投资项目数为 3348 个,与 2017 年相比,同比上升 2.89%;合同外商直接投资金额为 554.3 亿美元,与 2017 年相比,同比上升 9.19%;实际利用外商直接投资金额为 255.92 亿美元,与 2017 年相比,同比上升 1.80%(见表 1.2)。

表 1.2　2008—2018 年江苏外商直接投资变动情况表　　单位:亿美元

指 标	利用外资(亿美元)					速度指标					
						2018 年比下列各年增长(%)				年平均增长(%)	
	2008年	2015年	2016年	2017年	2018年	2008年	2015年	2016年	2017年	2008—2018年	2015—2018年
合同外商投资项目数	4236	2580	2859	3254	3348	−20.96%	29.77%	17.10%	2.89%	−2.33%	9.07%
合同外商直接投资金额	507.3	393.6	431.4	554.3	605.22	19.30%	53.77%	40.29%	9.19%	1.78%	15.42%
实际外商直接投资金额	251.2	242.7	245.4	251.4	255.92	1.88%	5.45%	4.29%	1.80%	0.19%	1.78%

三、江苏外商直接投资结构分析

(一)江苏省外商投资的产业结构

截至 2018 年底,江苏省外商投资进入第一产业的企业数为 749 个,投资金额为 122.73 亿美元,仅占投资总额的 1.16%,注册资本为 93.01 亿美元,仅占注册资本总额的 1.65%,与 2017 年底相比,企业数、注册资本的比重都呈现出上升趋势,投资总额所占比重基本未变。

截至 2018 年底,江苏外商投资主要投入第二产业,设立企业数为 27127 个,投资金额为 6154.10 亿美元,占投资总额的 58.28%,注册资本为 2972.60 亿美元,占注册资本总额的 52.71%,与 2017 年底相比,投资总额、注册资本总量和投资总额比重增加。

截至 2018 年底,江苏省外商投资投入第三产业投资金额为 4283.58 亿美元,占投资总额的 40.56%,注册资本为 2574.25 亿美元,占注册资本总额的 45.64%。与 2017 年底相比,投资总额和注册资本总量上呈现大幅增加,投资总额比重下降,注册资本比重上升(见表 1.3)。

表 1.3 　2018 年底江苏省外商投资产业结构表　　　　　　　　　　单位:亿美元

行　业	企业数	比重	投资总额	比重	注册资本	比重
总　　计	59308	100.00%	10560.42	100.00%	5639.86	100.00%
第一产业	749	1.26%	122.73	1.16%	93.01	1.65%
第二产业	27127	45.74%	6154.10	58.28%	2972.60	52.71%
第三产业	31432	53.00%	4283.58	40.56%	2574.25	45.64%

(二)江苏省外商投资的行业分布

截至 2018 年底,江苏省外商投资企业注册数为 59308 个,注册资本 5639.86 亿美元,投资总额 10560.42 亿美元。外商投资企业中,仍以制造业为主,但比重略有下降。注册企业达 25731 家,占注册外商投资企业总数的 43.39%;注册资本为 2699.05 亿美元,占外商投资企业注册总资本的 47.86%;投资总额为 5619.22 亿美元,占外商投资企业投资总额的 53.21%,与 2017 年底相比,投资总额和注册资本虽然绝对量上涨,相对比重仍然延续下降趋势。其次,科学研究和技术服务继续保持制造业以外的第二大外商投资行业,领先房地产,注册企业数达 5817 个,占注册外商投资企业总数的 9.81%;注册资本为 631.33 亿美元,占外商投资企业注册总资本的 11.91%;投资金额为 1181.12 亿美元,占外商投资企业投资总额的 11.18%,企业数、投资总额及其占比均稳步上升。两者投资总额合计占比重达 64.39%。具体情况见表 1.4。

表 1.4 　2018 年底江苏省外商投资行业分布情况表

行　业	企业数(个)	比重	投资总额(亿美元)	比重	注册资本(亿美元)	比重
总　　计	59308	100.00%	10560.42	100.00%	5639.86	100.00%
农、林、牧、渔业	749	1.26%	122.73	1.16%	93.01	1.65%

（续表）

行　业	企业数(个)	比重	投资总额 (亿美元)	比重	注册资本 (亿美元)	比重
采矿业	23	0.04%	13.74	0.13%	7.36	0.13%
制造业	25731	43.39%	5619.22	53.21%	2699.05	47.86%
电力、燃气及水的生产和供应业	615	1.04%	266.92	2.53%	102.03	1.81%
建筑业	758	1.28%	254.22	2.41%	164.15	2.91%
批发和零售业	10935	18.44%	531.56	5.03%	321.67	5.70%
交通运输、仓储和邮政业	1022	1.72%	249.89	2.37%	120.42	2.14%
住宿和餐饮业	3647	6.15%	48.56	0.46%	30.84	0.55%
信息传输、软件和信息技术服务业	1849	3.12%	124.51	1.18%	75.41	1.34%
金融业	1253	2.11%	161.29	1.53%	118.41	2.10%
房地产业	1794	3.02%	1128.13	10.68%	678.74	12.03%
租赁和商务服务业	3968	6.69%	676.24	6.40%	500.22	8.87%
科学研究、技术服务业	5817	9.81%	1181.12	11.18%	631.33	11.19%
水利、环境和公共设施管理业	158	0.27%	72.58	0.69%	39.16	0.69%
居民服务和其他服务业	415	0.70%	40.97	0.39%	22.05	0.39%
教育	67	0.11%	2.47	0.02%	1.27	0.02%
卫生和社会工作	50	0.08%	38.04	0.36%	14.70	0.26%
文化、体育和娱乐业	426	0.72%	24.35	0.23%	17.66	0.31%
其他	31	0.05%	3.87	0.04%	2.38	0.04%

（三）江苏外商直接投资的企业类型分布

从外商直接投资的四种企业类型来看,独资经营企业远超合资经营企业、合作经营企业及外商投资股份制企业的总和。其中,2018年,独资经营企业合同外商直接投资项目数为2162个,占总项目数的64.58%;独资经营企业合同外商直接投资金额为407.06亿美元,占合同金额的73.87%;独资经营企业实际外商直接投资金额为175.30亿美元,占投资总金额的68.50%(见表1.5至表1.7)。

这种趋势与在华投资的总体趋势一致。由于对外资企业的股份比例限制逐步取消,国内市场日益规范,外资企业更普遍采取独资经营方式进入中国市场,以获取最大的市场利益。

表1.5　2018年底江苏合同外商直接投资项目企业类型分布　　　　单位:个

指　标	2018年止 累计	2013年	2014年	2015年	2016年	2017年	2018年
合　计	124892	3453	3031	2580	2859	3254	3348
合资经营企业	53064	632	709	606	776	1128	1157

(续表)

指　标	2018 年止累计	2013 年	2014 年	2015 年	2016 年	2017 年	2018 年
合作经营企业	3091	14	2	3	15	15	10
独资经营企业	68641	2806	2316	1963	2062	2097	2162
外商投资股份制企业	89	1	4	8	6	14	12

表 1.6　2018 年底江苏合同外商直接投资金额企业类型分布　　　金额单位:亿美元

指　标	2018 年止累计	2013 年	2014 年	2015 年	2016 年	2017 年	2018 年
合　计	8970.19	472.68	431.87	393.61	431.39	554.26	605.22
合资经营企业	1739.23	56.15	66.19	61.00	85.19	138.39	147.28
合作经营企业	168.10	2.63	0.98	1.91	9.51	2.49	4.88
独资经营企业	6989.99	412.81	351.25	322.28	331.59	408.67	447.06
外商投资股份制企业	72.20	1.09	13.45	8.42	5.10	4.71	5.36

表 1.7　2018 年底江苏实际外商直接投资金额企业类型分布　　　金额单位:亿美元

指　标	1985—2018 年	2000 年	2005 年	2010 年	2015 年	2016 年	2017 年	2018 年
合　计	4500.99	64.24	131.83	284.98	242.75	245.43	251.35	255.92
合资经营企业	1014.86	22.74	24.87	47.44	46.04	54.50	79.11	75.96
合作经营企业	73.47	3.58	1.91	2.47	1.44	2.28	1.34	2.82
独资经营企业	3151.30	37.89	104.11	228.38	185.62	182.54	165.93	175.30
外商投资股份制企业	52.08	0.03	0.95	6.70	9.65	6.10	4.96	1.66

四、江苏外商直接投资来源地结构分析

(一)江苏外商直接投资的来源地分布情况

2018 年,五大洲对江苏外商投资按规模大小依次为亚洲、欧洲、南美洲、大洋洲、北美洲、非洲。其中,亚洲地区为最大的外商投资来源地。统计数据显示,2018 年,亚洲地区(中国香港、中国台湾、中国澳门、印度尼西亚、日本、马来西亚、菲律宾、新加坡、韩国、泰国)对江苏投资新设立 2140 家企业,占当年新设立外商投资企业总数的 71.98%;签订投资合同 432.26 亿美元,占外商签订投资合同总额的 71.40%;实际投资 189.93 亿美元,占外商实际投资总额的 74.21%。

2018 年,欧洲对江苏投资新设立企业 342 家,占当年新设立外商投资企业总数的 10.22%;签订投资合同 28.06 亿美元,占外商签订投资合同的 4.64%;实际投资亿 15.44 亿

美元,占外商实际投资总额的 6.03%。南美洲对江苏投资新设立企业 79 家,占当年新设立外商投资企业总数的 2.36%;签订投资合同 10.04 亿美元,占外商签订投资合同的 1.66%;实际投资 12.11 亿美元,占外商实际投资总额的 4.73%。具体情况见表 1.8。

表 1.8　2018 年江苏外商直接投资主要来源地分布情况　　金额单位:亿美元

国家(地区)	项目(个)	比重	协议注册	比重	实际使用	比重
合　计	3348	100.0000%	605.4424	100.0000%	255.9248	100.0000%
亚　洲	2410	71.9833%	432.2599	71.3957%	189.9277	74.2123%
♯中国香港	1202	35.9020%	338.7475	55.9504%	149.7385	58.5088%
中国澳门	10	0.2987%	1.3184	0.2178%	0.461	0.1801%
中国台湾	606	18.1004%	24.2197	4.0003%	6.4626	2.5252%
印度尼西亚	4	0.1195%	−0.0328	−0.0054%	0.0821	0.0321%
日本	120	3.5842%	7.2663	1.2002%	7.2855	2.8467%
马来西亚	45	1.3441%	2.2728	0.3754%	0.0678	0.0265%
菲律宾	0	0.0000%	−0.0353	−0.0058%	0	0.0000%
新加坡	123	3.6738%	19.2389	3.1777%	14.016	5.4766%
韩国	225	6.7204%	30.6015	5.0544%	10.617	4.1485%
泰国	7	0.2091%	0.0878	0.0145%	0.046	0.0180%
非　洲	84	2.5090%	2.5611	0.4230%	1.7348	0.6779%
欧　洲	342	10.2151%	28.0635	4.6352%	15.4428	6.0341%
♯比利时	6	0.1792%	1.1541	0.1906%	0.3546	0.1386%
丹麦	5	0.1493%	0.6451	0.1066%	0.0293	0.0114%
英国	62	1.8519%	5.4506	0.9003%	1.5458	0.6040%
德国	105	3.1362%	5.8896	0.9728%	2.773	1.0835%
法国	15	0.4480%	4.2537	0.7026%	3.3061	1.2918%
爱尔兰	5	0.1493%	0.6964	0.1150%	0.2799	0.1094%
意大利	38	1.1350%	1.3384	0.2211%	0.7134	0.2788%
卢森堡	6	0.1792%	0.746	0.1232%	0.1756	0.0686%
荷兰	21	0.6272%	2.0895	0.3451%	3.4294	1.3400%
希腊	0	0.0000%	0.0002	0.0000%	0	0.0000%
葡萄牙	1	0.0299%	0.0045	0.0007%	0.0032	0.0013%
西班牙	8	0.2389%	0.7696	0.1271%	0.2465	0.0963%
芬兰	2	0.0597%	−0.0035	−0.0006%	0.3553	0.1388%
瑞士	14	0.4182%	2.351	0.3883%	0.8177	0.3195%
北美洲	328	9.7969%	43.4892	7.1830%	4.7851	1.8697%

国家（地区）	项目（个）	比重	协议注册	比重	实际使用	比重
♯加拿大	90	2.6882%	26.4584	4.3701%	0.7958	0.3110%
美国	237	7.0789%	16.6086	2.7432%	3.6246	1.4163%
大洋洲	133	3.9725%	18.6771	3.0849%	5.4621	2.1343%
♯澳大利亚	68	2.0311%	3.1755	0.5245%	0.872	0.3407%
南美洲	79	2.3596%	10.0354	1.6575%	12.1078	4.7310%

（二）江苏实际外商直接投资的来源地变化情况

2018 年与 2017 年相比,各国家和地区对江苏实际外商直接投资有增有减,整体上保持 2017 年的增长态势,实现微小增长,增长率为 1.82%。相比去年,2018 年对江苏实际外商直接投资负增长的国家和地区分别为:印度尼西亚、日本、马来西亚、非洲、丹麦、爱尔兰、卢森堡、西班牙、芬兰、瑞士、加拿大、美国、南美洲,减少的比率分别为:41.86%、7.63%、57.52%、11.50%、35.03%、60.15%、73.78%、14.26%、7.47%、15.99%、27.04%、35.61%、26.21%。对江苏实际外商投资增加的国家和地区有:中国香港、中国澳门、中国台湾、新加坡、韩国、泰国、比利时、英国、德国、法国、意大利、荷兰、澳大利亚,增加的比率分别为:3.03%、3.81%、24.50%、17.45%、12.43%、422.73%、108.10%、0.53%、11.54%、143.56%、68.81%、71.09%、218.13%。

表 1.9　2017 年与 2018 年江苏外商直接投资主要来源地比较　　　金额单位:万美元

国家（地区）	2017 年实际使用	2018 年实际使用	增长率
合　计	2513541	2559248	1.82%
亚　洲	1813243	1899277	4.74%
♯中国香港	1453410	1497385	3.03%
中国澳门	4441	4610	3.81%
中国台湾	51909	64626	24.50%
印度尼西亚	1412	821	−41.86%
日本	78873	72855	−7.63%
马来西亚	1596	678	−57.52%
菲律宾	0	0	
新加坡	119340	140160	17.45%
韩国	94430	106170	12.43%
泰国	88	460	422.73%
非　洲	19602	17348	−11.50%
欧　洲	129787	154428	18.99%
♯比利时	1704	3546	108.10%

（续表）

国家(地区)	2017 年实际使用	2018 年实际使用	增长率
丹麦	451	293	−35.03%
英国	15376	15458	0.53%
德国	24862	27730	11.54%
法国	13574	33061	143.56%
爱尔兰	7023	2799	−60.15%
意大利	4226	7134	68.81%
卢森堡	6698	1756	−73.78%
荷兰	20044	34294	71.09%
希腊	0	0	
葡萄牙	0	32	
西班牙	2875	2465	−14.26%
芬兰	3840	3553	−7.47%
瑞士	9733	8177	−15.99%
北美洲	74945	47851	−36.15%
♯加拿大	10907	7958	−27.04%
美国	56287	36246	−35.61%
大洋洲	47946	54621	13.92%
♯澳大利亚	2741	8720	218.13%
南美洲	164080	121078	−26.21%

第二章 江苏外商直接投资的区域间比较

本章从区域比较的角度对江苏引进外商直接投资活动进行分析,以 2014 年的数据作为基数参照年,通过江苏与上海、浙江、广东、山东几个外商直接投资发达省市的对比,总结江苏外商直接投资的相对规模和相对增长速度,进而评价江苏外商直接投资的绩效水平。

一、外商直接投资规模比较

2014 年江苏实际利用外商直接投资为 281.74 亿美元,数值较大,上海、浙江、山东基础较差,2014 年实际利用外商直接投资仅为 181.66 亿美元、157.97 亿美元和 151.95 亿美元。江苏是上海、浙江、山东的 1.55 倍、1.78 倍和 1.85 倍。上海外商投资基本平稳,浙江和山东的发展速度都很快,2014—2018 年均增长率分别为 -1.21%、4.22% 和 7.79%,后两者远远高于全国实际利用外商直接投资的年均增长率 3.08%。2018 年江苏实际利用外商直接投资为 255.92 亿美元,相比 2017 年增长 1.82%。2014—2018 年年均增长率为 -2.37%,呈现负增长状态。具体情况见表 2.1。[①]

表 2.1 2014—2018 年实际利用外商直接投资的区域间比较　　　　单位:亿美元

	2014 年	2015 年	2016 年	2017 年	2018 年	年均增长率
全国	1195.62	1263	1260	1310	1350	3.08%
江苏	281.74	242.7	245.4	251.35	255.92	-2.37%
上海	181.66	184.59	185.14	170.08	173	-1.21%
浙江	157.97	169.6	176	179	186.4	4.22%
广东	268.71	268.75	233.49	229.07	219.50	-4.93%
山东	151.95	163.01	168.26	178.57	205.16	7.79%

2014 年,江苏签订合同外商直接投资项目数为 3031 个,基数较大,浙江和山东签订合同外商直接投资项目数分别为 1550 个和 1352 个,江苏是浙江和山东的 1.96 倍和 2.24 倍。2014—2018 年,全国签订合同外商直接投资项目呈现高速增长,年均增长率为 26.31%。2018 年江苏签订合同外商直接投资项目数为 3348 个,2014—2018 年年均增长率为 2.52%。2014—2018 年江苏、上海、浙江、广东和山东五省市中,浙江、广东的合同外商直接投资项目数增速均十分强劲,年均增长率分别为 22.84% 和 56.16%。江苏、上海外商直接投资项目数

---

① 在本章数据中,如有特别标注,均来自历年数据来源:2017 年度《江苏统计年鉴》《上海统计年鉴》《浙江统计年鉴》《广东统计年鉴》《山东统计年鉴》。

基本稳定,增长率远低于全国水平。山东年均增长 12.37%。具体情况见表 2.2。

表 2.2   2014—2018 年签订合同外商直接投资项目数的区域间比较   单位:个

	2014 年	2015 年	2016 年	2017 年	2018 年	年均增长率
全国	23778	26575	27900	35652	60533	26.31%
江苏	3031	2580	2859	3254	3348	2.52%
上海	4697	6007	5153	3950	5597	4.48%
浙江	1550	1778	2145	3030	3529	22.84%
广东	6016	7027	8078	15528	35774	56.16%
山东	1352	1509	1477	1479	2156	12.37%

2014 年,江苏合同利用外商直接投资为 431.87 亿美元,上海、浙江和山东较低,合同利用外商直接投资为 316.09 亿美元、244.12 亿美元和 159.53 亿美元,江苏分别是上海、浙江和山东的 1.37 倍、1.77 倍和 2.71 倍。广东省的发展速度很快,2014—2018 年年均增长率为 20.00%。浙江和山东亦呈现高速增长,增长率分别为 15.24% 和 15.62%。2018 年,江苏合同利用外商直接投资为 605.2 亿美元,呈较大增长,2014—2018 年期间年均增长率为 8.80%。2018 年,浙江和山东合同利用外商直接投资为 430.6 亿美元和 285.07 亿美元,江苏是山东和浙江的 1.41 倍和 2.12 倍。具体情况见表 2.3。

表 2.3   2014—2018 年合同利用外商直接投资的区域间比较   单位:亿美元

	2014 年	2015 年	2016 年	2017 年	2018 年	年均增长率
江苏	431.87	393.61	431.39	554.3	605.2	8.80%
上海	316.09	589.43	509.78	401.94	469.37	10.39%
浙江	244.12	278.1	281	346.9	430.6	15.24%
广东	430.59	561.1	866.75	718.54	892.75	20.00%
山东	159.53	200.4	211.42	280.13	285.07	15.62%

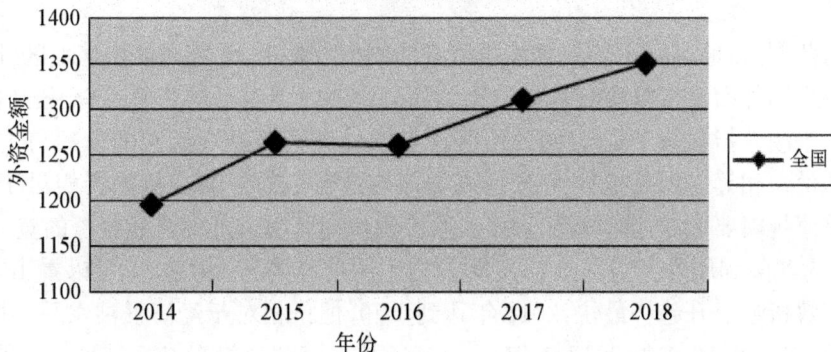

图 2.1   2014—2018 年全国实际利用外商直接投资走势图

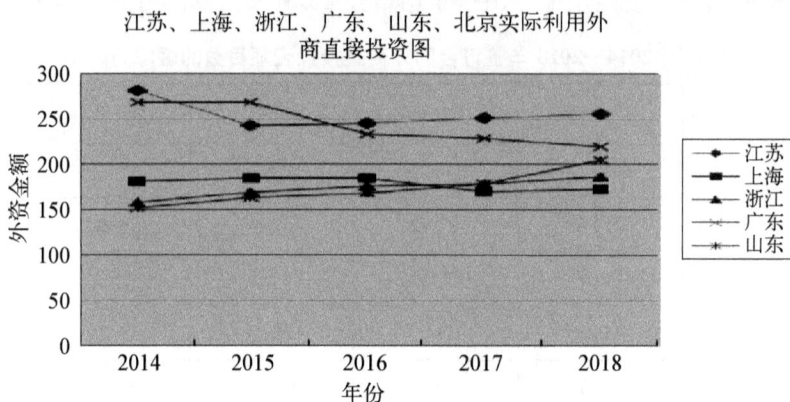

江苏、上海、浙江、广东、山东、北京实际利用外商直接投资图

图2.2 2014—2018年江苏、上海、浙江、广东、山东实际利用外商直接投资走势图

二、外商直接投资行业分布比较

2018年,江苏实际利用外商直接投资的第一、二产业和第三产业基本持平,分别占实际利用外商直接投资总额的50.09%、49.91%,预计服务业外商直接投资比重将持续上升。山东第一、二产业实际利用外商直接投资仍高于第三产业,占比51.92%。2018年,上海、浙江和广东实际利用外商直接投资以第三产业为主,占实际利用外资总额的89.34%和64.38%和58.95%。具体情况见表2.4。

表2.4 2018年江苏实际利用外商直接投资产业结构的区域间比较　　单位:亿美元

	江苏		上海		浙江		广东		山东	
	实际利用外资	比重	实际利用外资	比重	实际利用外资	比重	实际利用外资	比重	实际利用外资	比重
第一、二产业	128.19	50.09%	154.55	10.66%	66.40	35.62%	90.10	41.05%	106.52	51.92%
第三产业	127.73	49.91%	154.55	89.34%	120.00	64.38%	129.40	58.95%	98.64	48.08%
总计	255.92	100.00%	173.00	100.00%	186.40	100.00%	219.50	100.00%	205.16	100.00%

三、外商直接投资绩效指数比较

在一国范围内,地区利用外商直接投资的绩效指数是指,一定时期内该地区外商直接投资流入量占全国外商直接投资流入量的比例除以该地区国内生产总值占全国国内生产总值的比例。如果绩效指数等于1,表明该地区占全国外商直接投资流入的份额与占全国国内生产总值的份额相等。如果指数大于1,表明该地区引进的外商直接投资相对于该地区的国内生产总值规模要大。如果指数小于1,则表明该地区引进外商直接投资的竞争力较弱。

表2.5为实际利用外资情况,表2.6为国内生产总值情况,由表2.7可以看出,山东外商直接投资绩效指数上升趋势最快,2018年达到1.79,但是相对于经济发展水平,外资引入仍然有待提升;江苏2018年与2017年相比,外商直接投资绩效指数基本持平,分别为1.85和1.84,外商投资对经济增长贡献保持相对稳定。

表 2.5　2014—2018 年全国、江苏、上海、浙江、广东、山东实际利用外商直接投资

单位：亿美元

	2014 年	2015 年	2016 年	2017 年	2018 年	年均增长率
全国	1195.62	1263	1260	1310	1350	3.08%
江苏	281.74	242.7	245.4	251.35	255.92	−2.37%
上海	181.66	184.59	185.14	170.08	173	−1.21%
浙江	157.97	169.6	176	179	186.4	4.22%
广东	268.71	268.75	233.49	229.07	219.50	−4.93%
山东	151.95	163.01	168.26	178.57	205.16	7.79%

表 2.6　2014—2018 年全国、江苏、上海、浙江、广东、山东、国内生产总值　　单位：亿元

	2014 年	2015 年	2016 年	2017 年	2018 年
全国	636138.7	676708	744127	827122	900309
江苏	65088.32	70116	76086.2	85901	92595.4
上海	23560.94	24965	27466.15	30134	32679.87
浙江	40153.5	42886	46485	51768	56197
广东	67792.24	72813	79512.05	89879	97277.77
山东	59426.59	63002	67008.2	72678	76469.7

表 2.7　2014—2018 年江苏、上海、浙江、广东、山东利用外商直接投资绩效指数比较

	2014 年	2015 年	2016 年	2017 年	2018 年
江苏	2.30	1.85	1.90	1.85	1.84
上海	4.10	3.96	3.98	3.56	3.53
浙江	2.09	2.12	2.24	2.18	2.21
广东	2.11	1.98	1.73	1.61	1.50
山东	1.36	1.39	1.48	1.55	1.79

从另一个角度分析，上海的外商直接投资绩效指数远远高于其他地区，意味着上海的国际化程度更高，相较其他地区，上海的经济环境对外商投资更加具有吸引力，这是上海作为国际化大都市以及城市向全球金融中心发展的城市功能性目标决定的。同时，对于上海国际金融中心城市的发展目标，意味着上海经济增长对外商投资依赖程度高于其他地区，外资合作主要领域是金融和现代服务业。江苏与广东、山东的绩效指数基本趋同，说明三个经济强省在对于外资引入的功能定位上比较接近。从目前的分析来看，三个省份都侧重于服务业及高端制造业外资的引入和企业合作，以配合省内新时期经济转型的发展目标。浙江由于国际商贸合作相对发达，外资贡献程度高于前面三个省份。

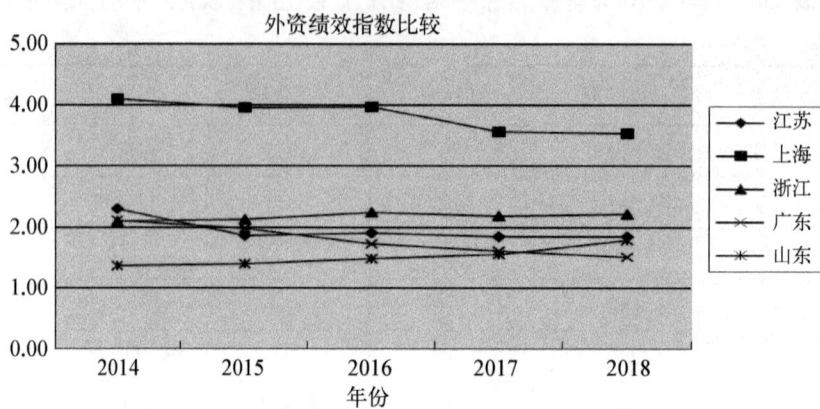

图 2.3　2014—2018 年江苏、上海、浙江、广东、山东利用外商直接投资绩效指数走势图

第三章 江苏外商直接投资的省内区域比较

一、江苏省内区域的经济关系及经济差异

虽然江苏省的经济发展步伐较快,成绩突出,但是苏南、苏中、苏北间却存在着明显的地域差异,而且这种差异制约着全省经济持续、快速的发展。区域经济协调发展符合社会综合利益原则。改革开放以来,江苏省经济保持了持续快速增长,而在快速增长的背景下,苏南、苏中、苏北三区域经济发展水平由南往北逐渐走低,区域梯度层次分明,区域经济差距化特征明显,虽然省政府提出"积极提高苏南,加快发展苏北"的战略,政策上向苏中、苏北倾斜,但三个地区之间的不平衡仍在加速。

在吸引外资方面,苏南、苏中和苏北区域差别明显。苏州、南京、无锡等苏南五个城市的投资环境明显优于省内其他城市。在苏州的新加坡工业园区聚集了很多世界 500 强企业,而宿迁、淮安等城市远远落后于苏南五市,而南通、扬州、泰州三个城市处于苏中沿江地区,加上交通更加便捷,对外商的吸引力也越来越大。

因而,在实施区域协调发展战略中,江苏大力推进产业、财政、科技、劳动力"四项转移"和南北共建开发园区等多项举措,逐步形成了苏南提升、苏中崛起、苏北振兴的区域共同发展新格局。近年来,苏北加快了承接苏南产业转移的速度,这既为苏南产业升级腾出了空间,也促进苏北提高工业化水平。稳住苏南,为苏中、苏北承接先进技术、产业辐射,拉动经济增长创造了优良条件,此举更对稳定全国经济发展大局,促进东中西部协调发展,具有积极的启示作用。

二、苏南、苏中、苏北引进外商直接投资比较

表 3.1 和表 3.2 的统计数据显示:近七年来,江苏省实际利用外商直接投资总额总体趋势呈现先上升后下降的趋势,总体上由 2012 年的 357.6 亿美元下降到 2018 年的 255.92 亿美元,年均增长率为−5.42%[①]。2012 年为近七年最高,之后逐年下降并趋于平稳。其中,2015 年到 2018 年呈起伏波动[②]。江苏省苏南、苏中和苏北三个区域在利用外商直接投资方面发展并不均衡。这主要体现在以下几个方面:

(1)苏南地区为江苏省外商投资重点区域,2012—2018 年实际利用外商直接投资累计达 1268.62 亿美元,占全省外商实际投资总额的比重平均为 63.97%。从图 3.1 可以看出,苏南这七年一直是江苏省引进外商直接投资的主要区域。苏南地区 2012 年利用外商直接投

---

① 在本章数据中,除有特别标注,数据均来源于历年《南京统计年鉴》《苏州统计年鉴》《无锡统计年鉴》《常州统计年鉴》《镇江统计年鉴》《扬州统计年鉴》《泰州统计年鉴》《南通统计年鉴》《徐州统计年鉴》《连云港统计年鉴》《盐城统计年鉴》《淮安统计年鉴》《宿迁统计年鉴》。

② 根据《江苏统计年鉴 2018》整理可得。

资为 228.8 亿美元,到 2018 年下降到 155.71 亿美元,降幅为 31.94%,年均增长率为 −6.21%,在全省整体占比仍保持相对稳定。

(2) 苏中地区 2012—2018 年实际利用外商直接投资累计 355.14 亿美元,占全省外商投资总额的比重平均为 17.91%。苏中地区利用外商投资额增幅很小,2012—2015 年逐年下降,由 2012 年的 57.62 亿美元降为 2015 年的 42.30 亿美元,降幅为 26.59%,之后逐年上升。2012—2018 年七年间年均增长率仅为 −1.36%,下降速度小于全省平均速度,因而苏中在全省所占的比例呈现逐年上升趋势,由 2012 年的 16.11% 上升到 2018 年的 20.74%,同样在全省占比增大。

(3) 苏北地区 2012—2018 年外商实际投资金额 359.14 亿美元,占全省外商投资总额的比重平均为 18.11%。2012 年以来,苏北地区外商实际投资金额和在全省的维持均衡,其中,2012 年,外商实际投资金额为 71.18 亿美元,比苏中地区高 13.56 亿美元,首次超越苏中地区。此后几年,两个地区外商直接投资互有高低,占比波动幅度不大。具体情况见表 3.1、表 3.2、图 3.1。

表 3.1　2012—2018 年苏南、苏中和苏北实际利用外商直接投资情况比较　　单位:亿美元

	2012 年	2013 年	2014 年	2015 年	2016 年	2017 年	2018 年	年均增长率
总　计	357.6	332.59	281.74	243.29	260.54	251.35	255.92	−5.42%
苏　南	228.8	226.99	180.19	155.63	167.46	153.90	155.71	−6.21%
苏　中	57.62	55.72	46.32	42.30	49.35	50.77	53.07	−1.36%
苏　北	71.18	49.88	55.23	45.36	43.73	46.69	47.14	−6.64%

表 3.2　2012—2018 年苏南、苏中和苏北实际利用外商直接投资占总额比重比较

	2012 年	2013 年	2014 年	2015 年	2016 年	2017 年	2018 年
苏　南	63.98%	68.25%	63.96%	63.97%	64.27%	61.23%	60.84%
苏　中	16.11%	16.75%	16.44%	17.39%	18.94%	20.20%	20.74%
苏　北	19.90%	15.00%	19.60%	18.64%	16.78%	18.57%	18.42%

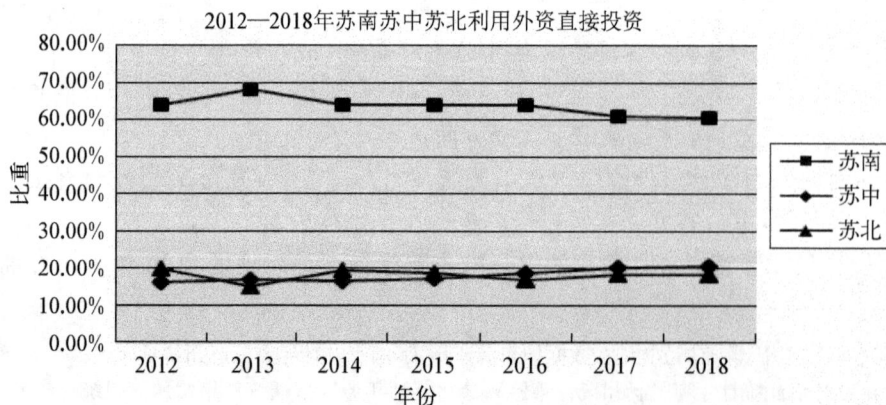

图 3.1　2012—2018 年苏南、苏中和苏北利用外商直接投资占总额比重走势图

从以上数据可以看出,苏南、苏中和苏北吸引外商直接投资占比基本保持平稳,亦即三个主要区域的外商直接投资格局呈现相对稳定态势,并未发生大的改变。可以理解为,在三个地区对于外商投资吸引的禀赋差异相对平稳,在缺乏外部冲击和内部省内政策调整的情况下,这种格局存在一定的延续性。因而,必须采取合理的措施使得苏南、苏中和苏北趋于均衡发展。苏中、苏北政府应采用有效合理的政策吸引外商直接投资,充分利用劳动力相对廉价的优点吸引外资,继续优化外资引入软硬件配套,包括完善外资引入政策、不断优化营商环境、增强区域内人才吸引力等。激发市场创新活力,配合国家新时期区域发展战略,扩容战略性新兴项目。同时,应充分考虑地区的特色产业吸引外资。比如,江苏省盐城市射阳县是江苏省纺织基地,射阳县政府应创建纺织工业园,积极吸引外商直接投资。

第四章 江苏典型地级市外商直接投资比较

本章对苏州、南京、无锡三市外商直接投资的规模、来源地、行业分布以及绩效指数进行比较研究。

一、外商直接投资规模比较

表4.1和表4.2的统计数据显示[①]:2011—2018年这八年苏州、南京、无锡引进外商直接投资总量上的变化趋势,其中,苏州外商直接投资基数较大,但是呈逐年下降趋势;南京呈先下降后上升趋势;无锡历年来略有波动,但外商直接投资额相对稳定。此外,苏州、南京和无锡三个城市在利用外商直接投资方面发展并不均衡。这主要体现在以下几个方面:

(1)苏州为苏南外商投资重点区域,2011—2018年实际利用外商直接投资累计569.46亿美元,占全省外商实际投资总额的比重平均为24.88%。这说明,苏州这八年一直是江苏省引进外商直接投资的主要区域。苏州由2012年利用外商直接投资91.65亿美元,下降到2018年的45.25亿美元,但比上年下降了0.47%,总体平稳。

(2)南京2011—2018年实际利用外商直接投资293.58亿美元,占全省外商投资总额的比重平均为12.83%。南京利用外商直接投资基础较差,2010年利用外商直接投资金额仅为28.16亿美元,但南京的发展速度很快。2018年,南京引进外商直接投资38.53亿美元,比2017年上升4.90%,远高于全省平均增速。

(3)无锡2011—2018年外商实际投资金额279.84亿美元,占全省外商投资总额的比重平均为12.23%。2011年,无锡外商实际投资金额在全省的比重较大,为10.91%,虽然无锡这八年期间年均增长率较低,从额度整体波动状况以及在全省的比重来看,无锡的外商投资处于一个相对稳定的状态(见表4.1和表4.2)。

表4.1 2011—2018年苏州、南京、无锡实际利用外商直接投资情况 金额单位:亿美元

	2011年	2012年	2013年	2014年	2015年	2016年	2017年	2018年	年增长率
江苏	321.32	357.60	332.59	281.74	242.70	245.40	251.35	255.92	1.82%
苏州	89.12	91.65	87.00	81.20	70.20	60.00	45.04	45.25	0.47%
南京	35.64	41.30	40.33	32.91	33.35	34.79	36.73	38.53	4.90%
无锡	35.05	40.10	33.39	31.16	32.11	34.13	36.75	37.15	1.09%

---

① 在本章数据中,如无特别标注,数据均来源于历年《南京统计年鉴》《苏州统计年鉴》《无锡统计年鉴》。

表 4.2　2011—2018 年苏州、南京、无锡实际利用外商直接投资规模比较

	2011 年	2012 年	2013 年	2014 年	2015 年	2016 年	2017 年	2018 年	2011—2018 年
苏州	27.74％	25.63％	26.16％	28.82％	28.92％	24.45％	17.92％	17.68％	24.88％
南京	11.09％	11.55％	12.13％	11.68％	13.74％	14.18％	14.61％	15.06％	12.83％
无锡	10.91％	11.21％	10.04％	11.06％	13.23％	13.91％	14.62％	14.52％	12.23％

二、外商直接投资行业分布比较

统计数据显示：2018 年苏州利用外资层次提升。全年实际利用外资 45.25 亿美元，比上年下降 0.45％。其中，服务业利用外资 19.78 亿美元，占实际利用外资 43.71％，比上年高出 9.7 个百分点；战略性新兴产业和高技术项目实际使用外资 23.30 亿美元，占实际使用外资的 51.5％。

2018 年，南京全年新批外商投资企业 439 个，比上年增长 11.14％。新批注册合同外资金额 98.22 亿美元，上升 26.5％。实际使用外资 38.53 亿美元，增长 4.90％。分产业看，第一产业实际使用外资 0.07 亿美元，增长 600％，第二产业实际使用外资 11.83 亿美元，下降 32％；第三产业实际使用外资 26.63 亿美元，增长 37.8％。

2018 年，无锡市利用外资结构进一步优化。全年新批外资项目 434 个，协议注册外资 104.78 亿美元，增长 54.0％，到位注册外资 37.15 亿美元，增长 1.1％。战略新兴产业实际利用外资 58.3％，全年完成协议注册外资超 3000 万美元的重大外资项目 59 个。至 2018 年底，全球财富 500 强企业中有 101 家在无锡投资兴办了 197 家外资企业。[①]

表 4.3 统计数据表明：2018 年，苏州和无锡利用外商直接投资的结构进一步优化，但是苏州仍以第二产业为主，占实际利用外资总额的一半以上。与之相比，2018 年，南京利用外商直接投资投入第三产业的比重超过二分之一，占实际利用外资总额的 69.11％，无锡第三产业的比重达到 62.48％，高于苏州第三产业的比重。从图 4.1 可以看出，南京、无锡外商直接投资的利用结构优化速度较快。

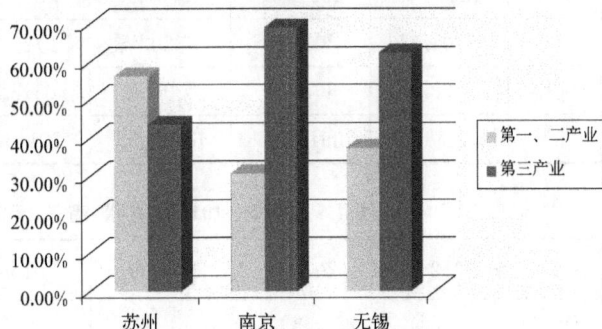

图 4.1　2018 年苏州、南京、无锡实际利用外商直接投资行业分布

表 4.3　2018 年苏州、南京、无锡实际利用外资行业分布比较　　　　单位：亿美元

类别	苏州		南京		无锡	
	实际利用外资	比重	实际利用外资	比重	实际利用外资	比重
第一、二产业	25.47	56.29％	11.90	30.89％	13.94	37.52％
第三产业	19.78	43.71％	26.63	69.11％	23.21	62.48％
总计	45.25	100.00％	38.53	100.00％	37.15	100.00％

---

① 数据来源于《2018 年无锡市国民经济和社会发展统计公报》。

三、外商直接投资绩效指数比较

第二章已对地区利用外商直接投资的绩效指数进行了说明。表4.4为各地区实际利用外商直接投资情况,表4.5为各地区国内生产总值情况,外资金额和国内生产总值采用的单位不同,前者使用金额单位为亿美元,后者使用金额单位为亿元,运算外商直接投资绩效指数时,我们最终得到的是某一年各市外商直接投资占全国比重与GDP占全国比重之比,因而单位并不影响结果。

表4.4 2012—2018年苏州、南京、无锡实际利用外商直接投资情况　　　单位:亿美元

	2012年	2013年	2014年	2015年	2016年	2017年	2018年
全国	1117.16	1175.86	1195.62	1263	1260	1310	1350
苏州	91.65	87	81.2	70.19	60.03	40.04	45.25
南京	41.3	40.33	32.91	33.35	34.79	36.73	38.53
无锡	40.1	33.39	31.16	32.11	34.13	36.75	37.15
江苏	357.6	332.59	281.74	242.7	245.4	251.35	255.92

表4.5 2012—2018年苏州、南京、无锡地区生产总值情况　　　单位:亿元

	2012年	2013年	2014年	2015年	2016年	2017年	2018年
全国	518942.11	568845.00	636138.70	676708.00	744127.00	827122.00	900309.00
苏州	12011.65	13015.70	13761.00	14504.07	15400.00	17319.51	18597.47
南京	7201.57	8011.78	8820.75	9720.77	10503.02	11715.00	12820.40
无锡	7568.15	8070.18	8205.31	8518.26	9210.02	10511.80	11438.62
江苏	54058.22	59161.75	65088.32	70116.40	76086.20	85900.90	92595.40

表4.6 2012—2018年苏州、南京、无锡利用外资绩效指数比较

	2012年	2013年	2014年	2015年	2016年	2017年	2018年
苏州	3.54	3.23	3.14	2.59	2.3	1.46	1.62
南京	2.66	2.44	1.99	1.84	1.96	1.98	2.00
无锡	2.46	2	2.02	2.02	2.19	2.21	2.17
江苏	3.07	2.72	2.3	1.85	1.9	1.85	1.84

由表4.6和图4.2可以看出:2016年以前,苏州的绩效指数最大,远高于江苏省平均水平,近七年均超过2.5,最高达到3.51,2012—2018年这七年间呈现了波动下降趋势;南京的绩效指数在1.8至2.7之间,呈现出波浪式变化,但在最近两年相对稳定;无锡绩效指数在2.0至2.5之间,呈现出围绕2.1上下波动趋势。这说明,苏州引进外商直接投资处于潜力不足状态,而南京和无锡引进外商直接投资规模有进一步提升的潜力。而整体上,南京、无锡的利用外商直接投资绩效指数与全江苏的绩效指数有"趋同"的倾向,意味着随着经济的发展,在各自的经济规模下,各地区的吸引外资水平趋向于均衡。苏州近年来外商直接投资绩

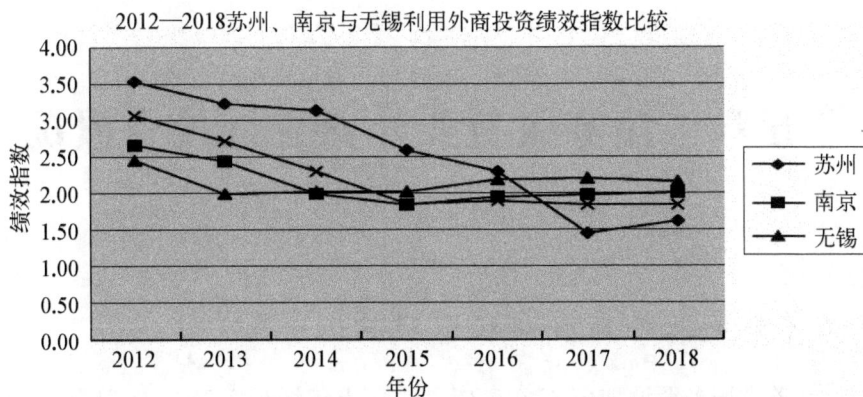

2012—2018苏州、南京与无锡利用外商投资绩效指数比较

图 4.2　2012—2018 年苏州、南京、无锡利用外商直接投资绩效指数比较

效指数持续下降,额度仍然处于全省最高,说明随着时间推进,苏州的投资环境相对于其他两个地区优势在减弱,预计未来将会整体趋向一致。

值得关注的是,几个经济较发达的地级市绩效指数所反映的"均衡"与上一章苏南、苏中、苏北所呈现的规律有着惊人的一致性。外商直接投资在各区域、各市之间都相对稳定的格局可以理解为各地区经济在其现有自身禀赋上都得到充分的发挥;而结合近年来外商直接投资整体缓慢下降的整体状况,江苏需要在中国经济转型的大格局中酝酿新的经济增长动力,创造和把握新的机遇,从而再一次引领外商投资的新一轮增长。同时,中国的资本实力正在逐年增强,在吸引外商投资的过程中,中国的对外投资也在逐年增加,也可以通过扩大对外投资赢得更多的合作,从而又促进外商投资的引入。尤其是中国的"一带一路"倡议推进过程中,与沿线国家有了更多的发展机遇。

第五章　江苏服务业外商直接投资概况

一、江苏服务业外商直接投资现状

2018年,江苏省服务业增加值47205.2亿元,比上年增长7.9%,占GDP比重达51%,比重相较上年度略升。近年来,江苏经济结构中,服务业保持着较稳定的高速增长。2018年,江苏南京围绕"扩大开放"和"转型升级"两根主线,配合江苏省2018年引进外资战略,取得良好成效。南京市建筑服务业、交通仓储物流业、批发零售业同比分别增长282%、102.1%、27%,成效显著。苏州2018年着力打造外资发展新的增长极,重点在高端制造业领域发力,提升和优化外资使用结构。服务业方面,苏州率先推进国家级创新发展试点,内容涵盖跨境电商综合试验、市场采购贸易试点、服务业外包发展试验等,为服务业引进外资开拓新路子。在支持外资企业与科研院所、企业单位等机构合作重大科研核工程项目,助力苏州及江苏全省在科研服务领域的外资引入。2018年,在国家"制造业2025"的大战略和经济结构转型升级过程中,江苏制造业、服务业引进外资和外资使用结构优化均处在全国前列。

(一)服务业利用外商直接投资规模情况

统计数据显示,江苏服务业实际利用外商直接投资在全国的比重变化与江苏整个的利用外资状况变化呈现惊人的平行变化趋势。在2013年之前的一段时间总体上升,2013年到达到最大值23.90%,2013年到2015年连续下降,这一阶段正值其他地区吸引外资高速增长时期,2015年以后起伏波动。我们列出2011—2018年的数据来说明这一点(见表5.1)①。

表5.1　2011—2018年江苏服务业实际利用外商直接投资规模情况　　　　单位:亿美元

年份	江苏省服务业实际利用外资	全国服务业实际利用外资	比重
2011	117.34	582.53	20.14%
2012	111.77	571.96	19.54%
2013	139.63	584.3	23.90%
2014	122.7	662.3	18.53%
2015	113.16	811.38	13.95%
2016	114.63	654.46	17.52%
2017	107.92	720.83	14.97%
2018	127.74	858.5	14.88%
年均增长率	1.22%	5.70%	

---

① 在本章数据来源中,如无特别标注,均来源于历年《江苏统计年鉴》《中国统计年鉴》。

2011—2018江苏服务业实际利用外资占全国实际利用外资比重走势图

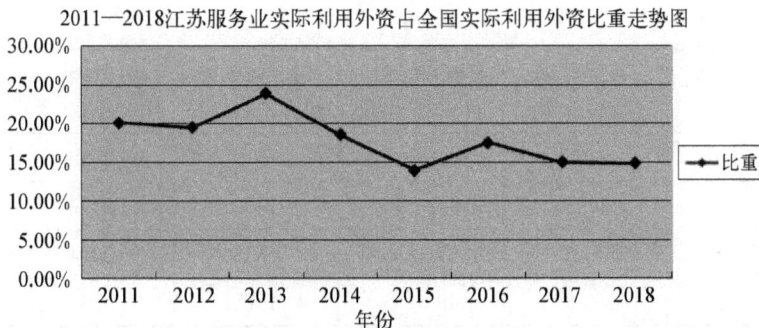

图 5.1　2011—2018 年江苏省服务业实际利用外资占全国服务业实际利用外资比重走势图

（二）服务业利用外商直接投资规模变动情况

自从我国加入 WTO 以来,江苏服务业领域利用外资呈现高速增长势头。自 2006 年服务业全面开放之后,江苏省服务业外商实际投资发展较快,江苏近八年的变化如图 5.2 所示。图中可以看出,2016 年以前,服务业占比持续向 50％趋近,2017 年,服务业外资占比降低,这与江苏 2018 年外资引入政策紧密相关。江苏重点引入先进制造业和高端服务业,江苏紧跟国家"制造业 2025"步伐,相应行业外资增长较快,制造业实际利用外资比重上升,服务业也利用外资比重波动上升,2018 年已经非常接近 50％的关键节点。

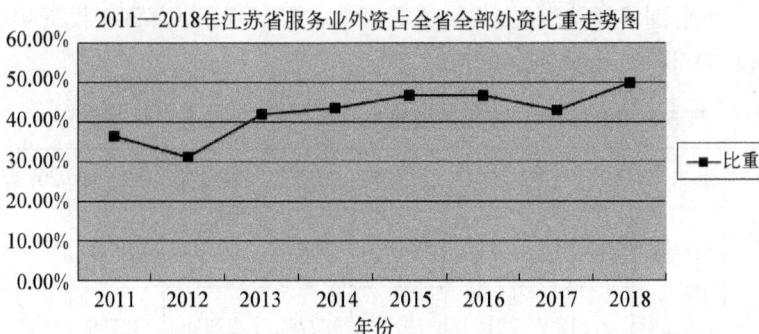

2011—2018年江苏省服务业外资占全省全部外资比重走势图

图 5.2　2011—2018 年江苏省服务业外资占全省全部外资比重走势图

2011—2018 年江苏省服务业签订外商投资项目绝对数量同样呈现上升趋势,由 1439 个上升到 1975 个。同时,江苏省服务业外商投资项目占总外商投资项目的比重呈现了大幅度增加,由 32.01％上升到 58.99％(见表 5.2)。

2011—2018 年江苏省服务业外商直接投资占全省外商直接投资总额的比重也呈现了大幅度增加,由 36.52％上升到 49.91％。

表 5.2　2011—2018 年江苏省服务业利用外商直接投资情况　　单位:亿美元

年份	服务业外商直接投资	外商直接投资总额	服务业外资占全部外资比重	服务业外商投资项目(个)	外商投资项目总数(个)	占总外商投资项目比重
2011	117.34	321.32	36.52％	1439	4496	32.01％
2012	111.77	357.6	31.26％	1554	4156	37.39％
2013	139.63	332.59	41.98％	1527	3453	44.22％
2014	122.7	281.74	43.55％	1643	3031	54.21％

（续表）

年份	服务业外商直接投资	外商直接投资总额	服务业外资占全部外资比重	服务业外商投资项目(个)	外商投资项目总数(个)	占总外商投资项目比重
2015	113.16	252.7	44.78%	1539	2580	59.65%
2016	114.63	245.43	46.71%	1702	2859	59.53%
2017	107.92	251.35	42.94%	1848	3254	56.79%
2018	127.73	255.92	49.91%	1975	3348	58.99%

（三）服务业外商直接投资行业结构分布情况

从服务业实际利用外商直接投资的增幅来看,2011—2018 年江苏省服务业实际利用外商直接投资基数较大(2011 年基数 1000 万美元以上)的行业中,平均增速较快的依次为:教育、文化体育和娱乐业、信息传输计算机服务和软件业、租赁和商务服务业、居民服务和其他服务业、批发和零售业、科研技术服务和地质勘查业、交通运输及仓储和邮政业、金融业,它们实际利用外商直接投资的年平均增长率分别为 22.29%、16.90%、16.37%、13.97%、11.95%、5.14%、4.97%、2.22%、0.14%。当然,2011—2018 年也有一些服务业行业在利用外商直接投资方面出现了不同程度的负增长。它们分别是住宿和餐饮业、房地产业、卫生社会保障和社会福利业、水利环境和公共设施管理业,实际利用外商直接投资年平均增长率分别为—11.49%、—4.27%、—11.28%、—0.23%。

表 5.3　2011—2018 年江苏省服务业实际利用外资行业分布情况　　单位:万美元[①]

行业	2011 年	2012 年	2013 年	2014 年	2015 年	2016 年	2017 年	2018 年	年均增长率
交通运输、仓储和邮政业	63208	67549	110862	108700	88463	65722	73217	73700	2.22%
信息传输计算机服务和软件业	22128	27212	22169	19734	33792	22396	32166	63936	16.37%
批发和零售业	129989	174639	253547	215032	213520	265669	207142	184652	5.14%
住宿和餐饮业	16190	16215	9685	10697	10084	5781	1603	6889	—11.49%
金融业	37058	41749	43848	90036	100797	74483	60883	37430	0.14%
房地产业	710111	587029	689593	506025	378331	304135	346007	523190	—4.27%
租赁和商务服务业	107790	111921	157833	194591	225326	294560	223912	269275	13.97%
科研技术服务和地质勘查业	58763	37013	60608	53205	49781	68437	86260	82539	4.97%
水利、环境和公共设施管理业	16296	41606	34433	18996	16134	24530	28337	16041	—0.23%
居民服务和其他服务业	4925	9459	4551	4813	7296	3305	12201	10857	11.95%

---

①　服务业各行业实际利用外商直接投资的金额较小,此处金额单位采用亿美元不合适,因而改为金额单位万美元,更能准确地说明服务业各行业实际利用外商直接投资情况。

（续表）

行业	2011 年	2012 年	2013 年	2014 年	2015 年	2016 年	2017 年	2018 年	年均增长率
教育	101	8	660	297	5	6289	194	413	22.29%
卫生、社会保障和社会福利业	4712	113	1211	600	5352	8435	2824	2039	−11.28%
文化、体育和娱乐业	2168	3138	7322	3792	2710	2514	4542	6467	16.90%
总计	1173439	1117651	1396322	1226518	1131591	1146256	1079288	1277428	1.22%

从服务业投资结构来看，2018 年服务业利用外商直接投资仍主要集中在房地产业，其次是租赁和商务服务业、批发和零售业、科研技术和地址勘查业、交通运输及仓储和邮政业、信息传输计算机服务和软件业。信息传输计算机服务和软件业超过了金融业。房地产业 2018 年外商实际投资 523190 万美元，占服务业外商实际投资的 40.96%，比重同期增加 8.9 个百分点；租赁和商业服务业 2018 年外商实际投资 269275 万美元，占服务业外商实际投资的 21.08%；批发和零售业外 2018 年外商实际投资 184652 万美元，占服务业外商实际投资的 14.45%；科研技术和技术勘查 2018 年外商实际投资 82539 万美元，占服务业外商实际投资的 6.46%；交通运输及仓储和邮政业 2018 年外商实际投资 73700 万美元，占服务业外商实际投资的 5.77%；信息传输计算机服务和软件业 2018 年外商实际投资 63936 万美元，占服务业外商实际投资的 2.98%；这几个行业合计占服务业外商实际投资的 96.66%（见表 5.3 和 5.4）。

表 5.4　2011—2018 年江苏服务业实际利用外资行业分布情况　　　单位：%

行业	2011 年	2012 年	2013 年	2014 年	2015 年	2016 年	2017 年	2018 年
交通运输、仓储和邮政业	5.39	6.04	7.94	8.86	7.82	5.73	6.78	5.77
信息传输计算机服务和软件业	1.89	2.43	1.59	1.61	2.99	1.95	2.98	5.01
批发和零售业	11.08	15.63	18.16	17.53	18.87	23.18	19.19	14.45
住宿和餐饮业	1.38	1.45	0.69	0.87	0.89	0.50	0.15	0.54
金融业	3.16	3.74	3.14	7.34	8.91	6.50	5.64	2.93
房地产业	60.52	52.52	49.39	41.26	33.43	26.53	32.06	40.96
租赁和商务服务业	9.19	10.01	11.30	15.87	19.91	25.70	20.75	21.08
科研技术服务和地质勘查业	5.01	3.31	4.34	4.34	4.40	5.97	7.99	6.46
水利、环境和公共设施管理业	1.39	3.72	2.47	1.55	1.43	2.14	2.63	1.26
居民服务和其他服务业	0.42	0.85	0.33	0.39	0.64	0.29	1.13	0.85
教育	0.01	0.00	0.05	0.02	0.00	0.55	0.02	0.03
卫生、社会保障和社会福利业	0.40	0.01	0.09	0.05	0.47	0.74	0.26	0.16
文化、体育和娱乐业	0.18	0.28	0.52	0.31	0.24	0.22	0.42	0.51
总计	100.00	100.00	100.00	100.00	100.00	100.00	100.00	100.00

二、江苏服务业外商直接投资的区域间比较

从各地区服务业实际利用外商直接投资的增幅来看,2011—2018 年山东服务业实际利用外商直接投资增幅最快,年均增长率为 17.59％,浙江位居第二,年均增长率为7.44％,北京年均增长率为 6.43％,排列第三,这三个省市在 2015—2018 这四年间服务业实际利用外商直接投资增幅均高于全国年均增长率的值 1.90％。江苏出现负增长,年均增速4.12％,高于全国增长率。

从各地区服务业实际利用外商直接投资的规模来看,2015—2018 年这四年间,江苏服务业利用外商直接投资分别为 113.16 亿美元、114.63 亿美元、107.92 亿美元和 127.74 亿美元,占全国服务业利用外商直接投资总额的 13.95％、17.52％、14.97％和 14.88％,这表明江苏服务业利用外商直接投资的比重在逐年上下波动趋势。上海这四年服务业利用外商直接投资分别为 159.38 亿美元、163.35 亿美元、161.53 亿美元和 154.55 亿美元,占全国服务业利用外商直接投资总额的 19.64％、24.96％、22.41％和 18.00％。浙江和山东两省由于基数较低,服务业利用外商直接投资方面一直低于江苏、北京、上海和广东。2015—2018 年这四年间,浙江服务业利用外商直接投资分别为 96.77 亿美元、103.14 亿美元、116.80 亿美元和 120.00 亿美元,占全国服务业利用外商直接投资总额的 11.93％、15.76％、16.20％和13.98％。这表明浙江服务业实际利用外商直接投资的比重呈现出波动起伏态势。2015—2018 年这四年间,山东服务业利用外商直接投资分别为 60.67 亿美元、66.36 亿美元、70.27亿美元和 98.64 亿美元,占全国服务业利用外商直接投资总额的 7.48％和 10.14％、9.75％和 11.49％,这表明山东服务业实际利用外商直接投资总体在波动上升。

表 5.5　2015—2018 年江苏、北京、上海、浙江、广东、山东服务业实际利用外商直接投资比较

单位:亿美元

地区	2015 年		2016 年		2017 年		2018 年		年均增长率
	外资金额	比重	外资金额	比重	外资金额	比重	外资金额	比重	
全国	811.38	100.00％	654.46	100.00％	720.83	100.00％	858.50	100.00％	1.90％
江苏	113.16	13.95％	114.63	17.52％	107.92	14.97％	127.74	14.88％	4.12％
北京	123.25	15.19％	123.23	18.83％	239.01	33.16％	148.59	17.31％	6.43％
上海	159.38	19.64％	163.35	24.96％	161.53	22.41％	154.55	18.82％	0.45％
浙江	96.77	11.93％	103.14	15.76％	116.80	16.20％	120.00	13.98％	7.44％
广东	152.97	18.85％	160.89	24.58％	157.75	21.88％	129.40	15.07％	−5.43％
山东	60.67	7.48％	66.36	10.14％	70.27	9.75％	98.64	11.49％	17.59％

三、江苏服务业外商直接投资存在的主要问题

服务业外商投资规模经历了逐年下降以后趋向于平稳。对比全国及其他省市的服务业外商投资规模,我们发现,全国的服务业外商投资规模在近年来处于波浪式上升的阶段。几大经济相对发达地区的服务业外商直接投资数据显示,仅江苏地区呈现明显的下降趋势。这与之前分析的,江苏在 2012 年以前吸引外资的阶段性超前,而之后全国吸引外资上升时

江苏的增速低于全国,从而外资比重下降,服务业外商直接投资与整体外商投资呈平行变化。到2015年,经济发达地区吸引外资阶段基本达到一致,因此,各省市利用外资的"绩效指数"呈现一定程度的"趋同性"。但是,在这一过程中,江苏吸引外资的结构是在持续优化的,体现在服务业外商投资占比无限趋近于50%。

而服务业内部结构中,一方面,服务业利用外商直接投资行业高度集中化的情况依然存在,即外商直接投资在各服务业之间分布不均。2010—2018年外商直接投资流入量最多的服务行业仍是房地产业,其次是租赁和商务服务业、批发和零售业、交通运输及仓储和邮政业、科研技术和地质勘查业、金融业。这几个服务行业吸收外资占历年全部服务业吸引外资总额的93.29%,呈现高度集中的状态,特别指出,2018年金融业外资显著下降,信息传输计算机服务和软件业吸引外资超过金融业。值得注意的是,房地产业外商投资在2018年又出现大幅增长,年增长率高达51.21%。科研与地质勘查业投资出现小幅下降,信息传输及计算机服务和软件业大幅增加,增长率高达98.77%。整体上现代服务业利用外资上升,金融业以外的传统服务业在吸引外资中仍然占据主导地位。

江苏省外商投资企业工商注册登记企业数也显现聚集态势。2010—2018年,江苏外商投资企业注册登记企业数集中度最高的几个服务行业是批发和零售业、租赁和商务服务业、科学研究及技术服务和地质勘查业、信息传输及技术服务和软件业等为主。其中,资本和技术密集型服务行业外商投资企业数目比重位居前列,体现了在中国在新的国际国内环境下,始终坚持扩大开放的战略,不断地融入并且构建新的经济格局。尤其是中国的"一带一路"倡议提出以后,伴随着全面深化经济体制改革与政府治理能力的现代化推进,中国的投资环境更加自由,国内企业的技术竞争力不断增强,使得外资在与中国企业竞争过程中同样趋向于高新技术的竞争。而这同样利于江苏服务业技术升级,促进服务业结构由传统服务业为主向现代服务业为主转变。

服务业外商直接投资在江苏各服务行业分布不均、高度聚集的原因是:首先,各服务行业的市场准入不同;其次,现代服务业市场竞争力与市场规模有待提升,在此基础上才能吸引更多外资从传统制造业转向高端制造业,以配合江苏产业转型升级需求以及在与低人力与资本成本的地区竞争中获得更多外商投资。

四、江苏服务业外商直接投资的发展前景

从最近几年的江苏外商投资的情况可以看出,江苏省服务业外资比重逐步增加,不断缩小与第二产业利用外资的差距,2018年,服务业外商投资规模与第一、二产业投资总额基本持平,未来有望形成以服务业为主体的吸引外商投资结构。随着产业转型升级的需求加剧,部分传统服务业在短期内将仍然维持主体地位,以稳定外商投资整体规模。部分传统服务业在中长期的外商投资将会适当压缩。随着国内现代服务业的发展和市场规模的扩大,将会吸引更多相关产业外资进入。

1. 金融业

受全球经济不景气和美元加息影响,2018年金融业外资大幅下滑。中美贸易战的持续将不可避免地增加金融业外资流动的不确定性。但是,在长期,随着中国金融市场的不断发展和人民币国际地位的不断上升,结合江苏省的区位优势,金融业外资引入的前景依然十分广阔,与金融相关的证券公司、保险公司、期货公司等机构也将吸收更多外商直接投资。

2. 科研技术服务

随着中国的改革不断深入并且卓见成效，我国的市场规模不断扩大，投资环境与技术环境更加自由，竞争也更加激烈。外国资本想要进入中国市场，会更加依赖于技术的创新。同时，近年来中国创新创业的兴起取得丰硕成果，会有越来越多的外国资本寻求技术上的合作，因而科研技术服务也将持续发展。新一代信息技术、通讯技术、大数据、大健康、高端软件和信息服务、新能源供应以及与人工智能、5G 技术相关等现代服务业的不断发展，外商直接投资将会增加，对信息传输计算机服务和软件业外商直接投资同样保持增长预期。

3. 房地产业

房地产业在江苏省服务业中吸引外资的比重一直最大，但是随着房地产业引进的外资企业越来越多，市场不断进入饱和，从 2012 年开始，房地产业引进外资的比重就在逐年降低，2018 年房地产外商直接投资额和占比均增加。未来房地产业可能转向住宅租赁与其他社区服务，长期内房地产外商直接投资维持下降预期。

4. 交通运输业

江苏的铁路发展在全国有很大的优势，但是相对于国内企业，外资在交通运输、仓储和邮政业并没有绝对的优势，国内企业在运营成本等方面更具优势。随着中国电商的兴起，物流仓储成为中国地产投资的热点之一，国内投资旺盛，一定程度上会挤出外资。预计将来外商对江苏的交通运输、仓储和邮政业的投资将会保持相对稳定。

5. 批发和零售业

该行业 2018 年在江苏服务业中的外资比重迅速上升，而且近几年逐年增加，它是倍受外商关注的消费性服务业。随着互联网新零售的发展，江苏诞生了许多新的零售模式，未来新零售的发展势头已不可逆转，一定程度上促进零售业变革和发展，传统零售业规模已经受到冲击，这一领域外资将逐年递减，相应外资可能转向"互联网＋新零售"领域。

6. 租赁和商务服务业

租赁和商务服务业在江苏服务业吸引外资的比重都相对稳定，但是 2018 年增加到 21.08%，相比前几年波动上升。受到互联网经济快速发展的影响，2018 年江苏这一领域实际利用外资小幅下降。随着新兴实体经济的复苏，这一领域的外资引入又将上升。

参考文献

[1] 贾妮莎,韩永辉.外商直接投资、对外直接投资与产业结构升级——[J].经济问题探索, 2018(2).

[2] 黄启才.自贸试验区设立促进外商直接投资增加了吗——基于合成控制法的研究[J].宏观经济研究,2018(4).

[3] 王旭鹏.FDI 对江苏省产业结构与贸易结构的效应分析 [J].现代商贸工业,2018(6).

[4] 李黎明,刘海波,张亚峰.外商投资政策是否影响了美中技术转移和中国出口贸易利益？——兼评特朗普政府对华 301 调查[J].中国软科学,2019(7).

[5] 刘泽.FDI 对产业结构优化影响的实证检验[J].华东经济管理,2019(5).

[6] 巫强,徐子明,黄南.外商直接投资从上海向苏南扩散吗？[J].华东经济管理,2017(8).

[7] 王园园.外商直接投资与中国制造业全球价值链升级[D].对外经济贸易大学,2019(5).

[8] 耿运志,潘海英.供给侧改革视域下外商直接投资与产业结构调整——以长三角地区为例[J].河南科学,2016(12).

[9] 冯明.外商直接投资对中国区域经济增长的影响[J].现代经济信息,2016(12).

[10] 余学颖.服务业 FDI 对中国经济增长的效应分析[J].时代金融,2016(6).

[11] 中华人民共和国国家统计局.中华人民共和国 2016 年国民经济和社会发展统计公报 [J].中国统计,2017(2).

[12] 江苏省统计局.2016 年江苏省国民经济和社会发展统计公报.江苏省人民政府公报,2017(2).

[13] 上海市统计局.2016 年上海市国民经济和社会发展统计公报.上海市人民政府公报,2017(3).

[14] 山东省统计局.2016 年山东省国民经济和社会发展统计公报.山东省人民政府公报,2017(2).

[15] 浙江省统计局.2016 年浙江省国民经济和社会发展统计公报.浙江省人民政府公报,2017(2).

[16] 广东省统计局.2016 年广东省国民经济和社会发展统计公报.广东省人民政府公报,2017(2).

[17] 江苏省统计局.江苏统计年鉴(2017)[M] 北京:中国统计出版社,2017.

[18] 北京市统计局.2016 年北京市国民经济和社会发展统计公报.北京市人民政府公报,2017(2).

[19] 林伟.外商直接投资对广东省产业升级的影响研究 [D].吉林大学,2017(6).

[20] 胡子南.德国加强外商直接投资审查及对华影响——基于《对外经济条例》修订的分析[J].现代国际关系,2019(06).

[21] 袁晓玲,吕文凯.从"资源引致"向"效率引致"——基于政府效率、引资优惠及溢出效应对 FDI 的影响分析[J].现代经济探讨,2019(07).

[22] 吴昊,林伟.外商直接投资对珠三角地区产业技术升级的影响及对策[J].经济纵横,2016(11).

[23] 赖艳蕾.外商直接投资对产业结构优化升级的影响——基于广东省数据的实证研究[J].广西质量监督导报,2019(7).

[24] 李建华.中国区域产业集聚与 FDI 的互动关系研究[D].吉林大学,2019(6).

[25] 叶文显,范阿曼.外商直接投资、创新驱动与区域经济增长[J].经济论坛,2019(5).

[26] 宋维佳,刘丹阳."一带一路"国内核心区与外商直接投资的异质性——基于东、中、西部的比较分析[J] 财经问题研究,2016(9).

[27] VANNAXAY BOUNTHAVONE.东盟国家利用外资问题研究[D].吉林大学,2019(6).

[28] 张洋子,张淑娟.税收因素对外商直接投资的影响研究——基于省级面板数据的实证分析[J].现代管理科学,2018(12).

[29] 姚战琪.服务业开放度视角下中国攀升全球价值链研究[J].学术论坛,2018,41(04).

[30] 中华人民共和国国家统计局.中华人民共和国 2016 年国民经济和社会发展统计公报 [J].中国统计,2017(2).

[31] 江苏省统计局.2018 年江苏省国民经济和社会发展统计公报.江苏省人民政府公报,2019(2).

[32] 上海市统计局.2018 年上海市国民经济和社会发展统计公报.上海市人民政府公报,2019(3).

［33］山东省统计局.2018 年山东省国民经济和社会发展统计公报.山东省人民政府公报，
2019(2).

［34］浙江省统计局.2018 年浙江省国民经济和社会发展统计公报.浙江省人民政府公报，
2019(2).

［35］广东省统计局.2018 年广东省国民经济和社会发展统计公报.广东省人民政府公报，
2019(2).

［36］江苏省统计局.江苏统计年鉴(2018)［M］北京:中国统计出版社,2019.

［37］北京市统计局.2018 年北京市省国民经济和社会发展统计公报.北京市人民政府公报，
2019(2).

对外直接投资篇

第一章　江苏对外直接投资概况

2018 年,在"一带一路"项目稳定推进的基础上,我国对外投资稳定增长,投资结构不断优化。在此背景下,江苏对外直接投资不仅数量上出现扩张,投资质量也不断提升。

一、新批项目数量和中方协议金额呈上扬趋势

2018 年,在"一带一路"项目持续推进的利好背景下,江苏对外直接投资水平与去年相比明显提高。首先,新批项目数量方面,2018 年 786 个,与去年相比,增长 24.56%,涨幅较明显。中方协议金额方面,2018 年 948424 万美元,与去年相比,增长 2.3%。主要原因在于,"一带一路"项目得到越来越多国家和地区的响应和支持,2018 年 60 多个国家加入"一带一路"的"朋友圈","一带一路"项目逐渐转变为全球合作的开放平台,为我国和世界投资者提供了良好的投资机会。

表 1.1　2016—2018 年江苏对外直接投资

	2016 年	2017 年	2018 年
新批项目数(个)	1067	631	786
年增长率(%)	21.25	−40.86	24.56
中方协议金额(万美元)	1422365	927073	948424
年增长率(%)	38.03	−34.82	2.30

数据来源:《江苏统计年鉴 2019》

二、各项目类型有升有降,总体以增长为主

对外直接投资按项目类型可分为企业和机构两大类。企业又可分为子公司和联营公司。子公司包括独资子公司和合资子公司两大类型。一直以来,江苏对外直接投资的重点项目是企业,对机构投资较少。

由表 1.2 和 1.3 可知,2016—2018 年,企业型新批项目数分别为 1049 个、584 个和 735 个,各年增长率分别为 23.27%、−44.33% 和 25.86%,占当年项目总数比重分别为 98.31%、92.55% 和 93.51%。与 2016 年相比,2018 年新批项目无论项目数量还是增长率、所占比重均出现下降,但与 2017 年相比,各指标明显上升。与往年情况一致,机构类新批项目数量和所占比重仍较小,2018 年,新批项目数 51 个,占当年总项目 6.49%。2018 年,江苏对外直接投资主体项目类型为企业,协议金额为 936117 万美元,占当年总协议金额比重 98.70%;机构类中方协议金额较少,仅 12307 万美元,且与去年相比,下跌 45.08%。2018 年,企业类新批项目数和中方协议金额仍以子公司为主,项目数为 723 个,占当年总项目 91.98%,且与去年相比,项目数涨幅明显,涨幅26.84%,中方协议金额 908721 万美元,占当年总金额比重

95.81%,涨幅 2.66%;联营公司新批项目数连续三年出现下降,且所占当年项目数比重连年降低,2018 年所占比重仅为 1.53%,中方协议金额虽大幅上涨,但所占比重仍较低,仅为2.89%。子公司仍以独资子公司为主,且项目数所占当年总项目数比重逐年不断攀升,中方协议金额所占比重仍居绝对优势地位。2018 年独资子公司项目数 546 个,与去年相比涨幅27.27%,中方协议金额 697944 万美元,与去年相比略有上涨。

综上分析可知,江苏对外直接投资项目主体为子公司,其中,独资子公司一直受江苏投资者青睐,主要原因在于子公司在法律上独立于母公司,在经营方面具有更大的独立性和灵活性;而东道国独资子公司经营日常经营活动完全受投资者控制,有利于确保独资子公司经营战略与企业总战略的一致,同时在一定程度上有利于投资者规避企业在东道国风险。

表 1.2 对外直接投资各项目类型的新批项目数情况

项目类型	2016 年			2017 年			2018 年		
	项目数(个)	占比(%)	年增长率(%)	项目数(个)	占比(%)	年增长率(%)	项目数(个)	占比(%)	年增长率(%)
企业	1049	98.31	23.27	584	92.55	−44.33	735	93.51	25.86
子公司	990	92.78	22.83	570	90.33	−42.42	723	91.98	26.84
独资	759	71.13	22.22	429	67.99	−43.48	546	69.47	27.27
合资	231	21.65	25.54	141	22.35	−38.96	177	22.52	25.53
联营公司	59	5.53	31.11	14	2.22	−76.27	12	1.53	−14.29
机构	18	1.69	−37.93	47	7.45	161.11	51	6.49	8.51

数据来源:《江苏统计年鉴 2019》

表 1.3 对外直接投资各项目类型的中方投资协议额情况

项目类型	2016 年			2017 年			2018 年		
	协议额(万美元)	占比(%)	年增长率(%)	协议额(万美元)	占比(%)	年增长率(%)	协议额(万美元)	占比(%)	年增长率(%)
企业	1422194	99.99	38.06	904664	97.58	−36.39	936117	98.70	3.48
子公司	1373375	96.56	37.77	885165	95.48	−35.55	908721	95.81	2.66
独资	1137147	79.95	42.39	689252	74.35	−39.39	697944	73.59	1.26
合资	236228	16.61	19.13	195913	21.13	−17.07	210777	22.22	7.59
联营公司	48820	3.43	46.92	19499	2.10	−60.06	27395	2.89	40.50
机构	171	0.01	−49.26	22409	2.42	13004.53	12307	1.30	−45.08

数据来源:《江苏统计年鉴 2019》

三、民营企业稳中有进,领先各类投资主体

从境内主体角度来看,对外直接投资企业主要包括国有及国有控股企业、集体企业、民营企业和外资企业四大类。一直以来,民营企业是江苏对外直接投资的重点主体企业。

首先,由图 1.1 和图 1.2 可知,2016—2018 年,民营企业新批项目数分别为 812 个、432

个和 587 个。受 2017 年对外投资严厉监管影响,民营企业新批项目数出现大幅下跌,但随着"一带一路"进入经贸合作阶段,投资领域的不断拓宽,2018 年,民营企业新批项目数出现明显回升,与去年相比,增长 35.88%,占当年新批项目 74.69%,遥遥领先其他投资主体。2018 年外资企业新批项目数 121 个,与去年相比,增长 10.00%,位列第二。国有及国有控股企业新批项目数,连续三年出现下滑,由 2016 年的 95 个跌至 2018 年的 72 个。江苏对外直接投资主体企业中集体企业,投资比例一直较小,2016—2018 年,新批项目数量不变,仅为 6 个。

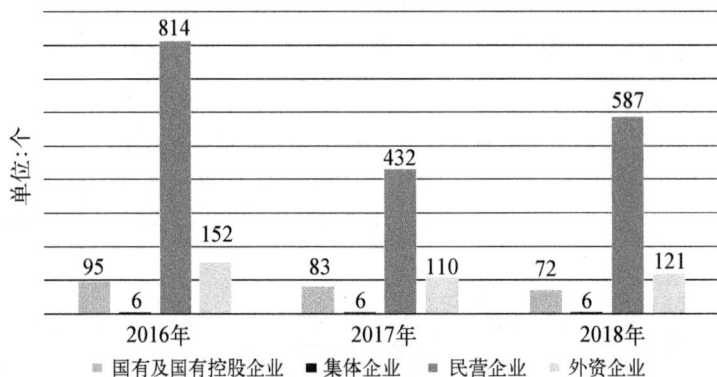

图 1.1　江苏对外直接投资境内主体构成情况(新批项目数)
数据来源:根据《江苏统计年鉴 2019》中的数据整理而得。

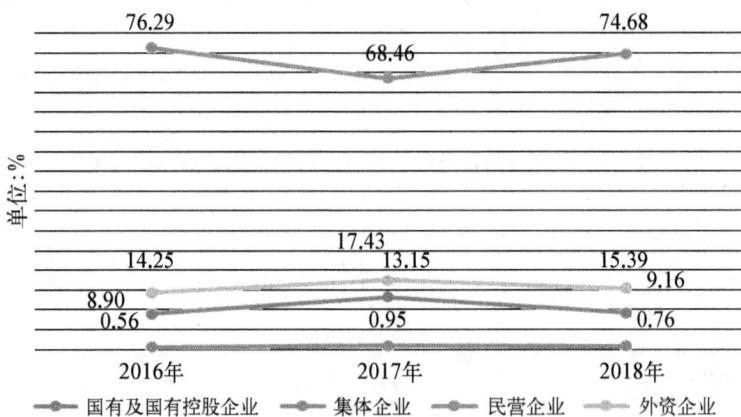

图 1.2　江苏对外直接投资境内主体构成情况(新批项目数占比)
数据来源:根据《江苏统计年鉴 2019》中的数据整理而得。

其次,由图 1.3 和图 1.4 可知,中方协议金额和上述新批项目情况基本一致,民营企业居于主导地位,且具有绝对的优势。2018 年,民营企业中方协议金额 766479 万美元,与去年相比,涨幅 21.00%,占当年总额 80.82%。2018 年,外资企业中方协议金额 90366 万美元,与去年相比,虽有下降,但仍位列第二。国有及国有控股企业仅次于外资企业,位列第三。国有及国有控股企业与外资企业情况一致,2016—2018 年连续三年,中方协议金额出现下降。集体企业中方协议金额所占比重一直较低,2018 年仅为 0.49%。

综合以上分析可知,民营企业是江苏对外直接投资的主体企业,外资企业和国有及国有控股企业分别位列第二和第三,集体企业一直处于弱势地位。主要原因在于民营企业对市

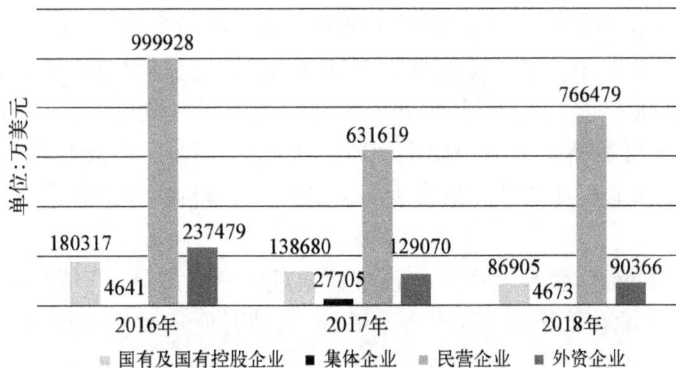

图 1.3　江苏对外直接投资境内主体构成情况(中方协议投资额)

数据来源:根据《江苏统计年鉴 2019》中的数据整理而得。

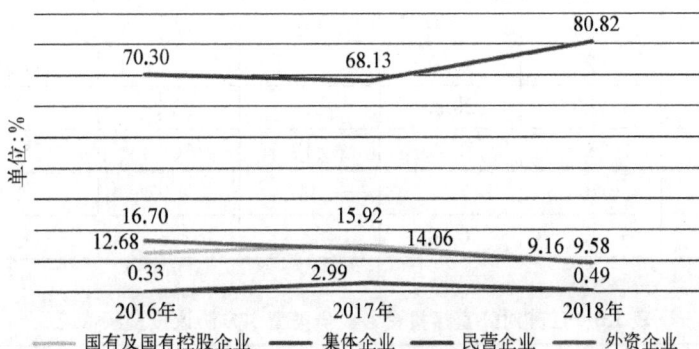

图 1.4　江苏对外直接投资境内主体构成情况(中方协议金额占比)

数据来源:根据《江苏统计年鉴 2019》中的数据整理而得。

场需求十分灵敏,经营灵活且具有较强适应性,而其他三种投资主体受政策影响较大,在对外投资中限制因素较多。

四、各业务类型分化明显,非贸易型仍居首要地位

江苏对外直接投资可分为三个层面:参股并购类和风险投资类、贸易型和非贸易型、境外加工贸易和境外资源开发。根据表 1.4、1.5 和 1.6 可知,各业务类型有涨有跌,分化较明显,非贸易型仍居首要地位。

首先,从参股并购类和风险投资类来看,参股并购类新批项目数由 2017 年的 137 个上升至 2018 年的 156 个,涨幅 13.87%;中方协议金额由 2016 年的 493901 万美元下降至 399939 万美元,下跌 19.02%。风险投资类新批项目数和中方协议金额所占比重仍然较小,2018 年新批项目数仅 1 个,占当年总项目数 0.13%,中方协议金额 500 万美元,仅占当年总协议金额 0.05%。

其次,从贸易型和非贸易型来看,无论新批项目数还是中方协议金额,非贸易型一直占据绝对主导地位。2018 年,非贸易型新批项目数 553 个,占当年总数量 70.36%,与去年相比增长,上升 4.14 个百分点;中方协议金额 760663 万美元,占当年总协议金额 80.20%,与去年相比,下降 8.34 个百分点。2018 年,贸易型新批项目数 233 个,与去年相比上涨 9.39%;中方协议金额 187761 万美元,与去年相比上涨 76.71%,涨幅明显。

第三，从境外加工贸易和境外资源开发来看，2018年境外加工贸易新批项目数53个，与去年相比上涨20.45％；中方协议金额152956万美元，与去年相比，下降2.75％，平均投资规模与去年相比出现下降。2018年，境外资源开发新批项目数仅1个，中方协议金额－527万美元，无论新批项目数还是中方协议金额所占比重一直较小，且变化幅度较小。主要原因在于企业获取海外资源开发信息渠道较为单一，缺乏对项目科学理性的评价，境外资源开发面临的风险较大。

综上分析，2018年，除贸易型中方协议金额出现明显上涨外，其他各业务类型中方协议金额均下降；除境外资源开发项目数出现下跌外，其他各业务类型项目数量均有所增加。

表1.4　江苏对外直接投资各业务类型新批项目数情况

业务类型	2016年		2017年		2018年	
	项目数（个）	比例（％）	项目数（个）	比例（％）	项目数（个）	比例（％）
参股并购类	220	20.62	137	21.71	156	19.85
风险投资类	2	0.19	1	0.16	1	0.13
贸易型	286	26.80	213	33.76	233	29.64
非贸易型	781	73.20	418	66.24	553	70.36
境外加工贸易	76	7.12	44	6.97	53	6.74
境外资源开发	7	0.66	2	0.32	1	0.13

数据来源：《江苏统计年鉴2019》

表1.5　江苏对外直接投资各业务类型中方协议投资额情况

业务类型	2016年		2017年		2018年	
	协议金额（万美元）	比例（％）	协议金额（万美元）	比例（％）	协议金额（万美元）	比例（％）
参股并购类	306426	21.54	493901	53.28	399939	42.17
风险投资类	897	0.06	2655	0.29	500	0.05
贸易型	242426	17.04	106254	11.46	187761	19.80
非贸易型	1179940	82.96	820819	88.54	760663	80.20
境外加工贸易	150458	10.58	157283	16.97	152956	16.13
境外资源开发	30808	2.17	10000	1.08	－527	－0.06

数据来源：《江苏统计年鉴2019》

表1.6　江苏对外直接投资各业务类型年增长情况　　　　　　　　　单位：％

业务类型	新批项目数年增长率			中方协议金额年增长率		
	2016年	2017年	2018年	2016年	2017年	2018年
参股并购类	29.41	－37.73	13.87	53.29	61.18	－19.02
风险投资类	－71.43	－50.00	0.00	－88.43	195.99	－81.17
贸易型	－9.21	－25.52	9.39	7.40	－56.17	76.71
非贸易型	38.23	－46.48	32.30	46.62	－30.44	－7.33
境外加工贸易	16.92	－42.11	20.45	33.82	4.54	－2.75
境外资源开发	－61.11	－71.43	－50.00	－58.22	－67.54	－105.27

数据来源：《江苏统计年鉴2019》

第二章 江苏对外直接投资的地区分布

2018 年,我国对外直接投资流量和存量稳居全球前三,全球 80％以上国家(地区)都有中国的投资。江苏对外投资地区亦遍布全球各地,本章节具体分析江苏对六大洲投资情况。

一、江苏对外直接投资地区分布的总体概况

(一)亚洲、北美洲和欧洲仍是江苏对外直接投资的集聚地

根据图 2.1 和图 2.2 可以看出,2018 年江苏对外直接投资仍然主要集中在亚洲、北美洲和欧洲三大洲。根据表 2.1 和表 2.2,从新批项目数来看,2018 年亚洲、北美洲和欧洲分别为 444 个、146 个和 96 个,分别占当年总项目数 56.49％、18.58％和 12.21％。且与去年新批数量相比,2018 年三大洲均出现不同程度的涨幅。从中方协议金额来看,2018 年,亚洲、北美洲和欧洲分别为 469502 万美元、133119 万美元和 178198 万美元,分别占当年总额的 49.50％、14.04％和 18.79％。其中,亚洲和欧洲中方协议金额与去年相比出现小幅度上涨,北美洲则出现下降。

主要原因在于:第一,亚洲具有明显的地缘优势和文化优势,且随着"一带一路"项目的深度推进,江苏省发挥产业大省、开放大省的优势,统筹规划并出台总体政策意见和配套文件、深入产能合作,推动投资贸易,对沿线国家投资力度不断加大。第二,欧洲是世界经济发展、科技、教育等各领域水平最高的大洲之一,世界绝大部分发达国家都位于欧洲,一直以来欧洲对江苏投资者吸引力较大。第三,北美洲是世界上最发达的经济地区之一,其先进的生产技术、突出的研究创新能力和完善的基础设施吸引着江苏投资者,对其充满热情,是江苏对外直接投资的重要地区。然而,2018 年中美贸易摩擦不断加剧,美国对华政策充满巨大不确定性,影响了投资者的积极性。

(二)非洲和拉丁美洲投资规模涨幅明显,大洋洲投资规模日渐萎缩

与其他三大洲相比,江苏对非洲、拉丁美洲和大洋洲投资规模相对较小。但 2018 年,非洲和拉丁美洲投资规模出现明显涨幅。

首先,从新批项目数来看,与去年相比,2018 年非洲、拉丁美洲新批项目数均上升至 44 个,涨幅分别达 109.52％、144.44％,涨幅明显。大洋洲新批项目数不增反而下降,2018 年仅为 12 个。其次,从中方协议金额来看,2018 年非洲和拉丁美洲分别为 78236 万美元、87446 万美元,涨幅分别达 206.59％、115.49％。与新批项目数情况一致,2018 年大洋洲中方协议金额也出现下降,由 2017 年下降至 1924 万美元,下降 94.16％。

主要原因在于:第一,非洲人口众多,资源丰富,发展潜力巨大。随着"一带一路"项目的持续推进,中非贸易合作稳中向好、贸易结构持续优,越来越多的企业参与进来。第二,拉丁美洲自然资源富饶,矿产资源和林业资源尤为丰富,投资机会较多。且近几年,随着习近平

四进拉美,中拉关系朝着构建"命运共同体"的方向大幅迈进,双方的理解也进一步加深,为江苏投资者开展投资提供了良好的政治环境。第三,受中国对海外投资加强资本管制和监管投资审批限制的影响,江苏对大洋洲尤其澳大利亚投资热情不断下降。

表 2.1　江苏对外直接投资中各大洲新批项目数情况

地区	2017 年		2018 年		2017—2018 年增长率(%)
	新批项目数(个)	比例(%)	新批项目数(个)	比例(%)	
全部	631	100	786	100	24.56
亚洲	363	57.53	444	56.49	22.31
非洲	21	3.33	44	5.60	109.52
欧洲	97	15.37	96	12.21	−1.03
拉丁美洲	18	2.85	44	5.60	144.44
北美洲	113	17.91	146	18.58	29.20
大洋洲	19	3.01	12	1.53	−36.84

数据来源:《江苏统计年鉴 2019》

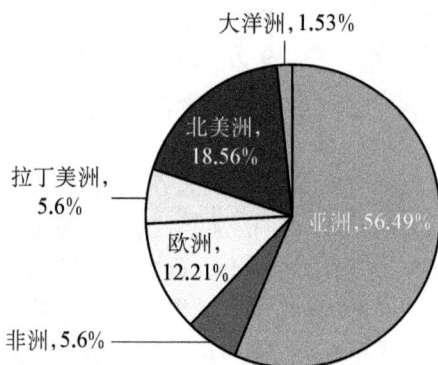

图 2.1　2018 年江苏对外直接投资中各大洲新批项目数占比情况

数据来源:根据《江苏统计年鉴 2019》中的数据整理而得。

表 2.2　江苏对外直接投资中各大洲中方协议投资额情况

地区	2017 年		2018 年		2017—2018 年增长率(%)
	协议额(万美元)	比例(%)	协议额(万美元)	比例(%)	
全部	927073	100	948424	100	2.30
亚洲	459342	49.55	469502	49.50	2.21
非洲	25518	2.75	78236	8.25	206.59
欧洲	171703	18.52	178198	18.79	3.78
拉丁美洲	40580	4.38	87446	9.22	115.49
北美洲	196987	21.25	133119	14.04	−32.42
大洋洲	32942	3.55	1924	0.20	−94.16

数据来源:《江苏统计年鉴 2019》

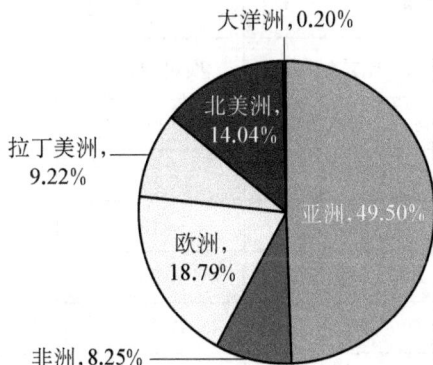

图 2.2　2018 年江苏对外直接投资中各大洲中方协议金额占比情况

数据来源：根据《江苏统计年鉴 2019》中的数据整理而得。

二、江苏对外直接投资地区分布的具体情况

（一）亚洲仍是江苏对外直接投资的重点区域

与其他地区相比，亚洲地区拥有明显的地缘优势、文化优势。2018 年亚洲地区新批项目数 444 个，占当年总项目数 56.49％；中方协议金额 469502 万美元，占当年总金额 49.50％，仍是江苏对外直接投资的重要集聚地。

2018 年，江苏对亚洲地区内部投资主要集中在中国香港，新批项目数 182 个，占亚洲地区当年总项目数 40.99％；中方协议金额 210134.02 万美元，占亚洲地区当年总金额 44.76％。主要原因在于，香港作为中国的特别行政区，与其他地区相比，有着更明显的地缘优势，且内地持续推动对外开放，加上香港有利的营商环境，高度繁荣的经济及"一带一路"和粤港澳大湾区带来的机遇，江苏投资者对香港一直保持较高的投资热情。2018 年，江苏对新加坡投资（中方协议金额）在亚洲各国投资中位列第二，新批项目数 33 个，与去年相比，增长 135.71％；中方协议金额 69581.95 万美元，与去年相比，增长 55.37％。主要原因在于，新加坡拥有较好的营商环境，稳定的政治环境，且新加坡文化背景和中国有着较大相似性。江苏对印度尼西亚和日本投资规模也较大，2018 年，印度尼西亚和日本新批项目数分别为 18 个和 25 个，分别占亚洲地区当年新批项目数 4.05％、5.63％；中方协议金额分别为 46847.05 万美元、33458.42 万美元，分别占亚洲地区当年协议金额的 9.98％、7.13％。且与去年相比，江苏对印度尼西亚和日本投资规模涨幅明显。主要原因在于，印度尼西亚拥有丰富的矿产资源和森林资源，海上地理位置优越，且近几年，经济快速增长和开放水平不断提高，对江苏投资者的吸引力不断增加。日本经济发达，拥有良好的基础设施和健全的法律制度，为投资者提供了优质的投资环境。根据表 2.3 和表 2.4 可以看出，江苏对其他各国投资较小，但 2018 年江苏对越南投资规模涨幅较大，新批项目数 37 个，与去年相比，增长 236.36％；中方协议金额 24082.27 万美元，与去年相比，增长 108.38％。主要原因在于，越南已形成了相对庞大且成熟的自由贸易体系，且优惠的税收政策和低关税对投资者也具有较大吸引力。

表 2.3　江苏对亚洲地区部分国家(地区)直接投资的新批项目数情况

国家(地区)	2017 年		2018 年		新批项目数增长率(%)
	项目数(个)	比重(%)	项目数(个)	比重(%)	
中国香港	169	46.56	182	40.99	7.69
印度	10	2.75	24	5.41	140.00
印度尼西亚	15	4.13	18	4.05	20.00
日本	25	6.89	25	5.63	—
马来西亚	19	5.23	20	4.50	5.26
巴基斯坦	8	2.20	6	1.35	−25.00
新加坡	14	3.86	33	7.43	135.71
韩国	9	2.48	10	2.25	11.11
泰国	19	5.23	18	4.05	−5.26
越南	11	3.03	37	8.33	236.36
中国台湾	10	2.75	11	2.48	10.00
哈萨克斯坦	4	1.10	1	0.23	−75.00

数据来源:《江苏统计年鉴 2019》

表 2.4　江苏对亚洲地区部分国家(地区)直接投资的中方协议投资额情况

国家(地区)	2017 年		2018 年		中方协议金额增长率(%)
	协议金额(万美元)	比重(%)	协议金额(万美元)	比重(%)	
中国香港	179445	39.07	210134.02	44.76	
印度	12650	2.75	7470.19	1.59	−40.95
印度尼西亚	48935	10.65	46847.05	9.98	−4.27
日本	4026	0.88	33458.42	7.13	731.05
马来西亚	1174	0.26	3993.70	0.85	240.18
巴基斯坦	5547	1.21	1535.45	0.33	−72.32
新加坡	44784	9.75	69581.95	14.82	55.37
韩国	28515	6.21	463.25	0.10	−98.38
泰国	48759	10.61	16250.68	3.46	−66.67
越南	11557	2.52	24082.27	5.13	108.38
中国台湾	1704	0.37	2835.68	0.60	66.41
哈萨克斯坦	4323	0.94	100.00	0.02	−97.69

数据来源:《江苏统计年鉴 2019》

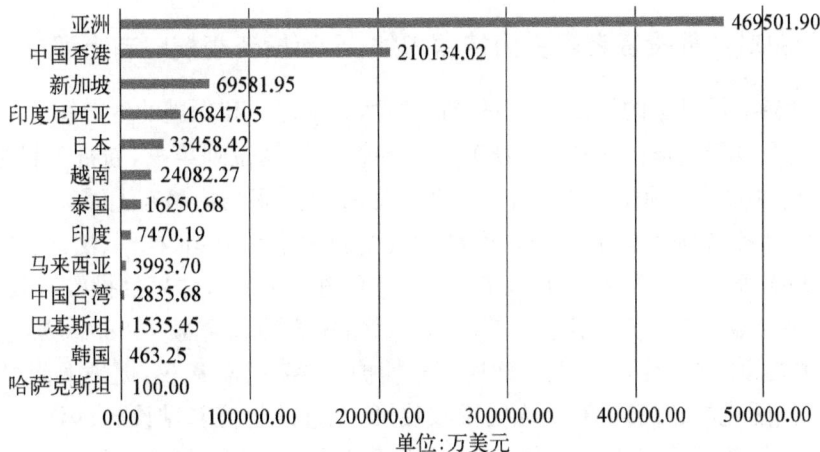

图 2.3 2018 年江苏对亚洲地区部分国家（地区）直接投资情况

数据来源：根据《江苏统计年鉴 2019》中的数据整理而得。

（二）北美洲位列江苏全球投资第二

北美洲拥有先进的技术、高超的创新能力和完善的基础设施。2018 年，江苏对北美洲投资规模仍较大，在全球投资中位列第二，新批项目数 146 个，中方协议金额 133119 万美元。

从北美洲地区内部来看，江苏对北美洲地区的投资主要集中在美国，2018 年，美国新批项目数 131 个，占北美洲当年总项目数 89.73%；中方协议金额 128069 万美元，占北美洲当年协议金额 96.21%，与去年相比，中方协议金额下降 34.34%。主要原因：美国加强了投资监管审查，对中国投资者越来越不友好；同时，中美贸易摩擦不断加剧，影响了投资者投资积极性。江苏对加拿大投资规模一直相对较小，但 2018 年投资规模涨幅明显：新批项目数 13 个，与去年相比，增长 225%，中方协议金额 2937 万美元，与去年相比，增长 51.20%。主要在于加拿大房产和旅游行业对江苏投资者吸引力较大。

表 2.5 江苏对北美洲地区部分国家直接投资的新批项目数情况　　　　单位：个

地区	2017 年	2018 年	增长率（%）
加拿大	4	13	
美国	108	131	21.30
其他	1	1	—

数据来源：《江苏统计年鉴 2019》

表 2.6 江苏对北美洲地区部分国家直接投资的中方协议投资额情况　　　　单位：万美元

地区	2017 年	2018 年	增长率（%）
加拿大	1943	2937	
美国	195045	128069	
其他	—	1113	—

数据来源：《江苏统计年鉴 2019》

(三)欧洲对江苏投资者吸引力持续增加,平均投资规模略有上浮

欧洲是世界上最发达的经济体之一,拥有发达的制造业和先进的生产技术,江苏投资者对欧洲一直抱有投资热情。2018年,江苏对欧洲投资规模位列第三,新批项目数96个,中方协议金额178198万美元,与去年相比变化不大,平均投资规模略有上浮。

从欧洲内部各国具体来看,江苏对欧洲投资主要集中在英国、德国、法国、意大利、荷兰和西班牙。根据表2.7和表2.8可知:首先,与往年相比,江苏对荷兰投资有较大的涨幅,2018年新批项目数6个,与去年相比增长20.00%;中方协议金额7668.66万美元,涨幅达518.46%。主要原因在于:第一,荷兰政府积极拥护"一带一路"倡议,促进中荷双方合作;第二,荷兰拥有国际化的营商环境、优惠的税收政策、先进的物流基础设施;第三,荷兰拥有现代化的农业、节能环保等产业。其次,2018年江苏对德国、法国和意大利投资规模(中方协议金额)大幅下降,对意大利投资下降达96.01%。主要原因在于,我国资本管制和流动收紧以及欧盟日益严格的投资监管审查影响了部分投资者投资的积极性。2018年,英国中方协议金额6327.33万美元,涨幅85.04%,涨幅明显,主要原因在于,中美贸易摩擦和美国对中投资者监管审查更加严格,使得英国成为投资热点区域。

表2.7 江苏对欧洲地区部分国家直接投资的新批项目数情况

国家	2017年		2018年		新批项目数增长率(%)
	项目数(个)	比重(%)	项目数(个)	比重(%)	
英国	9	9.28	8	8.33	−11.11
德国	32	32.99	34	35.42	6.25
法国	15	15.46	4	4.17	−73.33
意大利	5	5.15	1	1.04	−80.00
荷兰	5	5.15	6	6.25	20.00
西班牙	7	7.22	12	12.50	71.43

数据来源:《江苏统计年鉴2019》

表2.8 江苏对欧洲地区部分国家直接投资的中方协议投资额情况

国家	2017年		2018年		中方协议金额增长率(%)
	协议金额(万美元)	比重(%)	协议金额(万美元)	比重(%)	
英国	3419	1.99	6327.33	3.55	85.04
德国	45979	26.78	11598.92	6.51	−74.77
法国	8416	4.90	3704.85	2.08	−55.98
意大利	870	0.51	34.69	0.02	−96.01
荷兰	1240	0.72	7668.66	4.30	518.46
西班牙	85669	49.89	86759.45	48.69	1.27

数据来源:《江苏统计年鉴2019》

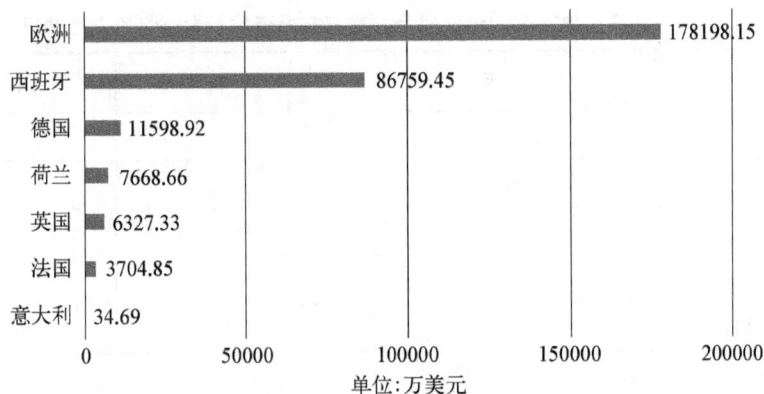

图 2.4　2018 年江苏对欧洲地区部分国家直接投资情况

数据来源：根据《江苏统计年鉴 2019》中的数据整理而得。

（四）拉丁美洲投资规模涨幅显著

拉丁美洲自然资源富饶，矿产资源和林业资源尤为丰富，投资机会较多。且近几年，随着习近平四进拉美，中拉关系朝着构建"命运共同体"的方向大幅迈进，双方的理解也进一步加深，为江苏投资者开展投资提供了良好的政治环境。2018 年，江苏对拉丁美洲投资规模大幅上升，新批项目数 44 个，与去年相比，涨幅达 144.44%，涨幅明显。中方协议金额 87446 万美元，与去年相比，涨幅达 115.49%。

从拉丁美洲内部各国来看，江苏对拉丁美洲投资主要集中在开曼群岛和墨西哥。2018 年，开曼群岛和墨西哥新批项目数分别为 23 个、7 个，与去年相比，分别上涨 155.56%、133.33%；中方协议金额分别为 65373 万美元、9456 万美元，与去年相比，分别上涨 231.55%、663.81%。虽然对开曼群岛和墨西哥投资涨幅较大，但新批项目数和中方协议金额在总投资中所占比重较小。主要原因：开曼群岛政治较为稳定，且具有完善的法律，优惠的税收政策，营商环境较好。但"避税天堂"的优势消失，也使部分投资者失去了投资热情。墨西哥制造业较为发达，对投资者吸引力较大；同时，墨西哥关注并帮助中小企业海外投资，为中小企业海外投资提供了较多机会，但墨西哥治安环境较差，也使得部分投资者望而却步。江苏对巴西投资规模一直较小，2018 年中方协议金额仅为 1267 万美元，且下降 50.29%，主要原因在于，巴西卡车司机罢工、大选带来政治的不稳定性，且巴西经济恢复缓慢。"避税天堂"优势的消失使得江苏对英属维尔京群岛投资规模不断下降，2018 年新批项目数仅为 4 个，中方协议金额 -723 万美元。

表 2.9　江苏拉丁美洲地区部分国家直接投资的新批项目数情况　　　　　单位：个

国家	2017 年	2018 年	增长率（%）
巴西	1	3	200.00
开曼群岛	9	23	155.56
智利	1	—	—
墨西哥	3	7	133.33
英属维尔京群岛	3	4	33.33

数据来源：《江苏统计年鉴 2019》

表 2.10　江苏对拉丁美洲地区部分国家直接投资的中方协议投资额情况　单位:万美元

国家	2017 年	2018 年	增长率(%)
巴西	2550	1267	−50.29
开曼群岛	19718	65373	231.55
智利	8000	—	—
墨西哥	1238	9456	663.81
英属维尔京群岛	9072	−723	−107.97

数据来源:《江苏统计年鉴 2019》

(五)非洲商机不断,重振投资者投资信心

非洲自然资源和劳动力资源丰富,发展潜力较大,备受投资者青睐,且随着"一带一路"项目的推进,中非合作更为紧密,为投资者开展投资提供了良好的政治基础。2018 年,江苏对非洲投资新批项目数 44 个,与去年相比,上涨 109.52%。中方协议金额 78236 万美元,与去年相比,上涨 206.59%,涨幅明显。

从非洲内部各国来看,江苏对非洲各国投资主要集中在埃塞俄比亚、尼日利亚、南非、安哥拉等国家。2018 年,江苏对安哥拉、埃塞俄比亚和尼日利亚投资规模上涨明显,中方协议金额分别为 2650 万美元、36616 万美元和 9106 万美元,与去年相比,分别上涨 1622.46%、157.93%和 4452.86%。主要原因:第一,安哥拉未开发资源丰富,经济发展潜力巨大;第二,尼日利亚和埃塞俄比亚人口众多、矿产资源丰富,营商环境日益改善。

表 2.11　江苏对非洲地区部分国家直接投资的新批项目数情况　单位:个

国家(地区)	2017 年	2018 年	增长率(%)
安哥拉	1	2	100.00
赤道几内亚	1	—	—
埃塞俄比亚	5	12	140.00
尼日利亚	2	6	200.00
塞舌尔	—	2	—
南非	—	4	—
坦桑尼亚	1	2	100.00
赞比亚	1	1	0.00

数据来源:《江苏统计年鉴 2019》

表 2.12　江苏对非洲地区部分国家直接投资的中方协议投资额情况　单位:万美元

国家(地区)	2017 年	2018 年	增长率(%)
安哥拉	154	2650	1622.46
赤道几内亚	325	—	—
埃塞俄比亚	14196	36616	157.93

（续表）

国家(地区)	2017 年	2018 年	增长率(%)
尼日利亚	200	9106	4452.86
塞舌尔	—	1100	—
南非	—	2553	—
坦桑尼亚	3400	350	−89.71
赞比亚	100	18	−82.00

数据来源:《江苏统计年鉴 2019》

（六）大洋洲投资规模断崖式下跌

大洋洲地广人稀,旅游业和房地产业发达,一直吸引着江苏投资者。但随着中外政府对投资监管力度的加大,江苏对大洋洲投资规模不断下降。2018 年,新批项目数仅为 12 个,中方协议金额仅 1924 万美元。

从大洋洲内部各国来看,江苏对大洋洲投资主要集中在澳大利亚,其他各国投资规模较小。2018 年,江苏对澳大利亚投资,新批项目数 9 个,与去年相比,下降 52.63%,中方协议金额 1581 万美元,下降 95.20%。主要原因:一是,中国对海外资本加强管制和审查;二是,澳大利亚政府对中资监管日趋严厉,尤其敏感行业对中国投资者垒起高墙,使得投资者对澳投资的不确定性因素不断增加,影响了投资者投资积极性。

表 2.13　江苏对大洋洲地区国家直接投资的新批项目数情况　　　　单位:个

国家(地区)	2017 年	2018 年	增长率(%)
澳大利亚	19	9	−52.63
斐济	—	—	—
瓦努阿图	0	—	—
新西兰	0	—	—
萨摩亚	—	—	—

数据来源:《江苏统计年鉴 2019》

表 2.14　江苏对大洋洲地区国家直接投资的中方协议投资额情况　　　　单位:万美元

国家(地区)	2017 年	2018 年	增长率(%)
澳大利亚	32942	1581	−95.20
斐济	—	—	—
瓦努阿图	—	—	—
新西兰	—	143	—
萨摩亚	—	200	—

数据来源:《江苏统计年鉴 2019》

第三章　江苏对外直接投资的行业分布

2018年,江苏对外直接投资方式不断创新,投资结构持续优化。对外投资主要流向制造业、批发和零售业及租赁和商务服务业,三大行业中方协议金额占当年总金额比重近70%。房地产、体育和娱乐项目投资大幅缩水,非理性投资继续得到有效遏制。总体来看,江苏对外直接投资行业分布呈现良好的发展态势。

一、江苏对外直接投资行业分布的总体特征

(一)第三产业重新成为对外投资主力军

江苏对外投资产业格局一直为"三二一",2017年,中国政府加大了对国内企业在境外投资房地产、酒店、娱乐业、体育俱乐部等的监管。同年,江苏省相关部门发布了《关于进一步规范企业境外投资的通知》,明确提出对上述部门境外投资进行限制,并加强对境外投资项目的管理,第三产业投资规模受相关政策影响较大,2017年,江苏对外投资产业格局首次变为"二三一"。根据表3.1,2018年,江苏对外投资三大产业中方协议金额分别为11392万美元、466125万美元、470907万美元,第三产业投资规模稳步上升,超过第二产业,重新成为投资主力军,江苏对外投资产业格局重回"三二一",这也表明江苏对外投资结构不断优化。

表3.1　江苏对外直接投资行业分布情况　　　　　　　　　单位:万美元

行业	2017年		2018年		年增长率(%)
	中方协议投资(万美元)	占总协议投资额比例(%)	中方协议投资(万美元)	占总协议投资额比例(%)	
全部	927073	100	948424	100	2.30
第一产业	12202	1.32	11392	1.20	−6.64
第二产业	483200	52.12	466125	49.15	−3.53
第三产业	431671	46.56	470907	49.65	9.09

数据来源:《江苏统计年鉴2019》

(二)制造业仍是热门行业

根据表3.2,2018年,江苏对外直接投资金额主要集中在制造业、批发和零售业、租赁和商务服务业、水利、环境和公共设施管理业、科学研究、技术服务和地质勘查业及电力、燃气及水的生产和供应业六大行业。六大行业资金流量849301万美元,占当年总额比重达89.55%。2017年,江苏对外直接投资金额主要集中在制造业、租赁和商务服务业、批发和零售业、电力、燃气及水的生产和供应业、科学研究、技术服务和地质勘查业、采矿业六大行

业。通过对比，可以看出：

第一，制造业、批发和零售业及租赁和商务服务业仍是江苏对外直接投资的热点行业。2017—2018 年，江苏对制造业的投资额分别为 350157 万美元、411638 万美元，分别占同年总协议金额的 37.77％、43.40％，且 2018 年与 2017 年相比，制造业投资规模上涨明显。主要原因：一是，通过对外投资，寻求国内产业发展的战略资源有利于加速省内传统产业转型升级，促进相关产业"走出去"；二是，在国家投资监管政策引导下，制造业显然成为实体投资的首要选择。2018 年，批发和零售业及租赁和商务服务业投资规模分别为 150767 万美元、95938 万美元，与去年相比，有明显涨幅。2018 年，江苏对批发和零售业及租赁和商务服务业投资额分别为 150767 万美元、95938 万美元，与去年相比，分别上涨 92.19％、9.85％，仍处于对外直接投资行业前三位。

第二，水利、环境和公共设施管理业将采矿业挤出行业前六，成为 2018 年江苏对外直接投资的重点行业，表明江苏对外投资结构得到持续优化。

表 3.2 江苏省对外直接投资六大行业分布情况

行业	2017 年		2018 年	
	协议投资额（万美元）	占总协议投资额比重（％）	协议投资额（万美元）	占总协议投资额比重（％）
制造业	350157	37.77	411638	43.40
批发和零售业	78447	8.46	150767	15.90
租赁和商务服务业	87337	9.42	95938	10.12
水利、环境和公共设施管理业	15464	1.67	82162	8.66
科学研究、技术服务和地质勘查业	50788	5.48	64911	6.84
电力、燃气及水的生产和供应业	76782	8.28	43885	4.63

数据来源：《江苏统计年鉴 2019》

二、江苏对外直接投资行业分布的具体情况

（一）第一产业投资稳定，但规模仍然较小

第一产业包括了农、林、牧、渔业和农、林、牧、渔服务业。江苏对外投资中以第二、三产业为主，第一产业仅占极小比重。根据表 3.3 和表 3.4，2018 年江苏对外直接投资第一产业：新批项目数 10 个，仅占江苏对外投资新批项目总数的 1.27％；中方协议金额 11392 万美元，仅占江苏对外投资总额的 1.20％。与去年相比，第一产业投资规模较为稳定，无论新批项目数还是中方协议金额变化较小。

从第一产业内部来看，江苏对第一产业的投资主要集中在农业、林业及农、林、牧、渔服务业。2018 年，江苏对三大行业投资的新批项目数分别为 4 个、2 个、4 个；中方协议金额分别为 6290 万美元、398 万美元、4704 万美元。与去年相比，江苏对农业及农、林、牧、渔服务业投资规模（中方协议金额）分别上涨 90.66％、835.19％，涨幅明显。

表 3.3　江苏对外直接投资在第一产业内部的行业分布情况　　　　单位:个

行业	2017 年		2018 年		年增长率(%)
	新批项目数(个)	比重(%)	新批项目数(个)	比重(%)	
第一产业	9	100	10	100	11.11
农业	5	55.56	4	40.00	−20.00
林业	1	11.11	2	20.00	100.00
畜牧业	—	—	—	—	—
渔业	1	11.11	—	—	−100.00
农、林、牧、渔服务业	2	22.22	4	40.00	100.00

数据来源:《江苏统计年鉴 2019》

表 3.4　江苏对外直接投资在第一产业内部的行业分布情况　　　　单位:万美元

行业	2017 年		2018 年		年增长率(%)
	中方协议投资（万美元）	比重(%)	中方协议投资（万美元）	比重(%)	
第一产业	12202	100	11392	100	−6.64
农业	3299	27.04	6290	55.21	90.66
林业	5000	40.98	398	3.49	−92.04
畜牧业	—	—	—	—	—
渔业	3400	27.86	—	—	−100.00
农、林、牧、渔服务业	503	4.12	4704	41.29	835.19

数据来源:《江苏统计年鉴 2019》

(二)第二产业投资规模不敌第三产业,位列第二

第二产业主要包括采矿业、制造业、电力、燃气及水的生产和供应业及建筑业。根据表 3.5 和表 3.6,2018 年,江苏第二产业投资新批项目数 324 个,占当年总项目数 41.22%;中方协议金额 466125 万美元,占当年总金额的 49.15%,与去年相比,第二产业投资规模(中方协议金额)下降 2.97 个百分点,略微低于第三产业,位列第二。

从第二产业内部来看,制造业一直是江苏对外投资的热门行业。2018 年,新批项目数为 259 个,占同年总项目数 79.94%,与去年相比,上升 4.65 个百分点;中方协议金额 411638 万美元,占同年总金额 88.31%,与去年相比,上升 15.84 个百分点。这表明,江苏投资者对制造业重视程度不断提高。江苏对其他行业投资规模较小,且与去年相比,投资规模出现明显下降。

表 3.5　江苏对外直接投资在第二产业内部行业分布情况　　　　单位:个

行业	2017 年		2018 年		年增长率(%)
	新批项目数(个)	比重(%)	新批项目数(个)	比重(%)	
第二产业	263	100.00	324	100.00	23.19
采矿业	4	1.52	3	0.93	−25.00

（续表）

行业	2017 年		2018 年		年增长率(%)
	新批项目数(个)	比重(%)	新批项目数(个)	比重(%)	
制造业	198	75.29	259	79.94	30.81
电力、燃气及水的生产和供应业	25	9.51	26	8.02	4.00
建筑业	36	13.69	36	11.11	—

数据来源:《江苏统计年鉴 2019》

表 3.6　江苏对外直接投资在第二产业内部行业分布情况　　单位:万美元

行业	2017 年		2018 年		年增长率(%)
	中方协议投资(万美元)	比重(%)	中方协议投资(万美元)	比重(%)	
第二产业	483200	100.00	466125	100.00	−3.53
采矿业	34300	7.10	98	0.02	−99.72
制造业	350157	72.47	411638	88.31	17.56
电力、燃气及水的生产和供应业	76782	15.89	43885	9.41	−42.84
建筑业	21961	4.54	10504	2.25	−52.17

数据来源:《江苏统计年鉴 2019》

根据表 3.7,从制造业内部各行业来看,2018 年,江苏对制造业投资主要分布在通信设备、计算机及其他电子设备制造业、专用设备制造业、有色金属冶炼及压延加工业、纺织业、医药制造业及交通运输设备制造业六大行业,投资额分别为 86500 万美元、52652 万美元、51838 万美元、44445 万美元、40893 万美元、39098 万美元。六大行业与去年相比,涨幅明显。通信设备、计算机及其他电子设备制造业,有色金属冶炼及压延加工业涨幅分别高达 2073.43%、1120.25%。

表 3.7　江苏对外直接投资在制造业内部主要行业分布情况　　单位:万美元

行业	2017 年		2018 年		增长率(%)
	中方协议投资(万美元)	比重(%)	中方协议投资(万美元)	比重(%)	
制造业	350157	100	411638	100	17.56
通信设备、计算机及其他电子设备制造业	3980	1.14	86500	21.01	2073.43
专用设备制造业	9155	2.61	52652	12.79	475.13
有色金属冶炼及压延加工业	4248	1.21	51838	12.59	1120.25
纺织业	7454	2.13	44445	10.80	496.27
医药制造业	20221	5.77	40893	9.93	102.23
交通运输设备制造业	23365	6.67	39098	9.50	67.34

数据来源:《江苏统计年鉴 2019》

(三)第三产业投资规模微超第二产业,重回首位

第三产业一直是江苏对外直接投资的重点产业,第三产业主要包括批发和零售业、租赁和商务服务业、水利、环境和公共设施管理业、科学研究、技术服务和地质勘查业等行业。根据表3.8和表3.9,2018年,江苏对第三产业投资新批项目数452个,占同年总项目数的57.51%,与去年相比,上涨近1个百分点;中方协议金额470907万美元,占同年总协议金额49.65%,与去年相比,上涨3个百分点。

从第三产业内部各行业来看,批发和零售业、租赁和商务服务业、水利、环境和公共设施管理业及科学研究、技术服务和地质勘查业四大行业表现较为突出,且位列2018年对外投资行业前六位。四大行业中方协议金额分别为150767万美元、95938万美元、82162万美元、64911万美元,与去年相比,四大行业出现不同程度涨幅。随着国家对投资审查监管力度加大,金融业、房地产业及文化、体育和娱乐业受相关政策影响较大,投资规模缩水明显,这表明江苏非理性投资进一步得到遏制。

表3.8 江苏对外直接投资在第三产业内部行业分布

行业	2017年		2018年		年增长率(%)
	新批项目数(个)	比重(%)	新批项目数(个)	比重(%)	
第三产业	359	100	452	100	25.91
交通运输、仓储和邮政业	8	2.23	11	2.43	37.50
信息传输、计算机服务和软件业	22	6.13	48	10.62	118.18
批发和零售业	189	52.65	218	48.23	15.34
住宿和餐饮业	3	0.84	3	0.66	—
金融业	4	1.11	—	—	−100.00
房地产业	4	1.11	—	0.44	−50.00
租赁和商务服务业	64	17.83	65	14.38	1.56
科学研究、技术服务和地质勘查业	40	11.14	79	17.48	97.50
水利、环境和公共设施管理业	8	2.23	9	1.99	12.50
居民服务和其他服务业	8	2.23	13	2.88	62.50
教育	8	2.23	3	0.66	−66.67
文化、体育和娱乐业	9	2.51	1	0.22	−88.89

数据来源:《江苏统计年鉴2019》

表3.9 江苏对外直接投资在第三产业内部行业分布

行业	2017年		2018年		年增长率(%)
	中方协议投资(万美元)	比重(%)	中方协议投资(万美元)	比重(%)	
第三产业	431671	100	470907	100	9.09
交通运输、仓储和邮政业	9760	2.26	31778	6.75	225.59

（续表）

行业	2017 年		2018 年		年增长率(%)
	中方协议投资 （万美元）	比重 （%）	中方协议投资 （万美元）	比重 （%）	
信息传输、计算机服务和软件业	24761	5.74	18244	3.87	−26.32
批发和零售业	78447	18.17	150767	32.02	92.19
住宿和餐饮业	8828	2.05	1517	0.32	−82.81
金融业	22126	5.13	—	—	−100.00
房地产业	28387	6.58	6000	1.27	−78.86
租赁和商务服务业	87337	20.23	95938	20.37	9.85
科学研究、技术服务和地质勘查业	50788	11.77	64911	13.78	27.81
水利、环境和公共设施管理业	15464	3.58	82162	17.45	431.32
居民服务和其他服务业	15464	3.58	2127	0.45	−86.25
教育	24675	5.72	17155	3.64	−30.48
文化、体育和娱乐业	120	0.03	307	0.07	156.17

数据来源:《江苏统计年鉴 2019》

第四章 江苏对外直接投资区域内比较及投资绩效分析

2018 年,面对错综复杂的国际环境,江苏坚定不移地实施"走出去"战略,坚持国家对外投资的相关政策,特别是在"一带一路"政策引导下,对外投资理性稳定增长,与东道国互利共赢。本章从江苏对外直接投资的省内区域比较和江苏对外直接投资绩效两个部分,进一步深入分析 2018 年江苏对外直接投资状况。

一、江苏对外直接投资的省内区域比较

江苏区域经济可分为三大部分:苏南、苏中和苏北。苏南包括南京、无锡、常州、苏州、镇江五市;苏中包括南通、扬州、泰州三市;苏北包括徐州、连云港、淮安、盐城、宿迁五市。近几年,三大地区经济都呈稳定增长趋势,但内部仍存在较大差异,突出表现在苏南地区经济高速增长和苏北地区经济缓慢发展。苏南地区地理位置优越,地处长三角经济带中心,是江苏最发达的地区,同时也是中国经济最发达、现代化程度最高的地区之一。2018 年,苏南地区新批项目数 597 个,占当年新批项目总数 75.95%,中方协议金额 728588 万美元,占当年总额的 76.82%。苏北地区辖江临海,扼淮控湖,交通发达,是江苏面积最大的区域板块,腹地空间广阔,地貌形态多样,生态资源丰富,但长期以来,苏北地区以重工业和传统产业为主,经济增长缓慢,发展动力不足。2018 年,苏北地区新批项目数 67 个,占当年新批项目总数的 8.52%;中方协议金额 96114 万美元,占当年总额的 10.13%。苏中地区地处江苏中部地区,地理位置优越,受上海经济圈和南京都市圈双重辐射,经济较发达。2018 年,苏中地区新批项目数 122 个,占当年新批项目总数的 15.52%;中方协议金额 123722 万美元,占当年总额的 13.04%。总体来看,苏南地区投资规模具有绝对优势,且呈逐年上升趋势;苏中和苏北地区紧随其后,两大地区之间差距较小,但与苏南地区差距不断拉大。显然,三大地区投资规模与其经济发展水平保持一致。

根据表 4.1、4.2 和 4.3,从三大区域内部各城市来看:

首先,苏南地区是江苏核心经济区,包括南京、无锡、常州、苏州和镇江五个城市。其中,南京和苏州是苏南地区核心城市,近年来,南京不仅注重经济总量的扩张,还将经济质量水平的提升摆在首要位置,瞄准新兴产业,实现跨越式发展。苏州不断向自主创新、产业结构调整和创新发展转型,企业核心竞争力和国际竞争力水平不断提升。2018 年,两市新批项目数分别为 143 个、239 个,分别占当年新批项目总数 18.19%、30.41%,与去年相比,分别增长 0.44 个百分点、5.53 个百分点;中方协议金额分别为 210087 万美元、268150 万美元,分别占当年总额的 22.15%、28.27%,与去年相比,分别增长 2.66 个百分点、3.27 个百分点。无锡紧随苏州和南京,投资规模位列第三。近几年,无锡新兴产业规模不断壮大,2018 年战略性新兴产业增长 14.1%,对推动产业强市、创新驱动和供给侧机构改革发挥关键作用。2018 年,无锡对外投资成绩突出,新批项目数 103 个,占当年新批项目总数 13.10%,中方协议金

额 152300 万美元,占当年协议总额 16.06%,与去年相比,平均规模增长 3.09%。常州的石墨烯、镇江的航空航天产业规模也逐步壮大,对经济的带动作用越来越明显。但与苏州、南京和无锡相比,两城市投资规模相对较小。2018 年,常州和镇江新批项目数分别为 84 个、28 个,分别占当年新批项目的 10.69%、3.56%;中方协议金额分别为 84152 万美元、13898 万美元,分别占当年总额的 8.87%、1.47%。与去年相比,苏南地区各市新批项目数和中方协议金额均出现不同程度涨幅,对外投资发展势头良好。

其次,苏中地区经济发展水平次于苏南地区,主要包括南通、扬州、泰州三市。南通紧靠苏南地区和上海地区,经济发展速度较快,被称为"北上海",同时,也是苏中地区的核心城市。2018 年,南通新批项目数 68 个,占当年新批项目总数 8.65%;中方协议金额 104838 万美元,占当年总额的 11.05%。与 2017 年相比,新批项目数与中方协议金额出现了小幅度下降。扬州经济发展一向低调,近几年,扬州紧抓环境治理,发挥先天文化优势,挺起绿色发展脊梁,旅游业蓬勃发展,经济发展速度迅速提高。泰州位于江苏地理几何中心,是长江沿岸重要城市。泰州生物制药、先进制造业和现代服务业发展水平不断提高,产业结构不断优化,经济运行呈现总体平稳、稳中有进的发展态势。与南通相比,扬州和泰州对外投资规模所占比重较小。2018 年,两市新批项目数分别为 19 个、35 个,分别占当年新批项目总数的 2.42%、4.45%;中方协议金额 7457 万美元、11427 万美元,分别占当年协议总额的 0.79%、1.20%。与去年相比,扬州和泰州新批项目数所占比重有较小幅下降,但中方协议金额所占比重呈增长趋势。与去年相比,苏中地区各市新批项目数和中方协议金额有涨有跌。

第三,苏北地区是江苏经济发展较为落后的地区,主要包括徐州、连云港、淮安、盐城、宿迁五个城市。徐州区位优势显著,承东启西,连接南北,是淮海经济区中心城市,近几年,在淮海经济区联动发展和"一带一路"倡议的带动下,徐州不断推动制造业向中高端发展,培育和壮大战略性新兴产业,推进农村产业现代化建设和大力发展现代服务业,经济增长势头良好。连云港是新亚欧大陆桥经济走廊桥头堡、江苏"一带一路"倡议支点城市,交通发达,正逐步建成服务于"一带一路"的国际化物流大通道。淮安优势产业得到进一步发展,工业经济平稳运行,产业结构持续优化,综合经济实力不断增强。盐城拥有超过全省 50% 的海岸线和 60% 的滩涂资源,生态资源优势明显,近几年海洋生态旅游产业和海洋渔业发展迅速。宿迁是中国重要的电子商务中心城市、"一带一路"节点城市和国家重要旅游城市,绿色产业、生态经济发展突出。但与苏南城市相比,苏北城市经济发展仍然较为缓慢,投资机会较少。2018 年五市新批项目数分别为 21 个、22 个、7 个、8 个、9 个,分别占当年新批项目总数的 2.67%、2.80%、0.89%、1.02%、1.15%;中方协议金额分别为 20067 万美元、43348 万美元、8605 万美元、23547 万美元、548 万美元,分别占当年协议总额的 2.12%、4.57%、0.91%、2.48%、0.06%。与去年相比,苏北大部分城市新批项目数和中方协议金额均出现下降。

表 4.1　江苏地区内对外直接投资新批项目数情况

地区	2017 年		2018 年	
	新批项目数(个)	比例(%)	新批项目数(个)	比例(%)
苏南	448	71.00	597	75.95
南京市	112	17.75	143	18.19

（续表）

地区	2017 年		2018 年	
	新批项目数（个）	比例（%）	新批项目数（个）	比例（%）
无锡市	84	13.31	103	13.10
常州市	67	10.62	84	10.69
苏州市	157	24.88	239	30.41
镇江市	28	4.44	28	3.56
苏中	110	17.43	122	15.52
南通市	56	8.87	68	8.65
扬州市	16	2.54	19	2.42
泰州市	38	6.02	35	4.45
苏北	73	11.57	67	8.52
徐州市	22	3.49	21	2.67
连云港市	17	2.69	22	2.80
淮安市	9	1.43	7	0.89
盐城市	17	2.69	8	1.02
宿迁市	8	1.27	9	1.15

数据来源:《江苏统计年鉴 2019》

表 4.2　江苏地区内对外直接投资协议投资额情况

地区	2017 年		2018 年	
	中方协议投资（万美元）	比例（%）	中方协议投资（万美元）	比例（%）
苏南	642132	69.26	728588	76.82
南京市	180658	19.49	210087	22.15
无锡市	120488	13.00	152300	16.06
常州市	82889	8.94	84152	8.87
苏州市	231756	25.00	268150	28.27
镇江市	26341	2.84	13898	1.47
苏中	152793	16.48	123722	13.04
南通市	136019	14.67	104838	11.05
扬州市	6239	0.67	7457	0.79
泰州市	10535	1.14	11427	1.20
苏北	132147	14.25	96114	10.13
徐州市	39717	4.28	20067	2.12
连云港市	35003	3.78	43348	4.57
淮安市	17136	1.85	8605	0.91
盐城市	31657	3.41	23547	2.48
宿迁市	8634	0.93	548	0.06

数据来源:《江苏统计年鉴 2019》

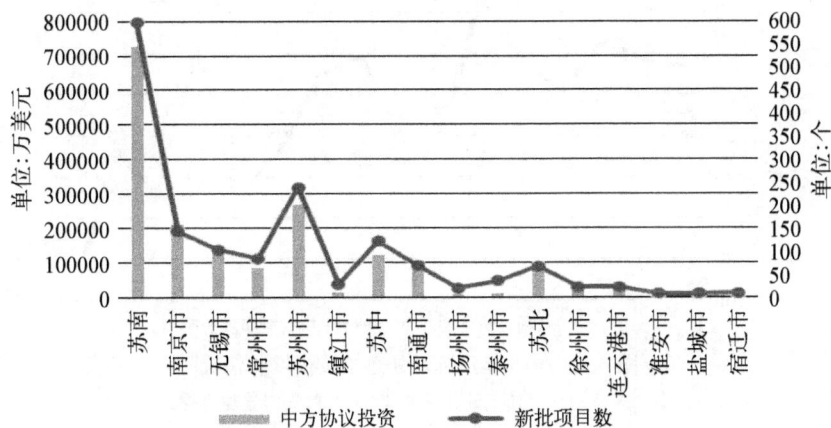

图 4.1 2018 年江苏地区内对外直接投资情况

数据来源:根据《江苏统计年鉴 2019》中的数据整理而得。

表 4.3 2018 年江苏对外直接投资增长情况 单位:%

地区	项目数年增长率	协议额年增长率
苏南	33.26	13.46
南京市	27.68	16.29
无锡市	22.62	26.40
常州市	25.37	1.52
苏州市	52.23	15.70
镇江市	0.00	−47.24
苏中	10.91	−19.03
南通市	21.43	−22.92
扬州市	18.75	19.52
泰州市	−7.89	8.47
苏北	−8.22	−27.27
徐州市	−4.55	−49.48
连云港市	29.41	23.84
淮安市	−22.22	−49.79
盐城市	−52.94	−25.62
宿迁市	12.50	−93.65

数据来源:《江苏统计年鉴 2019》

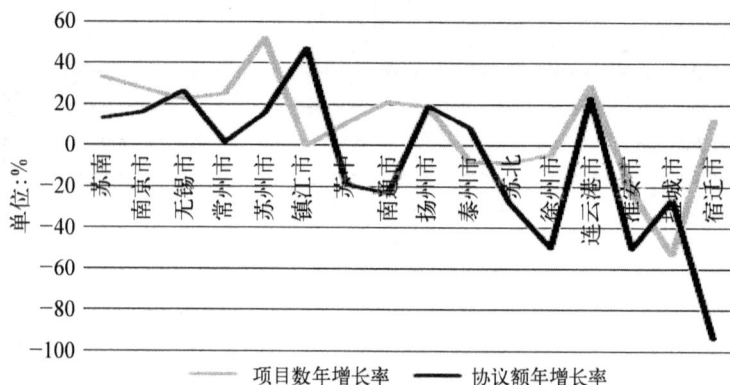

图 4.2　2018 年江苏对外直接投资增长情况

数据来源：根据《江苏统计年鉴 2019》中的数据整理而得。

二、江苏对外直接投资绩效分析

通过上文分析可知，江苏内部各城市经济发展水平存在较大差异，单纯比较各个城市新批项目个数和中方协议金额规模绝对值，得出的结果会存在局限性，因此，本章节从投资绩效指数角度分析各个城市的投资相对份额。本文将对外投资绩效指数运用到江苏省内各区域的对外直接投资比较上。具体公式如下：

$$某地区投资绩效指数 = \frac{某地区对外投资额}{江苏对外投资总额} \Big/ \frac{某地区\,GDP}{江苏\,GDP}$$

如果该地区投资绩效指数为 1，表示该地区对外投资水平达到全省平均投资水平，取值若大于（小于）1，表示该地区对外投资水平高于（低于）全省平均投资水平。

根据上述计算方法，得出表 4.4 和图 4.3：

表 4.4　江苏省内各地区对外直接投资绩效指数

地区	2017 年	2018 年
苏南	1.21	1.34
南京市	1.46	1.63
无锡市	1.09	1.32
常州市	1.19	1.19
苏州市	1.27	1.43
镇江市	0.62	0.34
苏中	0.83	0.65
南通市	1.67	1.24
扬州市	0.12	0.14
泰州市	0.21	0.22
苏北	0.62	0.45
徐州市	0.57	0.30
连云港市	1.26	1.56

（续表）

地区	2017 年	2018 年
淮安市	0.49	0.24
盐城市	0.59	0.43
宿迁市	0.31	0.02

数据来源：根据《江苏统计年鉴 2019》中的数据计算而得。

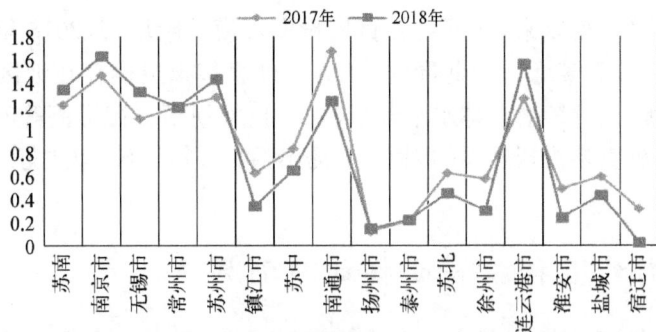

图 4.3 江苏省内各地区对外直接投资绩效指数

数据来源：根据《江苏统计年鉴 2019》中的数据计算而得。

首先，从苏南、苏中和苏北三大区域来看，2018 年三大地区投资绩效指数分别为 1.34、0.65、0.45。与去年一致，苏南地区投资绩效指数仍大于 1，且与去年相比，投资绩效指数明显上升，说明苏南地区对外投资水平较高，高于全省投资水平。苏中和苏北地区投资绩效指数小于 1，且均出现不同程度下降，投资水平显著低于全省投资水平，投资绩效不佳。

其次，从地区各城市来看，苏南地区除镇江外，南京、无锡、常州和苏州四个城市近两年投资绩效指数均大于 1，说明四市经济发展水平较高，投资水平显著高于全省平均水平，这与上文得出的结论一致。镇江虽属于苏南地区，但经济状况与苏南地区其他城市相比，还存在较大差距，投资水平较低，投资规模有待提高。苏中地区除南通外，扬州和泰州投资绩效指数均低于 1，但与去年相比，投资水平明显提升，这与两地加快发展优势产业，促进产业结构优化调整有关。南通虽属苏中地区，但紧靠苏南地区和上海，地理位置优越，且经济发展一直较为突出，因此，对外投资水平也一直领先全省平均水平，可与苏南地区部分城市相媲美。苏北地区，连云港投资绩效指数较为突出，2017 年和 2018 年分别为 1.26、1.56，远高于全省平均投资水平，且投资水平逐年提升，主要原因：连云港是新亚欧大陆桥头堡及"一带一路"重要节点城市，得天独厚的地理位置为其带来更多对外投资的机会。苏北其他城市对外投资绩效水平一直低于全省平均水平，且与去年相比，投资绩效指数均出现不同程度下降。这与其经济发展水平及产业处于转型期有较大关系。

总体来看，三大地区之间及各城市之间投资绩效水平差异显著。苏南地区投资绩效水平显著高于苏中、苏北地区，且苏南与苏中和苏北地区差距不断扩大。苏中和苏北地区投资绩效水平低于全省平均水平，投资水平存在较大提升空间。南京、苏州、南通及连云港投资绩效水平领跑全省平均水平，投资水平较高，宿迁、泰州、淮安等城市与其存在较大差距。这与三大地区及各城市经济发展水平存在较大差距有较大的关系。因此，江苏地区对外投资绩效水平进一步提高的关键点在于协调三大地区及各城市经济发展。

第五章　江苏对外直接投资的影响因素及政策建议

自实施"走出去"战略以来,江苏对外直接投资规模不断增长,2018年对外投资中方协议平均金额达到1206万美元。与此同时,江苏对外直接投资也存在地区投资规模差异显著、行业分布不平衡、投资绩效总体水平较低、总体投资规模有待提高等问题。本章节将具体分析影响江苏对外直接投资发展的因素,并提出相关政策建议,以更好地促进江苏对外直接投资可持续发展。

一、江苏对外直接投资面临的有利因素

江苏对外直接投资一直在"推力与引力"下不断发展、创新。一直以来,国家和相关政府部门从多重角度不断调控和引导对外直接投资活动。尤其近几年,政府部门出台了高频度的支持鼓励政策性文件,对引导和把控对外直接投资起到重要作用。同时,东道国的资源禀赋等因素也不断吸引江苏企业对该国进行投资。

(一)"一带一路"政策带来对外投资发展新机遇

2013年,习近平主席提出"一带一路"重大倡议,并上升到国家发展战略层面。"一带一路"提出近六年时间,已成为世界各国广泛参与的国际平台,给国内企业更好参与国际竞争,开展对外直接投资带来新机遇。借助"一带一路"政策东风,红豆集团联合相关企业投资建设柬埔寨西港经济特区、阳光集团在埃塞俄比亚建立海外生产基地、中天科技积极布局海外市场……众多江苏企业抢抓机遇,对外直接投资日趋活跃,不仅提高了企业影响力,也为当地经济和就业发展带来新机遇。数据显示,江苏与沿线国家双向投资贸易快速增长,截至2018年底,江苏省赴沿线国家协议投资额162.6亿美元[①]。

(二)监管新规促进对外投资理性健康发展

为解决国际收支平衡,缓解由于快速增长的海外投资而引发的中国金融系统潜在风险等问题,2017年中国政府加大了对国内企业在境外投资房地产、酒店、娱乐业、体育俱乐部等的监管。同年,江苏省相关部门发布了《关于进一步规范企业境外投资的通知》,明确提出对上述部门境外投资进行限制,并加强对境外投资项目的管理。2018年,江苏对外直接投资主要流向制造业、批发和零售业及租赁和商务服务业,三大行业中方协议金额占当年总金额比重近70%。房地产、体育和娱乐项目投资大幅缩水,非理性投资继续得到有效遏制。这也表明江苏对外直接投资继续保持理性健康的发展态势。

---

① 佚名."一带一路"建设成果图鉴[EB/OL].一带一路网.https://www.yidaiyilu.gov.cn/imghandpc.htm.

（三）东道国资源禀赋优势吸引江苏企业海外投资

江苏企业较为偏好劳动力资源或自然资源丰富的地区和国家,例如江苏企业对非洲和拉丁美洲部分国家的投资规模保持高速增长状态。2018年,江苏对拉丁美洲投资新批项目数44个,与去年相比,涨幅达144.44％,中方协议金额87446万美元,与去年相比涨幅达115.49％;对非洲投资,新批项目数44个,与去年相比,上涨109.52％,中方协议金额78236万美元,与去年相比,上涨206.59％。美国、德国、英国等国家,经济、科技、教育等居于世界领先水平,制造业和服务业投资战略性资产(品牌、技术、管理等)较为丰富,对江苏企业的吸引也较大。以制造业见长的徐工集团在德国北威州等地投资设点。江苏还有大批企业,正积极融入全球市场,从实际出发,既"引进来"也"走出去",活跃在广阔的国际舞台上。

二、江苏对外直接投资面临的不利因素

近年来,江苏企业虽然在利好因素推动下海外投资规模不断增加,国际竞争力与影响力日益提高,但在其发展过程中仍存在诸多限制因素,束缚其进一步发展。因此,深入分析限制性因素,对解决江苏对外投资发展中存在问题,推动江苏建设更完善、更创新的对外直接投资格局具有重要意义。

（一）欧美外资安全审查趋严限制海外投资规模

随着我国海外投资规模的持续扩张,欧美不断加大外资审查力度。审查范围进一步扩大,德国将安全审查门槛从25％股权比例下调至10％;安全审查流程日趋严厉,美国通过了FIRRMA法案,重新审视安全审查流程,延长审查时间。企业海外投资的难度加大,导致海外投资领域减少,尤其传统领域投资收紧。同时,海外投资风险增大,投资成本上升,投资者投资更为被动,投资信心逐渐降低。

（二）投资风险频发损害投资者利益

在动荡的全球经济格局中,对外投资并不是一帆风顺,总会面临各种风险和挑战。虽然随着"走出去"和"一带一路"倡议实施,江苏对外投资规模不断增加,但受全球经济不稳定、部分国家政治局势不安定等因素的影响,江苏投资者在对外投资过程中面临着政治风险、经济风险、文化风险等一系列风险,导致投资者投资成本上升,并严重损害了投资者利益,挫伤投资者投资信心。例如,在缅甸相关利益集团的质疑与反对压力下,时任总统吴登盛单方面叫停密松水电项目,给我国投资者带来巨大的损失。

（三）国际化人才储备不足影响海外投资企业竞争力水平

"一带一路"建设对国际化人才的需求与日俱增,与此同时,江苏企业国际化人才储备不足的问题日益凸显。在"走出去"的过程中,由于缺乏懂技术、懂管理、懂国际化运营的人才,以至于在市场开拓和项目实施过程中受到诸多限制。主要原因在于对引入国际人才不够重视,观念滞后,动力不足,流程缺乏科学性和规范性,导致引入人才浪费或与岗位不相匹配。同时,缺乏高效运行的国际化人才交流平台,国内企业与国际优秀企业人才交流、学习机会较少。

(四)苏南、苏中和苏北经济差距影响总体投资水平

近几年,虽然苏南、苏中和苏北三大经济区域经济发展水平均明显提高,但苏南经济高速发展和苏北经济相对滞后形成鲜明对比,并且差距逐步拉大。经济发展滞后,伴随着营商环境较差、地区开放水平较低、基础设施条件落后等诸多问题,地区内部也难以形成规模较大且实力的企业,企业国际竞争力不足,开展对外投资机会也比较少。因此,内部区域经济发展的不协调限制了江苏总体投资规模和投资水平的进一步提高。

三、江苏对外直接投资的政策建议

针对上述江苏对外投资发展中面临的不利因素及问题,本节提出相关政策建议,以期更好地促进江苏对外投资发展。

(一)紧抓"一带一路"政策下投资新机遇

"一带一路"建设的推进不仅为我国企业更好实施"走出去"战略提供了良好基础,也为国内企业带来巨大投资机遇。"一带一路"建设的推进有利于进一步加大对外投资基础设施项目的建设。基础设施的完善,将带动沿线国家跨境电商物流业的合作。江苏电子商务发展起步较早,且消费市场规模庞大,苏宁易购更是国内屈指可数的龙头电商平台,可通过"一带一路"建设,将电商实战经验分享给沿线国家,利用互联网技术,构建网上丝路,发挥江苏跨境电商企业在"一带一路"建设中的作用。同时,"一带一路"建设还给江苏企业带来更多与沿线国家进行经济对话、金融交流、合作机会。

(二)出台引导对外投资理性有序发展的相关政策

现阶段,欧美国家的外资安全审查力度不断加大,导致我国企业对外投资领域减少,同时传统产业收缩严重。为此,政府相关部门应出台相关政策,引导企业理性有序开展对外投资活动,杜绝非理性投资行为。具体来说:第一,建议政府相关部门分产业、分地区制定指导性更强、执行力更高的对外投资法律条款。第二,不断优化和完善投资监管政策,提高投资质量,优化投资结构。第三,指导海外投资企业了解东道国投资环境、投资政策和法律条款,提高海外投资企业对投资目的国环保、能耗、安全等标准和要求的重视程度。

(三)建立健全"一带一路"倡议下的海外投资保险制度

建立健全海外投资保险制度,有利于保障我国海外投资发展,同时,也是实现"一带一路"倡议的必要保证。伴随着"一带一路"倡议的实施,我国在对外投资上已经处于世界前列,投资规模不断扩大,未来我国企业海外投资潜力会更大,将有更多的企业投资海外设厂。但部分国家政治局势不稳定或者投资法制不健全等因素影响了我国投资者的利益。因此,有必要对各种可能出现的政治风险予以考量,建立健全海外投资保险制度迫在眉睫。保险业务方面,各部门应扩大险种覆盖范围,广泛引入民间资本,增设海外投资保险基金与中介机构,构建并完善风险测度与预警跟踪系统,防范各种风险。

(四)培养、引进和储备对外直接投资优秀人才

当前,江苏海外投资企业面临技术水平不高、海外投资经验不足等问题。建立完善国际

化人才培养、引进和储备体系,加速推进江苏对外直接投资发展,显得尤为重要。第一,培养并储备一批具有战略管理能力的国际化人才,并充分发挥核心人才的各项效能,促进企业对外投资的顺畅发展。第二,联合发达国家企业,结合自身发展需求,推进企业人才海外锻炼,丰富现有人才海外投资经验,增强国际化实践能力。第三,拓宽人才招聘渠道。积极引进跨国企业管理和技术人才,加速企业国际化人才的储备,提升企业海外投资竞争力。

(五)协调苏南、苏北和苏中区域经济发展

缩小地区经济水平差距,实现协调发展,要充分发挥各地比较优势,做到优势互补,互惠互利。首先,苏南地区作为江苏经济最发达和国际化水平最高的地区,要充分利用地缘优势,加强在更高层次和更深领域与上海合作,加快传统产业的改造,提高加工制造业附加值,发展现代服务业。加强与发达国家高新技术企业合作,提高国际竞争力。其次,加快苏中地区崛起,加快技术和人才的引进工作,充分利用黄金水道的优越区位,积极参与长三角产业的分工,大力发展沿江重工业。同时,苏中三市既要加强融合发展,又要结合自身优势创立特色。第三,加快对苏北地区资金和教育投资的倾斜,使苏北地区具备快速成长的条件。同时,深挖生态资源禀赋优势,打破传统观念,培育苏北经济新增长点。

参考文献

[1] 袁颖,焦小伟.我国企业海外资源开发存在的问题及对策[J].中国国土资源经济,2012,25(05):43-44+27+56.

[2] 李佳慧.融资约束对中国民营企业对外直接投资的影响研究[D].东北财经大学,2018.

[3] 高鹏飞,胡瑞法,熊艳.中国对外直接投资70年:历史逻辑、当前问题与未来展望[J].亚太经济,2019(05):94-102+151-152.

[4] 罗洁.中国对外投资特征分析及其经济增长效应研究[D].南京大学,2016.

[5] 杨波,柯佳明.新中国70年对外投资发展历程回顾与展望[J].世界经济研究,2019(09):3-15+134.

[6] 毕然,李恩极,李群.新时期中国对外直接投资影响因素的新变化[J].数学的实践与认识,2019,49(15):96-103.

[7] 王羽涵.中国对外直接投资的结构、驱动因素与宏观影响因子研究[D].北京交通大学,2016.

[8] 佚名."一带一路"建设成果图鉴[EB/OL].一带一路网.https://www.yidaiyilu.gov.cn/imghandpc.htm.

企 业 篇

助力乡村振兴的"独角兽"——
汇通达网络股份有限公司

一、公司简介

汇通达网络股份有限公司,总部设在南京。汇通达 2010 年成立,以全方位平台服务为核心能力,快速汇聚整合乡镇零售网点,并转化为汇通达乡镇会员店,形成服务于农村消费者的网络体系。

2014 年,公司营业收入 45 亿元;2015 年,突破 75 亿元;2016 年 8 月,实现"百亿万镇"目标,同年销售额近 170 亿元。2017 年,突破 235 亿元。2018 年 4 月 17 日,阿里集团与五星控股联合宣布,双方达成战略合作,阿里巴巴将向五星控股旗下汇通达公司投资 45 亿元。2018 年销售额达到 352 亿元,经营范围覆盖全国 20 省,会员店数量达到 10.5 万家,服务约 7000 万个农民家庭、3 亿农村人口。

2019 年 8 月 22 日,《2019 中国民营企业服务业 100 强》发布,汇通达网络股份有限公司排名第 82 位。2019 年 10 月 21 日,胡润研究院发布《2019 胡润全球独角兽榜》,汇通达排名第 84 位。

切实解决农村电商"最后一公里"的"汇通达方案",为中国新农商业态的瓶颈约束突破,为中国城乡数字化融合发展的时代创新,做出了开拓性的创新探索和富有借鉴及启示意义的有益实践。

二、公司不断创新的商业模式

(一)传统的大城市家电代理商

汇通达的创始人徐秀贤在五星电器工作多年,有着数十年的家电行业经验,加上资源关系较广,所以汇通达成立之初便成功签下多家江苏省代理。

汇通达拥有的十几家全资子公司(江苏三创、迅腾暖通、江苏江格、徐州驰隆等)是五星电器留存下来的具有多年供应链发展经验的批发公司,但是这些公司只有部分家电品牌的区域代理权,并无特殊的核心优势和业务亮点。仅有的代理权资源其实完全控制在上游制造商手里,没有任何主动权。由于处于产业链的末端,它们成为生产厂家和零售渠道之间的连接,所以对上游资源的依赖度非常高。

汇通达总部先后对这些代理公司进行战略性的价值整合,并对公司的顶层架构进行再设计,把这些存在多年、挣扎生存的传统家电批发代理公司组建成汇通达的运营主体。在此期间,汇通达主营的是传统的大城市家电批发业务,利用供货商生产的产品(家电),然后贴上自有品牌直接销售给终端的零售商。汇通达以产品为中心,围绕产品逐渐向国美、苏宁、五星电器等批量供货。

2011年,电商狂潮风起云涌,家电行业的"中介""渠道"被互联网电商冲击得"体无完肤"。电商巨头竞争愈演愈烈,线上、线下同价竞争战略制约其行业发展。整个行业呈现供过于求、销售滞涨的严峻局面。传统代理压力剧增,生存空间越来越小,利润持续下滑。

(二)农村家电供应链平台

汇通达决定砍掉大城市家电批发业务,将目标定位在未被"开垦"的农村市场,转型做农村家电供应链平台。通过建立汇通达B2B平台以及对平台上下游资源的整合,汇通达ERP系统主动收集农村家电经销商的订单(用户通过iPAD、智能手机等移动终端设备直接将产品需求信息上传至汇通达ERP系统),由汇通达汇总后向上游厂家集中订货,再通过汇通达B2B平台,实现了供需双方的信息对接。之后通过增加各种价值服务(公交物流配送系统、库存共享)来提升供应链的附加价值,由此初步实现了对农村家电产品供应链的整合和管理。在转型期,这个供应链改善了原有多级代理商的模式,提高了供应链效率,降低了成本。经过一年的坚持,汇通达成功地完成了第一次的蜕变转型。随后通过对整个供应链系统中物流、信息流、资金流等资源的整合,迅速实现了平台及网点在江苏、安徽、浙江等华东地区内综合布局,华东地区已建成80多个平台,形成4000多个服务网点。

(三)"五化"共建,瞄准电商发展的痛点发力

在先期业务的调研中,创始团队发现农村消费有以下几个特质:一是,农村是熟人经济,对于耐用消费品需要便捷维修、即买即用,乡镇夫妻店是家电连锁企业无法替代的。这也是过去十年大型家电连锁无法下沉的原因,再往下就会出现规模不经济的状况。二是,这些乡镇零售店经营状态不好,无法提供多样化的货品,受困于层层分销的代理模式,为各种政策和促销所困。

可见,必须构建一套依托于农村熟人社会,高度本土化、习惯化、黏性化、融合化、现代化的农商"五化"新模式新体系,整合而不是替代,改造而不是新造,提升而不是矮化传统农商平台和载体资源,切实通达"最后一公里"。

汇通达第一步是将此前的多层代理缩减为"工厂—平台—镇"三级。这一模式初期有效,但瓶颈在于家电业充分竞争,利润空间有限。随着汇通达渠道的壮大逐渐与上游品牌商原有的销售渠道产生利益冲突,家电、农资的区域代理规定不许串货。因此,从供货这个角度再发展下去有一定的难度,且增长有限,于是公司转变思路,从服务上游厂商转向服务乡镇"夫妻老婆店"。

这样,一种全新的农村电商"5+"共享生态新模式,一种基于让乡村"夫妻店"建立的与当地消费者O2O新关系,一种每村"代理人"及其粉丝群形成的消费新网络,快速、深入、全面地挖掘和满足了当地的农民消费需求,短短几年,覆盖规模跃居全国前列。

汇通达独创的农村电商"5+"及乡镇"共享运力"模式,充分利用和调动农村赋闲的车辆、人力等资源,承接社会物流订单,承载镇一级物流、快递集散中心的作用,为打破电商运营者普遍头疼的农村"最后一公里",创造了新的契机。

(四)"会员店"模式

2013年,汇通达对乡镇夫妻店进行信息化改造,创建了"会员店"模式,试图通过信息化的平台建立O2O的商业模式,由店商转向电商。

做会员制，而不是做连锁店，其实是经过周密考虑的。农村市场最大的问题是"最后一公里"的配送。传统的物流公司在农村市场面临"四大难"：听不懂话、认不得门、进不得村、等不到人。只有当地的乡镇店才最了解当地用户。

农村购物也很有特点。农民通常认为店里展示的机器最好，爱买样机。买回家后坏了就到店里换一个，完全不用城里申请退款退货的方式。甚至购物没钱不用记账，何时有钱何时还，坏账却很少，因为在农村欠钱会让人抬不起头来。可见，解决农村的问题需要"商业智能＋人性化服务"，这是连锁企业做不到的，也是"蚂蚁雄兵"的打法。因而，汇通达让门店专心去做服务消费者的事，可以避免"四大难"。汇通达则服务于门店，为这些会员店开发管理进销存等业务的后台系统，整合后台数据后向上游厂商采购。

"会员店"的另一个好处是免去了因直营而产生的房租、人员工资以及冗长的供应链问题。老板做的是自己的生意，直营店员工抱的是打工的心态，在熟人才能做生意的环境中，优势高下立判。

正因为熟人经济的重要性，即使成为会员店，乡镇店依然保持原有的门头。因为顾客会认为换了个门头就换了老板，要解释半天。

在考虑选择怎样的产品给这些门店供货时，汇通达的策略是"四高"，即物流要求高，普通快递送不到；售后要求高，需要后期维修；体验要求高，亲眼见到才能决定购买；服务要求高，也有利于增强会员店的黏性，形成社群关系，因此，汇通达的首批会员店多是家电经销商。

（五）"5＋赋能"盯住农村电商发展的支点着力

2015年，汇通达发现农村电商真正的问题不是供货，而是如何把货卖出去，把会员店的生意做大。把会员店的生意做大，他跟你的生意就会是强关系。

但此前，从来没有人给过这些乡镇店系统综合的服务。为了形成强关系，汇通达的综合服务策略便是"5＋赋能"。

"＋商品"。建立一条上游优质品牌资源直达会员店、再到农民顾客手中的互联网供应链，逐步由家电扩展到农资、农机、家居、建材、酒水等多种品类，满足农村逐渐旺盛的需求。安徽省滁州市南谯区乌衣镇一家从事综合类家电、家居销售生意的夫妻店，加入汇通达后，年销售额从200万元扩增到800万元。汇通达1年以上的会员夫妻店，营业收入同比增幅大都超过30％。

"＋金融"。汇通达做了从用户端到商家端完整的支付体系，同时针对夫妻店规模小、金融服务需求强的特点，利用供应链数据和服务团队优势，提供供应链金融服务，高效而又低成本解决会员店融资难题，实现多买多卖。河北省廊坊市固安县马庄镇一个会员店因此而迅速扩张和提升，营收倍增。截至目前，汇通达已经为5000多家会员店提供了金融服务。

"＋工具"。汇通达通用的后台管理工具是"超级老板"，在这个基础上为会员店开发了面向C端消费者的工具"汇掌柜"。用户只要手机扫一扫就能关注店铺购买。一方面，提高了交易的效率，另一方面，这些数据为精细化运营提供了条件。两套工具结合后，从采购、库存到CRM形成了一个完整的闭环，这不仅可提前统一发微信通知所有新老客户，销货量成倍增长，还能引来更多粉丝。

"＋社群"。中国的农村是一个个自然村，乡镇店面对的都是当地老客群，做的是熟人经济，而不是做流量市场。做流量的概念是买过即走，而做熟人经济是要深度服务用户群体，从赚商品买卖的差价转向赚服务收益。顾客进店是关系的开始，店主要与顾客主动联系，激活购买形成用户池，"蓄水养鱼"。

"＋活动"。汇通达将农村营销标准化、模块化，包括门店如何装饰、环境营造、营销活动的时机、传播方式、利益点以及集市路演等。汇通达还教店主在粉丝微信群里发红包，鼓励用户在线上领取礼品券抵货款，或者在网店里放上一块钱或几块钱的劲爆商品来吸引用户抢购。这些都变成了标准化、模块化的方法。

在整体的利润链中，汇通达对农村市场的分销渠道和分销方式进行了全新的梳理，创造性地利用信息技术和移动互联网技术，实现对传统分销方式的颠覆，以提升门店 B2C 的收益，而汇通达赚取的是 B2B 的收益。双方形成利益共同体，一荣俱荣地发展。

"5＋"模式的最大亮点就在于其两端的开放性和开发潜力。既持续不断汇聚着海量强大的供应链资源，又将巨量的中国农村夫妻店纳入平台，覆盖农村、深入家庭、赢得农户。由此成为消除信息孤岛，填平数字化鸿沟，增强市场活力，链接城乡流通的重要枢纽。通过"5＋赋能"，散落在全国 19 个省、1.6 万多个镇的近 9 万家传统乡村夫妻店，"升级"为拥有线上线下经营能力、本地用户运营能力的新型"互联网＋农村流通实体"，摇身一变成为具有"互联网化、数据化、服务化、生态化"特点的"四化"本地服务平台，成为城乡流通的有效连接器和频繁交换器。

（六）五帮富农融合农村电商发展的交点聚力

2017 年底，汇通达进一步思考如何提升当前会员店的收益水平。这就需要重新审视这些会员店的潜力。

一家会员店以销售家电为主，客单价约 2600—3000 元，一年 1000 多单，300 万元左右的收入。销售旺季通常在"五一""十一"以及春节。平时除了装修或是电器损坏，用户来店不多。每家店通常有两到三名店员，两三辆车，人和车辆的闲置时间都很多。门店和店员都是闲置下来的资源，汇通达也认为其中蕴含巨大的商机。基于此，公司提出五帮富农的策略。

一是帮送快递。这是借鉴了 Uber 的模式。因为农村单量少，通常不能满负荷送货，没有规模经济可言。公司在安徽、山东用了半年的时间，将闲置的人力和车辆整合起来，快递覆盖到两千多个镇，送出 100 万单，送货效率和成本比行业低 20％。盘活这些资源后，一家店一个月可以多赚 1.2 万元，公司也得以和大型电商合作，为其解决"最后一公里"的问题。

这些乡镇店送货到家后，还会看看收货人家里缺什么，谁喜欢网购，谁不喜欢。这样就会产生销售机会。此外，这些会员门店成为代收点后，也会天天有人来取快递，人流随之上来。这也是共享经济的思路，将各方的利益最大化，提高效率。

二是帮找工作。做蓝领项目。农村有大量年轻人需要找工作，城市工厂有招工需求，这些乡镇店成为信息的中转站，在店里发信息给客户推荐工作。汇通达提供本地就业培训，有些工厂也会给到汇通达一些费用补助，汇通达把这些收益给了店主，促使他们更好地做好就业服务项目。

三是帮卖特产。农产品上行。原先农村电商的思路是把货卖给农民，而农特产品也可以借助这一通路上行，解决滞销的问题。这一项目已试点做了 50 多个乡镇。

四是帮装光伏。汇通达计划通过分布式光伏项目将闲置的农村屋顶变成发电站，可以并网发电卖钱，为农民带来收益。这是个巨大的市场。

五是帮租房地。土地流转。农村大量的土地可以通过土地流转的方式得到有效利用。

江苏商务发展研究报告(2019)

这其中也会有大量的商机出现。

而五项业务未来都有可能以独立公司的方式来运营,每个领域都有巨大的商机。

三、公司发展启示

(一)以商业组织创新释放农村市场活力

改革开放以来,农村生产组织的历史性变革,极大提升了农村生产力。但是,客观而言,农村商业组织并未随之发生根本变化,传统型流通方式依然普遍存在,而随着信息化迅猛发展,传统型农村商业组织经营状况日趋惨淡。进入新世纪第二个十年,农村电商蓬勃兴起,网络巨头云集"下乡"逐鹿农村市场,给农村发展带来一股清风。但是,由于其沿袭城市电商经营思路,重在推动农产品上行和城市商品下行,实际效果并不理想,农民十分期待的消费品有效供给、商业服务质量提升、"最后一公里"物流畅通等关键问题,并没有得到根本解决。农村消费市场如何转型升级亟待新的探索和破题。

汇通达董事长汪建国带领创业团队创新笃行。他们用半年多时间深入全国上百个乡镇调研考察,调查了解不同地区、不同发展阶段农民的消费需求、消费矛盾和消费规律,准确把握了农民消费具有信赖熟人、讨价还价、就近购买、即买即用的基本特征。他们发现,农村90%以上的生产性消费、80%以上的生活性消费来自乡镇夫妻店,这些小店根基深厚,人脉资源广泛,是农村商品流通不可或缺的独特支点和城乡资源交换的重要枢纽,若能用互联网思维和技术改造提升,必将进一步激发农村消费市场的巨大活力。

正是由于准确把握了农村消费市场的内在规律,汇通达决心超越电商巨头已有经营模式,着力打造以乡镇夫妻店为支点、互联网技术为支撑、服务农村农民为目的的新型农村商业组织,开创"5+"农村电商高质量发展之路。"5+"农村电商模式为全国8万多家农村乡镇夫妻店"插上了互联网翅膀",使它们迅速成为链接城乡商品流通的枢纽,填平了数字鸿沟,消除了"信息孤岛",增强了市场活力。

(二)以城乡资源整合提升商业模式生态价值

广袤农村蕴藏着丰富资源,开发利用的潜能和空间巨大。关键看能否用新理念、新技术和新模式进行整合与转化。汇通达主动适应农村市场需求,积极应用互联网推动城乡资源广泛对接与深度融合,推动单纯商品买卖向经营城乡资源转变,不断催生新业态在互联网平台叠加和裂变,提升农村商业生态价值,打开了城乡融合发展一个个新窗口,为农村市场带来巨大红利。

通过农产品上行红利、农村普惠金融红利、微物流红利、劳务进城红利、新能源开发红利等诸如此类的资源整合与转化,汇通达对农村资源、农民需求的深度整合与拓展,将资源转化成财富,成为乡村振兴过程中的巨大红利,源源不断地惠及更多乡村居民。

(三)以人才队伍建设增强农村商业组织竞争力

人才是第一资源。增强农村商业组织竞争力、加快乡村振兴,关键在人才。汇通达坚持以人才集聚带动企业成长,既重视吸引未来人才,更重视培育本土人才;既重视发挥领军人才作用,更重视激发人才团队活力,打造了一支熟悉农村市场需求、精通农村商业经济、热爱农村社会建设的专业化队伍。

一是依靠制度创新网罗人才。为扎实开辟和占领农村市场，汇通达面向广大农村，精心组织了一支3000多人的专业化地推团队。其成员全部来自农村，熟悉当地农民消费习惯。他们每天帮助会员夫妻店拓展资源、策划活动，经常与村民进行消费互动，成为赢得农村市场的核心竞争力。创立村级代理人制度，代理人既组织店铺活动，推荐村民到店消费，又收集信息反馈给会员店，帮助老板开展针对性营销。到2017年末，累计发展村级代理人超过1.5万人，代理人有时能为一场营销活动带来数十万元交易。

二是依靠专业培训培育人才。2015年1月，在南京创建"汇通达商学院"，搭建专业学习平台，每年举办近4万场各类培训班，汇通达董事长、总裁有时也亲临授课。对乡镇夫妻店老板进行互联网工具使用培训，把乡镇夫妻店掌柜变成现代化、信息化、技能化的新型掌柜。实施"薪火计划"，为会员夫妻店培养未来接班人，使大约80%的乡镇夫妻店二代回归农村。针对农民消费者，组织人员教会他们使用APP等信息化工具，提升使用信息化工具互动和消费的能力。

三是依靠创业塑造企业家。坚持对创业新人进行全程辅导，及时、有效帮助创业新人解决发展中遇到的困难和问题，经常组织创业成功者学习交流，开阔视野，增强本领，把小老板升级为农村企业家，促进其实现创业梦想。近几年，汇通达公司有效带动了超过50万农民实现创业、就业。

（四）以优秀文化传承彰显企业社会价值

优秀文化是企业核心竞争力的关键因素。汇通达从创办开始，就一直把优秀文化传承放在突出位置，不断丰富时代内涵，提升价值追求，塑造品牌形象，促进城乡融合，赢得社会广泛赞誉。

一是保持"让农民生活得更美好"的创业初心。从最初给家乡捐款助学、修路造桥等公益方式，帮助父老乡亲改善生产生活条件，到后来创新农村商业组织，帮助全国近10万家乡镇夫妻店提档升级、大幅度增加经营收入，再到对夫妻店二代实施"薪火计划"、培训大批年轻企业家，增强农村商商业组织竞争力，汇通达始终坚持发展企业与改善农民生活紧密结合，始终坚持为农民做好事、为农村做贡献，始终坚持发扬"傻"的精神、"泥腿子"精神，脚上沾泥、手上带土，懂农业、爱农村、爱农民。这种植根于乡村的重农、爱农、助农情怀和创业初心，使汇通达发展成果惠及数亿农民。

二是弘扬"共创价值、共享成长"的经营理念。汇通达是共享型的农村商业组织，其目的在于让参与汇通达经营的所有企业和个人共建、共享。对于会员夫妻店，改变其过去从"有什么卖什么"到"要什么卖什么"，通过提供适销对路产品、有竞争力的价格和低息贷款，增强其盈利能力。对于农民消费者，用互联网手段和资源满足其消费需求，通过经营农民家庭资产，增加农民收入。同时，把税收留在当地，带动乡镇经济发展。

三是打造"天网、地网、人网"的企业风骨。打造"天网"，就是以思想为纽带，应用互联网思维和技术，连接乡镇夫妻店，建立农村商业组织"网络联盟"，形成城乡一体、天下同网的互联网商业组织系统。打造"地网"，就是以利益为纽带，帮助乡镇夫妻店赚到更多钱，建立农村商业组织"利益共同体"，形成共建多赢的发展格局。打造"人网"，就是以情感为纽带，推动乡镇夫妻店紧密联系、加强交流，建立农村商业组织"朋友圈"，形成互动合作、比学赶超的良好氛围。天网、地网、人网"三网"融合，相互作用，协同发力，充满创新力和竞争力，使汇通达成为农村商业组织中最具带动力和影响力的引领者。

四、乡村振兴的建议

（一）乡村振兴的根本支撑是产业兴旺

产业兴旺是就业之基、增收之源、发展之本。没有产业支撑的乡村，难以满足群众对美好生活的需要，必然走向凋敝和消亡。没有优质商业服务的乡村，要素流动就缺少枢纽，市场潜力就难以释放，生产力就难以持续提高。汇通达的实践表明，只要善于创新商业组织，整合城乡资源，推动要素双向流动，就一定能够有效释放农村市场巨大活力，推动产业快速成长，加快资源向财富转化，不断繁荣农村经济，促进社会和谐稳定。

（二）乡村振兴的根本目的是富裕农民

乡村振兴战略是"三农"工作的新旗帜和总抓手，增加农民收入是"三农"工作的中心任务，也是新时代最迫切需要解决的不平衡、不充分问题。中国强，农业必须强；中国美，农村必须美；中国富，农民必须富。汇通达的实践表明，只有把"让农民生活得更美好"的初心落到实处，实实在在为农民解难题、办实事、办好事，在发展中增加收入、改善民生，促进人的全面发展和全体人民共同富裕，企业的发展才会更有活力和生机，乡村振兴才会更有价值和意义。

（三）乡村振兴的根本动力是改革创新

乡村振兴前提美好，但不会一帆风顺。前进道路上矛盾和风险在所难免，特别是面临的体制、机制障碍，必须靠深化改革破题，靠持续创新前行。汇通达的实践表明，无论是推动更多资源要素到农村去，还是破除不合时宜的体制、机制障碍；无论是改造提升传统夫妻店，还是建立新型农村商业组织，发展互联网经济，培育新型农民，都必须解放思想，大胆探索，切实用好改革创新这个法宝。

（四）乡村振兴的根本保障是乡风文明

乡村振兴，既要塑形，也要铸魂，不断提振精气神，增强凝聚力，孕育好风尚。汇通达的实践表明，即使在互联网时代，农民的消费文化依然值得尊重，值得传承，值得光大，这既是农村商业组织走向强盛的灵魂，也是乡村振兴的根基。现代商业文化只有与优秀乡土文化深度融合，协同发力，打造共同精神家园，形成共同价值追求，塑造良好精神风貌，企业才会不断提升软实力、充满竞争力，乡村才会持续健康发展，走向全面振兴。

助力二手车商实现新零售的"独角兽"——
江苏车置宝信息科技有限公司

一、公司简介

车置宝总部位于南京,创立于 2012 年 10 月,是中国较大的二手车 C2B 跨区域交易平台。通过全业务流程大数据驱动,车置宝拥有二手车行业内较高的运营效率及流量转化能力,并实现了二手车数据积累。车置宝旗下自主研发的专利产品包含 VPQS 二手车检测标准,二手车检测设备——"车检宝",远程检测估价系统——车置宝云检测,以及二手车网络拍卖平台——车置宝。截至目前,全国已实现 102 座车源城市的覆盖,服务于遍布全国近 300 个城市的 10 万余名签约二手车经销商,员工已超过 4000 人,本科及以上学历占比 50%,其中,高管团队中硕士学历和海归背景人才占比 70%。据悉,车置宝是行业内唯一一家持续实现盈利的汽车交易电商,并且实现了跨区域交易已连续 25 个季度持续上涨,且增势迅猛达到 65%,大幅领先行业 24% 的平均水平。南京、上海等主要车源城市已经实现 10% 以上的交易转化率,投资回报率也是行业其他企业的 10 倍以上。

通过开发领先的数据驱动型车辆评估,线上定价,提供金融及物流产品,打造较高效的二手车流通服务,形成二手车交易全车型、全区域、全流程的价值实现。车置宝以联结全国二手车经销商,致车主以极致的汽车交易服务体验为使命,立志成为中国较大的数据驱动型二手车交易全服务平台。

二、公司不断创新的商业模式

(一)瞄准"互联网+"解决传统二手车交易痛点

创始人黄乐在加拿大读研期间的购车经历使其对国外的二手车交易市场的运作模式和规律有比较深入的了解。回国发展后,黄乐认为,国内当时的二手车市场规模足够大,而且没有品牌或巨头存在,于是将目光投向处于起步阶段的二手车交易市场。

目前,二手车市场呈现出"车源为王"的现状。传统二手车交易模式的痛点在于车源供给侧结构不合理,车况不透明、价格不透明、车型需求匹配困难、交易过程复杂。这些问题的存在,为车置宝引领二手车行业发展提供了空间。与其他二手车企业成立之初就急于大量投放广告相比,黄乐在创业初期首先瞄准"互联网+"以及平台的数字化建设,几乎把所有的资金投入到研发与运营中,将互联网、大数据与透明、简化的交易流程带入正处于野蛮生长的行业中,为市场注入新动力,力求为解决传统二手车交易中车况认定难、定价难的问题提供解决方案。

车置宝首先通过对车主的证件和信息确认,过户记录的查询,交易合同的保障,确保个人一手车源的真实性。与此同时,车置宝依靠自主研发出的 VPQS 检测标准以及拥有独立知识产权的移动端检测 APP 车检宝建立起一套科学的车辆检测体系,从拍照、基本信息、损伤情况三个维度对车辆状况进行记录和信息采集。国际领先的 VPQS 检测体系包括 616 项技术检测、四个层级、五大分类的定级模型,精准呈现真实车况,为一车一况的"非标准化"二手车,建立起通行全国的车况标准。当采集到一个新的车辆时,就会对比这辆新车的参数和历史采集到的参数的差异,每一个背后都会有一个具体的评分值。并且根据历史经验,为每一项的平均值设计不同的权重。最后根据最终定级的模型,任何一台车等级分成一到五级,这使得任何一台已评级的车辆再进入零售的话,花费的翻新成本、改造成本就有一个标准,比如说轮胎要换,漆面要喷等,这已经成为二手车行业标准。基本上,二手车行业经销商之间交流已经开始说这是车置宝一级车况,这是车置宝二级车况,这就实现了对车况精准的描述。数字化采集和智能化判断在减少人为因素导致失误的同时,帮助用户更加客观、全面地了解车辆现实车况和历史车况。

车置宝的车况评分认定系统彻底解决了限制二手车交易市场发展的难题。系统收集到的车况数据将被上传至竞拍交易平台,在竞拍开始之前,会将参与竞拍的车辆根据经销商买家的历史数据进行大数据分析,针对不同的经销商形成独特的个性化推荐列表,从而大大提高经销商浏览和竞拍的效率。经销商会根据自己的判断以及车置宝提供的 VPQS 评分体系给出最高的心理价,价高者拍得车辆,之后车主和经销商签订成交协议,完成交易。

以 VPQS 检测体系为基石,依托数字化交易和买家行为,车置宝研发出核心的智能推荐和智能发布引擎,配合自主研发的 GSP 竞价模型和成交率管理模型,实现非标品的二手车交易的线上定价机制和标准,无需买卖双方见面,为真正实现二手车交易的电商化和跨区域流通埋下伏笔,为解决传统线下撮合交易效率低下的问题提供技术支持,为车置宝领跑二手车市场奠定了基础。通过算法,现在估价的准确度已经可以达到±5%,这样一个精准的估价基本上可以解决撮合效率问题,不需要讨价还价,或者讨价还价的轮次,可以缩短到一个轮次成交。据此,车置宝可以做到纯线上交易,全国 10 万十活跃二手车经销商实时参与竞拍,确保高价。

(二)政策松绑深耕 C2B 模式实现跨区域发展

车置宝之所以能够在众多二手车商中脱颖而出,实现集团性的盈利,归功于"C2B 模式"。车置宝的 C2B 拍卖模式,主要是车主通过平台将自己的爱车进行拍卖,数万名二手车经销商通过平台对心仪的车型出价竞拍,价高者得。相比其他模式,车置宝平台来自全国的一手优质车源更多,二手车的流通效率也更高。

纵观二手车市场环境,短期来看车源很重要,长期来看经销商更重要,而车置宝长期致力于扶植与合作更多能够提供优良服务的优质二手车零售商。"C2B 模式"的优势在于通过对 B 端的服务帮助其做大做强。二手车交易中 B 端不可替代的核心竞争力是售后服务能力,B 端实际上承担了二手车行业城市之间车源供给的工作,同时也承担着电商平台无法提供的二手车整备、维修及翻新工作。车置宝的 C2B 模式实质就是对二手车行业的供给侧改革,从交易时间和交易流程两个维度缩短车辆流转周期,快速、高效地将不同地区的优质二手车源输送到相匹配的消费者手中,解决二手车 B2C 零售的产品结构问题,形成 C2B 2C 的全产业链交易闭环。

由于二手车的一车一况、一人一价的非标准以及高客单价特性,车况认定能力和数字化定价能力以及由于中国区域性差价导致的二手车跨区域流通能力,将成为二手车行业的核心壁垒。车置宝数字化的二手车价值发现能力和跨区域的服务能力,打通了车主与经销商的连通渠道。目前,车置宝成为全国最大的 C2B 二手车拍卖平台。这不仅能保证信息的透明度和交易的公正性,也将整个行业链的交易服务效率大大提高。车置宝的发展轨迹验证了 C2B 模式的价值,凭借优异的市场表现赢得了资本市场的青睐,于 2014 年 9 月完成千万美元的 A 轮融资,次年 8 月完成由九鼎资本、毅达资本联合领投,戈壁等跟投的 3 亿元人民币 B 轮融资。

在限迁政策的刺激之下,车置宝 C2B 模式更是实现实质性突破,多个省市相继放开限迁后,本地交易将受到来自异地差价的挑战,跨区域交易的潜力充分释放。跨区域交易的场景中,买卖双方压缩了流通成本,也压缩跨城转手次数,实质上车置宝采取了让利给 C 端和 R 端的办法,解决城市车源供给侧的问题。总体来说,车置宝 C2R 跨区域交易模式从根本上解决了二手车区域之间车源供给侧问题,以及二手车流通供应链环节的效率问题(削减转手次数和压缩交易周期)。

另一方面,同城从卖家找到买家的周期太长,所以卖家的痛点是显而易见的。所以,黄乐认为,全国渠道流通才是效率最高,即"本地 C——异地 R——异地 C",是交易流程最短的理想状态。不过,由于 R 端在收车上的精力和成本有限,所以全国一手车源直供一直是车置宝重金投入的主营业务。车置宝解决了如何最快速、最高效地将不同地区的优质一手车源输送到相匹配地区的 R 端手中。可以看出,车置宝搭建了全国流通的"天网"和"地网",解决二手车"R2C"零售的产品结构问题,形成了"C2R2C"的全产业链交易闭环。目前,车置宝异地成交占比已经超过 50%,锁定了跨区域交易的毛利。

因此,从 2015 年第三季度起,车置宝平台上异地交易的比例就已超过同城交易,异地转籍交易比例远超行业平均水平 4 倍。随着政策全面打开,车置宝的跨区域交易占比已经达到了 60% 以上,其目标市场设定为全国,因为全国范围的跨区域红利是最大的。现在,车置宝建成了覆盖全国主要车源地和二手车零售地的跨地区二手车全国流通网络。未来,预计车置宝平台的跨区域成交价格将再上浮 10%～15%,异地转籍交易比例有望达到 70%,甚至 80% 以上。这张全国流通网络将发挥更加巨大的作用,为二手车交易和整个行业流通做出更加巨大的贡献。

(三)增值业务助力差异化竞争

1. 精准推介

车置宝在全国有 1000 多名客服,在南京和南通有呼叫中心,同时还有遍布全国的车况认定人员。怎么样把他们的工作效率,包括车商的工作效率提升,这是一个比较大的课题。车置宝在内部系统流程上建了 CRM 系统,其中包含新车数据库、旧车数据库等,在具体场景下帮助每一个服务人员提高产能。

例如,车置宝工作效率最高的一个团队成员是一名刚毕业的大学生,一个月能成交 100 多台车。这样的一种效率,其实都是来自 AI 的技术,就是车置宝能精准判断员工要什么,他在具体做交易或者具体跟客户做推销的时候缺少的是什么,并给他做精准推荐。

2. 金融服务

"云检测"和"置车贷"是车置宝推出的重要增值业务,带来了显著的利润增长。"云检测"基于车置宝多年来积累的成交大数据,能随时检测到全国 300 多个经销商城市中任一个经销商的价格,为很多第三方融资租赁公司提供了精准评估后的无风险金融服务,云检测的订单数已经达到月均 10 万单。

而金融产品"置车贷"是为确保"当天现金收车"的实现，专门针对中小经销商的融资困难问题，基于其在车置宝平台的交易行为数据、全线上申请操作、深度整合交易。与其他二手车金融产品不同，"置车贷"为信用金融，授信于二手车经销商，而非二手车，无抵押，方便快捷。"置车贷"可以做到年化 6%～7%，是非常低的利率水平，把他原来的资金成本年化 10%～20% 优化到非常低。目前为止，已累计发放 10 亿元以上，客户复用率高达 90%，风控表现接近"0 坏账、0 逾期"。

相比之下，银行没有这个场景，因为车商都很分散，搜集数据的成本太高，而车置宝有充分多的数据，而且已经线上化了。大量真实的交易数据反过来能帮助车置宝团队筛选优质车商和优质资产，从而做好贷前、贷中、贷后的风控，形成循环良好的闭环。银行要做的话，最好的方式就是跟车置宝合作。汽车金融市场有三万亿元的规模，将为车置宝带来很大的利润空间，车置宝的目标是占据未来 3000 亿元左右的市场。而车置宝已经取得金融牌照，预计在不久的将来就会有新动作。

3. 零担物流

交易的最后一步是把车辆顺利交付到车商手上。为保证二手车跨区域流通的高效实现，车置宝整合全国物流资源池和碎片化车源，推出"置车物流"业务，车置宝只做前置仓，中转仓都是由企业的运力伙伴来解决，这为二手车交易打造了一站式跨区域服务体验，实现全国异地提档、异地过户、跨区域流通。

4. 智能决策

车置宝给主机厂、保险公司、金融机构提供不同车型的对比，使用多少年以后，车价折价率的对比，帮助主机厂更优化其新车制造，包括帮助保险公司更好地优化其定损模型，包括金融机构更好地管控车辆资产。

（四）全产业链打造行业绿色发展新标杆

车置宝作为二手车交易服务商，绿色服务为客户体验的核心，在提升客户体验度的同时，减少了 C 端（客户）的出行成本，以及碳排放。车置宝创立至今，绿色服务理念也影响了二手车交易行业，带动出一股"绿色服务""上门到家"的清风。

对 C 端，车置宝为车主卖车提供上门检测服务，车主只需一个电话，车置宝即可安排检测人员上门服务，并通过互联网全国询价，不用车主自己开车到处询价。对 B 端（零售商/经销商），车置宝同时为二手车经销商提供全国一手车源，经销商足不出户，通过移动互联网竞拍即可全国收车，大大节约了经销商出行成本。这符合国家多次倡导的"互联网＋"和绿色经济理念。

车置宝规定，检测工程师必须以公共绿色方式出行，服务到家。相较传统二手车交易模式和 C2C 模式的全城询价，车置宝的模式更为绿色环保，上述两种交易方式的沟通成本较高，出行频次平均在 8 次左右，其中多为无效出行。以单次出行 10 公里计，则车置宝的一次上门服务能减少机动车 80 公里行驶里程，减排 16 kg CO_2（以城市道路平均百公里油耗 8 L 计，每公里油耗约产生 0.2 kg CO_2）。

可见，车置宝凭借对交易场景和流程进行数字化改造升级，一直以绿色服务、绿色发展为核心理念，驱动业务延展，打造绿色标杆。

另外，二手车为人们带来便利的同时不得不面对报废的那一刻，未来 5—10 年后报废产业将是一个超千亿级的巨大市场。因此,对车置宝来说,平台拥有全国海量 C 端一手车源,这将是车置宝平台未来发力的业务扩展市场。

我国目前报废汽车回收拆解的流程是,报废汽车进场后,消费用户自行拆解可利用的零配件,对无利用价值的残车体通过氧气切割、机械剪切工具进行破碎加工,分品种销售。这种报废方式往往因达不到清洁生产而造成二次严重污染。商务部数据显示,中国目前的报废汽车拆解企业全国只有 500 多家,不到美国同类企业数量的 5%,且运营质量不高。

作为专业的二手车交易平台,车置宝可以作为老旧报废机动车回收入口,开展老旧机动车回收报废业务,对需报废回收的老旧机动车直接按照国家环保部门相关政策进行回收处置,避免这类报废车辆通过私下交易再流入市场,对环境造成次生影响。技术上,车置宝具备对汽车报废、拆解产业链延展的信心和能力,对二手车的车况检测认证系统可以大大提高老旧机动车报废回收和老旧机动车零部件拆解再制造利用水平。

三、公司发展启示

(一)逆流而上的品牌战略

一是抢占守攻转换的最佳时机。做企业犹如行军打仗,善于研究竞争局势并把握时机者常胜。从二手车市场"战况"来看,一方面,中国汽车流通协会产业协调部主任回玉梅分析认为"库存预警指数重回高位,二手车进入高度竞争期,市场高涨";但另一方面,却是昔日品牌大战的主力军瓜子、优信、人人车等似乎偃旗息鼓,早早进入了品牌投放"守势"的冬眠期,相对应的 C 端市场也出现把二手车电商遗忘的"危险期"。

这对于一直专注在 C2B 业务和服务层面"攻城略地"而在品牌营销层面略显"守势"的车置宝而言,无疑等到了守攻转换的最佳时机。自 2012 年创立来,车置宝专注"收车",已跃升为汽车电商 C2B 交易领跑者,是中国最大的数据驱动型汽车交易全服务平台,早已蓄势多年,此时品牌发力,发起"车置宝,一个专注收车的网站"品牌推广,几乎无对手干扰,可以最大声量、最广范围触达用户,效果自然是"于无是处只听到车置宝"。不得不说,车置宝"螳螂捕蝉黄雀在后"的投资思路和"后发制人"的市场品牌策略和打法,可谓"以小博大,事半功倍"。

而类似的"逆袭"成功案例就摆在我们眼前,相信见证过 2000 年左右电子商务大战的很多人,当年都是从易趣—eBay—淘宝一路走来的。淘宝创立之初,易趣已是一家独大,再加之易趣被国际巨头 eBay 收购,淘宝几近"被灭",马云没有选择在对手正盛时对攻,而是埋头苦干、另辟蹊径,当亿万免费用户全面培养起来时反击,这一击彻底将 eBay 赶出了中国市场。

二是妙用品牌定位差异化策略。车置宝专注"收车",通过多年的潜心布局已成为 C2B 全国跨区域交易的领跑者。基于此优势和"收车"USP(独特的销售主张),品牌升级推出全新的 Slogan"车置宝,一个专注收车的网站",从定位来说跟其他对手明显区隔,突出车置宝专注 C2B 一站式"收车",品牌定位更精准,品牌形象更清晰。

从品牌与用户画像来看,车置宝专注"收车"服务,意味着车主不仅可以享受车置宝高价、高效、专业的卖车服务,也享有极致便捷的汽车交易体验,有利于占领用户心智,在用户心中形成清晰的品牌画像。卖车=车置宝,收车=车置宝,将整个卖车服务品类与车置宝画上等号,并在用户心中深刻烙印"车置宝才是 C 端最专业、最靠谱、最全优的卖车服务选择"。

而瓜子、人人车等二手车主要都是二手车交易的企业思维,同质化严重,品牌诉求主打的是市场位置,突出的是企业本身,跟服务和用户关联度不高,用户印象不清晰,很容易混淆;同时,长期以来各种洗脑广告轰炸,用户早已审美疲劳,容易被遗忘,甚至有反感情绪。

"车置宝,一个专注收车的网站"差异化品牌定位背后,也有其强大的支点。汽车交易整个产业的源头在于车源,车置宝始终坚持"车源为王"的理念,C2B 全国收车模式,肯定了零售商与经销商的存在意义,将 C 端与 B 端无缝连接,盘活整个产业链,具备强大的造血能力。

三是巧构视觉差异识别与记忆。当有了差异化的品牌诉求内容,那怎么精准触达用户呢? 这就要靠创意与传播。据广告营销学统计,用户最容易记忆与识别的是品牌颜色,麦当劳的黄,可口可乐的红,爱马仕的橙,宝马的浅蓝色都是品牌视觉传播的最好案例。

而跟车相关的交通标志、路标,尤其是车牌都是蓝底白字,车置宝基于用户对车识别色的广泛共识,延续其蓝色的基础上推出蓝色主视觉——车置宝蓝。相对于其他二手车黄色、橙色、绿色等,这些跟车关联不大的颜色,车置宝蓝更具关联优势,用户容易形成视觉识别记忆和差异化区隔。

相对于其他二手车平台把广告做得复杂化或无厘头,一向以精准和效果营销为主的车置宝推出蓝色视觉广告,打破卖车复杂、繁琐的刻板印象,让卖车变得简单高效。从传播渠道上,不仅线上有定制版 TVC 广告,并在与用户车相关的线下生活场景进行沉浸式触达,包含分众、楼宇、户外广告牌、公交车、公交车站、机场、LED,等等,线上线下联动,形成传播矩阵,精准、强力渗透用户心智,形成颜色认知的反差和记忆点的强化。

再从品牌诉求内容与消费者需求的对接上来看,目前绝大多数二手车平台广告都在宽泛地讲二手车交易,同质化严重,没有特色,消费者很难有记忆点,而又区分不出谁高谁低,所以有需求时没有必选性,随机性很大。而车置宝聚焦在"收车",精准切中用户的卖车需求,"全国竞价、确保高价、当天现金收车"这些诉求点更深入更深刻,把用户卖车的最大痛点"担心卖不到高价,不能及时收到款项"等高效完美解决。

四是强力输出品牌独特价值观。车置宝成功的秘诀在于两个字——专注。车置宝无论集中所有精力、资源把"卖车"这一服务做到极致,还是品牌推广营销层面集中一点爆破,都体现出"专注"的价值观,同时也在"润物细无声"中向用户输出这种"专注"的服务价值和理念。

相对于其他二手车平台力求大而全包括涉足金融业,业务线越来越多,品牌形象越来越模糊,服务越来越跟不上,无论是 C 端的用户、还是 B 端的零售商与经销商等各界都可以长期深刻感受到车置宝持之以恒的"专注"精神。产品如人、服务如人、品牌如人,车置宝这种"专注"的精神,就像日本品牌的"匠心"、德国品牌的"严谨"、法国品牌的"浪漫",令人钦佩的同时很容易引起情感共鸣,这才是品牌最宝贵的资产,也是任何一个企业/品牌长续永存的"源力"。

(二) 从产业中来,以实业为根基

车置宝成立九年来,一直以专注收车的 C2B 二手车业务为根基,发展出了智能检测、智能定价、金融科技、全国物流网络等二手车交易全产业链生态,是产业互联网的代表,用新模

式、新技术来进行产业创新。

检测方面,车置宝自主研发的 VPQS 检测系统,结合中、美、加多国检测标准,后来第三方合作机构为车置宝提供二手车车辆过往各项大数据记录,包括维修、保养等,提高了车辆检测的精准度和效率。

而和检测相结合的就是定价体系。看似简单的定价体系其实是车置宝核心竞争力,背后是多年大数据的积累和分析以及应用的能力,车置宝拥有 10 万车商,平台积累了大量真实交易数据,比没有交易数据的第三方评估平台更加准确、客观,更具有参考性。据黄乐介绍通过车置宝的线上估价体系对比最终的交易价格来看,误差在 5% 之内,达到了行业最高水准。

第三就是线下发力,布局新零售。作为创新新零售的必备手段,车置宝也在线下投入了大量的资源。在线下渠道业务的拓展方面,车置宝将继续扩大城市规模。在线下物流配送方面,车置宝将成立标准化的物流中心,根据大数据整合全国的车源信息,合理配备物流资源,选择最省时、省成本的方式和线路进行配送,不仅拓宽流通半径,而且节省了买卖双方以及平台自身运营的成本。建立配送标准还可以形成品牌口碑信赖度,形成客户粘性。在线下门店的铺设方面,车置宝不仅将要增加线下门店的数量,而且要在线下门店的服务中建立一套完整的体系,包括线下的车况检测、用户偏好信息收集、物流运输、成交交付等各方面,这将会使得拍卖系统的整体运行更加流畅,并且提高运营效率,降低经营成本。

另外,由于大部分车商都是贷款来经营业务,金融服务的需求也将有望通过车置宝的介入而获得解决。当然,这个过程中车置宝更多的还是起到连接和征信担保的价值,而非直接做金融放款业务。

(三)健康持续营收,为用户提供实际价值

车置宝不烧钱,不炒作估值,早在 2013 年,也就是车置宝成立的第二年就已经在总部所在地南京实现了单城市盈利。随即,车置宝把南京的成功经验和模式复制到全国,在 2016 年已经实现了全国 13 个城市盈利。随着国家二手车异地限迁政策的取消以及车置宝在全国范围的迅速扩张,2019 年四季度,车置宝实现了已覆盖的全国 102 个城市整体规模化盈利。车置宝坚持回归商业本质,保持自身的健康持续营收,为用户提供实际的价值。

(四)运用 AI、大数据等新技术,赋能实体产业

车置宝的顶层战略分成三个阶段:第一个阶段将行业里所有相关的检测、定价,包括过户等,全部建立系统,把它数字化;第二个阶段是数据化,通过这些建立的系统,再去做更多元化的服务;第三个阶段是决策支持,就是 AI 的阶段,如何通过数据反哺模型,通过这些模型真正做到智能决策,真正做到无人化,极大提升了传统实体产业的效率,优化了二手车交易全产业链运营,带动二手车行业进入智能化、数字化时代。

(五)孵化英才开启汽车后市场的智力马达

完备的技术支持、成熟的 C2B 运营体系及持续的车商用户增长,车置宝早在 2016 年年底实现所有运营城市盈利。实现集团整体性盈利,除了得益于在跨区域交易上的巨大优势,合理的人才选拔机制也是取得这一成绩的有力保障。

内部选拔与培养是车置宝人才战略的核心。如今,中国二手车行业从业人员百万,但是

相较于不断扩张的汽车后市场规模还有很大的人才缺口,内部任用的人才机制有着独特优势。为此,车置宝联合业内精英共同孵化优秀人才,打造二手车交易界的"黄埔军校",满足二手车行业爆发性增长带来的人才需求。

车置宝从南京起家,如今走向全国,凭借前瞻性的技术创新和稳健的跨区域交易能力构建起技术和运营网络壁垒,在二手车电商的割据战中占据重要一席。随着资本的涌入,车置宝蓄势待发。未来发展,车置宝以联结全国二手车零售商,给车主以极致的汽车交易服务体验为使命,立志成为中国最大的数据驱动型二手车交易全服务平台。车置宝将顺势而上继续深耕 C2B 模式,不断优化提升运营效率,为用户搭建最高效的二手车拍卖网络。车置宝在不断累积车况的大数据同时,与产业链中其他环节的领先平台进行开放式合作,通过开发领先行业的车辆评估、线上定价、金融及物流等有效提高行业效率的大数据产品,打造最高效的二手车流通服务,形成二手车交易全车型、全区域、全流程的价值实现。

引领中国互联网商业格局的新力量——
苏宁易购集团股份有限公司

一、公司简介

苏宁易购集团股份有限公司是中国领先的 O2O 智慧零售商,2018 年苏宁易购再次跻身《财富》杂志 2018 年全球财富 500 强榜单。苏宁易购 1990 年成立于南京,成立伊始主营家用电器、3C 类产品,随着平台的开放,各大品牌入驻后经营范围不断扩大,是一家综合类的企业。2004 年,苏宁易购(简称苏宁)正式在深交所挂牌上市,当时被列入全世界家用电器连锁零售业最有价值的公司行列。2009 年,苏宁正式开始了向 B2C 模式发展的步伐,打通线上销售渠道。为了最大化地满足顾客的需求,顺应市场的变化,更好地进行公司自身经营发展,苏宁于 2012 年宣布开启了线上电子商务平台线下实体店融合、全产品品类经营范围、开放服务平台为基础的经营模式,标志着苏宁即将开展 O2O 模式。2015 年,苏宁易购线上联合阿里巴巴,线下联合万达,共同改写中国商业新格局,实网做虚,虚网做实,殊途同归,成为引领中国互联网商业格局的新力量。

苏宁面对互联网、物联网、大数据时代,持续推进智慧零售和线上线下融合战略,全品类经营、全渠道运营、全球化拓展,开放物流云、数据云和金融云,通过门店端、PC 端、移动端和家庭端的四端协同,实现无处不在的"一站式"服务体验。展望未来,苏宁将继续深化推进"科技苏宁、智慧服务"战略,本着"百年苏宁,全球共享"的愿景和"输出能力,链接资源,构筑平台,合作共赢"的经营理念,与各领域合作伙伴携手合作,共同开拓全球市场,打造科技、国际、多元新苏宁。

二、公司不断创新的商业模式

(一)快速发展成为线下综合连锁零售企业阶段

苏宁以做空调起家,逐渐发展成为中国最大的空调销售企业,之后开始向综合电器连锁经营转型,但局限于线下交易市场。苏宁电器的经营种类繁多,但主营业务一直是综合电器的销售和服务,自成立之初到 2009 年之前,苏宁选择直营连锁和特许经营等多种方式进行业务规模上的扩张,在家电零售市场中一直保持着快速发展的势头,成为当时第二大家电零售企业。苏宁加快在全国范围内的物流配送建设和售后服务体系,在行业内率先完成全国一级市场网络布局。截至 2004 年底,苏宁在全国一线主要城市开设 84 家连锁店,连锁店经营面积达到 37.53 万平方米,较 1990 年 200 平方米的空调店增长了千倍,店面形式多样,包括旗舰店、中心店、社区店等。2004 年,公司共实现主营业务收入 910725 万元,比 2003 年同期增长 50.94%;净利润 18120 元,比上年同期增长 83.22%。此阶段是苏宁发展的起步阶段,也是快速发展成为综合连锁零售企业阶段,从生产规模到经营品类都有很大发展,其经营区域主要集中在一线城市及富裕的二线城市,并随着家电零售市场的发展,逐渐向二三线城市进军,同时,经营业态也在不断发展变化,店面多样化经营也为其发展提供了更多可能。

明显可见的是,苏宁采用线下实体店与客户进行面对面的交易模式。

(二)O2O 商业模式发展阶段

1. 电商探索阶段

在上一阶段,电子商务发展处于探索萌芽时期,电子商务的主要模式是 B2B,以企业间业务往来为主,电子商务的应用只是为企业和个人优化业务活动或商业流程,比如,对信息的搜集与发布,对往来邮件的处理等。1999 年,8848、阿里巴巴、携程网、当当网等电子商务网站创立,迎来了我国电子商务发展小高潮,但随着 2000 年互联网泡沫影响,第一批电子商务企业纷纷倒闭,到 2001 年剩下的只有三四家。经过两年调整,到 2003 年我国电子商务全面复苏,目前最大的 C2C 电商平台淘宝网成立,2004 年专业做数码家电的京东商城上线,给电子商务的发展带来了新气象。2004 年,京东商城的销售额为 100 万元,虽然和苏宁电器的销售额有着巨大的差距,并未对传统家电造成太大影响,但其发展势头强劲,随着互联网时代的到来,京东商城占据更多的家电市场份额的趋势日益显现。

面对不断成熟的电子商务销售模式,苏宁作为传统家电零售企业,面对京东等线上销售平台的挑战,在不改变原发展战略的情况下,结合自身情况也开始了对电商的探索。

一是实体店铺的升级创新。此阶段苏宁仍以连锁经营为主,在保持一二线城市市场份额的基础上,开始向三四线城市扩张,通过不断增加门店数来争夺更大的市场份额。通过创新连锁经营模式,开发了第五代 3C+旗舰店,建立了租、建、购、并四位一体的店铺使用方式,形成了以"内生增长,后台优先"为核心的发展模式。同时,苏宁的连锁经营发展到中国香港、日本等地,开启了国际连锁发展之旅。苏宁通过店面创新,开发了自建店、精品店等店面新模式;通过创新服务产品,大力推广"阳光包"延保服务,优化消费者服务体验;通过对乡镇市场进行调研,推出县镇店,逐步进行渠道下沉。通过全方位的创新不断扩大规模及家电市场份额,2005 年到 2009 年,苏宁的员工人数、门店数以及连锁店面积都在增加,但增长趋势放缓,而净利润同比增速在达到 103.45%的高峰后开始下跌,虽然利润总额仍在上升,但增幅放缓,这与电子商务 B2C 线上平台的冲击有关,也与企业自身方案调整有关。

二是面对迅速发展的电子商务冲击,苏宁电器做出了积极反应。作为实体行业的翘楚,苏宁并没有冒进地投入到电子商务发展中,而是进行了全面的探索,电子商务网上商城从无到有,从地方逐步推向全国。苏宁第一代网上商城于 2005 年面世,仅对南京地区开放;随着第一代商城的完善,于 2006 年 12 月苏宁第二代网上商城面世,市场开放到北京、上海、成都、济南等 11 个一线城市;之后将网上销售市场覆盖全国,建立起苏宁全国性的第三代网上商城;2009 年,苏宁网上商城更名为苏宁易购。苏宁易购的成立标志着苏宁电器正式进军电子商务领域,同时苏宁易购作为集团控股的独立子公司运营,给了苏宁易购更大的发展空间,也让人们看到了苏宁转型的决心。苏宁电器网上商城经过不断更新换代逐渐发展成熟,功能也在不断完善,最开始的网上商城更多的是以浏览商品为主,其实际成交额并不大,但随着人们购物习惯的改变以及对苏宁网上商城的认可,最终促成了覆盖全国并逐渐成为家电主要网购平台的苏宁易购的成功上线。

三是对物流系统、信息系统的建设与完善。物流系统的建设,苏宁一直坚持"网络集成化、作业机械化、管理信息化"理念,利用先进的管理系统来实现优质、高效的服务,提高顾客满意度;通过创新发展物流信息化水平,实现对客户地址的数字化管理,实现运输过程中的实时监控。售货服务终端不断向外延伸,扩大终端网点数量,提高终端网点服务质量,构成以市级城市为主,县级城市为辅,乡镇区域扩展的售后服务网,提高售后服务覆盖率。信息系统的建设,以 ERP 系统为依托,并通过系统升级形成 SAP/ERP 系统,提高了企业标准化、精细化管理水平,提升了企业管理效率;信息系统升级后,B2B 平台的建设实现了与供应商的快速联系,订单与结算工作更加方便快捷。总之,企业信息系统的完善,使公司在组织管理、业务流程处理等方面的能力得到很大提高,为企业前台运营提供了有力保障。

2. 传统电商阶段

2009 年,苏宁开始积极拥抱互联网,网上商城苏宁易购于当年 8 月 18 日全面升级,提升了服务水平和能力,并于同年内提出了新十年发展战略。面对互联网经济带来的深刻变革,顺应未来零售发展大趋势,为传统零售行业开辟了一条新的发展路径。实现渠道创新,推进 B2C 团队建设、组织人员完善,打造 B2C 平台,增强盈利能力。通过优化网站页面,加快新品拓展,丰富消费电子类产品和配件延伸产品,进行精准营销,强化后台技术建设,优化购物流程,持续优化支付方式,加强客户网上购物体验,提升苏宁品牌形象。

3. 打通双向渠道

一是苏宁云商的"店商+电商+零售服务商"模式定位。2013 年,苏宁电器更名为苏宁云商,向外界传达一个全新的品牌形象,打破了人们对苏宁的固有印象,这是苏宁超电器化发展的重要一步。苏宁云商通过对实体店铺改造升级,通过对线上苏宁易购经营品类扩展完善,通过利用大数据、云计算等先进技术,创造性地提出了适合苏宁发展的"店商+电商+零售服务商"模式,无论是线上销售还是线下销售,都放在重点发展的位置上。苏宁云商超电器化发展战略,扩大了经营范围,不仅局限在家用电器零售上,还向超市、母婴用品、金融服务等多方面拓展,但根据苏宁云商的财务报表可以看出,其主营业务仍然是综合电器的销售和服务,家电产品实体零售仍然是苏宁的根本,其他业务是新形势下打造新苏宁的必要条件。"云商模式"就是整合线上线下资源,将产业链不断延伸,向包括企业员工在内的所有人员提供更优质服务;线上平台不仅包括自营产品,还向外开放,不仅销售家电,还包括金融服务等关联业务,打造综合型网购平台。

二是苏宁"一体两翼三云四端"的互联网零售战略。苏宁在 2015 年提出了"一体两翼三云四端"的互联网零售发展战略,即以互联网零售为主体,对线上易购平台和线下实体店平台升级发展,突出全渠道经营模式优势,充分利用物流云、数据云和金融云的分析功能,实现对电视端、电脑端、移动端、门店端协调统一全面发展。通过对云技术的综合应用,实现数据的存储与分析,同时提供企业发展需求的技术支持;苏宁通过平台开放,实现所有资源的重组再造及高效利用;通过线下苏宁旗舰店、超级店、苏宁生活广场、苏宁广场四种类型以及线上 PC 客户端、移动手机、PAD 用户端以及智能电视家庭终端实现全覆盖式服务。

三是同质同价的定价方式。苏宁易购上线后,其线上平台与线下实体店之间产生了不可协调的竞争关系,实体店不想做网店的体验馆,但是其同品不同价问题一直局限着苏宁的发展。2013 年 6 月,苏宁宣布实施同品同价定价策略,即在苏宁实体店销售的所有商品,与易购平台上的商品实现同城同品同价,通过对同城系统内线上线下销售业绩、员工绩效等进一步完善,有效地解决了线上线下互搏的问题。该策略的实施,是在充分考虑线上线下两个渠道、两个平台、两个运营体系之间矛盾的基础上提出的,这样就可以更好地实现信息资源的共享,在库存管理、物流运输以及售后服务上都得到改善,提高集团整体效益。同时,建立了完善的比价系统，不仅可以比较自身平台上同种商品的价格，也可以通过搜索了解其他平台上同种商品的价格等信息，为消费者提供了更人性化的服务。

（三）全价值链互联网化

苏宁易购已经形成以零售、金融、物流三大板块为主的业务体系。按照商业模式的概念，苏宁易购拓展增加了关键价值环节，在以零售业务为主的基础上自建物流系统及开发金融业务，物流业务和互联网业务在支撑零售业务的同时也在进行社会化运作。

1. 零售业务互联网化

2017年是苏宁转型几年来业绩表现最好的一年，这与"智慧零售"战略的实施密不可分。"智慧零售"模式即通过互联网、物联网技术的运用，了解用户的消费习惯，依据消费者的需求开展生产制造活动，为消费者提供多样化、个性化的产品和服务。从零售业态的模式来看，苏宁易购将线上平台和线下门店相融合，一方面连接着消费者，另一方面连接着供应商，通过运用大数据挖掘技术，可以深入供应链层面并推动其进行互联网改革。

一是供应商层面。在互联网背景下，消费者身处海量的产品信息中，选择范围日益广泛。零售企业必须重视消费者的不同需求，为消费者提供个性化的产品或者服务，这就需要零售企业与供应商之间保持一种有效且稳定的合作方式。

通过线上平台的建设和大数据技术的应用，苏宁易购对客户的消费需求偏好和购物习惯等数据进行分析，以牵引C2B反向设计产品，根据预售订单数量引导生产，能够将有价值的数据与品牌商共享互通，促进整个行业的发展；在优势经营项目如家电、3C品类方面，苏宁易购加强定制包销、单品运作的模式，以形成渠道间的差异化运营；通过参股投资"辣妈帮""达令"并建立紧密的业务合作，以结成战略联盟的方式提升了公司在母婴、美妆类目的专业运营能力。

在双向的零供关系引导下，苏宁易购和供应商之间建立起了有效的信息沟通和共享机制。苏宁易购向供应商提供消费者反馈信息的大数据分析，帮助产品供应商实时掌握趋势、调整自身策略，反过来也提升了自身的竞争力，行业供应链整合水平显著提高。

二是消费者层面。在互联网经济形势下，各电商网站及平台的建立使得高同质化的商品转换成本降低，交易达成的权力更多地倾向于消费者。因此，扩大消费者规模，带来高流量，增强粘性、促进重复消费是实现盈利最重要的来源，而实现盈利的关键手段是提供极致的消费体验和差异化竞争。

为实现客户价值，苏宁易购将"提升客户满意度"作为企业经营的核心理念，并借助CRM等系统工具提高客户服务水平。通过前台互联网化，实现与用户的及时沟通、互动，大大提高了消费者的购物便利性。通过后台互联网化，大数据技术的运用使得企业可以运用精准营销的手段更为清晰地定位自己的目标客户。苏宁的线下门店也发挥了独特的作用，消费者可以在实体店中对产品或服务进行深入的了解和体验，满意后直接以线上的优惠价格从线上下单，弥补了传统电商模式下在线上购买后对实物产品缺乏满意度的不足。

2. 物流互联网化

物流配送体系的建设对于零售行业而言至关重要，是互联网落地的重要支撑之一。苏宁很早之前就开始重视其物流业务的建设，但是早期的苏宁物流只服务于苏宁内部，物流资源不能得到充分利用。2012年，物流业务被剥离出来成立了苏宁物流公司，开始社会化运作。到今天，苏宁物流业务已经走上"物流云"的发展道路。"物流云"项目涵盖了12个自动化分拣中心、60个区域物流中心 300个城市分拨中心,以及 5000个社区配送站。

苏宁物流通过对大数据的精准管理及对客户行为的历史数据分析,为客户提供工厂到仓库、分销商、门店和消费者的全链路供应链物流方案。通过对消费者购买习惯的大数据挖掘,预测消费者购买商品的时间、地点,对产品库存部署进行优化,一方面完善用户购物体验,另一方面有效控制成本。

在此基础上,苏宁的物流云将供应链、物流、售后及数据等服务向社会全面开放共享,实现客户、服务商系统与物流云平台系统的完美对接,物流从成本中心变为利润中心,社会化营业收入大幅增长。

3. 金融业务互联网化

过去,政策和技术的局限性使得供应商与消费者之间电子化的资金流仅仅在体系内流通,并且多局限于消费者购买付款和供应商结算两个方面。而今,受惠于相关政策的放开和技术的发展,苏宁易购运用大数据技术对上亿消费者的浏览信息和 3万多家供应商的订单、生产等信息进行挖掘,从而了解消费者和供应商各种各样的金融需求,开发出相适应的金融产品。

在支付方面,完善苏宁易付宝开户、支付、转账等功能,使其更好地服务于客户消费活动;在供应商方面,苏宁金融通过整合仓储、销售、物流、客服等业务数据,创建了闭环模式的业务流程风险控制系统,开发出信用评级的金融服务模式;在消费金融服务方面,苏宁消费金融公司设计了"任性付"这一消费金融产品,通过大数据应用建立消费者信用模型,用户可根据信用获得一定的贷款消费额度,满足广大消费者先消费、后付款的超前消费需求。

在价值链的位置上,金融业务处于零售业务的下游。零售业务带来了巨大的现金流,这是苏宁易购建立金融业务的前提,因此,金融业务是对零售业务价值链的拓展。苏宁易购金融业务的开展使企业建立了资金流动链的闭环体系,在保证苏宁易购零售业务顺利开展的同时提高了企业的盈利能力。

三、公司发展启示

(一) 转型方向明确

苏宁的转型分为多步进行,但每一次的转型都有明确的发展定位。通过对外界环境及自身发展的分析,苏宁第一步转型即由单品类专营业务发展为多品类综合连锁经营,第二步转型是在电子商务快速发展的基础上对线上业务的探索,随之推进了第三步的转型,即线上线下融合发展,这也是最重要的一步转型。在转型中明确了"店商＋电商＋零售服务商"的方向,单纯的线下实体店发展模式已经不适应于这个快速发展的时代,只有将其两者融合起来,才是未来家电零售业转型的方向。从苏宁电器到苏宁云商,从专注于家电行业到全价值链发展,这就是苏宁转型的方向,是随后一系列具体措施的指导方向。

(二) 物流、服务等资源的整合利用

零售业发展过程中,物流的作用越来越重要。苏宁在转型升级的过程中,充分开发利用物流资源,调整物流结构,扩大物流覆盖区域,并将苏宁物流以公司化模式独立运营,服务于门店及电商平台甚至是外部客户,形成全国性仓储配送网络,苏宁物流网络从上到下包括自动化仓库、自动化分拣中心、采购枢纽中心、物流区域配送中心、城市配送中心、快递网点,完

善高效的物流服务体系,保障着苏宁的快速发展。

苏宁的服务系统涵盖品类多,覆盖区域广,服务种类全面。售前有完善的咨询展示服务,消费者可以对商品有较为详尽的认识,通过对价格的比较,对质量功能的咨询,详细了解商品,无论是线下实体店还是线上平台,都可以提供咨询服务;苏宁的售后服务涵盖15大类商品,获得服务授权的品牌120个,售后服务区域基本实现一二线城市全覆盖以及主要的三四线城市,在很大程度上解决了消费者对收货繁琐问题的担忧。

(三)全渠道发展

苏宁积极推进线上线下业务,布局全渠道发展模式。全渠道模式就是吸纳更多的合作者,通过线上线下渠道融合服务更多的消费者。线上自营平台苏宁易购营销业绩始终都保持着稳定的增长,就2016年而言,线上共策划了四次大的营销活动,即"4·18""6·18""8·18"和"双11"活动,通过四次活动,进一步强化了苏宁易购在家电线上平台的地位,同时也给企业带来了可观的业绩;苏宁易购平台的开放度进一步提高,积极鼓励家电品牌开设官方旗舰店,通过苏宁SDI系统的用户数据和行为轨迹为品牌商提供更优质的服务;苏宁在布局线上平台的同时,积极与电商平台大佬阿里巴巴合作,苏宁易购旗舰店正式入驻天猫,仅"双11"苏宁易购旗舰店就成为在天猫上排名第一的第三方商户,通过物流等合作实现资源共享优势互补;苏宁线下渠道包括1600多家实体店以及1100多家苏宁易购服务站,通过对实体店改造升级,苏宁云店引领消费新体验;苏宁物流平台也是其全渠道发展战略中的重要一环,通过对大数据的分析处理,通过自建物流体系以及与相关物流企业合作,实现对仓储、库存、运输等精细化运作,降低物流成本,提高物流效率。

(四)开拓的创新精神

实体经济要想保持持久竞争力,就需要有开拓的创新精神,苏宁在转型发展过程中,就做到了这一点。

一是苏宁开创O2O模式,对线上平台、线下实体店、物流体系、大数据平台实行开放,充分挖掘每一方面的潜力。

二是苏宁注重消费者消费体验感,打造完善的服务体系。如苏宁过去像其他的大多数零售企业一样,靠低价从供应商订货、然后再低价卖给消费者来盈利,因此,曾在零供关系中一度处于被动地位。为改变受制于供应商一边倒的格局,苏宁决定抛弃过去依靠低价促销吸引消费者、复制扩张店面吸引供应商这一策略,转而去研究市场上的顾客需求。变市场博弈关系转为以有效满足用户需求为主导的合作模式。苏宁还会训练员工通过微博与消费者互动,员工还会鼓励消费者在线注册,以便可以对顾客的消费行为进行数据分析。一个成功的案例是:苏宁通过对消费者的购买喜好、习惯、频次的追踪,锁定年轻女白领、年轻妈妈、Kitty粉丝三类目标客户,推出可以下载诸如清洗丝袜、毛绒玩具等多种洗涤程序的Hello Kitty智能洗衣机,颇受消费者的喜爱和追捧。最近,苏宁已和海尔、美的等近百家品牌商建立了数据牵引的供应链机制,让消费者成为"产品经理",大数据则是产品设计生产的"数字化图纸",进行反向定制,保证产品能够精准供应市场。

三是苏宁由家电零售商转型为综合零售服务商,服务对象不仅包括消费者、供应商,还包括线上加盟商、物流商户等,经营品类由传统家用电器向3C、小家电等全品类发展,同时开通金融、物流仓储、大数据等服务。

苏宁在不断求新求变的过程中实现了转型,虽然转型过程中存在这样或那样的困难,但通过一次次创新发展,取得了现在的成绩。

(五)扁平化管理

互联网时代下,顾客需求变化快,需要企业建立快速反应的组织结构,实时把握用户需求。为配套新模式,苏宁云商对组织结构做了全面改动,变"矩阵式结构"为"事业群组织"。在大区层面,苏宁进一步扁平化管理,把三级管理(大区、子公司、营运部)缩短为两级管理(大区、城市终端),大区管理更加柔性、扁平化。此外,苏宁新设了16个大区,增加了100多个城市终端,使得主干和毛细网络更加完善。2014年,苏宁再次调整组织结构,设立红孩子、商业广场、PPTV等八大直属独立公司,相对独立运营,进一步打破组织壁垒和流程障碍,快速抢占市场。

(六)跨界运营

一是跨界金融运营。掌控巨量现金流历来都是大型零售商的天然优势。金融的力量毋庸置疑,零售商跨界到金融领域施展才能,优势得天独厚,比如,支付、理财、众筹、个人消费信贷,等等。京东和阿里的发展,很大程度上都受益于金融的发展。同样,金融业务也是苏宁一大支柱。商业的繁荣必然会衍生商业金融产品,开创新的商业模式。

二是跨界商业地产运营。零售商通过自建物业进入商业地产的情况非常普遍。大部分零售商都有一部分产权物业门店,苏宁自有物业门店有29家,与苏宁电器集团和苏宁置业集团等房地产商合作的租赁门店75家。在当今物业自身升值和租赁价格不断创新高的情势下,零售商更有自持物业的动力。

智慧零售行业十年领军品牌——
江苏创纪云网络科技有限公司

一、创纪云发展简介

创纪云的前身为 2001 年成立的江苏百年软件科技有限公司,是从事传统零售 ERP 系统服务及解决方案的公司,其业务领域涵盖了连锁超市、百货商场、购物中心及行业专卖店等。

2015 年 7 月,百年科技正式战略转型为江苏创纪云网络科技有限公司(创纪云·INNOVATION ERA),致力于零售业前沿研究与开发、方案咨询与实现,现已成为国内零售业领先的智慧零售解决方案提供商和服务商。

创纪云总部位于江苏南京,截止到 2019 年 12 月 31 日,创纪云在全国拥有 16 个直营分公司和办事处,公司总部员工 700 多人,其中,研发队伍超过 500 人,为全国 500 多家规模型零售客户提供服务支持,其中包括华润苏果、孩子王、联想来酷、名创优品、许昌胖东来、洛阳大张、贵州合力、生鲜传奇等规模型零售企业。

创纪云的经营愿景是让零售更美好,建立一个让用户极致体验的智慧生态,用共生同赢的思维重塑零售价值,用专业智慧重塑零售企业运营管理,重构连锁零售价值,构建集团化连锁零售全渠道运营平台,满足零售企业实现需求与战略规划,助力传统零售向智慧零售转型,协助伙伴提升零售能力。

创纪云获得的荣誉有智慧零售行业十年领军品牌、中国零售行业科技进步奖、中国零售行业科技赋能奖、新零售十佳服务商、南京市瞪羚企业、微信支付卓越运营奖、厦门金砖峰会会晤合作单位等。

二、创纪云发展现状

近 20 年的商业经验积淀,百年科技对零售业务及管控流程等更为了解,感受亦更加深刻,在随着互联网和移动互联网深度应用的背景下,如何用科技更好地赋能消费者、零售商、供应链等成为新的趋势发展方向。

创纪云自 2015 年构建全渠道智慧零售体系,持续投入 4 亿多元的研发资金,并做不断迭代,截至目前,已为全国近百家规模商户提供了零售全渠道业务运营赋能。

2018 年 4 月,创纪云自主研发的"全渠道核心业务中台"商品化的发布,标志着创纪云从传统的 ERP 厂商和供应商,正式转变为全渠道零售的平台商和服务商。

创纪云全渠道零售的服务包含了以传统 ERP 套件——零售管理系统(RMS)、供应链平台(SCM)、财务辅助管理系统(FMS)、物流配送系统(DMS)及常温、生鲜仓储管理系统(WMS)为支撑的基础后台;以"组织中台、会员中台、商品中台、库存中台、营销中台、促销中台、订单中台及交易中台、支付中台"等为主体的全渠道核心业务中台;支持诸如云店铺(云

POS、店铺通、履单通、大屏通及各类自助收银、扫码购),多消费者触点(C端APP、小程序、公众号、三方O2O平台),员工端APP及供应商工作台的多变化的前端/台。

创纪云全渠道会员系统(IE-CRM),通过数字化技术,实现各零售单元的在线化,对会员信息、会员消费习性、会员消费能力等方面数据的汇集分析,设计各层级模型,协同内部资源匹配对应人群、个体,进而实现全渠道会员精准营销,为会员提供更多个性化服务,强化零售企业经营用户的能力。

创纪云智慧零售的营销工具,为零售企业的营销提供支持全行业(商超、百货、购物中心、便利店、社区生鲜、母婴童、零食店、水果店等)、覆盖全场景、赋能全渠道(消费者APP、小程序、实体店、前置仓、无人店、三方流量等),实现线上线下一体化的支撑。

目前应用的营销工具有拼团、分享赚、抽奖、签到、红包雨、预售、砍价、秒杀、挑战赛、到家商城、积分商城、三方流量等,通过持续迭代的营销工具应用,助力零售企业增强会员互动,提高会员活跃度,提升交易量。

创纪云智慧零售运营团队帮助合作伙伴提供系统搭建、选品建议指导、资源配置、宣传通路和方案、配送交付方案、持续迭代运营等一系列业务流程和运营规范,帮助合作伙伴打通线上业务通路,拓宽业务边界。

在过去的三年里,创纪云经营均破亿元,销售和服务收入持续上升;截至目前,创纪云服务全国500多家零售企业,其中在两年的时间内,帮助全国130多家合作伙伴搭建了全渠道零售运营平台,服务数亿会员;构建了全渠道智慧零售运营体系,实现了"全面数字化、服务在线化、场景智能化"的全渠道智慧零售经营。

三、行业竞争优势

(一)专业的泛零售全面解决方案

创纪云泛零售全面解决方案充分支持零售连锁集团化跨业态、跨区域、跨行业,实现统一采购、统一配送、统一价格、区域管理等发展战略。帮助零售企业打造实体店、移动电商、会员营销等多位一体的全渠道零售体系。并在国内很多大型连锁企业集团得到广泛的部署应用,创纪云的连锁经营理念及优化的业务流程在众多客户群中有良好的体验,零售业务价值得到较大提升。

(二)行业领先的全渠道中台解决方案

创纪云全渠道零售中台解决方案通过多维度整合的中台结构体系,来完成零售企业线上线下一体化运营的所有策略,并满足零售企业在不同发展阶段运营过程中的不同需求,具有业务流交互的能力(安全性/标准化/灵活性)。

创纪云全渠道业务中台提供可复用服务,如统一会员、统一商品、统一营销等开箱即用的能力;数据中台提供数据治理、数据模型搭建、数字资产管理等数据服务,打通部门之间数据的障碍。

(三)深厚的连锁零售理念与实践

创纪云近二十年来,一直伴随着诸如苏果超市等一大批优质客户共同成长壮大,是IBM、微软、英特尔等国际公司的合作伙伴,并与尼尔森等有长期稳定的合作,这些都使得创纪云能充分理解连锁行业的业务流程与管理方式,积淀了比较深厚的连锁零售行业经验。至今,已经为五百多家零售、连锁企业提供了优秀的全渠道零售解决方案,客户规模和品牌价值在国内同业中名列前茅。

（四）优质的客户服务与保障

创纪云专业服务团队拥有从市场营销、客户服务到供应链管理、电子商务等方面的专家经验,提供多种专业解决方案的售前咨询服务,并针对客户个案的特点提供差异化的实施方案。

可以持续为伙伴提供系统部署、运维支持、专业培训、增值定制、网络运营和聚合数据等专业服务。

（五）可持续的创新能力

结合零售行业的发展和技术的持续进步,创纪云持续为零售客户做好全面的信息化、数字化以及智能化的服务。

针对不同规模的客户,创纪云分别对产品和营销做了相应的分层,向上保持既有的大中型连锁零售客户的系统持续满足和服务拓展,提供定制化的解决方案。针对需要迅速应对市场变化以及付费能力有限的中小型客户,借助 SaaS 化的云 ERP 模式,向下开拓小型零售客户或单店的用户,为其提供全渠道的系统、便捷化的接入、简易化的管理,在服务有限的客群中,提供更多的互联网化、在线化的服务,提高接单空间,增强服务能力。

四、现阶段面临的挑战

（一）全渠道"市场教育"成本高

中国零售行业的数字化及全渠道还未普及,很多零售企业对此的认知也存在差距,所以,创纪云承担了一部分"市场教育"的成本。

一是,现在很多零售企业在"取得效果"之前,不愿意去做大的投入。但"效果"很难评估,因为在实际运营过程涉及的因素特别多,比如,运营人才、执行力、资源协同和投入等,并非"一套解决方案或服务系统"就能解决的。

二是,很多零售企业尤其是一部分中小零售企业,付费意愿并不强,总想获得"免费的午餐"。这是零售行业面对数字化及全渠道的现状,这也是创纪云未来必须要实现突破的地方。由于转型全渠道平台商和服务商投入巨大,当下创纪云不得不用传统 ERP 上的利润去补贴全渠道零售业务中台上的成本。

（二）行业良莠不齐

行业内很多服务商提出所谓的业务中台,仅是在传统 ERP 上做一些接口,完成所谓的全渠道会员连接,但这种链接很脆弱,不可能支撑全渠道的运营。因为其没有把零售企业的整个业务逻辑中台化。

这种服务商却以极低的服务价格充斥整个零售市场,这种良莠不齐的情况也让很多零售企业对此并不能做出清晰的判断,扰乱了整个行业。这对创纪云来说,既是挑战也是机遇。

（三）零售企业全渠道运营能力不足

在全渠道业务的交付过程中，很多零售企业并不太了解互联网的一些运作方法，从运营人才组织和储备上而言，更是难招人、难留人。

创纪云作为一个系统的提供商，为了要保证系统整体的运营效率，自己建立了一个运营团队去给客户提供运营方案的支撑和服务，这也是市场培育的一部分。

五、未来发展战略和展望

（一）行业发展趋势

近十多年中国社会发生了巨大改变，有教育的变革，有技术的变革，有商业的变革等一系列的变化，今时不同往日，商业大潮浩荡向前，商业基础设施已经发生巨大变化。技术、组织、供应链、运营、营销、生态资源协同……商业模式、商业终端表现方式都发生了剧变。

2020年春节期间的新冠肺炎疫情席卷全国，导致很多行业的急刹车（餐饮、文化、休闲、体育、旅游等）时，承担民生保障的超市业态通过线上通路，快速建立接单、拣货、配货、交付、售后等机制，保障了居民的日常所需。通过这个现象再结合2003年的非典场景，是否产生了经济新模式、新方向的"萌芽"？

现在回头看，自从2016年"新零售"的概念提出到现在，已经有4个年头了。虽然这个概念被提出后，各种类型的"新零售"形态层出不穷，再有资本的加持，更让零售这个业态显得一片繁荣，形成了新零售的概念风口。事实上，当初马云提出"新零售"概念的时候，是因为"淘"系已经察觉到线上流量的瓶颈（客流有限、吸客成本高企不下），需要有新故事的素材，制造新热点和新话题，让"淘"系更能持续刷出"存在感"，其实当时的新零售基础设施和运营条件是不成熟的。

这时候我们再来反观2016年，可以认定2016年是新零售的萌芽期，直至现在才正式走向成熟，但是在成熟期的背后，再叠加上新的技术方式（5G技术和AI的深度应用和前景探讨是目前最热门的）又会有怎样新的变革、新的形式或形态？

立足当下，放眼长远，随着零售行业的持续发展，技术的不断进步，将流量和生意机会双重叠加，使得零售企业能具有更持久的增长能力。

一是智能不是首要目标，便利性才是。2018年是科技和零售相结合试验的一年。Amazon Go上线并迅速扩张，45％的购物是通过智能手机完成的，像7-Eleven这样的公司也有了不同的支付系统。虽然通过智能音箱购物、雇佣聊天机器人"员工"或走出无收银台商店仍可能被视为一种新奇事物，但购物时，便利性是最重要的。各种新技术的运用，将有助于零售商确定哪些技术能够长久，也就是说，当消费者的体验没有被放在首位时，哪些技术将被抛弃。在技术进步方面，零售商和消费者之间存在一种共生关系：当消费者积极做出回应时，零售商就会测试和采用更多新科技。随着线上线下的界限变得越来越模糊、零售商进一步了解实体店和网店正在融合的趋势时，这种合作关系势必会得到进一步发展。

二是零售格局将重构。虽然2017年的"零售末日"的传言在2018年基本消散，但许多商店确实关门了。百货巨头J.C.Penney等公司的裁员，加上玩具零售商巨头Toys R Us和百货公司 Sears 的破产,导致数千家门店空置。据地产研究公司 Reis 的数据,2018 年美国商场第四季度空置率为 9%,虽然相较于第三季度近 7 年最高空置率略有改善,但仍远高于 2017 年平均值 8.3% 的空置率,因此,2019 年美国商场仍将处于困境之中。零售咨询公司 SiteWorks 总裁、零售分析师 Nick Egelanian 对 retail Dive 表示:"零售商需要避开 B 类和 C 类购物中心,它们除了降价别无选择。""也就是说,A 类购物中心的销售额实际上是生产率提高的体现,主要街道、物美价廉的露天市场和大多数出口中心也是如此。"不过,富国银行(Wells Fargo)分析师 Jeffrey Donnelly 和 Tamara Fique 认为实体店的萎缩可能已经触底,令人心惊的关闭潮似乎已经到达顶峰,实体零售商正在进行反击,他们对自己的商店进行再投资……零售业主也积极去除投资组合中的不盈利项目,并投资增长更快的零售项目和多功能项目。同时,尽管许多大卖场和购物中心正在逐渐消失,一美元商店和折扣店的实体店却在扩张。距离消费者近、以满足社区家庭单元为消费场景的"社区生活商业"也将会获得更大生存空间。另外,新概念店将层出不穷。2018 年,越来越多的零售商尝试实体店,许多商店都开始缩小店面规模,IKEA、Barnes & Noble 书店和 Nike 均宣布实施小型商店的计划。对 IKEA 来说,此举是出于城市消费者的需求,而 Barnes & Noble 书店和 Nike 则专注于为消费者打造社区驱动空间。对于 Nike 而言,Nike Live 概念店由于其和 NikePlus 会员的无缝连接,不仅发展出本地化产品,还增加了消费者对品牌的好感度。此外,这一概念店还推动了移动技术在商店中的推广,影响了 Nike 在第五大道的新旗舰店。然而,近来并非所有的实体店试验都围绕"移动"展开。床垫品牌 Casper 宣布计划到 2021 年开设 200 家新门店,且都将与现有的模式不同;Nordstrom 百货扩大了以服务为导向的本地化概念店;零售药店巨头 CVS 推出了两个概念店,一个专注于其健康服务,另一个专注于改善其美容产品服务;美妆初创品牌 Glossier 去年 11 月新开了一家旗舰店。欧睿信息咨询公司(Euromonitor International)零售主管 Michelle Grant 认为,这一趋势将在 2019 年继续。虽然许多新概念都是年轻玩家进入这个行业的结果,但许多传统零售商也丰富了店内"游戏",其中,Macy's 百货公司便是走在前列的一家。2019 年,Macy's 与 b8ta 公司合作,推出了基于 Market @ Macy's 概念的店内店。这一趋势可能会影响整个 2019 年,更多的百货公司和零售公司会试图通过体验式服务、店内服务和新奇的概念店来使商店焕然一新。

三是全渠道覆盖,全会员洞察。因为消费者的时间已经碎片化了,消费者也已经去中心化了,那么我们可能在不同的时间点,有不同渠道的选择,所以,要整合各种渠道,去做全渠道覆盖,深化竞争壁垒,拓宽线上渠道,打破消费时间和空间的限制,提升用户活跃度、渗透率,实现全会员洞察。全会员洞察需要建立强大的用户沟通能力。首先,大家不要忽略视频的力量,视频的获客成本是平面渠道获客成本的 50%,但是它获取会员的数量是自媒体和其他媒体的 5~10 倍,所以不要小看视频的力量。其次,强化人和人之间的关系,包括员工和会员的关系,或者和顾客的关系,顾客和顾客的关系。人和人之间的链接,实际上也是我们在未来 PB 这个方向当中,做用户沟通的能力提升,不仅仅是 B 端的员工和 C 端之间的链接,还有 C 端和 C 端的链接。

四是拓展生意形态的无限可能。零售行业的变化变革是持续进行的,零售企业要从消费者角度出发,持续做好技术加持、内控流程、供应链体系、客户服务、场景化经营、多通路运营、社交化营销、生态资源协作等方面的求新、求变、求精,让实体零售企业拓展生意形态的无限可能。

（二）公司发展战略

随着零售行业的持续发展，技术的不断进步，特别是通过 5G 技术和 AI 智能应用带来的智慧生活的改变，创纪云将会持续投入技术研发力量和资金，同时加大运营资源的投入，帮助零售企业在顾客体验和服务、供应链建设、内部流程管控、全渠道能力、社交化营销、场景化运营、生态资源协作等方面的创新经营，提供全零售能力支持。

一是以人为本。传统零售强调渠道、商品，而新零售强调的是人，是前端，是顾客。其实传统零售也强调用户体验，但传统零售与新零售做用户体验最本质的差别就是：新零售的用户体验是由人到产品的过程。新零售模式是商家在了解顾客之后，给用户提供所需要的商品与服务。传统模式则是商家先生产商品，这时候商家还不知道需要这些商品的用户在哪里，不知道这些商品是否是用户真正需要的，因此，后期广泛通过广告来宣传品牌，传统零售是由产品到人的过程。新零售背后会有更多对信息、对顾客消费需求的研究。这就决定了技术系统的架构要建立在以消费为中心，即"以人为本"的基础上。

二是顾客数字化。新零售的本质就是"人—货—场"的重构，重构的前提是将"人—货—场"都进行数字化。数字化最首要的前提就是要将商家的"人"，也就是顾客进行数字化。商家要建立各种各样的渠道去获取顾客、管理、服务好顾客。顾客数字化强调三个点：首先是自建平台/端。对商家来说，没有平台或零售终端，人要聚合到哪里，平台或端就是聚合的载体。其次是全面顾客数字化。将所有和商家发生关系的顾客全部数字化，包括随机用户与超级用户。不同顾客数字化的方式也是不一样的，例如，随机顾客通过小程序，普通顾客采用微商城，超级用户会沉淀到专属的 APP。最后是用户生命周期。每个用户是有生命周期的，电商时代强调流量思维，商家要不停获取越来越多的流量，每个流量都是有生命周期的。但是在互联网社交状态下，对于顾客生命周期的定义也在改变。对于商家而言，发生关系的顾客是处于不同的阶段，要从不同的策略去对待。若顾客只是刚刚接触到品牌、进行了解的阶段，这时候刺激其产生购买，要通过线上、线下、试用等体验，构建多元消费渠道，提供最近最便捷的入口。对于已经购买产品的顾客，商家要想办法让其成为超级用户，对品牌信任，自主传播口碑，增加复购。

三是需求多样化。消费升级实际上是消费需求的升级，将人圈起来之后，要去满足他们的需求，做好用户体验。人的需求是多样化的，所有人对美好生活的追求都落实于"健康、幸福、富足、快乐"。但我们可以发现，无论是追求什么，当下人们的消费不仅是实物，还关注产品服务，例如服务预约，以及一些内容、知识等需求。比如，我们对健康的需求已经不止于吃到健康的食物，还包括合理的饮食规划方案，希望有专家指导，定期健康监测，等等。可见，当前的"货"不仅包含实物商品，还包含服务商品以及知识技能等产品。也就是说，新零售时代的货，将不止于单一的商品。一方面，可以围绕消费需求，在自有品类的基础上，对接供应链扩充，提供特定的生活解决方案。另一方面，基于产品，升级服务，实现在线预约、专家服务、在线直播教学等。例如，对于一些母婴人群，需要的不单是健康的食品、奶粉、服饰等，还需要一些母婴知识、医疗知识等。当前很多商家都推出很多服务，例如，婴幼儿按摩、护理知识等服务，这些都是顾客需要的，从商品延伸出来的服务。因此，商家要做到以人为本的新零售，要去满足顾客的需求，那么商家必定要了解顾客的需求的是多样化的，并且技术系统要能满足多样化需求的呈现和管理工作。

四是销售场景化。消费的场所与场景就是消费入口，商家可以从场景中获取、管理、维护顾客。实体店新零售包含四大场景:社区、社群、社交、推荐(大数据推荐),四大场景对应四大入口。实体店新零售就是基于实体店做社区电商、社群电商、社交电商,得出运营大数据之后进行推荐。商家要通过系统实现更多的场景来经营用户。社区电商就是基于位置和地域周边的用户进行服务,是以便利为核心搭建商业模式。社区电商最大的优势就是离用户近,最重要的价值点是社区配送,所以,社区电商主要有两种场景:到店、到家。到店可以通过扫码购、服务预定、新鲜预售等部署场景;到家通过闪电送、当日达、次日达、周期送等丰富场景。社区是便捷消费,强调便利。社群的定义是有共同的特征群体聚在一起的群体。高频价低的快消品并不适合做社群运营,复购率不是特别高但价格高的一些行业可以做社群运营。社群已经成为企业与用户沟通的最短路径、平台,与用户建立更多的互动,更快获取一些反馈。社群场景侧重交流和分享,看重活动和内容。社交电商是基于实体店通过个人的社交关系(微商)进行转化(单品爆款、营销任务),并对转化进行识别和激励。社交电商的核心就是信任和高佣金激励。社交电商场景主要是通过关系产生连接,再进行裂变。可见,传统零售商要转型新零售,可从社区电商、社交电商、社群电商着手。其中,社区是基于位置,不同用户处于同一个小区,相互不认识但是处于同一位置。零售商针对社区,可集中服务,充分应用到店和到家的场景,快速捕捉社区顾客。社群是基于属性/爱好,住在不同小区的用户,具有共同的属性或爱好,就形成群体。基于门店的顾客,要建立社群,积极互动,发布新品、组织活动、推送优惠等,刺激消费,盘活顾客。社交是基于关系,以人与人关系为主,基于某一爱好或兴趣产生合作、发生交流行为。通过优质的商品与服务,引导顾客社交分享,或利用积分、团购、砍价等营销手段,或培养顾客成为超级用户,自主传播口碑。

五是全供应链、全渠道化。新零售则是经营"人",包括卖的人和买的人,系统关键词是用户体验。新零售系统贯彻以人为本的理念,是围绕人、用户来进行系统管理的。从"经营商品"到"经营人"的观念改变,将决定新零售时代打造技术的依据。研发一套完整的新零售技术系统,需要耗费大量的人力、时间、开发成本,因为技术系统不仅得实现线上线下融合、前端后端打通,而且还要支持对接多元的智能硬件,接入全供应链。然而,市场瞬息万变,相比盒马鲜生、超级物种等有技术背景支持的新零售商,多数商家为了适应消费需求变化,选择与服务商合作,打造一套适应新零售的全渠道管理系统。即围绕全供应链、全渠道,在原有的基础上,增加了向上持续做零售深入研究,系统支撑,技术服务,资源链接,生态协同;向下做相应的技术赋能,零售规范输出,全渠道运营指导,帮助小型零售商、个体户等做好相应的获客、转化、营销等服务。

参考文献

[1] 王晶晶,尤守东,杜晶晶.价值共创视角下创业拼凑对新创企业绩效的影响机制——基于汇通达的纵向案例研究[J].管理案例研究与评论,2019,12(05):521-533.

[2] 沈和,古晶.助力乡村振兴的"独角兽"——汇通达引领农村商业组织变革的实践与启示[J].中国发展观察,2018(08):46-49.

[3] 沈建华,陈兵,沈和,古晶.突围农村电商"最后一公里"——汇通达"五十"共享模式观察[J].江苏农村经济,2018(09):20-23.

[4] 钱丽娜.阿里45亿元入股的汇通达,在中国农村布了一张网[J].商学院,2018(09):89-92.

[5] 百度百科.汇通达网络股份有限公司[EO/LB].https://baike.baidu.com/item/%E6%

B1％87％E9％80％9A％E8％BE％BE％E7％BD％91％E7％BB％9C％E8％82％A1％
E4％BB％BD％E6％9C％89％E9％99％90％E5％85％AC％E5％8F％B8/19309919？
fr＝aladdin,2020－02－12.

[6] 解码车置宝盈利秘密 颠覆二手车成本结构[EO/LB].http://shenzhen.auto.sohu.com/
20161212/n475648032.shtml,2016－12－12.

[7] 亿邦动力网.车置宝黄乐：AI智能使二手车交易实现零库存[EO/LB].https://baijiahao.
baidu.com/s？id＝1645730044713735396&wfr＝spider&for＝pc,2019－09－26.

[8] 雪球.车置宝黄乐：将差异化做到极致[EO/LB].http://www.myzaker.com/article/
5af56cde77ac645db27bdd32,2018－05－11.

[9] 车置宝官网.公司简介[EO/LB].https://www.chezhibao.com/aboutUs.htm.

[10] 世界品牌网.贯彻二手车绿色理念 车置宝创新助力行业前行[EO/LB].http://www.
ruanwenkezhan.com/a/935.shtml,2017－09－09.

[11] 百度.车置宝入选"2019黑马TOP100"成"一亿中流"新力量[EO/LB].https://
baijiahao.baidu.com/s？id＝1650975931889284797&wfr＝spider&for＝pc,2019－11－23.

[12] 科技逻辑.布局区块链,总部终落户,车置宝"野心"几何？[EO/LB].https://baijiahao.
baidu.com/s？id＝1595289630966439868&wfr＝spider&for＝pc,2018－03－18.

[13] 丁道师.车置宝何以再获资本青睐：深耕C2B模式 解决二手车行业顽疾[EO/LB].
https://baijiahao.baidu.com/s？id＝16032963668133355434&wfr＝spider&for＝pc,
2018－06－15.

[14] 公关界的007.都在守势？车置宝上演"螳螂捕蝉黄雀在后"攻势经典案例[EO/LB].
http://www.yidianzixun.com/article/0KK76uOI？searchword＝,2018－10－22.

[15] 潘敏.苏宁易购商业模式创新的财务绩效研究[D].石河子大学,2019.

[16] 杨阳.互联网时代下的零售企业商业模式创新——以苏宁云商为例[J].商场现代化,
2017(12)：36－37.

[17] 张一荻.电子商务环境下中国传统家电零售业转型研究[D].河北经贸大学,2017.

[18] 石林.苏宁易购O2O商业模式分析[J].科技视界,2017(25)：178－179.

[19] 张艳.零售业创新发展案例研究与分析[J].时代经贸,2018(31)：29－34.

[20] 李厚婷,朱爱萍.零售企业的全价值链互联网化发展模式研究——以苏宁易购为例[J].
商业会计,2019(01)：52－54＋48.

[21] 深圳热线.江苏创纪云叶为民：解读自有品牌开发的5个趋势[EO/LB].http://szbiz.
szonline.net/contents/20190926/20190924613.html,2019－09－26.

[22] Retail Dive著,腾云编译.2019年全球零售正在出现10个新趋势[EO/LB].http://
www.bizcent.com/index.php？case＝archive&act＝show&aid＝422,2019－03－29.

[23] 品略网.新零售时代,零售商如何打造技术系统？[EO/LB].http://www.pinlue.com/
article/2018/04/0811/236015597701.html,2018－04－08.

政　策　篇

省政府印发关于在市场监管领域全面推行部门联合"双随机、一公开"监管实施办法的通知

（苏政发〔2019〕54 号）

各市、县（市、区）人民政府，省各委办厅局，省各直属单位：

现将《关于在市场监管领域全面推行部门联合"双随机、一公开"监管的实施办法》印发给你们，请结合实际认真贯彻落实。

江苏省人民政府

2019 年 8 月 17 日

关于在市场监管领域全面推行部门联合"双随机、一公开"监管的实施办法

为深入贯彻落实《国务院关于在市场监管领域全面推行部门联合"双随机、一公开"监管的意见》（国发〔2019〕5 号）精神，结合我省实际，现就推行部门联合"双随机、一公开"监管，实现市场监管领域全覆盖，提出如下实施办法。

一、总体目标

以习近平新时代中国特色社会主义思想为指导，深入贯彻党的十九大和十九届二中、三中全会精神，认真落实党中央、国务院决策部署，持续深化"放管服"改革，在全省市场监管领域全面推行"双随机、一公开"监管的基础上，深入推进部门联合"双随机、一公开"监管，切实解决多头监管，规范执法行为，提高监管效能，减轻企业负担，着力增强市场主体信用意识和自我约束力，进一步营造公平竞争的市场环境和法治化、便利化的营商环境。

到 2019 年底，实现市场监管领域相关部门"双随机、一公开"监管全覆盖，各市、县（市、区）人民政府相关部门在市场监管领域联合"双随机、一公开"监管常态化，逐步构建以"双随机、一公开"为基本手段、以重点监管为补充、以信用监管为基础的新型监管机制。

二、基本原则

（一）全面覆盖、协同高效

严格规范行政权力运行，依法履行监管职能，将"双随机、一公开"作为市场监管的基本手段和方式，除特殊重点领域外，原则上所有的行政检查都应通过双随机抽查的方式进行，取代日常监管原有的巡查制和随意检查，形成常态化管理机制。全面梳理随机抽查事项，实

行抽查事项清单管理,建立健全部门联合"双随机、一公开"监管机制,做到互补性监管和融合性监管。

(二)公开透明、严格规范

严格执行有关法律、法规、规章规定,除法律法规明确规定外,抽查事项、抽查计划、抽查结果都要及时、准确向社会公开,确保部门联合"双随机、一公开"监管依法有序开展,杜绝任性执法。

(三)权责明确、各司其职

各行业主管部门负责组织开展对该行业的联合抽查工作,制定抽查工作计划,完善实施细则。市场监督管理局要发挥牵头作用,加强统筹协调,会同各有关部门共同推进各项工作。参与联合"双随机、一公开"监管的市场监管领域相关部门按照"谁检查、谁录入、谁负责"的原则,分别将本部门的抽查结果录入江苏省市场监管信息平台,公示结果。

(四)信息共享、联合惩戒

进一步加强省市场监管信息平台与省公共信用信息系统的互联,加大各部门间行政许可、行政处罚、检查抽查结果等信息共享,强化抽查结果在信用联合惩戒工作中的运用,严厉惩处违法失信行为,努力维护公平竞争的市场环境。

三、主要任务

(一)统一"双随机、一公开"工作平台

江苏省市场监管信息平台作为全省统一的"双随机、一公开"基础工作平台,要不断加强基础建设,优化功能,强化应用,实现与省"互联网+监管"系统实时对接。各地各部门要依托该平台实施"一单两库"维护、检查对象和检查人员名单随机抽取、检查表格打印、检查结果回填、检查计划和结果公示等,随机抽查工作全程留痕。

(二)建立"一单两库一计划一细则"

1."一单"

即抽查事项清单。市场监管领域相关部门应按照"互联网+监管"系统监管事项清单梳理标准,在国务院各部委监管事项清单的基础上,结合地方性法规、政府规章等梳理本部门监管事项清单,标注出适用"双随机、一公开"监管和部门联合随机监管的事项,并明确抽查依据、实施主体、检查内容、检查方式、联合部门等内容。清单按照国务院对"互联网+监管"工作的统一部署适时公布,由市场监管领域相关部门依据法律、法规、规章的立改废释、部门职能调整等进行实时动态管理。

2."两库"

即检查对象名录库和执法检查人员名录库。由省市场监管领域相关部门根据法律法规和部门职责分工,按照"谁审批、谁监管,谁主管、谁监管",在省市场监管信息平台建立健全检查对象名录库和执法检查人员名录库。对已建库的,可以通过分类标注、批量导入等方式,将与部门职责相对应的检查对象名录库和执法检查人员名录库导入省市场监管信息平

台;对目前尚未建库的,各部门可在省市场监管信息平台上自行建立。"两库"也可由各市、县(市、区)市场监管领域相关部门在省市场监管信息平台上建立,通过省市场监管信息平台汇总到省市场监管领域相关部门。

检查对象名录库既可以包括企业、个体工商户等市场主体,也可以包括产品、项目、行为等。执法检查人员名录库应包括所有相关的行政执法类公务员和具有行政执法资格的工作人员,并按照执法资质、业务专长进行分类标注,提高抽查检查的专业性。各单位在建立执法检查人员名录库的基础上,可探索建立辅助人员库,包括检测机构、科研院所、行业专家等。市场监管领域相关部门要建立健全"两库"动态管理机制,确保分类准确、涵盖全面、更新及时。

3."一计划"

即抽查计划。各市、县(市、区)人民政府应结合本地实际及行业主管部门的抽查要求,统筹制定本辖区年度抽查工作计划。对上级部门明确要求由省级主管部门制定计划的,各地要根据省级部门的计划安排,将上级主管部门的检查要求纳入抽查工作计划,并科学确定联合抽查的事项和发起、参与部门,实现"进一次门,查多项事"。

各地在制定计划时,应按照法律、法规、规章的规定和当地经济社会发展及监管领域、执法队伍的实际情况,对检查对象依据不同风险等级、信用评价结果或失信状况采取差异化分类监管措施,合理确定、动态调整抽查比例、频次和被抽查概率,既保证必要的抽查覆盖面和监管效果,又防止任意检查和执法扰民。

4."一细则"

即"双随机、一公开"监管实施细则。针对具体的"双随机、一公开"监管任务,由各部门或行业主管部门制定具体的随机抽查实施细则。主要包括组织领导、抽查程序、抽查方式、抽查比例等,确保"双随机、一公开"监管有序开展。

(三)积极推进部门联合"双随机、一公开"

各市、县(市、区)人民政府要充分发挥推进部门联合"双随机、一公开"监管的主导作用。市场监管领域相关部门要坚持节约高效的原则,根据监管领域或行业特点、风险分类等,科学合理确定联合随机抽查的对象、检查事项和参与部门,提高监管精准性。部门联合"双随机、一公开"既可以由一个部门牵头发起,其他相关部门参与开展;也可以由多个部门共同发起,实施联合抽查。各部门根据本部门随机抽查事项清单,制定随机抽查工作指引,对检查程序、检查内容、检查方法等作出明确规定,方便基层执法检查人员操作,提高抽查检查规范化水平。

(四)强化抽查检查结果公示运用

按照"谁检查、谁录入、谁公开"的要求,市场监管领域相关部门将抽查检查结果录入省市场监管信息平台,并及时将全省抽查检查结果信息共享交换至省公共信用信息系统,通过国家企业信用信息公示系统和"信用江苏"网站等进行公示,接受社会监督。对抽查发现的违法违规行为依法加大惩处力度,涉嫌犯罪的及时移送司法机关。实现抽查检查结果政府部门间互认,促进"双随机、一公开"监管与信用监管有效衔接,依法实施跨地区、跨部门的联合惩戒,增强市场主体守法自觉性。

（五）做好个案处理和专项检查工作

在做好"双随机、一公开"监管的同时,对通过投诉举报、转办交办、数据监测等发现的违法违规个案线索,要立即实施检查、处置;需要立案查处的,要按照行政处罚程序规定进行调查处理。要坚持问题导向,对通过上述渠道发现的普遍性问题和市场秩序存在的突出风险,要通过随机抽查等方式,对所涉抽查事项开展有针对性的专项检查,并根据实际情况确定抽查比例,确保不发生系统性、区域性风险。对无证无照经营,有关部门应当按照《无证无照经营查处办法》和《省政府办公厅关于贯彻落实〈无证无照经营查处办法〉的实施意见》(苏政办发〔2018〕57号)等规定予以查处。

四、工作要求

（一）加强组织领导

各市、县(市、区)人民政府要切实加强对本辖区"双随机、一公开"监管的组织领导,出台具体实施办法,建立联席会议制度。省级联席会议成员单位由省市场监管领域相关部门组成。各级市场监督管理局作为"双随机、一公开"监管的牵头单位,要充分发挥牵头作用,加强统筹协调,加强对省市场监管信息平台的应用指导,开展业务培训,解决抽查工作中的困难和问题,通报工作情况,交流经验做法等。省市场监管领域相关部门要统一思想认识,优化顶层设计,加强对本系统"双随机、一公开"监管的指导、督促,积极开展或参与部门联合抽查。各地各部门要大力宣传"双随机、一公开"监管,总结推广好经验、好做法,鼓励和引导全社会参与,提升"双随机、一公开"监管的社会影响力和公众知晓度,营造良好的社会舆论氛围。

（二）落实工作责任

各地各部门要积极适应市场监管新形势的要求,着力提升执法检查队伍能力水平。要进一步增强责任意识,对忠于职守、履职尽责的,要给予表扬和鼓励;对未履行、不当履行或违法履行"双随机、一公开"监管职责的,要依法依规严肃处理,涉嫌犯罪的,移送司法机关追究刑事责任。省市场监管领域相关部门可依照法律法规规章规定,结合本部门的工作实际,制定"双随机、一公开"监管履职责任清单。按照"尽职照单免责、失职照单问责"原则,凡严格依据抽查事项清单和相关工作要求开展"双随机、一公开"监管,抽查对象检查时未查出问题,只要执法人员已按照法律、法规、规章规定和检查要求履行了职责且不存在滥用职权、徇私舞弊等情形的,或事后发现市场主体存在的问题与该次检查无因果关系的,免予追究相关责任;检查对象未被抽到,也未接到投诉举报、有关部门转办交办违法违规线索,市场主体出现问题的,执法人员应予免责。

（三）强化督查检查

在市场监管领域全面推行"双随机、一公开"监管是市场监管方式改革的重要内容,也是近年来国务院及各级政府的重要督办内容。各地要统筹做好部门联合"双随机、一公开"监管经费保障,加强督查检查,确保推进及时、开展有序。各地各部门应当将"双随机、一公开"监管纳入年度重点工作,省级联席会议办公室将视情对"双随机、一公开"监管工作情况进行考核。

省政府关于印发江苏省优化口岸营商环境促进跨境贸易便利化实施方案的通知

（苏政发〔2019〕12号）

各市、县（市、区）人民政府，省各委办厅局，省各直属单位：

现将《江苏省优化口岸营商环境促进跨境贸易便利化实施方案》印发给你们，请结合实际认真贯彻落实。

江苏省人民政府

2019年3月5日

江苏省优化口岸营商环境促进跨境贸易便利化实施方案

为贯彻落实《国务院关于印发优化口岸营商环境促进跨境贸易便利化工作方案的通知》（国发〔2018〕37号）精神，深化"放管服"改革，进一步优化我省口岸营商环境，提升跨境贸易便利化水平，促进外贸稳定健康发展，现制定以下实施方案。

一、总体要求

（一）指导思想

全面贯彻党的十九大和十九届二中、三中全会精神，以习近平新时代中国特色社会主义思想为指导，统筹推进"五位一体"总体布局和协调推进"四个全面"战略布局，按照党中央、国务院决策部署，坚持稳中求进工作总基调，坚持新发展理念，深入推进"放管服"改革，对标国际先进水平，优化通关监管服务，提高通关效率，降低通关成本，营造稳定、公平、透明、可预期的口岸营商环境。

（二）工作目标

按照国家统一部署，落实精简进出口监管证件和优化办证程序的有关要求；大力提升口岸监管与服务效能，进一步压缩口岸整体通关时间，到2020年底，整体通关时间比2017年压缩一半；全面实施口岸收费公开公示，坚决清理不规范收费行为，进一步降低进出口企业成本；2021年底前，初步实现口岸治理体系和治理能力现代化，形成更有活力、更富效率、更加开放、更加便利的口岸营商环境。

二、主要任务

（一）加大改革力度，优化口岸通关流程和作业方式

1. 深入推进关检业务融合

根据资质整合、一次申报、查检合一、多查合一等要求，加快业务融合，优化机制流程，实

现进出境货物、运输工具等关检监管业务的全面融合。积极探索开展综合查验改革试点,简化手续,减少环节,提高效率。(责任单位:南京海关)

2.推进跨部门一次性联合检查

建立健全海关、边检、海事等口岸管理部门联合检查机制,对多个部门需要对同一对象(进出境货物、运输工具等)实施检查的,遵循"能联尽联"原则,全面推进实施海关、边检、海事等跨部门一次性联合检查。(责任单位:南京海关、江苏边检总站、江苏海事局、连云港海事局)

3.全面推广"双随机、一公开"监管

进一步强化布控领域"双随机",推进常规稽查、保税核查和保税货物监管等执法领域实施"双随机、一公开"作业模式,提升"双随机"监管效能。(责任单位:南京海关)

4.推广应用"提前申报"模式

鼓励符合条件的进出口企业提前申报,提前办理单证审核和货物运输作业,待非布控查验货物运抵口岸后即可放行提离。指导企业用好提前申报政策措施,提高进口货物"提前申报"比例。(责任单位:南京海关、各口岸经营单位)

5.加快推进关税保证保险改革

开展以关税保证保险、银关保等为内容的多元化担保试点,扩大保证保险覆盖面。积极争取扩大担保适用范围,在保证税款及时安全足额入库的同时,切实帮助企业特别是民营企业和中小企业降低通关成本,提高通关效率。(责任单位:南京海关)

6.深化税费自报自缴制度改革

由企业自行申报税费,自行办理相关税费缴纳手续,进一步提高应税货物通关时效。(责任单位:南京海关)

7.推行"先验后检"监管方式

落实进口铁矿、锰矿、铬矿、铅矿及其精矿、锌矿及其精矿等矿产品"先验放后检测"改革措施。在风险可控的前提下,按照海关总署统一部署,适时将"先验放后检测"监管方式复制推广至其他进口大宗资源性商品,切实缩短口岸货物堆存时间。(责任单位:南京海关)

8.加快时效性商品通关速度

优化鲜活产品、短货架期进口食品的检验检疫流程,在风险可控的前提下实行即报即查即放。对未抽中安全风险重点监控、现场查验未发现可疑情况的产品,立即放行;对抽中查验或监控的产品,探索采用全程监管、预约查验、快速检验、人工智能识别、远程鉴定、专家云支持等方式,加快现场验放速度。(责任单位:南京海关)

9.推广第三方采信制度

引入市场竞争机制,发挥社会检验检测机构作用,在进出口环节进一步推广第三方检验检测结果采信制度。复制推广上海自贸试验区进口汽车第三方采信经验,探索实行进口机电产品第三方采信。鼓励企业委托检测质量过硬的第三方机构对进口食品进行检测,在进口报关时提交检测报告。鼓励食品、农产品生产企业通过第三方检测机构对出口产品质量安全进行自检自控。(责任部门:南京海关)

(二)加强科技应用,提升口岸信息化智能化水平

1.加强国际贸易"单一窗口"标准版建设

进一步完善中国(江苏)国际贸易"单一窗口"标准版功能,提升国际贸易"单一窗口"应

用率,2020年底前,主要业务(货物、舱单、运输工具申报)应用率达到100%;2021年底前,除安全保密需要等特殊情况外,"单一窗口"功能覆盖国际贸易管理全链条,打造"一站式"贸易服务平台。(责任部门:省商务厅、南京海关、江苏边检总站、江苏海事局、连云港海事局、省贸促会、省交通运输厅、省税务局、外汇局江苏省分局等,各设区市人民政府)

2. 加快推进江苏特色电子口岸建设

推进省电子口岸与港口、交通等信息化平台及地方电子口岸互联互通,建设全省口岸大数据平台。加快全省电子口岸云平台等特色应用项目建设,提升电子口岸综合服务能力,支持市、县电子口岸本地特色应用项目建设,推进口岸查验监管信息互联互通。(责任部门:省商务厅、南京海关、江苏边检总站、江苏海事局、连云港海事局、省贸促会、省交通运输厅、省税务局、外汇局江苏省分局等,各设区市人民政府)

3. 强化口岸物流信息电子化建设

采用移动互联网等新技术,积极推进"互联网+物流"建设,完善"掌上物流"等系统功能,实施车辆放行凭证电子化,提升口岸物流运行效率。(责任部门:南京海关)

4. 推进国际航行船舶进出境通关全流程无纸化

推广国际航行船舶进出口岸业务"一单多报"模式,申报主体一次录入电子信息,分别向海事、海关、边检进行申报,实现申报审批全程无纸化作业。(责任单位:江苏海事局、连云港海事局、南京海关、江苏边检总站)

5. 提升口岸查验智能化水平

加大智能查验设备应用力度,推进"智能审图""集中审像"作业试点,加强相关系统建设开发与设备配备。推动水运口岸出入境边防检查智能化通关监管体系建设,完善国际航行船舶动态监管平台和机制,构建进出口岸限定区域自助式通行系统。(责任部门:南京海关、江苏边检总站、江苏海事局、连云港海事局)

(三)完善口岸监管,提升口岸服务效能

1. 公开口岸作业时限标准

推动口岸经营服务单位制定并公开水运、空运、铁运货物场内转运、吊箱移位、掏箱和提箱等生产作业时限标准,方便企业合理安排提箱和运输计划。(责任单位:省交通运输厅、省港口集团、东部机场集团,各设区市人民政府)

2. 完善口岸监管服务便利化措施

推行"预约通关""预约政务"等服务模式,符合要求的货物需在正常办公时间以外办理通关手续的,可向相关口岸管理部门提出预约通关申请。(责任部门:南京海关、江苏海事局、连云港海事局)

3. 加强诚信体系建设

推进进出口企业诚信信息共享,在通关监管过程中实行差别化信用管理,对高信用等级企业降低查验率。加大海关预裁定制度实施力度。积极支持指导企业取得海关"经认证的经营者"(AEO)认证,扩大国际互认范围。(责任部门:南京海关、江苏海事局、连云港海事局)

4. 搭建多式联运公共服务平台

加快推动政务信息公开,促进交通运输、市场监管、海关等部门信息共享,探索建立口岸联合检查信用管理制度,建设多式联运"一站式"综合信息服务平台。推进沿海及长江干线

主要港口铁水联运信息交换和共享。（责任部门：省交通运输厅、省市场监管局、南京海关等，各设区市人民政府）

5. 建立口岸通关时效评估机制

建设口岸通关物流时效评估系统，选取省内信息化程度较高的海运码头和长江内河码头开展试点。研究建立口岸通关时效第三方评估机制，适时向社会公布评估结果。加强对全省口岸通关时效的统计分析，定期通报全省各地口岸整体通关时间。（责任单位：省商务厅、省贸促会、南京海关、江苏海事局、连云港海事局，各设区市人民政府）

6. 加强口岸通关服务体系建设

充分发挥南京海关 12360、中国电子口岸数据中心南京分中心 9688888、江苏省电子口岸有限公司 96080、中国（江苏）国际贸易"单一窗口"95198 等服务热线作用，加强信息互通和协作互助，强化口岸通关服务和技术服务功能，建设全省口岸通关服务体系。（责任单位：南京海关、省商务厅）

7. 精简进出口环节监管证件

按照国家统一部署，落实精简进出口监管证件和优化办证程序的有关要求，加强部门协作，强化监管证件审核把关，大力推进申报单证电子化，做好证件联网监管的协调工作。（责任单位：省各相关部门）

（四）规范口岸收费，营造公开透明的口岸营商环境

1. 全面实行口岸收费目录清单公开公示制度

充分发挥省、市清理口岸收费工作小组作用，口岸所在地人民政府按照国家公布的统一模板和内容要求公布目录清单，在口岸现场、相关网站进行公示，清单外一律不得收费。（责任单位：省财政厅、南京海关、省发展改革委、省交通运输厅、省商务厅、省市场监管局，各设区市人民政府）

2. 健全口岸收费监督检查机制

口岸所在地人民政府组织开展本地区口岸收费专项督查，对口岸公示收费目录清单情况进行全面检查，加强督查评估，及时查处口岸不合规收费。（责任单位：各设区市人民政府，省市场监管局、省财政厅、南京海关、省发展改革委、省交通运输厅、省商务厅）

3. 推行口岸收费电子支付

推广应用税费支付等系统电子支付功能，在港口、仓储及查验场所等推行口岸费用电子支付。（责任单位：各设区市人民政府，南京海关、省商务厅）

三、组织实施

（一）加强组织领导

充分发挥省外经贸发展联席会议制度作用，加强对优化口岸营商环境工作的统筹协调，完善口岸管理体制，认真解决推进过程中的重大问题，重大情况及时向省政府报告。联席会议办公室要发挥好牵头作用，加强政策研究和协调，督促各地各部门创新举措，狠抓落实，促进口岸营商环境持续优化，不断提升口岸对外开放水平。

（二）强化责任落实

各设区市人民政府要切实履行主体责任，完善工作机制，制定配套措施，强化考核激励，指导推动口岸所在地县级人民政府进一步细化工作举措，抓好组织实施。省各有关部门要按照分工，加强与国家相关部委的沟通协调，落实工作责任，确保各项措施取得实效。优化口岸营商环境工作情况纳入省政府督查范围，对推进不力的地区和部门进行问责。

（三）完善服务保障

各地各部门要进一步提升服务意识，从企业实际需要出发，找准制约口岸营商环境优化的短板，深化改革举措，优化监管方式，加强政策宣传，为企业提供便捷、高效的服务。

省政府关于印发在自贸试验区开展"证照分离"改革全覆盖试点实施方案的通知

（苏政发〔2019〕73号）

各市、县（市、区）人民政府，省各委办厅局，省各直属单位：

现将《在自贸试验区开展"证照分离"改革全覆盖试点实施方案》印发给你们，请认真贯彻落实。

江苏省人民政府
2019年11月30日

在自贸试验区开展"证照分离"改革全覆盖试点实施方案

为贯彻落实《国务院关于在自由贸易试验区开展"证照分离"改革全覆盖试点的通知》（国发〔2019〕25号）、《中国（江苏）自由贸易试验区总体方案》要求，加快推进中国（江苏）自由贸易试验区（以下称自贸试验区）建设，坚决克服"办证难""准入不准营"现象，充分激发市场主体创业创新活力，结合我省实际，制定本实施方案。

一、总体要求

（一）指导思想

以习近平新时代中国特色社会主义思想为指导，全面贯彻党的十九大和十九届二中、三中、四中全会精神，按照党中央、国务院决策部署，深入推进"放管服"改革，在全省自贸试验区和扩大试点地区开展"证照分离"改革全覆盖试点，进一步厘清政府与市场关系，深化商事制度改革，压减企业开办时间，强化事中事后监管，着力解决企业准营环节办证多、办证难等问题，营造公平竞争的市场环境和市场化、法治化、国际化的营商环境。

（二）工作目标

2019年12月1日起，在自贸试验区和扩大试点地区分别按照直接取消审批、审批改为备案、实行告知承诺、优化审批服务四种方式分类实施"证照分离"改革。按照国家相关部署，2020年下半年全国推开后，在全省全面推开。建立涉企经营许可事项全覆盖清单管理制度，清单之外不得违规限制企业（含个体工商户、农民专业合作社，下同）进入相关行业或领域开展经营。完善涉企经营许可事项的改革配套措施，加强对信息化系统的优化升级，强化涉企经营信息的归集共享。强化事中事后监管，加强审批与监管的衔接，健全监管规则和标准。全面建立完善"证照分离"改革工作机制，进一步激发微观主体活力，推动江苏经济高质量发展走在前列。

二、工作任务

(一)明确改革的试点范围和实施事项

全覆盖试点范围为:自贸试验区的实施范围 119.97 平方公里,涵盖三个片区:南京片区 39.55 平方公里,苏州片区 60.15 平方公里(含苏州工业园区综合保税区 5.28 平方公里),连云港片区 20.27 平方公里(含连云港综合保税区 2.44 平方公里)。

扩大试点地区范围为:苏南国家自主创新示范区、南京江北新区及全省各国家级高新技术产业开发区、国家级经济技术开发区、省级经济开发区、省级高新技术产业开发区。

在全覆盖试点范围(自贸试验区)实施的"证照分离"改革事项包括国务院公布的法律、行政法规、国务院决定设定(以下统称中央层面设定)的涉企经营许可事项 523 项,江苏省地方性法规、地方政府规章设定涉企经营许可事项 12 项。

扩大试点地区范围实施的"证照分离"改革事项,待按程序征询国务院有关部门意见后再行公布。

(二)实行清单管理制度

按照国务院"证照分离"改革全覆盖试点有关要求,将涉企经营许可事项全部纳入清单管理,定期调整更新并向社会公布。清单实行分级管理,对国务院公布的中央层面设定的涉企经营许可事项清单,省级各部门(单位)要逐项比对,厘清与中央层面清单事项的对应关系,细化具体改革措施和加强事中事后监管措施。省级部门(单位)、各设区市要全面梳理地方性法规、地方政府规章设定的涉企经营许可事项,并全部纳入省、市设定的涉企经营许可事项清单,清单以外一律不得违规限制企业进入特定行业或领域开展经营。列入清单的事项要逐项列明事项名称、设定依据、审批层级和部门,明确改革方式、具体改革举措、事中事后监管措施。省政府推进政府职能转变和"放管服"改革协调小组办公室要及时根据中央层面设定的涉企经营许可事项清单调整情况,会同有关部门及时对中央层面设定的涉企经营许可事项进行相应调整。同时,根据江苏省地方性法规、地方政府规章的调整和深化"证照分离"改革的要求,对设定的涉企经营许可事项及改革方式、改革举措、事中事后监管措施等进行相应跟进调整,并定期将清单向社会公布,接受社会监督。

(三)分类推进审批制度改革

1. 直接取消审批

对设定必要性已不存在、市场机制能够有效调节、行业组织或中介机构能够有效实现行业自律管理、通过事中事后监管能够有效规范的涉企经营许可事项,直接取消审批。取消审批后,企业持有营业执照即可开展经营。各级登记机关要及时将相关企业设立、变更登记信息通过政务信息共享平台推送至有关主管部门,有关主管部门及时将相关企业纳入监管范围,依法实施事中事后监管。

2. 审批改为备案

对可以取消审批的涉企经营许可事项,需要企业及时主动提供有关信息,以便有关主管部门有效实施行业管理、维护公共利益的,由审批改为备案。要坚决防止以备案之名行审批之实。对审批改为备案的事项,原则上全部纳入"多证合一",各级登记机关办理企业注册登记后将企业登记和备案信息推送至相关主管部门。对确需到有关主管部门办理备案的,要简化备案要素,强化信息共享,方便企业办事。企业备案后,有关主管部门要依法实施有效监管。对未按规定备案或备案信息不实的企业,要明确监管规则,依法调查处理并采取措施予以纠正。

3.实行告知承诺

对确需保留的涉企经营许可事项,企业就符合经营许可条件作出承诺,有关主管部门通过事中事后监管能够纠正不符合经营许可条件行为、有效防范风险的,实行告知承诺。对实行告知承诺的事项,有关主管部门要依法准确完整列出可量化可操作、不含兜底条款的经营许可具体条件,明确监管规则和违反承诺的后果,一次性告知企业,并提供告知承诺书示范文本。对企业自愿作出承诺并按要求提交材料的,要当场作出审批决定。对企业承诺已具备经营许可条件的,企业领证后即可开展经营。对企业尚不具备经营许可条件但承诺领证后一定期限内具备的,企业达到经营许可条件并按要求提交材料后,方可开展经营。有关主管部门应将通过告知承诺领证的企业与通过一般审批程序领证的企业平等对待,根据风险状况加强事中事后监管。要将企业承诺内容向社会公开,方便社会监督。有关主管部门发现企业不符合承诺条件开展经营的,应责令期限整改,逾期不整改或整改后仍达不到要求的,依法撤销许可证件。因未按规定告知造成的损失由有关主管部门承担,因虚假承诺或违反承诺造成的损失由企业承担。

4.优化审批服务

对关系国家安全、公共安全、金融安全、生态安全和公众健康等重大公共利益,不具备取消审批或实行告知承诺条件的涉企经营许可事项,应当采取切实措施优化审批服务,提高审批效率、降低办事成本。对优化审批服务的事项,有关主管部门要针对企业关心的难点痛点问题,采取以下措施:一是下放审批权限。对由自贸试验区实施更为便捷高效、能够有效承接的事项,应将审批权限下放或委托给自贸试验区所在地有关主管部门,最大程度实现区内企业就近办事。二是压减审批要件和环节。要大幅精简经营许可条件和审批材料,坚决取消"奇葩证明",采取并联办理、联合评审等方式优化办事流程,主动压减审批时限。三是延长或取消有效期限。对许可证件设定了有效期限但经营许可条件基本不变的,原则上要延长或取消有效期限。四是公布总量控制条件和存量情况。对有数量限制的事项,要定期公布总量控制条件、布局规划、企业存量、申请企业排序等情况,方便企业自主决策。

(四)持续做好相关规定的立改废工作

各地各部门要坚持依法推进改革,根据法律、行政法规、国务院决定的调整情况,及时对地方性法规、规章、规范性文件作相应调整,建立与试点要求相适应的管理制度。司法行政部门要及时会同相关部门研究梳理改革涉及的地方性法规、规章和规范性文件,对审批的实施主体、审批层级、程序、法律责任等内容与改革内容不一致的,加快推进立改废工作。各地各部门要按照直接取消审批、审批改为备案、实行告知承诺、优化审批服务四种方式,制定出台管理措施,明确事项工作程序、规范办理文书、优化审批流程、完善办事指南、厘清监管边界。各地各部门立改废工作进展情况和管理措施制定出台情况应及时报省政府推进政府职能转变和"放管服"改革协调小组办公室备案。

（五）规范企业登记经营范围与申办经营许可的衔接

各地各部门要按照"证照分离"改革全覆盖试点的总体要求,进一步规范经营范围登记与经营许可申办的衔接,建立信息精准推送机制,推动完善简约透明的准入规则,为创新和强化事中事后监管做好支撑。要按照市场监管总局研究制定的经营范围规范化表述目录,做好省、市层面设定事项的衔接。省市场监管部门明确区分一般经营项目和许可经营项目,简化经营范围登记方式和内容,会同有关主管部门明确地方层面设定涉企经营许可事项和经营范围表述的对应关系,并报市场监管总局纳入全国统一的经营范围规范表述目录管理。

（六）完善和加强事中事后监管制度措施

各地各部门要坚持放管结合、并重,按照"谁审批、谁监管,谁主管、谁监管"原则,加强审批与监管的衔接,健全监管规则和标准,坚决纠正"不批不管""只批不管""严批宽管"等问题。省级部门(单位)要加强对市、县(市、区)的指导,针对改革事项分类制定完善事中事后监管的制度措施,明确监管标准、监管程序和监管方式。市级层面设定的事项,事中事后监管制度措施由各地区部门负责制定。对取消审批的事项,要及时将有关市场主体纳入监管范围;对审批改为备案的,要在具体制度中明确备案的时间、材料等要求;对实行告知承诺的,要明确告知承诺的内容、程序及违反承诺的法律责任;对优化审批服务的,要完善办事指南,加大公开力度,明确监管方式。全面推行"双随机、一公开"监管,将随机抽查结果归入市场主体的社会信用记录。强化联合监管、综合执法,发挥信用监管的基础性作用。对新技术、新业态、新产业、新模式实行包容审慎监管,对高风险行业和领域实行重点监管。依托"互联网＋监管"系统,实现承担监管职责部门的监管系统全面接入,提高监管的精准性、有效性。

（七）强化涉企经营信息的归集和共享

各地各部门要积极适应"证照分离"改革的需要,优化升级本部门(单位)登记和许可系统、事中事后监管系统、信息共享交换平台等信息化平台和系统,以省政务信息共享平台为枢纽,畅通涉企信息推送、归集、共享的实现路径。各级登记机关要将全部企业的登记注册信息推送至全国一体化在线政务服务平台、全国信用信息共享平台、国家企业信用信息公示系统(以下称"三平台")。许可实施部门要及时从"三平台"收取有关企业信息,按照"谁审批、谁推送"的原则,将涉企经营许可事项的办理结果推送"三平台"。对企业负有监管职责的部门要根据监管需要充分利用"三平台"共享信息,加强事中事后监管,将事中事后监管过程中产生的执法检查、行政处罚等信息及时推送至"三平台"。

三、保障措施

（一）加强组织领导

省政府推进政府职能转变和"放管服"改革协调小组负责统筹领导全省"证照分离"改革全覆盖试点工作。省政务办、省市场监管局、省司法厅牵头负责具体协调推进改革。省商务厅指导自贸试验区做好"证照分离"改革与对外开放政策的衔接。

（二）加强统筹协调

各地各部门要切实提高认识，将"证照分离"改革全覆盖试点工作列入议事日程，分解改革任务，细化改革试点落地措施。对改革事项进行深入研究，逐一明确是否能够出区经营。加强统筹协调，明确牵头部门，严格按照改革试点范围落实改革事项。持续完善涉企经营许可事项的审批服务标准，进一步利用"好差评"制度规范审批服务，规范自由裁量权。

（三）加强宣传引导

各地各部门要强化舆论引导，做好"证照分离"改革全覆盖试点的培训和宣传工作，加大对政策宣传解读，及时回应市场主体的关切和需求。加强风险防控工作，及时收集反馈各方的意见建议，做好舆情研判。持续强化监管，引导市场主体加强自律自治、依法规范经营，营造公平公正的市场环境。

（四）加强督查考核

各地各部门要健全激励约束机制和容错纠错机制，坚持奖惩并举，对成效明显的要加大表扬和政策激励力度，对不作为乱作为的要抓住典型问责。制定可量化、可考核、有时限的目标任务，把企业和群众的获得感和满意度作为衡量标准，检验改革成效。切实解放思想，强化创新意识，加快形成可复制可推广的制度创新成果，充分展现"证照分离"改革的创新性、引领性。

省政府关于印发促进综合保税区高水平开放高质量发展实施方案的通知

（苏政发〔2019〕40号）

各设区市人民政府，省各委办厅局，省各直属单位：

现将《促进综合保税区高水平开放高质量发展实施方案》印发给你们，请认真贯彻执行。

江苏省人民政府
2019年6月7日

促进综合保税区高水平开放高质量发展实施方案

为贯彻落实《国务院关于促进综合保税区高水平开放高质量发展的若干意见》（国发〔2019〕3号）精神，加快推进全省综合保税区创新发展，推动我省全方位高水平对外开放，现提出以下实施方案。

一、总体要求

以习近平新时代中国特色社会主义思想为指导，全面贯彻党的十九大和十九届二中、三中全会精神，统筹推进"五位一体"总体布局和协调推进"四个全面"战略布局，按照全省对外开放大会的部署要求，紧紧围绕推动高质量发展、高水平开放的目标任务，以深入推动供给侧结构性改革为主线，以提升综合保税区国际竞争力和创新力为主要目标，坚持深化改革、简政放权、对标国际、开放引领、创新驱动、转型升级、质量第一、效益优先的基本原则，努力把综合保税区建设成为具有全球影响力和竞争力的加工制造中心、研发设计中心、物流分拨中心、检测维修中心和销售服务中心。

二、主要任务

（一）用足用活政策

促进综合保税区高水平开放高质量发展是党中央、国务院关于发展对外贸易、促进产业转型升级的重大决策部署。综合保税区的发展要由过去着眼"向外"，转向内外兼顾，既要继续发挥综合保税区促进外贸的作用，同时又要着力激发国内市场潜力。南京海关要帮助综合保税区和企业利用好相关政策。各设区市人民政府要发挥主体作用，统筹推进安排，结合本地实际，找准产业定位，用足一项政策，带动一个产业。

（二）推进产业升级

发挥综合保税区要素集聚和辐射带动作用,鼓励符合当地产业特色的加工贸易企业以及上下游配套企业向综合保税区集中,延伸产业链。以产业规划为指导,加大招商引资力度,引进一批龙头型、旗舰型企业项目入区发展,培育发展特色优势产业。支持区内企业开展符合要求的销售、结算、物流、检测、维修、研发等生产性服务业,实现技术创新和产业转型。

（三）提升功能优势

积极稳妥地在综合保税区推广增值税一般纳税人资格试点。鼓励研发创新机构入区发展,对研发、加工企业符合标准的直接赋予最高信用等级。支持符合条件的综合保税区开展进口汽车保税存储、展示业务。落实文物及文化艺术品境外入区管理制度,促进文物及文化艺术品在综合保税区存储、展示等。

（四）推进制度创新

在综合保税区率先全面复制推广自贸试验区与海关特殊监管区域相关的创新举措,推进期货保税交割海关监管制度、境内外维修海关监管制度,落实拟入区企业进口自用机器设备等自国务院批准设立综合保税区之日起即提前适用相关免税政策。

（五）推进优化整改

推进张家港保税港区整合优化为综合保税区,抓紧完成无锡高新区、南京、淮安、南通和太仓港等综合保税区的整改工作。鼓励确有需要、条件具备的市、县(市、区)申报设立综合保税区。各地在申报设立综合保税区时,要积极引进适合入区发展的项目,提高产业集聚度,严禁盲目攀比、无序竞争。要积极引导本地区符合综合保税区发展目标和功能定位的企业入区运营,实现产业发展的集中整合,提升综合保税区建设质量。

（六）培育新型业态

促进全省综合保税区发展保税加工、保税物流和生产性服务业等业务,支持区内企业利用剩余产能承接境内外委托加工。促进租赁业务发展,对飞机等大型设备涉及跨关区的实行海关异地委托监管。支持综合保税区全面适用跨境电商零售进口政策,培育新的外贸增长点。允许区内企业进口专业设备开展服务外包业务。

（七）优化监管服务

创新通关监管服务模式,深化"一线放开""二线安全高效管住"的贸易便利化改革,进一步简化业务流程,优化保税货物流转管理系统,实现保税货物点对点直接流转,提升监管效能。免除区内制造的手机、汽车零部件等产品内销环节自动进口许可证。对研发进口货物、物品免于提交许可证,研发消耗性材料据实核销。区内企业进口的医疗器械用于研发、展示的,可不办理相关注册或备案手续。区内企业从境外进口已获批的人用疫苗或体外诊断试剂,允许在具备必要监管查验条件的综合保税区内查验。对境内入区的不涉及出口退税等的货物、物品实施便捷进出区管理。

(八)打造开放高地

发挥我省部分综合保税区紧临海港和长江沿岸港口的优势,推进综合保税区与港口联动发展,进一步提升口岸效能,更好地服务"一带一路"、长江经济带、长江三角洲区域一体化等国家战略实施。积极引导高端加工制造、关键零部件及技术的研发销售、售后服务等高附加值产业向区内集中,全力打造加工制造、研发设计、物流分拨、检测维修和销售服务等五大中心。

三、保障措施

(一)加强组织领导

省开放型经济工作领导小组负责全省综合保税区的统筹协调工作,各地各部门要建立相应的领导机制,完善各负其责、密切协作的工作推进机制,确保各项政策落地见效,切实推动综合保税区高水平开放高质量发展。

(二)加强责任落实

南京海关和省相关部门要根据工作分工,出台工作方案,制定具体实施细则。各地要认真做好本地区综合保税区功能需求调查、规划编制、产业布局和招商引资工作,为综合保税区规划、建设、发展提供保障。

(三)加强宣讲培训

南京海关和省有关部门要做好政策的宣讲解读,通过召开宣讲会、座谈会,举办培训班、讲座等方式,分类别、分层次开展教育培训。各地综合保税区要围绕企业关注关切,对区内企业开展政策宣讲,推动各项政策执行到位。

(四)加强考核评估

建立全省综合保税区发展绩效考核体系,落实综合保税区准入和退出管理办法,引导全省综合保税区科学发展,培育竞争新优势。各地各部门要适时对政策推广工作进行成效评估,全面掌握政策落地后综合保税区的经济效益、土地利用、产业升级及企业诉求等情况,定期向省领导小组报告工作开展情况。

省政府办公厅关于印发江苏省完善促进消费体制机制行动方案（2019—2021年）的通知

（苏政办发〔2019〕70号）

各设区市人民政府，省各委办厅局，省各直属单位：

《江苏省完善促进消费体制机制行动方案（2019—2021年）》已经省人民政府同意，现印发给你们，请认真贯彻执行。

江苏省人民政府办公厅

2019年8月18日

江苏省完善促进消费体制机制行动方案（2019—2021年）

为认真贯彻落实《国务院办公厅关于印发完善促进消费体制机制实施方案（2018—2020年）的通知》（国办发〔2018〕93号）精神，切实增强消费对经济发展的基础性作用，根据《中共江苏省委江苏省人民政府关于完善促进消费体制机制进一步激发居民消费潜力的实施意见》（苏发〔2019〕16号），制定本行动方案。

一、进一步放宽服务消费领域市场准入

（一）文化领域

建立完善国有文化文物单位文创产品开发试点成效评价和激励机制。加大文化艺术消费补贴，加强对江苏大剧院等重点文化消费场所的支持力度。加快乡镇电影院建设。高质量举办"紫金奖"文化创意设计大赛、大运河文化旅游博览会、南京融交会等大型文化赛展。（省委宣传部、省文化和旅游厅等牵头负责）

（二）旅游领域

制定出台支持自驾、邮轮、游艇旅游和创意休闲农业等政策措施。推进大运河国家文化公园江苏示范段建设。推动旅游风情小镇培育和国家级全域旅游示范区创建。逐步放开中外合资旅行社从事旅游业务范围。研究出台鼓励租赁式公寓、民宿客栈等政策措施。（省文化和旅游厅、农业农村厅、发展改革委等牵头负责）

（三）体育领域

研究制定向社会力量购买全民健身赛事活动服务的办法。完善省级健身俱乐部专项扶持资金管理办法。推进体育健康特色小镇建设。开展全民健身模范市（县）创建工作。积极发展水上运动、航空运动、电竞运动等体育消费新业态。（省体育局牵头负责）

（四）健康领域

支持社会办医疗机构合理配置大型医用设备。加快推进二级及以下医疗机构设置批准和执业登记"两证合一"。推进互联网医院建设试点工作，制定统一接入标准和规范。研究探索新型健康服务机构准入标准和监管办法。（省卫生健康委、医保局、发展改革委等牵头负责）

（五）养老领域

加快实施"照后减证"，取消养老机构设立许可。建立健全养老领域公建民营相关规范，完善政府购买养老服务制度。推进各类养老机构、居家社区养老服务设施以及养老服务综合体建设，进一步提高"补人头"和政府购买养老服务的比重。加快建立全省养老服务质量标准和评价体系，出台养老机构等级评定办法及居家上门服务标准。（省民政厅、卫生健康委、人力资源社会保障厅等牵头负责）

（六）家政领域

加快建设家政服务及交易公共平台，研究制定家政电商的服务标准和规范。加大家政服务知名品牌培育力度。健全家政服务人员培训体系。探索建立家政服务保险制度。（省发展改革委、商务厅、人力资源社会保障厅和江苏银保监局等牵头负责）

（七）教育培训领域

研究制定鼓励引进境外优质高等教育、职业教育资源的政策措施。支持外商投资设立非学制类职业教育培训机构。完善民办教育分类登记管理制度。研究制定加快发展3岁以下婴幼儿照护服务的具体措施。（省教育厅、卫生健康委、商务厅、人力资源社会保障厅等牵头负责）

二、促进实物消费提质升级

（一）发展和规范住房租赁市场

加快推动政府主导的住房租赁信息服务和监管平台建设与应用。因地制宜发展共有产权住房。鼓励各地在推进宜居住区建设中积极探索开展多层老旧住宅加装电梯等适老化改造。（省住房城乡建设厅牵头负责）

（二）推动汽车消费优化升级

加快出台新能源汽车充电设施建设运营管理办法，构建新能源汽车充电服务网络。加快实施二手车流通和报废汽车管理办法。研究对农村居民报废三轮汽车并购买3.5吨及以下货车或1.6升及以下排量乘用车的支持办法。推进开展城市停车场信息共享、规模开发和多元融资试点示范工作。推进张家港汽车平行进口试点。（省商务厅、发展改革委、财政厅、住房城乡建设厅和南京海关等牵头负责）

（三）进一步扩大和升级信息消费

加快网络提速降费，积极推进5G网络建设，率先实现5G商用。推动信息消费领域加快实施"三品"行动。深入推进"企业上云"三年行动计划。研究制定规范网络游戏出版运营的政策措施。建立健全公共数据资源开放共享体系。（省委网信办、省工业和信息化厅、省通信管理局等牵头负责）

（四）培育壮大绿色消费

推进落实绿色产品认证制度和标准体系。推进建立绿色物流体系。总结推广绿色商场在促进绿色循环消费方面的示范经验。加快建立绿色消费循环体制机制和社会行动体系，规范垃圾分类工作。（省发展改革委、生态环境厅、商务厅等牵头负责）

三、加快补齐消费领域供给短板

（一）提升消费供给能力

加快制定服务消费示范工程认定管理办法，推进幸福产业重点项目建设，加大对省服务消费示范工程、幸福产业重点项目的资金支持和用地保障。支持符合条件的航空口岸设立进境免税店。（省发展改革委、财政厅、商务厅、自然资源厅和南京海关等牵头负责）

（二）推进现代商贸流通体系建设

加快培育和建设区域消费中心城市、特色商贸小镇和高品位步行街。加快推进应用移动支付。支持利用现有旅游景区、特色商业街区等拓展电商应用。推进面向长三角城市群的共同配送体系建设，构建城市末端配送节点网络。推进城乡高效配送专项行动和物流标准化工作。优化省级商务发展专项资金对江苏流通现代化及促进消费的引导。（省商务厅、发展改革委和人民银行南京分行等牵头负责）

（三）加快发展农村消费

加快推进商贸强镇建设。加快农产品冷链物流、质量追溯体系建设。推进农产品消费线上线下融合，加快"互联网＋"农产品出村进城工程建设。推动农村电商标准化建设、品牌化发展。（省商务厅、农业农村厅等牵头负责）

（四）推进江苏消费品牌和平台建设

开展"江苏精品"品牌认证工作。持续促进老字号传承保护和创新发展。加强与国际、国内知名电商平台合作，推进建立网上"江苏消费名品城"。鼓励有条件的零售企业设立自营销售平台。推动苏州、南京、无锡等地依托国家跨境电子商务综合试验区政策扩大跨境电商零售进口规模，并推动扩大试点范围。（省市场监管局、发展改革委、商务厅、农业农村厅和南京海关等牵头负责）

四、建立健全产品服务标准和消费信用体系

（一）建立完善重点领域产品和服务标准

开展养老服务、家政服务等服务消费领域标准体系建设。开展可穿戴产品、智能家居等

新兴消费品领域标准研制。在旅游、中医药、养老、家政等重点领域遴选一批服务质量标杆单位。开展国内外标准比对工作,确定一批消费品生产企业标准"领跑者"。(省市场监管局牵头负责)

(二)加强信用信息归集共享和公开

建立健全法人和自然人信用基础数据库。将消费领域企业基础信息、动产抵押登记、股权出质登记等信息在"信用江苏""国家企业信用信息公示系统"向社会公开。在重点消费领域加快形成和完善全过程信用管理机制。建立典型消费纠纷案件、违法违规记录公示制度。(省发展改革委、市场监管局等牵头负责)

(三)完善守信激励和失信惩戒机制

建立健全守信"红名单"制度,大力推进消费领域"信易+"场景应用,研究提出对守信企业及个人的激励措施。建立健全严重失信"黑名单"制度,研究提出对失信主体实施联合惩戒措施。(省发展改革委、市场监管局等牵头负责)

五、推动消费环境优化提升

(一)加大消费维权工作力度

建立常态化消费者满意度调查评估机制。开展放心消费创建工作。在全省大型电商企业推广使用在线纠纷信息平台。严厉打击假冒伪劣和虚假广告宣传。全面开展消费投诉公示,建立消费投诉公示与经营者信用评价关联机制。建立健全消费者信息保护、数据交易和共享相关制度。(省市场监管局牵头负责)

(二)强化流通领域商品质量监管

加快制定我省市场监管领域全面推行部门联合"双随机、一公开"监管的实施意见。在食品药品等领域建立全过程质量安全追溯体系。推行首席质量官制度。加强消费商品、服务质量抽检和专项整治,推进质量监督和风险监测信息公开。加快线上线下一体化监管机制建设,积极运用大数据和现代信息技术提升监管能力和改进执法方式。(省市场监管局牵头负责)

六、完善消费配套和保障

(一)深化收入分配制度改革

健全职工工资正常增长机制,拓宽居民劳动收入和财产性收入渠道。进一步深化城乡居民增收专项激励计划试点。进一步扩大高校和科研院所收入分配自主权。(省发展改革委、人力资源社会保障厅、财政厅等牵头负责)

(二)提升金融对促进消费的支持作用

加快消费信贷管理模式和产品创新。发展培育新型专业消费金融机构。支持省内符合条件的企业发起设立消费金融公司、汽车金融公司。引导商业保险机构加大产品创新力度，开发有针对性的保险产品。（江苏银保监局、人民银行南京分行、省地方金融监管局等牵头负责）

（三）加强消费宣传和统计监测

加强对促进消费工作的舆论宣传。充分利用国际友城关系，加大对江苏消费品牌的对外宣传推广力度。加快研究形成涵盖商品和服务的消费领域统计指标体系。（省委宣传部、省外办、省统计局等牵头负责）

省政府办公厅关于印发聚焦企业关切
大力优化营商环境行动方案的通知

（苏政办发〔2019〕48号）

各设区市人民政府，省各委办厅局，省各直属单位：

《聚焦企业关切大力优化营商环境行动方案》已经省人民政府同意，现印发给你们，请认真贯彻落实。

江苏省人民政府办公厅

2019年5月2日

聚焦企业关切大力优化营商环境行动方案

党中央、国务院和省委、省政府高度重视深化"放管服"改革、优化营商环境工作，近年来部署出台一系列有针对性的政策措施，优化营商环境工作取得积极成效。为深入贯彻落实《国务院办公厅关于聚焦企业关切进一步推动优化营商环境政策落实的通知》（国办发〔2018〕104号）文件精神，破解我省企业投资生产经营等全生命周期中的"堵点""痛点"，切实减轻企业负担和解决企业反映的突出问题，提升企业发展信心和竞争力，增强企业获得感和企业满意度，激发市场主体活力和社会创造力，全力打造我省市场化、法治化、国际化的营商环境，加快推动我省高质量发展走在前列，结合我省实际，特制定本行动方案。

一、着力破解企业投资限制障碍

1.放宽企业投资准入

贯彻实施国家《市场准入负面清单（2018年版）》，推动"非禁即入"普遍落实，抓紧修订《江苏省政府核准的投资项目目录（2017年本）》。在民航、铁路、公路、油气、电信等领域落实一批高质量的项目吸引社会资本参与。继续规范有序推进政府和社会资本合作（PPP）项目建设，在核查清理后的PPP项目库基础上，加大对符合规定的PPP项目推进力度，依法依规落实已承诺的合作条件，切实加快项目进度。开展全省招投标领域专项整治，消除在招投标过程中对不同所有制企业设置的各类不合理限制和壁垒，严格落实《必须招标的工程项目规定》（国家发展改革委令2018年第16号），赋予社会投资的房屋建筑工程建设单位发包自主权。推进2004年实施的《江苏省招标投标条例》的修订工作。（责任单位：省发展改革委、财政厅、交通运输厅、住房城乡建设厅、市场监管局、司法厅及省有关招投标行政监管部门，各设区市人民政府）

2.简化企业投资审批

按照国家统一部署，优化审批流程，清理投资项目审批事项，及时公布投资项目审批事项标准清单。推进投资项目综合性咨询和工程全过程咨询改革,优化整合审批前的评价评估环节。深化企业投资项目信用承诺制改革,实施《江苏省企业投资信用承诺制改革试点项目管理负面清单》,实现政府定标准、企业作承诺、过程强监管、失信有惩戒,大幅缩减投资项目落地时间。依托江苏政务服务网,推动各级政府部门项目管理平台(系统)与省政府投资项目在线审批监管平台对接,推进投资建设项目全流程优化、数据共享、业务协同,实现全省各类投资审批在线并联办理。(责任单位:省发展改革委、住房城乡建设厅、政务办及省有关部门)

3. 优化工程项目许可

开展房屋建筑和城市基础设施工程建设项目审批制度"全流程、全覆盖"改革,工程建设项目从立项用地规划许可、工程建设许可、施工许可到竣工验收实行每个阶段"一家牵头、并联审批、限时办结"。按照国家有关要求,抓紧修订我省现行涉及工程建设项目审批的有关规定。精简取消部分审批前置条件,推动消防设计审核、人防设计审查、工程施工图审查等实现"多审合一",压缩审批时限。推行区域评估和告知承诺,对已经实施区域评估的工程建设项目,相应的审批事项实行告知承诺制。加快推进省工程建设项目审批管理系统建设,实现"一个系统"实施统一管理、"一张蓝图"统筹项目实施、"一个窗口"提供综合服务、"一张表单"整合申报材料、"一套机制"规范审批运行。推进省工程建设项目审批管理系统与国家管理系统功能对接,与省政务服务网互联互通,实现数据共享。(责任单位:省住房城乡建设厅、自然资源厅、应急管理厅、人防办、政务办及省有关部门)

4. 吸引外商扩大投资

认真贯彻《中华人民共和国外商投资法》,基于"负面清单＋正面鼓励＋竞争中性"的原则对我省外资政策进行持续优化,实施国家《外商投资准入特别管理措施(负面清单)(2018版)》,全面清理取消在外商投资准入负面清单以外领域针对外资设置的准入限制,实现市场准入内外资标准一致,切实做到法律上平等、政策上一致,实行国民待遇。建立健全全省统一的外资投诉处理机制,及时回应和解决外资企业反映的问题。推进完成与现行开放政策不符的我省地方性法规、规章和规范性文件的废止或修订工作。按照国家统一部署,进一步深化标准化工作改革,促进内外资企业公平参与标准化工作。继续扩大利用外商投资,将符合条件的外资项目纳入省重大建设项目,或依申请按程序加快调整列入相关产业规划,给予用地、用海、用能审批等支持,加快环评审批进度,推动项目尽快落地。依法落实外商再投资暂不征收预提所得税政策,将适用范围从鼓励类外资项目扩大至所有非禁止项目和领域。(责任单位:省发展改革委、商务厅、司法厅、市场监管局、财政厅、税务局及省有关部门,各设区市人民政府)

二、着力深化涉企商事制度改革

1. 提升企业开办便利度

按照"3550"改革要求,推进江苏省企业开办"全链通"综合服务平台建设,为企业提供工商登记注册、公章刻制备案以及办理涉税业务、社保登记、银行预约开户一站式集成服务,全面实现 3 个工作日内完成开办企业的目标。把企业开办涉及的各部门业务申请表格整合成一套表,以企业工商登记申请的基本信息为主表,涉企事项其他部门补充信息为附表,实现企业开办申请一表填报。组织制定发布"容缺受理"服务地方标准,对基本条件具备、主要申请材料齐全且符合法定形式,但次要件或申请材料欠缺的服务事项,经申请人相应承诺后先受理、后补正。大力推广电子营业执照,扩大电子营业执照应用范围,进一步简化"电子身份证"申领方式。(责任单位:省市场监管局、政务办、人力资源社会保障厅、医保局、税务局)

2. 推进"证照分离"改革

以突出"照后减证"为原则,在全省范围内对国务院公布的106项行政审批事项分别按照直接取消审批、审批改为备案、实行告知承诺、优化准入服务等方式实施"证照分离"改革,让更多的市场主体持照即可经营。进一步探索对所有涉及市场准入的行政审批事项进行分类管理,有效区分"证""照"功能,坚决破解"准入不准营"难题。结合国家制定的涉及市场准入行政审批事项清单,在国家级开发区、高新区实施扩大"证照分离"事项范围的改革试点,在此基础上梳理形成我省"证照分离"改革事项清单向社会公布,并根据改革进度同步做好动态调整。鼓励条件成熟的国家级开发区、高新区自主开展证照分离改革,由开发区、高新区按照便企利民的原则,确定审批改备案和告知承诺制事项清单。拓展"多证合一"改革广度和深度,将更多涉企证照整合到营业执照上。推动全省统一的电子证照库建设,实现"一次采集、一库管理、多方使用、即调即用"。(责任单位:省市场监管局、司法厅、政务办)

3. 简化企业注销程序

拓展企业简易注销适用范围,试点压缩企业简易注销公告时间。简化企业注销登记程序和材料,取消向登记机关备案清算组程序,通过国家企业信用信息公示系统获取清算组信息、发布公告,办理注销登记只需提供清算报告等必要件。强化部门信息共享和业务协同,建立企业注销网上服务专区,实行社保、税务等部门注销业务"信息共享、同步指引",实现企业注销"一网"服务。人社、医保部门对没有拖欠社会保险费用且不存在职工参保关系的企业,及时反馈"注销无异议"意见,同步进行社会保险登记注销。税务部门在企业简易注销公告前设置企业清税提示,对存有未办结涉税事项的企业,应在公告期届满次日前提出异议。(责任单位:省市场监管局、人力资源社会保障厅、医保局、税务局及省有关部门)

4. 优化破产退出机制

按照市场化、法治化原则健全完善"僵尸企业"退出机制,保持市场主体健康性和活跃度。制定出台企业破产处置政府与法院协调联动机制意见,推动解决民生保障、稳定维护、风险防控、信用修复等方面的存在问题,形成处置合力。加大企业破产清算和重整(组)力度,妥善做好职工安置和债务处置工作。积极稳妥受理企业破产案件,服务市场主体有序退出。完善破产案件审判管理、考核监督、简易审理等机制,提升审判质效,促进要素资源加快释放。加强破产审判队伍建设,健全完善管理人选任和履职管理机制,为企业破产处置提供专业化服务与保障。(责任单位:省法院、发展改革委、人力资源社会保障厅及省有关部门,各设区市人民政府)

三、着力降低企业生产经营成本

1. 落实减税降负政策

扎实推进实施国家关于普惠性减税和结构性减税相结合的各项政策,加快实施减轻制造业和小微企业税收负担,支持实体经济发展。全面实施修改后的个人所得税法,落实好专项附加扣除政策。持续扩大税(费)优惠备查范围,落实重点群体创业就业税收优惠、小型微利企业所得税优惠扩大、减半征收小规模纳税人资源税(不含水资源税)、城市维护建设税、房产税、城镇土地使用税、印花税(不含证券交易印花税)、耕地占用税和教育费附加和地方教育附加、延长高新技术企业和科技型中小企业亏损结转年限、研发机构采购国产设备退税、研发费用加计扣除、固定资产加速折旧、创业投资企业投资抵免、增值税降低税率等一系列税收政策,切实降低企业税收负担。继续实施阶段性降低社会保险费率和稳岗补贴等政策。严格执行涉企保证金目录清单,推广以银行保函替代现金缴纳保证金。全面贯彻落实国家和省清费降本减负各项要求,继续施行对交通运输船闸船舶过闸费、水利船闸船舶过闸费(不含经营性船闸)分别优惠 20%、10% 等政策,一般工商业平均电价再降低 10%。加快推进政府定价经营服务性收费改革,压缩收费项目,降低企业使用能源成本和物流成本,规范社团和培训收费行为,建立完善收费公示、收费报告、收费巡访及收费评估等制度。加强对厂房租金的监督检查,落实管控责任,严厉打击囤积厂房、哄抬租金等违规行为。加快推进网上办税和简约办税,全面实现备案类减免税网上办理、核准类减免税网上预申请,统一网上申请、受理、办理、反馈流程,主要涉税业务实现"一网通办"。在新产业、新业态、新商业模式领域试行税收预约裁定服务、双边预约定价谈签等模式。(责任单位:省税务局、财政厅、人力资源社会保障厅、发展改革委、工业和信息化厅、交通运输厅、市场监管局及省有关部门)

2. 降低企业融资成本

整合现有各类融资支持政策,综合运用贴息、风险补偿、信用保证基金、政银合作产品等方式,加大对中小微企业融资支持力度,激励加强普惠金融服务。推动中小微企业在江苏省综合金融服务平台注册登录,提高省内企业接入率。支持省内符合条件的银行、证券、保险、担保、投资、租赁、小贷等金融机构,分级分批接入平台,上线各类金融服务产品。鼓励银行业金融机构对民营企业加大信贷支持力度,建立银行业金融机构绩效与小微信贷投放挂钩的激励机制,支持在省内条件成熟的国家级开发区、新区设立民营银行。加大富民创业担保贷款贴息资金支持力度,适当放宽条件,提高贴息支持比例,简化办理流程。鼓励各地设立大学生"双创"天使投资基金,为高校毕业生创业提供股权投资、融资担保等服务。继续在全省推进"银税互动"工作,扩展相关贷款产品种类,鼓励商业银行依托纳税信息创新线上信用贷款等信贷产品。严禁有关金融机构以贷款承诺费、资金管理费等名义向小微企业收取各类违规费用,严格限制向小微企业收取财务顾问费、咨询费等费用,不断降低企业融资成本,使小微企业和民营企业有实实在在的获得感。(责任单位:省地方金融监管局、财政厅、发展改革委、教育厅、科技厅、人力资源社会保障厅、市场监管局、税务局、江苏银保监局、人民银行南京分行)

3. 清理规范涉企收费

完善政府性基金、行政事业性收费和政府定价经营服务性收费目录动态调整机制,梳理公布我省省级清费降本减负政策文件和收费减免与优惠政策清单,增强政策的透明度和提升企业的满意度。按照财政部等 6 部委制定的《清理口岸收费工作方案》,全面实行口岸收费目录清单制度,清单之外一律不得收费。普遍落实货运车辆综检、安检和排放检测"三检合一"等政策,全面实现"一次上线、一次检测、一次收费"。深化生产许可证制度改革,引导和督促认证机构降低收费标准。(责任单位:省财政厅、发展改革委、工业和信息化厅、商务厅、交通运输厅、公安厅、水利厅、市场监管局、生态环境厅,南京海关及省有关部门)

4. 整治各类乱收费行为

依法整治"红顶中介",督促有关部门和单位取消违法违规收费、降低收费标准。严禁行政审批事项取消后承担各类技术审查、评估、鉴证、咨询等业务的中介机构和行政机关下属单位违法违规收费。2019 年 6 月前,省各有关部门要对本部门下属单位涉企收费情况进行全面清查整顿,重点查处利用行政权力开展违规收费行为。开展涉企收费专项检查,对人防、殡葬、商业银行等重点部门和行业进行集中检查,对教育、医疗、电信、金融、公证、供水供电、电商、铁路等公共领域收费进行监督检查,对小微企业收费政策落实情况进行重点检查,公开曝光部分涉企违规收费典型案例。对行业协会收费情况进行监督检查,纠正行业协会不合理收费和强制培训等行为,推动金融类行业协会规范合理收取会费、服务费,建立健全全省行业协会乱收费投诉举报、查处、整改等闭环管理机制。(责任单位:省发展改革委、工业和信息化厅、政务办、市场监管局、财政厅、民政厅、人防办、国资委、教育厅,人民银行南京分行、江苏银保监局、江苏证监局及省有关部门)

四、着力营造公平诚信市场环境

1. 整顿地方保护和行政垄断行为

对妨碍统一市场和公平竞争政策文件清理情况、公平竞争审查制度执行情况,制度化常态化组织开展好自查、抽查和巡查,特别是涉及地方保护、指定交易、市场壁垒等内容,滥用行政权力排除、限制竞争行为,以及行政垄断案件,要严厉查处、跟踪问效,定期向社会主动公开,接受全社会监督。在政府采购政策制定中严格落实公平竞争审查相关规定,维护政府采购市场环境。查处公章刻制领域行政垄断案件,防止各地公安机关指定公章刻制企业和公章刻制企业垄断经营、强制换章等行为。(责任单位:省市场监管局、公安厅、财政厅及省有关部门,各设区市人民政府)

2. 加快信用体系建设

建设诚信政府,建立"政府承诺＋社会监督＋失信问责"机制,对出现违反承诺的地方政府和部门限期整改,对整改不到位、严重失职失责的相关责任人严肃追责。梳理政府对企业失信事项,逐项提出依法依规限期解决的措施,治理"新官不理旧账"等问题。研究建立因政府规划调整、政策变化造成企业合法权益受损的补偿救济机制。开展政务失信专项治理,对拒不履行承诺、严重损害企业合法权益的依法依规追责,每年都要通报一批典型案例。督促地方政府、国企加大欠款清偿力度,列出欠款清单,按照法律规定和合同约定偿还拖欠款项。健全完善覆盖全省的信用信息平台,强化实施守信联合激励和失信联合惩戒制度,加快实现跨区域信用信息交换共享。加强调查研究和综合协调,加快推进《江苏省社会信用条例》立法工作。(责任单位:省发展改革委、工业和信息化厅、司法厅、国资委及省有关部门,各设区市人民政府)

3. 加强知识产权保护和运用

推动我省知识产权保护立法,在合理分配举证责任、提高知识产权损害赔偿标准、加大惩罚性赔偿力度等方面取得突破。建立健全覆盖全省的知识产权举报投诉和维权援助体系,向社会提供公益性的知识产权咨询和援助服务。加强行政执法与司法有机衔接,建立知识产权侵权查处快速反应机制,健全知识产权信用管理,加大知识产权侵权违法行为惩治力度,专利行政执法结案率达90％以上。深入探索在互联网、电子商务、大数据等新产业、新业态、新商业模式,以及在企业进出口等全生命周期的重点环节,实施科学有效的知识产权保护规则和制度建设。加快发展各类知识产权运营机构、平台,完善知识产权运营网络。建立海外知识产权维权援助机制,对知识产权海外维权提供信息、法律和智力援助、资金支持等。打击擅自使用他人商品标识、主体标识和经营活动标识的市场混淆等不正当竞争行为,营造公平有序的市场竞争环境。(责任单位:省知识产权局、市场监管局、文化和旅游厅及省

有关部门)

4. 落实各项产权保护措施

落实中央关于营造企业家健康成长环境弘扬优秀企业家精神更好发挥企业家作用的各项政策措施,坚持各种所有制经济平等保护,废除对非公有制经济的各种不合理限制,消除隐形市场壁垒,保护各类所有制市场主体平等参与市场竞争,平等使用生产要素,同等受到法律保护。完成不利于产权保护的规章、规范性文件清理工作。依法界定涉案财产,不得因企业股东、经营管理者个人违法,任意牵连企业法人合法财产。建立涉企产权案件的立案登记"绿色通道",提高产权、合同执行等案件的审判执行效率。进一步加大产权领域冤错案件甄别纠正力度,对影响重大、涉及面广的产权纠纷案件要尽快审理并将审理结果向社会公布。(责任单位:省发展改革委、司法厅、市场监管局、法院)

五、着力推动市场监管改革创新

1. 实行最严格的安全生产监管制度

安全生产是营商环境的底线和红线,必须增强生产安全保障营商环境的基础性作用。坚持安全发展理念,把严监管和促发展结合起来,统筹推进"放管服"改革。严格落实企业主体责任,实行安全生产承诺制度,确保安全责任、制度、投入、培训、管理、评估和应急救援落实到位。以行业安全生产标准领先全国为标杆,从安全、环保、能耗等方面提高企业和项目的准入门槛,严把立项、规划、设计、审批、建设的安全关口,对不符合产业政策和规划布局、达不到安全标准的,一律不予建设和投入运行。对发生重大生产安全事故的企业,依法实施停业整顿或关闭退出;对有安全生产违法违规行为、严重失信行为的投资主体及管理者,依法实施市场限入或禁入。按照行业领域和专业类别,分级分类建立完善省、市、县三级安全生产专家库,组成安全专家指导服务团,指导帮助企业及时发现消除隐患,提升企业本质安全水平。完善安全生产监管机制,实施安全生产巡查制度、部门会商协同机制、警示约谈制度。开展安全生产明察暗访和隐患排查整治,建立隐患清单,实施闭环整治,确保隐患见底、措施到底、整治彻底。推进"互联网+安全监管",各重点行业领域主管部门、各类生产性园区(集中区)形成覆盖产业、安全和应急管理等方面一体化的综合监管信息平台。(责任单位:省应急管理厅、工业和信息化厅、生态环境厅、自然资源厅、住房城乡建设厅、发展改革委、能源局、市场监管局、政务办及省有关部门)

2. 加强事中事后监管

在持续深化简政放权的同时,加快建立健全适合高质量发展要求的事中事后监管制度。压实监管责任,健全监管体系,完善配套政策,不断提高事中事后监管的针对性和有效性。根据国家加强和规范事中事后监管的指导意见,抓紧研究制定我省实施意见。创新工作方法,制定我省市场监管领域推行"双随机、一公开"联合监管的实施意见,加快推进市场监管领域"双随机、一公开"检查事项全覆盖。进一步规范和控制涉企各类检查活动,严格控制重点检查事项的数量和一般检查事项的抽查比例。依托江苏省市场监管平台开展"双随机、一公开"检查和涉企信息归集,依托国家企业信用信息公示系统开展涉企信息公示。进一步加大人力资源市场监管力度,通过建立统一开放、竞争有序的人力资源市场体系,发挥市场在人力资源配置中的决定性作用,健全人力资源开发机制,有效规范人力资源市场活动,激发全社会创新创业创造活力。(责任单位:省市场监管局、人力资源社会保障厅及省有关部门)

3. 创新市场监管方式

加快构建以信用为核心的新型市场监管机制,深入开展信用承诺及公示工作,制定《江苏省信用承诺实施办法》,实现信用承诺的社会监督。重点在资金安排、评奖评优、招标投标、公共资源交易等领域,全面施行信用审查,开展查询服务。健全完善企业信用修复程序,明确信用修复条件和标准。积极探索包容审慎监管方式,建立对新产业、新业态、新商业模式监管容错机制,研究包容审慎监管标准,进一步优化新兴行业发展环境。依托全省一体化在线政务服务平台,建设"互联网＋监管"系统,整合省级部门和地方现有监管信息平台,联通汇聚重要监管平台数据,推动监管信息全程可追溯和"一网通享",为强化事中事后监管提供技术平台支撑。重点推进省工程建设项目"E路阳光"信息管理平台建设,实现对工程项目从立项审批、招投标、建设管理到资金拨付、审计、竣工验收等环节进行全流程实时监管。加强质量认证监管,推进现代农业、服务业、生态环境、建设工程等领域质量认证体系建设,强化强制性产品质量认证,优化政府质量认证治理方式。(责任单位:省发展改革委、市场监管局、政务办及省有关部门)

4. 规范监管执法行为

落实《江苏省企业环保信任保护原则实施意见(试行)》要求,对能够严格落实生态环境法律、法规、规章要求,认真执行生态环境政策标准规定,环境管理处于行业领先水平、能够积极配合生态环境部门日常监管的企业给予压减检查频次等正向激励。各执法部门要依法梳理行政处罚事项,出台规范行政执法和限制自由裁量权的具体措施,统一执法标准和执法程序,规范执法人员的执法行为,及时纠正不当行为和做法。对不涉及安全生产和人民群众生命财产安全的市场主体轻微违法行为慎用查封、扣押等措施,最大限度降低对涉案企业正常生产经营活动的不利影响。各行政机关办案经费按规定纳入预算管理,禁止将罚没收入与行政执法机关利益挂钩,对违规行为进行整改和问责。(责任单位:省生态环境厅、市场监管局、应急管理厅、司法厅、财政厅及省有关部门)

5. 开展综合行政执法

建立健全综合监管部门和行业监管部门执法联动机制,推动跨行业、跨区域执法协作,消除监管盲点,形成全过程监管执法体系。每个设区市选择1个县(市、区)开展县域综合行政执法改革试点。加强市、县(市、区)、乡镇(街道)执法力量的统筹集成,在市场监管、生态环境、文化市场、交通运输、农业等领域整合组建5—7支综合行政执法队伍,构建地方综合行政执法体系。(责任单位:省委编办,省司法厅及省有关部门,各设区市人民政府)

六、着力拓展"放管服"改革广度深度

1. 清理压缩行政许可事项

认真落实国务院取消下放行政审批事项的要求,对我省地方性法规设定的现有审批和许可事项逐项深入论证,除关系国家安全和重大公共利益等项目外,依照法定程序,能取消的一律坚决取消,能下放的一律尽快下放,市场机制能有效调节的经济活动不再保留审批和许可。开展自查整改,取消以备案、登记、注册、目录、年检、监制、认定、认证、专项计划、征求意见等为名实施的变相审批和许可事项。2019年底前实现省级以上开发区全链条审批。(责任单位:省政务办及省有关部门)

2. 完善"不见面审批"服务

推进"不见面审批"网上办、集中批、联合审、区域评、代办制、快递送标准化建设,积极构

建标准统一的审批服务模式,建立规范统一的审批服务体系,形成科学合理的审批服务评价机制。由省级部门牵头,以条线为单位编制"不见面审批"标准化事项清单,实现省市县三级在事项公布、实现方式、基本流程、申请材料、办理时限、缴纳费用六个方面标准统一。全面清理烦扰企业的"奇葩"证明、循环证明、重复证明等各类无谓证明。推动各地行政审批局建立健全工作机制,实行审批信息实时推送、监管结果及时反馈的"双推送"制度,实现审批与监管的无缝衔接。全省开发区推动"区域能评"工作。建立适应企业需求的"不见面审批"结果送达机制。加大宣传推广力度,通过各种渠道让企业知晓"不见面审批"办事流程、操作方法和相关政策。加快我省政务服务平台和全国一体化在线政务服务平台的对接,鼓励在国家级开发区、高新区先行先试,率先推动全省数据共享交换平台和省级层面各业务审批系统数据平台对接。(责任单位:省政务办、司法厅、市场监管局、商务厅及省有关部门)

3. 优化不动产登记服务

加快实施《江苏省不动产登记条例》,推动不动产登记"一窗受理、集成服务",建设不动产登记、房产交易与"金税三期"相互衔接的信息化平台,实现不动产登记机构、房屋交易部门和税务部门间信息推送和实时共享。分类压缩不动产登记办理时限,全面实现一般不动产登记5个工作日内完成;全面实现新建商品房首次转移登记、统一登记实施后办理过不动产登记的房屋再次办理转移登记、实体企业不动产登记3个工作日内办结。试点新建商品房首次转移登记"一证通办"。推广不动产登记与水、电、气、网络、有线电视过户等关联业务联动办理。深化"互联网+不动产登记服务",在条件具备的地区试点不动产登记与相关业务"一网通办"。全面设立不动产抵押登记银行代办点,加快推进不动产登记自助服务,在不动产登记办事大厅配置自助查询、缴费、打证设备。(责任单位:省自然资源厅、住房城乡建设厅、政务办、税务局,各设区市人民政府)

4. 改进水电气接入服务

实施用电申请"一窗受理"和信息共享,推行电力接入外线工程行政审批手续并联办理和限时办结,规划许可审批办结时间不超过7个工作日,城市道路掘路许可、占路意见、绿化许可等审批办结时间不超过10个工作日。将全省10(20)千伏、400伏电力客户平均接电时间分别压减至60和10个工作日以内,平均接电成本压降30%。整合优化供水、燃气接入流程,压缩办理时间,简化申请材料目录,实施并联审批、联合踏勘等举措。用水、用气装表接入无需增设管线的办结时间不超过5个工作日,需增设管线并办理行政审批事项的办结时间用水不超过35个工作日、用气不超过40个工作日。降低水气直供企业门槛,提高直供比例,进一步扩大电力市场交易规模。加强技术创新,持续加强水电气基础设施建设和维护,在实现最优供应服务水平的基础上,进一步减少非计划性的停供次数,缩短停供时间。(责任单位:省电力公司、住房城乡建设厅、自然资源厅、水利厅,各设区市人民政府)

5. 提升跨境贸易服务水平

优化通关流程和作业方式,加快通关一体化改革,推进跨部门联合检查,提升查验工作效率,有效压缩进口整体通关时间,到2020年底,实现整体通关时间比2017年压缩一半。探索属地海关协同口岸海关查验配合,丰富查验、检疫货物的作业模式。加强外贸诚信体系建设,依托"江苏省商务诚信公众服务平台"等信用平台实施分类监管。推进进口商品质量可追溯体系建设,建立和完善进口消费质量安全投诉平台。优化出口退税办税流程,持续加快出口退税进度,全面推行出口退税申报、证明办理、核准、退库等业务全程网上办理,实现电子退库全联网、全覆盖,确保办理退税平均时间缩短至5个工作日。(责任单位:南京海

关,省税务局、财政厅、商务厅、市场监管局)

七、着力保障营商环境持续优化

1. 加强组织领导,强化责任落实

健全优化营商环境工作协调和推进落实机制,建立省级优化营商环境工作联席会议制度。各地各部门要按照本通知精神,切实承担本地区优化营商环境的主体责任,认真梳理和深入分析本地区营商环境中的突出问题,找准政策落实的薄弱环节,因地制宜提出切实可行的具体操作方法。工商联要动员各商会共同为我省构建良好的营商环境发挥积极能动作用。(责任单位:省政府办公厅及省有关部门,各设区市人民政府)

2. 着眼市场需求,确保精准施策

各地各部门要加强调查研究和科学论证,系统审慎研判拟出台政策的预期效果和市场反应,统筹把握好政策出台时机和力度,防止政策效应叠加共振或相互抵消,避免给市场造成波动和冲击,增强政策稳定性和连续性。要全面采用成本收益分析,对优化营商环境具体政策进行事前评估,防止给企业增加不合理的制度成本、时间成本和经济成本。对企业敏感的行业规定或限制性措施调整要设置合理过渡期,防止脱离实际、层层加码。问需于企、问计于企,健全和完善商会、行业协会、企业等政府服务对象参与涉企政策文件制定的具体操作办法。加快构建"亲、清"新型政商关系,建立健全领导干部挂钩服务企业制度,推动各级干部深入基层、走进企业,倾听诉求,回应企业家关切,切实帮助企业解决实际问题。(责任单位:各设区市人民政府,省有关部门)

3. 组织开展评价,主动对标找差

按照省政府立法计划出台《江苏省优化营商环境办法》,完成我省营商环境评价指标体系的制定并启动开展评价工作,探索建立第三方评价机制。2019年对全省各设区市全面开展营商环境评价,编制发布《江苏省营商环境报告》。针对评价中发现的差距和不足,对标国际标准和国内先进地区,及时总结、复制推广先进经验和做法。建立营商环境投诉举报和查处回应制度,及时纠错纠偏,定期公开曝光破坏营商环境反面典型案例。(责任单位:省发展改革委、工业和信息化厅、政务办及省有关部门)

4. 强化舆论引导,做好政策解读

通过开辟宣传专栏、微信特刊、举办政策宣讲等形式,加强宣传引导。对于市场主体关注的重点难点问题,及时研究解决,回应社会关切,合理引导预期。对已出台的优化营商环境政策措施要及时跟进解读,准确传递权威信息和政策意图,并向企业精准推送各类优惠政策信息,提高政策可及性。(责任单位:各设区市人民政府,省有关部门)

省政府办公厅关于印发江苏省"互联网＋监管"系统建设方案的通知

（苏政办发〔2019〕21号）

各市、县（市、区）人民政府，省各委办厅局，省各直属单位：

《江苏省"互联网＋监管"系统建设方案》已经省人民政府同意，现印发给你们，请认真组织实施。

江苏省人民政府办公厅

2019年2月22日

江苏省"互联网＋监管"系统建设方案

为贯彻国务院办公厅关于"互联网＋监管"系统建设和对接工作的部署，创新监管方式，强化顶层设计，加快我省"互联网＋监管"系统建设，做好与国家"互联网＋监管"系统的对接，制定本方案。

一、总体要求

（一）建设目标

依托全省一体化在线政务服务平台，加快实现省市场监管信息平台、省公共资源交易服务平台、省投资项目在线审批监管平台、省公共信用信息系统等综合监管平台监管数据的归集共享，集约化、规范化推进省"互联网＋监管"系统建设，形成全省联网、全面对接、依法监管、多方联动的监管"一张网"。

2019年6月底前，省"互联网＋监管"系统主体功能建设基本完成，与国家"互联网＋监管"系统初步联通并网；2019年9月底前，省"互联网＋监管"系统上线试运行，建立常态化监管数据归集共享机制。在此基础上，有序推进风险预警、投诉举报、评估评价等应用，为加强和创新"双随机、一公开"、联合监管、重点监管、信用监管、协同监管和智慧监管提供有力平台支撑。

（二）基本原则

统筹规划，急用先行。按照国家"互联网＋监管"系统建设总体方案和标准规范，统筹全省"互联网＋监管"系统建设。围绕重点领域、重点部门、重点应用，合理确定建设时序，逐步实现承担监管职责部门的监管系统全面接入。

统分结合，集约共享。公共支撑和核心应用采取统建模式，行业监管信息系统采取分建模式。坚持集约利旧，对地方和部门监管信息系统做好清理和整合，充分利用各地各部门现有监管信息资源，促进信息共享和监管协同。

问题导向,着眼长远。着力解决监管业务的基础性、普遍性、全局性问题,聚焦跨地区跨部门跨层级的监管需求,不断拓展"互联网+监管"应用的广度和深度,提升监管工作精细化和智能化水平。

二、重点任务

(一)全面梳理形成监管事项目录清单

在国务院各部门监管事项目录清单基础上,结合地方性法规和地方政府规章等确定的监管事项,按照"谁审批、谁监管,谁主管、谁监管"的原则,省级相关部门全面梳理本条线监管职能范围内的监管事项,明确监管部门、监管事项主项名称、监管事项子项名称、监管方式、监管措施、监管对象、设定依据、监管流程、监管结果、监管层级等10项内容。2019年4月底前,形成监管事项目录清单并统一管理、统一发布。建立监管事项目录清单动态调整机制,并与国务院部门权力和责任清单编制工作做好衔接。(省审改办、省政务办、省市场监管局牵头,各设区市、省有关部门负责)

(二)建设省监管事项目录清单管理系统

按照全国统一的监管事项标准体系,统一建设省监管事项目录清单管理系统,规范监管事项的发布运行,实现监管事项动态化标准化管理。对纳入系统的监管事项统一编码,推动同一监管事项名称、编码、依据、类型等基本要素在全省统一。(省政务办、省审改办、省市场监管局牵头,各设区市、省有关部门负责)

(三)推进监管数据中心建设

依托省大数据中心,联通汇聚各地各部门监管数据及第三方相关数据,建设省监管数据中心。按照数据来源、类型、结构、用途等,建设监管事项目录清单库、监管对象信息库、执法人员信息库、监管行为信息库、监管投诉举报信息库、信用信息库、互联网及第三方信息库和监管知识库。按照成熟一批、接入一批的原则,通过批量交换、动态采集和服务接口等方式,分批接入各类监管数据。对汇聚数据进行抽取、清洗、去重、比对、校核、标准化转换、关联整合处理,提高数据规范性、准确性和可用性。开展监管大数据分析利用,实现各类监管数据可比对、过程可追溯、问题可监测、风险可预警。已建大数据中心的省有关部门和设区市、县(市)同步建设监管数据中心,并与省监管数据中心互联互通,实时共享。(省大数据管理中心牵头,各设区市、省有关部门负责)

(四)加快监管数据综合应用系统建设

省有关部门依托省监管数据中心归集的监管数据,利用大数据分析、挖掘、可视化展示等技术,牵头建设监管数据综合应用系统,构建分析主题模型,提供重点事件跟踪、查询检索、可视化展示、统计分析等服务。聚焦重点事件和重大案件,跟踪分析事件案件的发生、根源、动态、影响、舆情,以及相关单位响应情况、处置措施和结果,形成对事件案件的全过程记录。生成综合评估报告,分析相关政策执行效果,并提出调整完善建议。(省公安厅、省自然资源厅、省生态环境厅、省住房城乡建设厅、省交通运输厅、省农业农村厅、省文化和旅游厅、省卫生健康委、省应急厅、省政务办、省市场监管局等按职责分工负责)

（五）建设监管投诉举报系统

依托全省12345在线服务平台，统一建设省监管投诉举报系统，接收企业群众投诉举报，对监管投诉举报信息进行登记、转办、督办和反馈，汇聚各地各部门有关投诉举报和信访数据，并对接到省监管数据中心，作为风险预警等系统重要数据来源。省市县各相关职能部门的业务系统，要与江苏12345在线服务平台实现投诉举报处理流程实时对接和数据交换共享。（省政务办牵头，各设区市、省有关部门负责）

（六）推进数据服务系统建设

建设省数据服务系统，完善政务信息资源共享管理制度，统一受理、审核监管数据、政务服务数据的使用申请，推进政务服务数据和监管数据有序共享使用。支持各地政务服务部门、监管部门实现数据交换和共享。（省大数据管理中心牵头，各设区市、省有关部门负责）

（七）大力推进协同监管

依托省监管数据中心，以市场监管信息平台为支撑，构建协同监管综合系统，提供精准告知、监管任务执行、双随机检查、执法办案监管、联合惩戒、重点事件跟踪反馈、统计分析、可视化展示等功能，全周期记录协同监管过程，实现任务执行全过程"看得见"、可追溯，提高事前预防、事中监管和事后处置能力，有效促进监管信息系统整合共享和业务协同。（省市场监管局、省公安厅、省生态环境厅、省住房城乡建设厅、省交通运输厅、省农业农村厅、省文化和旅游厅、省卫生健康委、省应急厅等按职责分工负责）

（八）强化监管风险预警

依托监管数据中心，建设风险预警系统，围绕重点领域、重点对象，通过对投诉举报数据、互联网及第三方数据、监管行为数据、风险分析数据等挖掘分析，加强风险研判和预测预警，及早发现防范苗头性风险，为辅助决策、开展重点监管、协同监管提供支撑。（各设区市、省有关部门负责）

（九）加强监管效能评估评价

统一建设省监管效能评估评价系统，建立与事中事后监管相对应的综合评价指标体系，围绕监管业务、投诉举报、社会舆情、群众信访、重大事故、群众评价等数据，对各地区有关部门监管工作开展综合评估评价，不断提升监管规范化水平。（省政务办牵头，各设区市、省有关部门负责）

（十）提升综合监管行业监管能力

完善市场监管信息平台功能，加快实现市场监管日常检查"双随机"方式全覆盖，满足单部门双随机综合检查、跨部门双随机联合执法需要。省投资项目在线审批监管平台开展在线监测、现场核查、联合惩戒，对备案项目采取"双随机、一公开"方式现场核查。依托省公共资源交易服务平台，建设省工程建设"e路阳光"监管系统，对工程建设项目进行全生命周期监管。城市管理、治安交通、环保监测、安全生产等各类监管信息系统依托"互联网＋监管"系统，实现行政许可、日常监管、行政处罚信息实时流转、实时抄告、实时监控、实时留痕，做到违法线索互联、监管标准互通、处理结果互认。食品药品、安全生产、生态环境等领域，要充分利用省监管数据中心信息资源,完善应急预案和应对办法,强化应急演练,加强风险监测预警。加快全省检验检测机构监管大数据系统建设,实现各级监管数据互联互通。建设完善江苏省污染防治综合监管平台,整合全省生态环境问题线索,对信访举报、行政许可、监察执法、行政处罚等进行全过程监管。完善专利代理机构信息化管理平台功能,探索创新专利代理监管方式。(省有关部门负责)

(十一)健全信用监管机制

推进信用承诺、信用审查和联动奖惩信息"嵌入式"应用。公共信用信息系统联通"互联网+监管"系统,开发联合奖惩功能,确保国家联合奖惩备忘录部门全覆盖、措施全落地。健全完善企业信用信息公示系统,加快实现企业信用信息有效归集公示,完善经营异常名录、严重违法失信企业名单制度。充分运用"互联网+监管"系统监管数据资源,推进企业信用风险分类管理,提升企业信用风险预测预警和动态监测能力。(省信用办、省市场监管局牵头,各设区市、省有关部门负责)

(十二)做好与国家"互联网+监管"系统对接

按照国家"互联网+监管"标准规范,推动省"互联网+监管"系统与国家"互联网+监管"系统网络通、数据通、业务通。对接国家监管事项目录清单,推送地方监管事项目录清单数据,并动态更新。上报监管工作数据资源以及协同监管过程和结果信息,接收国家下发的相关数据,支撑跨部门跨地区的联合惩戒,实时接收、处理相关风险预警信息。与国家"互联网+监管"系统对接举报数据、重点领域投诉数据以及协同监管任务,共享其他省(自治区、直辖市)、国务院部门的监管数据。(省政务办牵头,各设区市、省有关部门负责)

三、保障措施

(一)加强组织领导

各地各部门要高度重视"互联网+监管"系统建设工作,强化组织保障,建立有效工作机制,落实任务措施,统筹推进系统建设和管理。省有关部门要加强对设区市、县(市)行业监管系统建设的指导协调和督促。

(二)加快项目实施

省政务办会同省市场监管局等有关部门,编制项目建设方案,履行报批程序后加紧项目实施。各市、县(市)人民政府和省有关部门要抓紧研究制定工作推进方案,将工作任务逐项细化分解,倒排时间表,明确责任人,确保2019年6月底前实现与国家"互联网+监管"系统数据对接、应用对接。要做好资金保障工作,加强审计监督,提高资金使用绩效。

(三)加强监管系统和数据安全

各地各有关部门要严格执行国家信息安全等级保护制度,建立分级分类数据管理机制,加强统一身份认证、授权、审计的网络信任体系建设,强化数据收集、分析、使用、共享等各环节安全管理,做好网络、应用、数据、运行管理等安全防护,防止数据被破坏、丢失和泄漏,确保监管系统安全和监管数据安全。

数据篇

2018 年江苏按地区分社会消费品零售总额

单位：亿元

地区	社会消费品零售总额	批发和零售业	住宿业	餐饮业
苏南	19226.16	17211.77	252.33	1762.05
苏中	5928.67	5289.66	55.55	583.46
苏北	8075.52	7216.72	136.17	722.63
南京市	5832.46	5262.2	106.37	463.88
无锡市	3672.7	3382.76	25.79	264.15
徐州市	3102	2849.06	44.12	208.83
常州市	2613.19	2357.28	25.5	230.41
苏州市	5746.9	5034.59	75.55	636.75
南通市	3088.77	2817.63	15.26	255.87
连云港市	1121.31	958.07	31.22	132.02
淮安市	1239.66	1116.28	15.86	107.52
盐城市	1778.74	1579.65	20.94	178.15
扬州市	1557.03	1371.94	26.13	158.95
镇江市	1360.92	1174.93	19.12	166.86
泰州市	1282.87	1100.09	14.16	168.63
宿迁市	833.82	713.67	24.03	96.12

2018 年江苏限额以上批发和零售业基本情况

项　　目	法人企业数 （个）	产业活动 单位数 （个）	零售营业 面积 （平方米）	从业人员 （人）
总　　计	22302	44498	28416533	993271
♯国有控股	922	5087	3032819	100211
批发业	13717	17131	4080111	465668
♯国有控股	660	1653	918598	62153
按行业分				
农、林、牧产品批发	599	714	247032	20412
食品、饮料及烟草制品批发	909	1211	396589	60806
纺织、服装及家庭用品批发	1986	2370	369189	111838
文化、体育用品及器材批发	347	382	112754	14936
医药及医疗器材批发	516	938	308226	70303
矿产品、建材及化工产品批发	6835	8660	1984889	112828
机械设备、五金产品及电子产品批发	1981	2208	530844	61958
贸易经纪与代理	163	166	25472	3000
其他批发业	381	482	105116	9587
零售业	8585	27367	24336422	527603
按行业分				
综合零售	737	4257	8987253	176861
食品、饮料及烟草制品专门零售	923	3296	763469	36584
纺织、服装及日用品专门零售	545	1255	1134219	36977
文化、体育用品及器材专门零售	544	1136	488126	23251
医药及医疗器材专门零售	440	7927	731525	43593
汽车、摩托车、燃料及零配件专门零售	3181	5872	8783511	133208
家用电器及电子产品专门零售	1041	2109	2114474	44416
五金、家具及室内装饰材料专门零售	610	681	576614	12385
货摊、无店铺及其他零售业	564	834	757231	20328

（续表）

项 目	法人企业数 （个）	产业活动 单位数 （个）	零售营业 面积 （平方米）	从业人员 （人）
按经营方式分				
独立商店	7243	13089	17758060	326994
连锁商店总店	250	10433	4110015	121293
连锁商店分店	78	1795	972991	21428
其他	1014	2050	1495356	57888
按零售业态分				
有店铺零售	7742	26376	23587248	495918
食杂店	98	277	69105	3182
便利店	210	2343	1115522	29338
折扣店	20	33	76862	647
超市	348	988	612808	35791
大型超市	182	1245	4008793	85758
仓储会员店	43	116	85409	1540
百货店	409	904	3148712	49966
专业店	3265	14140	6775479	143132
专卖店	2519	5504	5701474	118860
家具建材商店	179	203	304343	5090
购物中心	68	131	1114345	9793
厂家直销中心	401	486	572680	12336
无店铺零售	843	991	749174	31685
电视购物	6	6	4126	1049
邮购	17	19	6662	1374
网上商店	278	291	265478	13264
自动售货亭	4	6	4333	110
电话购物	20	21	15387	356
其他	518	648	453188	15532

2018 年江苏进出口商品细分类总额

单位:万美元

项　目	进出口总额	进口	出口
总　计	62976962	24530928	38446034
初级产品	3928196	3342355	585841
食品及活动物	435474	182582	252891
活动物	1410	70	1340
肉及肉制品	69576	67476	2100
乳品及蛋品	18901	18037	864
鱼、甲壳及软体类动物及其制品	15430	1550	13880
谷物及其制品	18108	4904	13204
蔬菜及水果	155412	42539	112873
糖、糖制品及蜂蜜	14635	2534	12101
咖啡、茶、可可、调味料及其制品	19508	10881	8628
饲料(不包括未碾磨谷物)	38180	7324	30856
杂项食品	84314	27267	57046
饮料及烟类	11958	8576	3383
♯饮料	9221	8576	646
非食用原料(燃料除外)	2345322	2085378	259944
生皮及生毛皮	9058	8843	215
油籽及含油果实	20528	20397	132
生橡胶(包括合成橡胶及再生橡胶)	120369	97794	22576
软木及木材	139825	134220	5606
纸浆及废纸	370812	370062	750
纺织纤维(羊毛条除外)及其废料	422257	302464	119793
天然肥料及矿物(煤、石油及宝石除外)	65411	50999	14412
金属矿砂及金属废料	1086467	1077003	9464

（续表）

项　目	进出口总额	进口	出口
其他动、植物原料	110595	23597	86998
矿物燃料、润滑油及有关原料	**941156**	**881273**	**59883**
煤、焦炭及煤砖	90539	85386	5153
石油、石油产品及有关原料	274249	219581	54667
天然气及人造气	576368	576306	63
动植物油、脂及蜡	**194286**	**184546**	**9741**
动物油、脂	6626	2296	4329
植物油、脂	178117	177633	484
已加工的动植物油、脂及动植物蜡	9544	4617	4927
工业制成品	**59048766**	**21188574**	**37860192**
化学成品及有关产品	**6945064**	**3921145**	**3023920**
有机化学品	3232519	2027204	1205314
无机化学品	440949	197821	243128
染料、鞣料及着色料	197808	75547	122261
医药品	599090	315760	283330
精油、香料及盥洗、光洁制品	177385	59043	118342
制成肥料	63718	10910	52809
初级形状的塑料	884276	589156	295120
非初级形状的塑料	675027	384418	290609
其他化学原料及产品	674291	261285	413006
按原料分类的制成品	**7841415**	**1850975**	**5990440**
皮革、皮革制品及已鞣毛皮	47471	21178	26293
橡胶制品	259272	80310	178962
软木及木制品(家具除外)	137495	3607	133888
纸及纸板;纸浆、纸及纸板制品	360712	93621	267092
纺纱、织物、制成品及有关产品	2575039	232095	2342944

（续表）

项　目	进出口总额	进口	出口
非金属矿物制品	499064	168818	330247
钢铁	1497533	365427	1132107
有色金属	920111	569466	350645
金属制品	1544718	316454	1228264
机械及运输设备	**35212583**	**13049228**	**22163355**
动力机械及设备	1225961	397940	828020
特种工业专用机械	2175322	1074500	1100822
金工机械	495525	331311	164214
通用工业机械设备及零件	2974910	1031976	1942933
办公用机械及自动数据处理设备	6095870	737075	5358795
电信及声音的录制及重放装置设备	4839562	673184	4166378
电力机械、器具及其电气零件	15086047	8468173	6617874
陆路车辆（包括气垫式）	1569648	310287	1259362
其他运输设备	749739	24782	724957
杂项制品	**9042983**	**2362396**	**6680587**
活动房屋；卫生、水道、供热及照明装置	199773	8555	191218
家具及其零件；褥垫及类似填充制品	723656	20494	703161
旅行用品、手提包及类似品	178742	3979	174763
服装及衣着附件	2643448	74614	2568834
鞋靴	377582	162766	214816
专业、科学及控制用仪器和装置	2712795	1485422	1227373
摄影器材、光学物品及钟表	602440	361203	241237
杂项制品	1604548	245362	1359186

2018 年江苏进出口商品主要国家和地区

单位:万美元

国家(地区)	进出口	进口	出口
亚　洲	**36017947**	**18009987**	**18007960**
♯巴林	15894	4626	11268
孟加拉国	378880	5851	373029
缅甸	125161	2121	123040
柬埔寨	154351	16453	137898
塞浦路斯	7291	95	7197
中国香港	3687628	33512	3654116
印度	1481770	195692	1286078
印度尼西亚	1081483	423808	657675
伊朗	163958	62239	101719
以色列	176646	43402	133244
日本	5990831	3033563	2957268
科威特	131010	85806	45204
中国澳门	6511	301	6211
马来西亚	1417931	834441	583490
巴基斯坦	209257	20613	188644
菲律宾	745216	335534	409681
卡塔尔	240331	212274	28057
沙特阿拉伯	600766	393084	207682
新加坡	1275157	558338	716819
韩国	7876235	5631593	2244642
斯里兰卡	53456	6212	47244
叙利亚	12010	2	12009
泰国	1430333	622384	807949
土耳其	323068	31019	292049
阿拉伯联合酋长国	550516	169087	381428

（续表）

国家（地区）	进出口	进口	出口
越南	1536737	484049	1052689
中国台湾	4423197	3271489	1151708
非 洲	**1320507**	**327186**	**993321**
♯喀麦隆	27042	17088	9954
埃及	127806	2461	125345
加蓬	16167	12844	3323
摩洛哥	44916	5693	39223
尼日利亚	138923	18120	120803
南非	311992	104246	207746
欧 洲	**11676906**	**3390176**	**8286730**
♯比利时	405384	86333	319051
丹麦	144383	34011	110372
英国	1148029	172570	975459
德国	2699187	1314433	1384754
法国	769198	253052	516145
爱尔兰	69458	20441	49016
意大利	776421	267322	509099
荷兰	1903837	197426	1706412
希腊	101035	3753	97282
葡萄牙	78830	14951	63879
西班牙	461059	80005	381054
奥地利	155596	107680	47916
芬兰	145966	82920	63045
匈牙利	167400	47929	119471
挪威	86829	32527	54303
波兰	402897	40818	362078
罗马尼亚	115166	19536	95630
瑞典	354145	215067	139077

（续表）

国家(地区)	进出口	进口	出口
瑞士	197702	124353	73349
俄罗斯联邦	594173	104263	489910
乌克兰	116186	28930	87257
捷克	363394	76761	286633
拉丁美洲	**3492742**	**1339304**	**2153438**
♯阿根廷	151805	28139	123666
巴西	1504369	971973	532395
智利	261987	54039	207948
哥伦比亚	112410	2481	109929
危地马拉	28437	456	27981
墨西哥	853349	132655	720694
巴拿马	62245	103	62142
秘鲁	161498	45393	116105
乌拉圭	54300	29206	25094
委内瑞拉	9952	5631	4321
北美洲	**11623193**	**1729532**	**9893661**
♯加拿大	867825	274386	593439
美国	10754025	1454882	9299143
大洋洲	**2270432**	**1201122**	**1069310**
♯澳大利亚	1894318	1030812	863506
新西兰	195774	107470	88305
巴布亚新几内亚	47723	39111	8612
附:东南亚国家联盟	7833381	3287362	4546019
欧洲联盟	10625268	3092116	7533152
亚太经济合作组织	46589620	19921007	26668613

2018年江苏按行业分外商直接投资

单位：万美元

行 业	项目（个）	协议注册	实际使用
总 计	3348	6052216	2559248
农、林、牧、渔业	41	56427	29857
采矿业	0	500	556
制造业	1198	2410509	1117253
农副食品加工业	14	19194	8857
食品制造业	26	52322	26984
酒、饮料和精制茶制造业	4	6229	5441
纺织业	31	26906	11510
纺织服装、服饰业	21	5362	13353
皮革、毛皮、羽毛及其制品和制鞋业	8	2928	1024
木材加工和木、竹、藤、棕、草制品业	5	6465	3296
家具制造业	15	14966	10210
造纸和纸制品业	8	64534	19177
印刷和记录媒介复制业	6	3377	4398
文教、工美、体育和娱乐用品制造业	17	20398	8680
石油、煤炭及其他燃料加工业	2	－8133	2334
化学原料和化学制品制造业	35	116650	95529
医药制造业	29	75720	34130
化学纤维制造业	10	33991	8893
橡胶和塑料制品业	33	79511	44471
非金属矿物制品业	57	142384	40915
黑色金属冶炼和压延加工业	0	48295	200
有色金属冶炼和压延加工业	7	28854	37840
金属制品业	53	121176	43041
通用设备制造业	199	236538	112509
专用设备制造业	222	259617	92307

2017—2018 年江苏分行业境外投资情况

行 业	2017 年		2018 年	
	新批项目数(个)	中方协议投资(万美元)	新批项目数(个)	中方协议投资(万美元)
全 部	631	927073	786	948424
第一产业	9	12202	10	11392
农、林、牧、渔业	9	12202	10	11392
农业	5	3299	4	6290
林业	1	5000	2	398
畜牧业				
渔业	1	3400		
农、林、牧、渔服务业	2	503	4	4704
第二产业	263	483200	324	466125
采矿业	4	34300	3	98
煤炭开采和洗选业	1	5000	1	20
黑色金属矿采选业				
有色金属矿采选业	1	3900		
非金属矿采选业			2	78
其他采矿业	2	25400		
制造业	198	350157	259	411638
农副食品加工业	3	2122	2	—1
食品制造业	3	3182	2	2906
饮料制造业	14	18005	1	1000
纺织业	14	7454	18	44445
纺织服装、鞋、帽制造业	1	200	20	12015
皮革、毛皮、羽毛(绒)及其制品业	4	6395		
木材加工及木、竹、藤、棕、草制品业	6	10435	2	1482
家具制造业	1	100	5	6555
造纸及纸制品业			1	550
印刷业和记录媒介的复制	2	69	1	600
文教体育用品制造业			1	350
石油加工、炼焦及核燃料加工业	4	26337		
化学原料及化学制品制造业	9	98713	10	21817

（续表）

行　业	2017 年		2018 年	
	新批项目数（个）	中方协议投资（万美元）	新批项目数（个）	中方协议投资（万美元）
医药制造业	2	20221	21	40893
化学纤维制造业	3	614	1	444
橡胶制品业	6	668	4	528
塑料制品业	3	6866	4	1944
非金属矿物制品业	2	14500	2	4250
黑色金属冶炼及压延加工业	5	2067	2	1700
有色金属冶炼及压延加工业	19	4248	6	51838
金属制品业	8	1490	14	6296
通用设备制造业	29	40100	21	15650
专用设备制造业	15	9155	35	52652
交通运输设备制造业	11	23365	20	39098
电气机械及器材制造业	20	40933	11	6348
通信设备、计算机及其他电子设备制造业	7	3980	42	86500
仪器仪表及文化、办公用机械制造业	5	2001	3	440
工艺品及其他制造业	2	6934	6	7244
废弃资源和废旧材料回收加工业			4	4092
电力、燃气及水的生产和供应业	25	76782	26	43885
电力、热力的生产和供应业	25	76782	26	43885
建筑业	36	21961	36	10504
房屋和土木工程建筑业	25	18210	22	2612
建筑安装业	6	2803	7	1387
建筑装饰业	3	838	2	5140
其他建筑业	2	110	5	1365
第三产业	359	431671	452	470907
交通运输、仓储和邮政业	8	9760	11	31778
道路运输业	1	4000	2	2100
水上运输业	1	13	4	20783
装卸搬运和其他运输服务业	2	100	2	201
仓储业	1	5600	2	1694
邮政业	3	47		
信息传输、计算机服务和软件业	22	24761	48	18244

（续表）

行　业	2017 年		2018 年	
	新批项目数 （个）	中方协议投资 （万美元）	新批项目数 （个）	中方协议投资 （万美元）
电信和其他信息传输服务业	1	112	11	8097
计算机服务业	10	13772	27	10719
软件业	11	10878	10	－572
批发和零售业	189	78447	218	150767
批发业	162	73043	183	145445
零售业	27	5404	35	5322
住宿和餐饮业	3	8828	3	1517
住宿业			1	1500
餐饮业	3	8828	2	17
金融业	4	22126		
房地产业	4	28387	2	6000
房地产业	4	28387	2	6000
租赁和商务服务业	64	87337	65	95938
租赁业	1	2000	1	128
商务服务业	63	85337	64	95810
科学研究、技术服务和地质勘查业	40	50788	79	64911
研究与试验发展	22	14790	50	57917
专业技术服务业	9	7413	24	6615
科技交流和推广服务业	9	28585	2	269
水利、环境和公共设施管理业	8	15464	9	82162
生态保护和环境治理业	8	15464		
居民服务和其他服务业	8	15464	13	2127
居民服务业			1	6497
其他服务业	8	15464	12	－4370
教育	8	24675	3	17155
教育	9	24675	3	17155
文化、体育和娱乐业	9	120	1	307
新闻出版业	1	120	1	307
广播、电视、电影和音像业	5	2345		
文化艺术业	1	500		

2017—2018 年江苏境外投资主要国家(地区)情况

国家(地区)	2017 年		2018 年	
	新批项目数(个)	中方协议投资(万美元)	新批项目数(个)	中方协议投资(万美元)
全　部	631	927073	786	948424
亚洲	363	459342	444	469502
巴林				
孟加拉国	7	1308	8	4971
缅甸	9	2750	15	13884
柬埔寨	9	2996	12	2946
塞浦路斯				
朝鲜			1	150
中国香港	169	179445	182	210134
印度	10	12650	24	7470
印度尼西亚	15	48935	18	46847
伊朗			1	70
以色列	4	6000		
日本	25	4026	25	33458
老挝	2	330	2	50
中国澳门				
马来西亚	19	1174	20	3994
蒙古	1	10		
尼泊尔				
巴基斯坦	8	5547	6	1535
菲律宾	1	25	2	19
卡塔尔			2	11200
沙特阿拉伯			3	1379
新加坡	14	44784	33	69582
韩国	9	28515	10	463
斯里兰卡	3	1800	1	200

（续表）

国家（地区）	2017 年		2018 年	
	新批项目数（个）	中方协议投资（万美元）	新批项目数（个）	中方协议投资（万美元）
泰国	19	48759	18	16251
土耳其	1	11520	2	6690
阿拉伯联合酋长国	6	25203	5	7536
越南	11	11557	37	24082
中国台湾	10	1704	11	2836
东帝汶				
哈萨克斯坦	4	4323	1	100
吉尔吉斯斯坦				
土库曼斯坦				
乌兹别克斯坦	3	15295	3	1065
其他	4	685		
非洲	**21**	**25518**	**44**	**78236**
阿尔及利亚			1	9
安哥拉	1	154	2	2650
喀麦隆				
乍得				
刚果	1	5000	1	25
埃及	1	101	1	399
赤道几内亚	1	325		
埃塞俄比亚	5	14196	12	36616
加蓬			1	1003
几内亚				
肯尼亚			4	1470
毛里塔尼亚				
毛里求斯				
莫桑比克	1	13	1	10
纳米比亚	1	500		
尼日利亚	2	200	6	9106

（续表）

国家（地区）	2017 年		2018 年	
	新批项目数（个）	中方协议投资（万美元）	新批项目数（个）	中方协议投资（万美元）
塞内加尔	1	0		
塞舌尔			2	1100
南非			4	2553
苏丹				
坦桑尼亚	1	3400	2	350
乌干达	1			
赞比亚	1	100	1	18
津巴布韦			2	78
欧洲	**97**	**171703**	**96**	**178198**
比利时	4	878	2	4502
丹麦	1	15		
英国	9	3419	8	6327
德国	32	45979	34	11599
法国	15	8416	4	3705
意大利	5	870	1	35
卢森堡			1	28
荷兰	5	1240	6	7669
西班牙	7	85669	12	86759
阿尔巴尼亚				
奥地利	1	300	2	5697
保加利亚				
芬兰	2	11149	2	6941
匈牙利	1	272		
挪威				
波兰				
罗马尼亚				
瑞典	3	1717	1	314
瑞士	2	5919	1	33000

（续表）

国家(地区)	2017 年		2018 年	
	新批项目数 (个)	中方协议投资 (万美元)	新批项目数 (个)	中方协议投资 (万美元)
俄罗斯联邦	2	218	7	1802
乌克兰			1	
克罗地亚				
捷克			1	301
塞尔维亚	1	160	2	392
拉丁美洲	**18**	**40580**	**44**	**87446**
阿根廷			5	11989
巴西	1	2550	3	1267
开曼群岛	9	19718	23	65373
智利	1	8000		
古巴				
厄瓜多尔			1	10
墨西哥	3	1238	7	9456
秘鲁				
英属维尔京群岛	3	9072	4	—723
北美洲	**113**	**196987**	**146**	**133119**
加拿大	4	1943	13	2937
美国	108	195045	131	128069
其他	1		1	1113
大洋洲	**19**	**32942**	**12**	**1924**
澳大利亚	19	32942	9	1581
斐济				
瓦努阿图				
新西兰			2	143
萨摩亚			1	200